U0451528

中华现代学术名著丛书

中法越南关系始末

邵循正 著

商务印书馆
创于1897
The Commercial Press

图书在版编目（CIP）数据

中法越南关系始末 / 邵循正著. — 北京：商务印书馆，2024
（中华现代学术名著丛书）
ISBN 978-7-100-21892-4

Ⅰ. ①中… Ⅱ. ①邵… Ⅲ. ①中法关系—国际关系史—研究 ②中越关系—国际关系史—研究 Ⅳ. ① D829.565 ② D829.333

中国版本图书馆 CIP 数据核字（2022）第 233537 号

权利保留，侵权必究。

本书据清华大学 1935 年排印本排印

中华现代学术名著丛书

中法越南关系始末

邵循正 著

商 务 印 书 馆 出 版
（北京王府井大街36号　邮政编码100710）
商 务 印 书 馆 发 行
北京通州皇家印刷厂印刷
ISBN 978-7-100-21892-4

2024年3月第1版　　开本 880×1240　1/32
2024年3月北京第1次印刷　印张 14 3/8　插页 1

定价：75.00 元

邵循正

(1909—1973)

清华大学1935年排印本
《中法越南关系始末》书影

河北教育出版社2000年版
《中法越南关系始末》书影

出版说明

百年前，张之洞尝劝学曰："世运之明晦，人才之盛衰，其表在政，其里在学。"是时，国势颓危，列强环伺，传统频遭质疑，西学新知亟亟而入。一时间，中西学并立，文史哲分家，经济、政治、社会等新学科勃兴，令国人乱花迷眼。然而，淆乱之中，自有元气淋漓之象。中华现代学术之转型正是完成于这一混沌时期，于切磋琢磨、交锋碰撞中不断前行，涌现了一大批学术名家与经典之作。而学术与思想之新变，亦带动了社会各领域的全面转型，为中华复兴奠定了坚实基础。

时至今日，中华现代学术已走过百余年，其间百家林立、论辩蜂起，沉浮消长瞬息万变，情势之复杂自不待言。温故而知新，述往事而思来者。"中华现代学术名著丛书"之编纂，其意正在于此，冀辨章学术，考镜源流，收纳各学科学派名家名作，以展现中华传统文化之新变，探求中华现代学术之根基。

"中华现代学术名著丛书"收录上自晚清下至 20 世纪 80 年代末中国大陆及港澳台地区、海外华人学者的原创学术名著（包括外文著作），以人文社会科学为主体兼及其他，涵盖文学、历史、哲学、政治、经济、法律和社会学等众多学科。

出版说明

出版"中华现代学术名著丛书",为本馆一大夙愿。自1897年始创起,本馆以"昌明教育,开启民智"为己任,有幸首刊了中华现代学术史上诸多开山之著、扛鼎之作;于中华现代学术之建立与变迁而言,既为参与者,也是见证者。作为对前人出版成绩与文化理念的承续,本馆倾力谋划,经学界通人擘画,并得国家出版基金支持,终以此丛书呈现于读者面前。唯望无论多少年,皆能傲立于书架,并希冀其能与"汉译世界学术名著丛书"共相辉映。如此宏愿,难免汲深绠短之忧,诚盼专家学者和广大读者共襄助之。

商务印书馆编辑部

2010年12月

凡　　例

一、"中华现代学术名著丛书"收录晚清以迄 20 世纪 80 年代末，为中华学人所著，成就斐然、泽被学林之学术著作。入选著作以名著为主，酌量选录名篇合集。

二、入选著作内容、编次一仍其旧，唯各书卷首冠以作者照片、手迹等。卷末附作者学术年表和题解文章，诚邀专家学者撰写而成，意在介绍作者学术成就，著作成书背景、学术价值及版本流变等情况。

三、入选著作率以原刊或作者修订、校阅本为底本，参校他本，正其讹误。前人引书，时有省略更改，倘不失原意，则不以原书文字改动引文；如确需校改，则出脚注说明版本依据，以"编者注"或"校者注"形式说明。

四、作者自有其文字风格，各时代均有其语言习惯，故不按现行用法、写法及表现手法改动原文；原书专名（人名、地名、术语）及译名与今不统一者，亦不作改动。如确系作者笔误、排印舛误、数据计算与外文拼写错误等，则予径改。

五、原书为直（横）排繁体者，除个别特殊情况，均改作横排简体。其中原书无标点或仅有简单断句者，一律改为新式标点，专名号从略。

六、除特殊情况外，原书篇后注移作脚注，双行夹注改为单行夹注。文献著录则从其原貌，稍加统一。

七、原书因年代久远而字迹模糊或纸页残缺者，据所缺字数用"□"表示；字数难以确定者，则用"（下缺）"表示。

目　录

中法越南关系始末

绪论（上）　法国在越南势力权利之起源 3
　（一）法越宗教之接触 3
　（二）法越经济之接触 9
　（三）法国通越交涉之失败（1777—1825） 14
　（四）支那交阯殖民地之成立 23

绪论（中）　北圻问题之由来 30
　（一）澜沧江探测结果之失败
　　　　（同治五年至七年，1866—1868） 30
　（二）堵布益开放红江之企图 34
　（三）杜白蕾安邺之雄心勃勃 40

绪论（下）　中国与越南之宗藩关系问题 46

第一章　法国之观望时期（1874—1879） 50
　（一）《柴棍（西贡）政治条约》（1874年3月15日）
　　　　订立之背景与性质 50
　（二）法越《柴棍商约》（同年8月13日）之成立 58
　（三）《柴棍条约》实行之交涉 59
　（四）《柴棍条约》实行之困难及杜白蕾之弃约论 65

v

（五）《柴棍条约》与中越宗藩关系 ·················· 67

第二章　中法之和平交涉 ································· 71
　　（一）法政府政策之变更与曾纪泽首次之折冲
　　　　　（光绪六年至七年）··························· 71
　　（二）法国拒绝讨论原则问题（七年八月至八年八月）······ 77
　　（三）中法首次妥协之失败（八年十月至九年三月）······· 85
　　（四）李脱上海之交涉（九年五月）·················· 93
　　（五）沙相之中立地带提议（八月十五日）············· 101

第三章　中法之明交暗战 ································ 114
　　（一）滇桂之出兵（光绪八年至九年四月）············· 114
　　（二）唐景崧之招抚黑旗 ························· 119
　　（三）黑旗之孤军苦战（光绪九年四月至八月）········· 123
　　（四）华军之进展与山西之失守（九年十月至十一月）···· 128
　　（五）滇桂之谋会师与北宁之失守（十一月至甲申二月）·· 133
　　（六）桂军之节节败衄（二月至三月）与滇军之撤退 ····· 140

第四章　中法之乍和乍战 ································ 143
　　（一）《天津条约》（四月十七日）··················· 143
　　（二）北黎之冲突（闰五月初一日至初二日）··········· 160
　　（三）北黎冲突之责任问题 ························ 168
　　（四）北黎冲突之善后交涉 ························ 176

第五章　海疆之骚扰 ···································· 187
　　（一）法之决攻闽台 ····························· 187
　　（二）基隆之战 ································· 190
　　（三）马江之役 ································· 191
　　（四）孤拔与茹费理意见之龃龉 ···················· 196

第六章　北圻战事之再起（甲申七月至乙酉三月）……200

（一）桂军两路之挫衄（甲申七月至八月二十三日）……200

（二）滇军东下之被阻（甲申八月至乙酉正月）……205

（三）法军之大举与谅山之失守（十二月二十九日）……208

（四）宣光之解围（正月十七日）与镇南关之陷（初九日）…212

（五）华军之复振（二月至三月初）……215

（六）边军之全撤……218

第七章　各国之调停……220

（一）美国之独任调停与仲裁之提议

　　　（甲申闰五月至七月初）……220

（二）德京之直接交涉与美国之继任调停（七月至八月）…223

（三）英国之调停（八月末至十一月）……226

第八章　《巴黎和约》……232

（一）金登干与茹费理之重提和议（十二月至乙酉正月）…232

（二）伦敦柏林天津和议之活动（乙酉正月）……238

（三）金毕草案之研究与全权问题

　　　（正月十五日至二月初六日）……241

（四）法国之附带说明书拟案与《巴黎草约》之签定

　　　（二月十九日即4月4日）……248

附录（一）　中文参考书目举要……255

附录（二）　法文参考书目举要（英文附）……257

西文索引……260

中文索引……264

附 编

辛亥革命前五十年间外国侵略者和中国买办化军阀官僚势力的
　　关系 ·· 273
《中华帝国对外关系史》中译本序言 ·· 288
校注《夷氛闻记》序 ··· 290
关于《盛宣怀未刊信稿》的说明 ·· 296
洋务运动和资本主义发展关系问题
　　——从募集商人资金到官僚私人企业 ·· 302
关于洋务派民用企业的性质和道路
　　——论官督商办 ·· 326
论郑观应 ·· 352

邵循正先生学术年表 ······································ 戴海斌 381
邵循正先生与《中法越南关系始末》················· 戴海斌 402

中法越南关系始末

中堂事件大接木

绪论（上） 法国在越南势力权利之起源

（一）法越宗教之接触

欧人在亚洲政治经济势力之前茅，厥为宗教。葡、西、法诸国与安南初期之接触，全赖罗马教士。葡人于嘉靖中已屡自马刺加（Malacca）派遣教士赴安南之属国柬埔寨（Cambodia）传教，然其地人民，夙奉天竺教甚笃，于基督教皆形漠视，信者甚少。① 万历十三年（1585）有 Geoges de la Motte 者至柬埔寨，开法人来此传教之先河。② 葡国商人每年赴安南贸易，辄以教士附其舟往，故传教事业渐盛。此辈前赴安南，率自马刺加绕途至澳门，先驻于耶稣会（La Compagnie de Jésus）所设立之学校中，受训练若干时，然后出发。③ 外人在安南宗教势力，竟借中国地为根据，此点颇可注意。是时日本排教极烈，村上天皇＊于 1614 年 1 月 27 日下谕斥逐欧洲教士，有新自欧洲来之教士数人，中途止于澳门，不敢前。于是葡国商人有新自广南回澳门者，报告广南风土情

---

① Maybon, *Histoire Moderne du Pays d'Annam*, 28, note 1. 柬埔寨旧译金边国。
② O. Homberg, in *Revue des Deux Mondes*, Aug. 1, 1927, 639–640.
③ Maybon, 29.
＊ 当时日本在位天皇应是后水尾天皇。——编者注

形，倡议分众赴广南，图新发展。众韪其议，即选 F. Busomi 与 D. Carvalho 二教士前往。次年正月抵广南港（Tourane），因于其地立教堂，不久，又移居于会安铺（Faifo）。① 此地多日本侨民，葡人亦渐来贸易。Carvalho 居一年即赴日，Busomi 则长留驻至 1639 年，开创之功足道也。②

广南宗教事业既渐有成效，教士等乃注目于北圻。明天启六年（1626），遣葡教士 Ginliaus Baldinotti 与日本教士 Ginlo Piani 同往。安南相国郑梉厚待之，欲留居。二人急返报命，辞绝之，即回广南。③ 于是乃有北圻传教团之设立，以法人 Alexandre de Rhodes 统领前往，氏以六月之力，习安南语，颇能以土音演讲教义，郑梉亦敬爱之。居三年，或谗之于梉，遂被逐，著有《旅行记》(Les Divers Voyages et Missions) 述其颠末甚悉。返澳门六年，更至广南，代 Busomi。时广南王阮福澜（即公上王）恶罗马教，氏不得志，居无何被迫去。④ 前此欧人在越南传教，初无确定之计划与目的，规模亦小，司其事者远东教士所组织之小团体而已。教皇与欧西诸国教会均未注意及此也。自 de Rhodes 在广南失败后，教士辈渐觉有求欧洲诸国赞助之必要。de Rhodes 虽离广南，心尚不死，颇有为冯妇之意，而当时教士，以为与其使再度赴广南，不若使返欧洲广为宣传"以求精神物质之赞助"。因决使诣罗马谒教皇，此行结果，于法国在越势力之开始与发展，关系至

---

① Faifo 为广南大港，在顺化南。葡人称之为 Faifo，原名会安（Hoi Han）。见 Cordier, *Mélanges d'Histoire et de Géographie Orientales*, Ⅲ, 75, note 2。
② Maybon, 29-30。
③ 二人报告有法译文登在 *Bulletin de l'École française d'Extrême Orient*, 1930, 71。
④ Maybon, 31-32。

巨，不可忽视也。① de Rhodes 以顺治二年（1645）十月二十三日离澳门，至六年（1649）五月十七日始抵罗马，竭三年之力，奔走于教皇及其贵臣之间，宣传在远东设立教会组织之必要。因请教皇派遣主教，立教会于安南。教皇以其说付廷议。然当时罗马办事濡缓，故此问题迟迟不决。一方面则葡萄牙人反对甚力，坚谓此举有损葡国权利。盖葡人最先至远东，势力甚大，1493 年教皇亚历山大六世曾许葡享有其所发见各地之权。故教士欲赴印度等处传教者，皆当先赴葡都里斯本（Lisbon），得葡国朝廷许可后，方能出发。而葡以印度果阿（Goa）地为大主教驻所，所有教士，皆拱手听命。故葡人所认为在其势力范围下之地，不仅其所侵服之区域；有曾侵服而已经放弃者，有未经侵服而其力亦绝不能侵服者，皆强认之。② 时葡萄牙国势虽衰，财力虽匮，然其反对结果，在罗马仍有效力，教皇虽厚待 de Rhodes，仍不敢从其议，氏乃再度呈请。教皇不得已，即欲命为主教，氏固辞，因立志返法，求同志之愿赴远东任传教事业者，复居欧数年，专心著作，叙安南历史语言风土情状，促时人之注意越南，③ 影响甚巨。自 de Rhodes 赴巴黎（1652—1653），越南设主教之事，一变而为法国国事矣。教皇闻法国教士多愿赴广南、安南传教，因使驻巴黎之罗马钦使，择其中三人任主教。有 d'Aiquillon 夫人等捐助巨款，以供此三主教管辖地开办费用。葡萄牙闻讯大反对，其大使在罗马扬言曰，俟此辈法教士至东印度，当尽执囚系之。法国闻之大为愤激。教士 Vincent de Paul 等，请教皇不派普通主教赴

---

① Maybon, 33.
② Ibid., 34-35.
③ Ibid., 36.

安南，而派直接承属于教皇之罗马钦派牧师，未得结果而教皇死。法教士大会乃重申前请于新教皇亚历山大七世，亦卒无效，此顺治十二年（1655）事也。①越二年（1657）法教徒数人诣罗马谒教皇，中有François Pallu 者，陈请甚力，教皇颇为所动。教徒等因痛斥反对者之无理由，请不经里斯本，径赴远东；又请于北圻、广南各派遣未奉化地主教（évêque in Partibus infideliam），直接代表教皇，不受果阿大主教及澳门、马剌加二主教之节制。教皇使四阁臣（Cardineaux）组织委员会讨论此问题，结果允可。②葡萄牙仍反对教皇之决议，直至顺治十八年（1661），果阿尚得葡王明令敕捉法国来印度诸地之教徒，遇有便船，即送至葡萄牙。③观葡忌法之深，可以知宗教与培殖政治经济势力之关系矣。

传教计划既定，次年（1658）Pallu 与 P. de la Motte-Lambert 二人被任为主教。Pallu 为"噎利阿波利主教"（évêque de Héliapolis），de la Motte-Lambert 为"被利德主教"（évêque de Béryte），同时异域传教会（La Société des Missions Etrangères）亦成立。后二年 Ignace Cotolendi 被任为"梅德乐波利主教"（évêque de Métellopolis），满三人之数。于康熙元年（1662）前，各首途赴任，教士随往者共十一人，途中死者六人，Cotolendi 与焉。④ de la Motte-Lambert 以顺治十七年出发，次年抵暹罗，即与葡人发生龃龉，葡人不承认其主教之号，且谋拘禁之，不得已，乃遣其徒 de Bourges 申诉情形于教皇，且求增加其权力，尽辖白古

---

① Maybon, 42.
② Ibid., 43-44.
③ Ibid., 44, note 1.
④ Ibid., 49.

(Pégon)、暹罗、柬埔寨、占婆诸国。康熙三年 Pallu 亦至暹罗,闻安南排教甚烈,因暂居暹罗,遣 Cotolendi 之徒曰 Chevreuil 者先往广南,于其年闰六月二日(7月24日),至会安铺,实异域传教会徒来广南之第一人。然不久以排教之烈,及葡人百计之破坏谗毁,被迫离广南。① 至康熙五年(1666)重来此土,且携一教士(A. Hainques)与俱,留之于广南,而只身入柬埔寨,为葡人执送澳门,囚五月,又送果阿交教会法廷审问,在桎梏中又经年,教皇虽宣告果阿法廷之决议为无效,而 Chevreuil 受此折磨,精力俱惫矣。② Hainques 在广南亦备受葡人之刁难,于罗马教徒前则斥为"欺骗者"(imposteur),于广南王前则斥为幸灾生事外人刺谍,幸贤王阮福濒宽仁大度,始得无事,然后数年(1671)竟被毒死。③ 其时入北圻(即安南)者为 Cotolendi 之徒 François Deydier。安南郑柞已严令禁外国教徒,Deydier 乃易舟子衣入境,渐与本地教徒往来,时康熙五年也。Pallu 乃决计返欧,极力设法,谋使教皇钦派牧师之职权得以明白独立,不受葡人掣肘。de la Motte-Lambert 则偕 de Bourges 及另一教士赴北圻,视察后即返暹罗。时广南传教情形愈坏,de la Motte-Lambert 乃以书致贤王,并遗以珍物。贤王喜,乃许异域传教会诸教士在广南居住,并立礼堂。Pallu 在罗马交涉,亦满意而回。路易十四世且使携书与礼物遗暹罗王 Phra Naret,王甚悦,待之礼貌有加。时 Deydier 与 de Bourges 在越南黎嘉宗(维裪)朝,受遇亦甚渥,招 Pallu 往,途中舟遇风,漂至菲利滨(1674),适西班牙与法国有战事,遂为西

---

① Maybon, 45.
② Ibid., 46.
③ Ibid.

人所执。de la Motte-Lambert 后二年赴广南，至富春，巡行北部诸省，视察毕事，将返，贤王盛宴饯之，许以国中传教自由。于是法国异域传教会在安南与广南之势力始稳固。Pallu 虽身遭不幸，然其在罗马交涉结果，划远东教会地域为六区，一中国北部六省，二中国南部九省，三安南，四老挝，五广南（暹罗、占婆属焉），六日本。传教之组织，益为严密。法国在印度支那宗教侵略之基础，于是渐以成立。①

然安南与广南之君相，皆深忌教士，时施虐杀，《澳门记略》云："……昔西人有行教于安南者，举国惑之，王患之，逐其人，立二帜于郊下，令曰：从吾者宥之，立赤帜下；否则立白帜下，立杀之。竟无一人赤帜下者，王怒，燃炮杀之尽。至今不与西洋通市，至则举大炮击之，西人亦卒不敢往。"②此书所纪出自传闻，未免张大其词。且不载年月，难于考证。然根据当时教士记载，则自 1712（康熙五十一年）至 1773（乾隆三十八年）六十年间，安南宣布严禁教士传教者五次，③屠杀耶稣会徒者二次，④屠杀多明我教徒（Dominicans）者亦二次。⑤广南虽较宽纵，然 1724 年明王（阮福澍）下令驱逐教士，禁民入教，1750 年武王（阮福阔）又摈斥外人在国内传教者，大索教士，执二十八人下狱。于是诸国教士多视越南为畏途。独法国之异域传教会，百折不挠，极愿在印度支那赓续既成之功。罗马与法国政府皆劝该会移其力于北

---

① Maybon, 47–50.
② 《澳门记略》下卷，第 53 页。
③ 1712、1721、1737、1745、1773。
④ 1723、1737。
⑤ 1745、1773。上均见 *Lettres édifiantes et curieuses*, XVI, 27, 69, 180。

京、波斯、本地治里等处，该会皆辞谢不肯，反请悉力担任安南、广南诸地传教事业。① 法人因得垄断此数地势力，更以经济、政治之侵略继之，卒使东亚胄古国沦为西欧哥卢（Gaul）民族之赘地。悲哉。故谓使法终有越南者，异域传教会之功，非过语也。

（二）法越经济之接触

　　法国在越南经营商业，在英、荷后，更远不及葡萄牙人。② 在十七世纪初年，远东商业为荷、葡、英三国所把持，更称雄长。法国虽于万历三十年（1602）已有商舰至远东，然较此三国望尘莫及。万历三十七年（1609），法亦有人提议以四万万克郎（crowns）组织公司，以谋发展东方贸易。结果以荷兰态度不佳，不敢实行。③ 后五十年（1660）传教事业渐盛，法、葡有违言，法教士不能赴里斯本乘葡舟前往远东。而荷人忌法亦深，不愿以其舟载法教士。法迫不得已，乃谋成立公司，自备船舰，以免仰人鼻息。于是 Rouen 地大富豪 Fermanel 出任一切，详慎计划，征集资本，并拟草章程二十三条。其宗旨为通商、传教，双管齐下，公司派遣主教等赴安南、广南、中国各地口岸宣传，而主教之职务于传教外并监视公司之基金，不使销蚀，督促公司职员，使于

---

① Maybon, 143.
② Birdwood 谓葡人至广南通商（"établirent leur commerce"）约在1540年，在其第一次至中国后二十六年。见 Cordier, "L'arrivée des Portugais en Chine", *T'oung Pao*, 1911, 483 ff。
③ *Cambridge Modern History*, Ⅳ.

商务之金钱出入，备有完善簿记，如职员遇有临时特别费用，可请主教拨付。① 依此则公司兼具宗教、经济之性质，主教兼行牧师与买办之职务，事奇而谋亦狡矣。

当此之时，法人于安南，无寸尺之凭借，越闭关自守，无所求于外人，视教士等之宣传异说，淆惑听闻，尤深恶痛绝。而英、葡、荷等国，视远东为禁脔，不容法国分尝。果法国于安南之经营，专以传教为目的，不及其他，则此数国，尚不至剧烈反对。若汲汲于扩张经济势力，妨及三国利益，则非力排去之不止。故法国欲在安南传教、通商，其计划为英、葡、荷、越四国所共同反对。而反对之中，越尚可勉容通商，英、葡、荷尚可勉容传教。② 故法在欧之宣传，则以传教之名，蔽通商之实，于越南之交涉则谋以通商之体，施传教之用。③ 不幸事机不密，为荷所窥破，极力反对。法全部计划，因以失败。无何，法异域传教会教士相继至远东。de la Motte-Lambert 于1669年8月第一次以法舰抵北圻时，安南排教正烈，于洋船抵码头时，常派员视船中有否匿载教士，盘问甚严。氏乃自称为法国东印度公司代表，来安南谋设侨行，复经郑柦所用阉人极力疏通，言与法通商之利，始得登陆。④ Pallu更极力劝东印度公司注意安南，谓传教、通商并行不悖，又致书于东印度公司经理Colbert请其派遣董事规设侨行于安南，为应有之准备，至少须到安南一次。并云，此举极有利于公司。⑤ 公

---

① Maybon, 76–77.
② 前三年葡反对法遣教士至远东，其理由即恐法之借传教为名，暗增势力。
③ 见下文。
④ Maybon, 77–78.
⑤ Ibid., 79.

司不能用其言。英人或讥之曰:"法人以通商为名,偷引教士,其言不绝口之商船,迄今未见其来也。"① 至十八世纪初年,安南对欧贸易大形减少,英与荷兰均决然舍去,仅有葡萄牙商船揭来于安南、澳门之间,稍资点缀,于是法国教士与商人等乃思乘机继起,攘取安南商业。原西人在安南贸易所以忽然不振者,其故有三。安南初与广南交兵,多借力外人充行伍,安南多用荷人,广南多用葡人,故外人在二国颇受崇渥待遇,势力亦厚。② 至十七世纪后叶,两国息兵无事,不复借重外人。又商贾贸易,时有纠纷,感情日劣,而排教之风大盛,外人因多引去,势力自衰,此一也。广州开为通商口岸,外人多弃地瘠民贫之安南,而就中国。广州商业日盛,安南商业日衰,此二也。安南君相之贪剥夺商人,使裹足不敢前,此三也。加以各国商人之互相嫉忌,宗教派别之互相排挤,结果乃两败俱伤,而法国收渔人之利。

  法东印度公司经教士等之极力劝诱,久蓄意于安南。于1686年,派买办 Véret 至广南调查,觅适当之地设立侨行,Véret 以昆仑群岛复命,谓此地为中国、北圻、澳门、菲利滨、广南各处航行必经之地,商贾辐凑,即英、荷等国,自印度群岛至中国海贸易亦必借径于此。③ 不幸战事骤起,④ 法为欧洲"大同盟"所困,苦战十年,疮痍未复,而"西班牙承继战争"⑤ 又起。法已有之殖民地(如新苏格底亚、哈德孙流域地),大半丧失,更无力东顾。

---

  ① Maybon, "Une factorie anglaise", in *B. E. F. E. O.*, 1910, 203, note.
  ② 据 Rhodes, *Tunchinensis historiae* 则明末抗清,亦曾借重葡人之力。安南见葡人为广南用,乃疏忌之。(见 Maybon, *Histoire...*, 93-97)
  ③ Maybon, 151, 按 Véret 或作 Verret, 误。
  ④ 即 War of the Palatinate (1688-1697)。
  ⑤ 1701—1714。

Véret 之议，遂不果行。①

自是停顿三十余年（1721），东印度公司始申前议，使 Renault② 再往考察。氏之报告于 1723 年 6 月呈交公司董事部，力纠 Véret 原议之不当，谓昆仑岛地极贫瘠，人民稀少，英国曾得此岛，旋复弃之，若法于此出巨资，求新发展，恐得不偿失。时适广州商人设立商行制度，划一对外人贸易之物价，垄断操纵，外商苦之。③ 而两广总督与海关监督皆贪索无厌，于是诸国商人皆思于广州外另觅一地通商，或拟厦门，或拟宁波，而法国则特注意广南。④ 因此法东印度公司于通商广南之计划，更不得不极力进行，不久 Dupleix 任法印度总督（1741），雄心勃然，有推广商业囊括印度之志，法商人 de Rothe 于 1744 年自广州赁一葡船使 Frielle 至广南调查该地商业情形，并请广南许其每年派舰前来贸易，且求减轻税率。广南武王待之甚优，交涉结果亦圆满。然 de Rothe 苦无法船可用，乃复使 Frielle 赴本地治里见印度总督求助。Frielle 为总督甥，而通商广南之谋，又适中其夙愿。总督大悦，即命造一舰备用。不幸英法战事又起，议仍暂置不行。四年后和约成。⑤ 始派前驻广州买办 Dumond 赴广南。⑥ 又数年，白古与缅甸争地，白古力弱，求援于法。印度总督见法国向东发展侵略印

---

① Véret 至广南前二年，公司已使 Chappelain 至北圻设立侨行，但此行性质仍系注重暗中传教，不久倒闭，无何重要。见 Maybon, "Une factorie...", 203, note。又 Chappelain 或作 Chappalier，误。

② Renault 或作 Renauly，误。

③ Cordier, "Les Marchands hanists de Canton", *T'oung Pao*, 1902, 281.

④ Ibid., 286.

⑤ 1748, Peace of Aix-la-Chapelle.

⑥ Maybon, *Histoire*..., 156-157.

度支那之机已至，乃一面使其部将 Bruno 往白古探视情形，一面请示于印度公司。自 1750 年正月至次年二月连提草案五次之多。① 然东印度公司恐与英国冲突，不允所请，劝之改图白古境南之地。总督原与白古订攻守同盟之约，公司则谓不论攻守之同盟，不论与白古之旧君或篡逆之新党为约，均非所愿。② 其政策乃不果行。

然是后法政府亦颇注意安南，有 Pierre Poivre 者，曾游历远东，归为一详细报告，述广南之地理政教，广陈通商之利。③ 于是东印度公司乃决派 Poivre 再往远东，其任务有二。一于广南求通商设立侨行，一赴马剌加等处搜罗各种香料携归种巴黎近地（L'Isle de France）以打破荷兰之专利。④ Poivre 于 1749 年 6 月 21 日至本地治里，Dupleix 见其来突然，甚不悦。盖其素所经营之计划，处心积虑数十年者，公司一旦任以他人，且事前毫未与己计议，意极不平。⑤ 多方与 Poivre 为难，然终不敢获罪公司，乃备船使去。于 8 月 29 日至会安。⑥ 其时适遇雨季，商旅极少，而华船七十四只，已将该年广南输出货物，大半囊括以去，几无可市之货物，法大失所望。Poivre 乃以所携礼物遗武王。王锡以通商特证（Lettres Patentes），于国内各地可任意贸易无须纳税，且许设立侨行。然 Poivre

---

① A. Martineau, *Dupleix et l'Indo-Chine Française*, Ⅳ, 450.
② Ibid., 451.
③ 此报告 Cordier 刊于 *Revue d'extrême orient*, 1883, 324。
④ Cordier, *Mélange d'Histoire et de Géographie Orientales*, Ⅲ, 60, 66 (Voyage de Pierre Poivre).
⑤ Pierre Poivre 致公司秘密委员会书云："M. Dupleix après les Premiers intérrogatoires au sujet de notre voyage, dont il ignorait absolument l'objet, s'est beaucoup recrié sur ce qu'on ne l'avait pas consulté avant de former l'entreprise."——Maybon, 160, note 2.
⑥ Cordier, *Mélange...*, Ⅲ, 75, note 3.

见广南政治之混乱，君主之贪索无厌，人民之穷困，知于此地通商，烦难正多，乃告东印度公司曰："公司欲立侨行于广南，并求巩固之设施，以利商业。非采取有效方法，使人畏惧不可。"夫有效方法惟何，一言以蔽之，政治侵略是已。Poivre 为哲学家、旅行家，而为法国一倡发展经济势力于安南，再倡以政治势力保障此经济势力之发展，实有过人之见。Cordier 以 Poivre 之航行至广南为法越关系之真正开始，并非过语。自氏至越南后，法国教士商人倡在越设立侨行之计划者，风起云涌。① 无何英国在印度大获胜利，订《巴黎条约》。法国东印度公司亦于 1769 年解散。各种计划，限于时势，均未克实现。虽然，此时法舆论界中，蓄失之东隅收之桑榆之志者，颇有人在。取越偿印与英对抗之计，实萌芽于路易十五世之末叶。当时论者谓："今日幸免于英吉利之觊觎者，仅印度支那耳。然孰敢信英吉利人之终不蓄意此地。若英人之下决心先于法人，则法人惟有永远被排斥而已。"② 观此可知法蓄意越南为时之久且远，中经若干之挫折，历无数之困苦，沉静迈进，辛苦缔造，以终底于成。反之，越南君相醉生梦死，中国政府泄沓游移，坐困二竖，不及早谋补救，此可为长太息者也。

（三）法国通越交涉之失败（1777—1825）

无何安南有西山之乱，予法国以可乘之机。广南睿宗福淳自

---

① 如 l'Abbé de Saint-Phalle 之计划（1733），P. Leroux 之计划（1755）。见 Hanoteaux et Martineau, *Histoire des Colonies Françaises*, V, 343。

② Ibid., 引 *Reflexions politiques et secrets*。

富春逃奔南徼，固守无援，乾隆四十二年（1777）被弑于阮文惠。其从子福映①（后嘉隆王）奔柴棍。或云法国达特兰主教（évêque d'Adran）潜匿之，得免于难。四十九年（1784）福映被迫逃暹罗，又遇达特兰于途，以其幼子托之，因云暹罗愿出兵助其复国，但暹非有所爱于广南，实利其子女玉帛耳。②于是达特兰乃说王求援法国，王听之。便携世子俱行。至本地治里谒法总督，总督以兵力不足辞。使竟赴法自请。遂以乾隆五十二年（1787）抵法之凡尔赛。③法王路易十六世于劳师远征之举，颇犹豫不决，使达特兰详陈其利害，达特兰乃说之曰：④

今印度之政治大势操于英，权衡已失其平，恢复之甚难也。为目下计莫若建设新势力于广南，此最切实易行。试观交阯物产之富，海港位置之良，据其地者，有事无事，皆可坐收大利，其理甚明。夫得广南有六利焉。欲制英于亚洲，则最便之策，莫如摧毁其商业，我据一地近中国，平时则以道路之便、运输之廉，使中国商旅弃喀儿喀塔（Calcutta）、马都拉斯（Madras）而争趋广南法之口岸，可以揽中国之商业，其利一也。战时则以地位港口之优良，使海军巡视各海峡，可以断绝吾敌与中国之贸易，其利二也。广南诸港可避泊船舰，修理易而价廉，且森林茂盛，可供制造新船，其利三也。广南可以日

---

① 按福映原名种，见《圣武记》，及"Documents relatifs a l'époque de Gia-Long", *B. E. F. E. O.*, XXII, 1922, no.7, 17。
② Gundry, *China and Her Neighbours*, 75.
③ Ibid.
④ Ibid.

用必需之品及粮食，供给法远东舰队及诸殖民地，其利四也。危急时可招引当地之人，充军队船员之用，其利五也。据形胜之地防英国谋扩地达亚洲东海岸，戢其野心，其利六也。然此尚指目前之利而言。至于交阯本地天然物产之富，及自交阯辟商路以抵中国之腹部，开发其富源，利在后世，非一朝一夕之事矣。

达特兰之议论，以对英为主体，故易动法国之心，路易乃许与议约。约成于乾隆五十二年十月十九日（西历1787年11月28日），法方代表为de Montmorin，越方代表为达特兰主教，法许尽力①助广南王复国，派军舰步兵一千二百人，炮兵二百人，杂兵二百五十人赴广南。②广南王则割广南港及昆仑岛以为酬谢。③港之所有权兼属于法越二王，法人得于岸上设立航商业所应有之居地，修造船舰，港之警备则以另约定之。④法国人民与广南人民有通商之完全自由，他人民不得均沾，法国人民如有广南港司令官之护照，可以自由往来居留，以便商业，不得有所阻碍，亦不得苛以赋税。除本国之法律所禁止之货物外，一切货物皆可自由运输出入，其所纳之出口税与入口税，不得超于本国人民。他国商船军舰非悬法国旗帜或带有法国护照者，不许入广南港。⑤法新得之两岛如有危险，或法国与欧洲、亚洲任何国家有战事时，广

---

① de la manière la plus efficace 约文第一条。
② 第二条。
③ 第三、五条。
④ 第四条。
⑤ 第六条。

南当助以兵丁、船员、粮食、船舰。①但本约须经两国国王批准交换方为有效。②此外又有专条规定上约所云之岸上居地。地之所有权与管理权、警察权均属法王，以免困难。但不得收留广南罪人，应引渡于地方官吏。至于法国之遁逃者，广南引渡之，交广南港或昆仑岛之司令官。③观此约之内容不但为法越攻守同盟，法国在安南所应享之经济特权，亦可惊人。且明文规定法越人民通商之自由，他国不得均沾，法与任何国家交战，广南均有相助之义务，使此约果经批准而成立，则岂待后日之《何罗梏条约》（Harmand treaty）而越社始屋哉？安邺（François Garnier）谓嘉隆王引狼入室而不自知，④信矣。约既成，达特兰主教返至本地治里。时法廷已下令使印度总督⑤治军舰四艘，卒千六百人，及野战炮队若干援广南，⑥而总督迟迟不应命。英人 Barrow 谓其时总督有姬甚宠，达特兰主教到印，遍谒诸贵夫人，独遗此姬，姬怒尼总署使不果遣兵。⑦然此实附会之说，不可靠。时法政府于用兵事主慎重，故订约后五日，即密谕总督使"审时势决完全取消或暂缓在越之军事行动"，且告以财政之困难，态度甚决，故总督坚拒达特兰主教之请出兵。⑧主教无奈，结果幸当地法人自告奋勇，治两舰以为远征之举，军火费用均出自私人，印度总督仅派一军舰

---

① de la manière la plus efficace 约文第八条。
② 第十条。
③ 见 article séparé；上均见 Maybon, 409–411。
④ Norman, *Tonkin, or France in the Far East*, 42.
⑤ le comte de Conway.
⑥ Gundry, 80.
⑦ Cordier, *Histoire des Relations...*, II, 200.（按 Maybon, 240, note 1 已驳此说）
⑧ Hanoteaux et Martineau, V, 331–332.

护送了责。① 达特兰等以乾隆五十四年（1789）抵柴棍。② 是岁法国大革命起，路易十六救死不暇，何遑顾及远东？然达特兰主教所部多法国旧日将校，助阮氏克复旧业，功勋懋著。其中又有专习机械工程者，为阮氏筑柴棍、河内两城，并依富春江岸营炮垒。嘉庆七年（1802），福映于二十七日中收北圻全地，不可谓非法人之力也。③

  法人每言及其于印度交阯享有特殊权利，辄引《凡尔赛约》为根据。④ 然约文第十条明言须经批准交换方为有效，今手续未完全，约文于法律上为未成立，理至明也。即使条约已完全成立，法国政府拒绝履行其派遣军队兵舰之规定，则依国际公法，越南无单独履行条约之义务。观1870年俄国政府宣布废弃《巴黎条约》关于黑海中立规定，其理由即以订约各国（英、美、奥、德、法）皆不守约文，屡以种种口实使战舰通过海峡或使舰队侵入黑海。⑤ 依国际公法，凡条约中关于主要目的之规定，或关于数主要目的中一目的之规定，有一方不履行，则他方可借以免除履行约中之义务。⑥ 今广南国破，求救于法，约中之主要目的，不外求法以兵相助，法既不能履行此规定，则全约自等废纸。福映复国，虽多借法将士之力，然此辈皆自愿奋勇，与法政府无直接关系，

---

 ① Hanoteaux et Martineau, V, 331–332.
 ② 时福映已克复农耐。
 ③ Cordier, loc. cit.
 ④ Gundry, 78.
 ⑤ Hertslet, *Map of Europe by Treaty*, Ⅲ, 1895.
 ⑥ Hall, *International Law* (6th ed.), 344: "There can be no question that the breach of a sitpulation which is material to the main object, or if there are several, to one of the main objects, liberates the other than that committing the breach from the obligations of the contract."

与清灭太平军之用戈登、德克碑、华尔等同耳，酬以财货，隆以爵位，①报不为不厚矣，至于特殊权利，法国固无享受之理由，不待论也。

法国既不肯履行《凡尔赛条约》出兵助广南，达特兰即将越南王福映来信之译文，致法国外交部，谢路易十六同情越南之盛意，告以印度总督未照法政府所许发兵相助，且云："赖臣民爱戴之力，已恢复国土之大半，水陆之军，均颇充裕，今无所求于法矣。"此信于次年（1791）抵巴黎。法国务院于三月十三日（4月15日）开会讨论此事。有Charpentier de Cossigny者谓目前不必重提拒越求助之得失，应讨论与越南诸国通商之利害。前此一年本地治里代表Louis Manneron于法国制宪议会（L'Assemblée Constituante）中，对广南问题亦发表议论，斥法国外交部长之无能，"伤害国家商业利益，为向所未见"。且云："越南人民之爱戴，已使其君复得位，法国政府不获预此事之光荣也。尚幸达特兰主教，辨明政府政策与全国利害之分，极力以其信用、智能、资财，谋于一人口繁盛、港口优良、握印度支那枢纽之国家，为我国得所希望之利益。"②皆力促法政府注意越南，而政府未遑也。法在远东之商业，至是尽绝矣。嘉庆二年（1797）Larcher舰长建议于董理政府（Directoire）云："……法兰西共和国当极力推设殖民地符合于其主义者，同时宜阻止英国之计划有害于世界人民者。"遂倡法与西班牙合作，设立殖民地于菲利滨之策。因及越南之情形，达特兰主教之勋业，及殖民之利。言曰："……若法国于此数百

---

① Cordier, II, 251.
② Maybon, 389.

年中，将有所建设，……果法稍为将来着想，则吾以为此三十余年海上阅历航行所产生之见解，不至无一考虑之价值。"① 越四年（1801）Charpentier de Cossigny 又提报告书曰："……法国以其战胜之威，拓广疆土于欧陆之上，然国外贸易锐减，远不若英国之骎骎日上也。夫欲跻共和国于强盛之地位，以适合其广大之土地，光荣之历史，……则亟宜寻觅新地开展以益商业。诚若是则越南之国地广物博，诚吾所取资者。"又云："若谋取越南则一战舰载炮四十门，一帆船载一全权大使携一纸同盟通商亲善条约，力已足矣。"拿破仑批其书曰："交海军部议使告我该部对此书之意见。"②翌年《亚米恩条约》（traité d'Amiens）成立（1802），法国恢复其战争所失之属地，于是 Decaen 将军受命远征以复好望角以东法之旧属。有 F. Renouard de Sainte-Croix 者至澳门，遇阮福映部下旧法将 Jean-Maire Dayot 与谈及越南事，Dayot 因历陈越南近状，谓法国可修好于越南，有事时足资臂助。后又以书抵之曰："……殖民于越南，一通商领事之力足矣，既无争端亦不至有争端，何所损于政府而不为乎？……"又云："果法政府能决从其言，则渠熟谙越南情形，又得越南王之信任，必有以自效于宗国。"③ 嘉庆十二年（1807）de Sainte-Croix 回法见外交部长 de Champagny，献 Dayot 所赠地图，并转达其意。部长遂以告拿破仑谓 Dayot 为法国忠义国民，以驻广南领事之职畀之，似无不妥。④ Dayot 之议，

---

① Cordier, "La France et l'Augleterre en Indo-Chine et en Chine sous le Premier Empire", *T'oung Pao*, 1930, 201–227.
② Ibid.
③ Ibid., 220–221.
④ Ibid., 222.

大旨谓法于菲利滨、越南殖民，可以摧残英国商业，拿破仑听之，颇为动心。然卒以欧洲政治、外交、军事种种之掣肘，计划迄未实现，直至1815之"百日时期"（Les Cent Jours）尚有人献策通商苏门达拉、马来海岸、越南、婆罗洲、菲利滨群岛及中国者。① 政府交印度总督议，又为战事所遏，不果行。故在大革命时期内，法实无力及越南，然非遂忘情于此也。

法国复辟之后，路易第十八世，励志继绳祖武，其于越南，尽反拿破仑时政府冷淡之态度，而努力求发展。适 de Richelieu 公爵为政，亦以恢复法国在远东之利益为当务之急。君相合作，壁垒一新，时法人在越廷者尚有 J. B. Chaigneau 一人，法相乃以书致之，曰："……我国行海者，多倡议前赴越南，或竟前往，政府亦极力提倡奖掖此等尝试事业，望其能为法国成立永久巩固之商业于此国也。足下当能赞谅政府之目标，尽力辅助我国行海者初次之经营，再为确切报告，使仆于将来知有更佳之方法，以达到此目的，与越南设立永久不断之商业。"② 于是法越关系颇有更新之象。时（1816）波尔多（Bordeaux）商会有赴中国贸易之计划，使其经理至巴黎，商借军舰以送货物，法海军部许之，令纳费若干。③ 而海关监督亦宣告减轻货物出口税，以奖励恢复远东贸易之尝试。④ 次年东方商会（La Chambre de Commerce de l'Orient）

---

① Cordier, "La Reprise des Rélations de la France avec l'Annam sous la Restauration", *T'oung Pao*, 1903, 286, or *Mélange d'Histoire et de Géographie Orientales*, Ⅲ, 172.

② Cordier, "Le Consulat de France à Hué sous la Restauration", *Revue d'extrême orient*, 1883, *Mélanges...*, Ⅲ, 236.

③ Cordier, "La Reprise...", 184–187.

④ Ibid., 188–189.

亦上书于法国内务部长，言"法必须于越南等地通商，既可取原料之供亿，又可为货物之市场，盖越南密迩中国、柬埔寨、安南、暹罗、菲利滨。其本国之出产，与其邻国之出产，皆为商业上珍贵原料。其国又为欧洲输出印度、东亚各处货物之尾闾，而越南政府极欢迎法国有商业领事来驻其地"。① 议者纷起，多自荐愿任驻广南领事者。法相已决用 Chaigneau，故均置不理。②

法既决与越南恢复通商。1817 年遣两舰前往。其所历之航路，多已三十年不见法国旗帜者。以恢复商业之精神而论，殊值纪念，然以商业本身之成败而论，则结果不甚圆满。盖两船之大班，阅历均浅，所携之货物，多不能售出。越南王福映乃命以所纳关税悉数退还之，且加劝慰。③ 后二年（1819）法又遣两舰赴之。此次结果甚佳，时 Chaigneau 久客思乡，且欲有以报命于法相。乃请于福映乞假回国，福映许之，给假三年。④ 即乘来舰归国。至法时（1820）de Richelieu 已去位，德喀斯（Decazes）继职，即命 Chaigneau 为法驻越南领事。⑤ 使（一）以国使（L'agent de France）资格，驻越南。奉法王国书立于越南王之朝，（二）以领事资格处理法国侨民之事务，其委任状（Commission）亦由国王直接授与，（三）以钦差大臣（Commissaire au Roi）资格，奉全权之命与越南商订通商条约。⑥ 委任之专，职务之巨，为法越关系

---

① Cordier, "La Reprise...", 192–193.
② Ibid., 193–210.
③ Cordier, "Bordeaux et la Cochine-Chine sous la Restauration", *T'oung Pao*, 1904, 303.
④ Cordier, "Le Consulat...", in *Mélanges...*, Ⅲ, 220.
⑤ Ibid., 212–213.
⑥ Ibid., 231–294.

前此所未有。所惜者 Chaigneau 再度抵越时，嘉隆王早卒。继位新君①，蓄意绝法，淡然接之，其为法所求种种利益，一概拒绝，法欲订约，则以恐惹英国注意为词拒之。②且云越南人民不能往法贸易，法之人民已能在越南自由贸易，订约何用？③法乃再遣 Baron de Bourgainville 为驻越南公使，至顺化，王坚拒受其国书，云不晓其文字，强词绝之，亦不受法王所遗礼物。④ Chaigneau 计穷，乃离顺化赴柴棍（1824），不久回国，其子 E. L. Chaigneau 任副领事，代理其事，无何亦去。⑤法之通越政策，至是全告失败。

（四）支那交阯殖民地之成立

越南明命（1820—1841）、绍治（1841—1847）两朝，尽反嘉隆亲法之政策，一意排外，屠杀教士。法政局亦变，路易·腓力即位，亦不注意于海外发展，视越南为无足轻重，其相 Guizot 亦谓法在欧洲、近东、非洲问题已极严重复杂，不可更于远东自寻烦恼负担。⑥自鸦片战争至法第二次共和成立，六年之间，法虽三次遣军干涉越南之排教，⑦然政府既无决心，政策自难贯彻，且兵力单弱，军来即去，越见其来则暂行就范，见其去则故态复萌，

---

① 即明命帝阮福皎。
② *Mélanges...*, Ⅲ, 292.
③ Gunry, *China and Her Neighbours*, 88.
④ *Mélanges...*, Ⅲ, 338.
⑤ Cordier, *Histoire des Relations de la Chine*, Ⅱ, 236.
⑥ Hanoteaux et Martineau, Ⅴ, 376.
⑦ 1843、1844、1847。

法无可如何也。至嗣德朝，变本加厉，杀戮愈多。此时拿破仑三世，亦尽更路易·腓力之态度，毅然以保护全世界罗马教徒之利益为己任，其远东政策之中心，亦不出此原则，观其日后肯与英联军，涉万里之重洋，以与华构兵，可以知之。故嗣德之排斥罗马教，乃为引法入越之阶。

咸丰六年十二月（1857年1月23日）法使 de Montignray 至越南谋议约，越南拒不纳，且谋以炮轰法舰。法军乃登陆占广南港诸垒，尽毁越炮。法使要求开港驻领，宽教禁。越南峻拒之。① 咸丰七年七月，越南又大杀教士。时法适准备大举犯华，移军攻越南固甚便，而西班牙以越屡虐杀其教士，乃与法联军问罪。八年七月二十三日（8月31日）法西联军舰队至广南港，有舰十四，卒三十*。Rigault de Genouilly 为统帅。翌日以最后通牒致广南港越军，越不应，法军乃攻陷之。然军力单弱，运输困难，又值雨季，而越预知法至，大修守备，直捣顺化，势不可能。② de Genouilly 乃谋南取柴棍，以为根本之地，留少数军队守广南港。于十二月晦（1859年2月2日）引兵南去。次年正月初七日（2月9日）至南圻之仝犯江（Dong Nai）口泊焉。③ 翌日舰队乃溯江上，沿途轰击，越垒皆烬。十五日（17日）五舰抵柴棍江面，悉众登陆。攻城数小时即陷之。获军火、粮食、器械、银钱无算。法军死伤约二百人。越廷知柴棍失，颇惧，有乞和意，法帅乃提四项要求如下：

---

① Hanoteaux et Martineau, V, 379–380.
* "卒三十"，"十"疑为"千"之误。——编者注
② Hanoteaux et Martineau, V, 381–383.
③ J. Bonet, *Dictionnaire Annamite-française*, II, 2.

绪论(上) 法国在越南势力权利之起源

（一）越南全国信教自由。

（二）所有港口完全开放，许欧人通商。

（三）割柴棍与法。

（四）越南承认法国在广南港之旧有权利。

此条件越廷视为太苛，坚拒之。广南港法守军少，越屡夜袭法军，疲困多伤。de Genouilly 乃于三月中身返驻守，自春徂夏，天渐暑，法军不胜烟瘴，疠疫盛行，更无力进取。法帅乃回国，以 Page 代将其军。然拿破仑三世，此时尚无意越南，观其畀 Page 训令，与越南订条约，不求割地，不求赔款，只求罗马教士得于越南自由传教，并于越南驻领三人，于顺化驻使一人已耳。① 越南见法军力弱，并此而不许也。咸丰十年，英法联军事起，法并力赴华，乃暂弃广南港。其留守柴棍之军，亦仅八百人，越益视为不足畏矣。②

时越大兵渐集，其大将阮知方将万余人与法对抗，屡有小战。九月英法与中国和议成，法将 Charner 乃谋悉大军赴南圻，十二月末，会于吴淞江出发。十一年正月十五日（1861 年 2 月 24 日）冲破越军营垒，追击北至边和（Bien-hoa），法舰则溯江西上，直至西宁（Tay-Ninh）。法军于十五日之间，大战五，小战十二。其柴棍南之越军则退至美萩（Mytho，即定祥府城）固守。美萩南临湄公河（即澜沧江），握南圻交通之枢纽，法军乃悉力攻之，三月初三日（4 月 12 日）城陷。法军乃以次北取边和，南略永隆

---

① Hanoteaux et Martineau, V, 384.

② Ibid., 383; Bouinais et Paulus, *L'Indo-Chine Française contemporaine*, Ⅰ, 8–11; Norman, *Tonkin...*, 34–39.

（Yinh-long）诸地。①南圻六省不被兵者仅河仙（Hatien）与安江（An-giang）耳。

越南知法军势强，非复昔比，而北圻有黎氏余孽之乱，不遑与法久持，乃遣使二人赴柴棍与法议约。同治元年（1862）四月二十七日（5月26日）越使至柴棍。五月初九日（6月5日）和约成。越许法、西两国人民在越传教（第二条）；越南割南圻之边和、嘉定、定祥三省地及昆仑岛予法，法国人民有自由航行湄公河之权（第三条）；越南如割地予他国，必先得法之同意（第四条）；越于北圻开港口三处许法、西人民通商（第五条）；赔款四百万元，分十年交清（第八条）；永隆、安江、河仙三省人民可在法属三省自由贸易，惟军火、军队等之输送，须全由海道（第十条）；法驻军永隆城砦，俟盗匪平靖后仍归还越南（第十一条）。②

此约第一次确定法国在越南政治经济宗教势力之根据，极可重视。然拿破仑三世实无侵略越南之一贯政策，此约成立之时，法正忙于远征墨西哥，其目的在于墨西哥建设一专制政府，以扩大拉丁民族之势力，计划甚大，当然无暇谋及远东之发展。且南圻方面法所用经费，1860年为六千万佛郎，次年为五千七百万，又次年为二千二百万，合计约一万四千万。于国家财政负担甚重。③故法国政府于越南问题，颇踌躇不决。而越廷于《柴棍条约》，极不满意。是年遣专使赴法请求修改，欲法交还三省，越南每年纳贡银二百万至三百万之数于法，或一次交清四千万为酬。

---

① L. Pallu, "La Campaigne de Cochinchine en 1861", in *Revue des Deux Mondes*, 1862, Ⅵ, 300–346.

② 条约原文见 Norman, 60–64; Bouinais et Paulus, Ⅱ, 746–749。

③ Hanoteaux et Martineau, Ⅴ, 389.

此与法国中持反殖民论者意见极相投。此辈表示可以接受。然其时海军部长谢师罗劳伯（de Chasseloup-Laubat）与 de Genouilly 极力反对放弃已得之权利，和之者如 Victor Duruy 等皆力向拿破仑陈述殖民地有利于法国经济之发展。于是反对殖民派与提倡殖民派之争论乃大起。直至1865年1月，法政府始正式宣布维持法越《柴棍条约》。或谓此时若反对者持论稍更坚决，又或主张维持殖民地者稍冷淡，法必失其下交阯殖民地而因是尽失其于极东将来一切之希望，① 非过语也。

法国中议论未定，海军部长已令特拉格郎提爱（de la Grandière）先向柬埔寨发展，谋与订约置诸法国保护之下。特拉格郎提爱未得政府之训令，即以草约迫柬埔寨国王承认。同治二年六月二十七日（1863年8月11日）约成。② 然柬埔寨本在越南、暹罗势力之下，直至1867年法与暹罗订约，柬埔寨不再朝贡暹罗，法之政治地位始臻巩固。越南见收复南圻三省绝望，乃暗利用叛徒与法为难，随剿随起，秩序大乱。特拉格郎提爱乃献策于政府并取南圻西南三省以绝乱根。时 Rigault de Genouilly 继为海军部长，劝拿破仑三世许之。同治六年五月初二日（6月17日）法军至永隆，越总督见力不敌，弃城去。初六日法陷州督（Chau-doc，即安江省城）。初八日陷河仙。尽有南圻六省之地。③

自法人通越以来，至是垂二百年，最初数十年间（1640—1680），法、葡宗教势力竞争于印度支那。法异域传教会以罗马教皇之推毂，教士进取之努力，渐排葡势，后来居上。此时活动最

---

① Hanoteaux et Martineau, V, 391.
② Ibid., 391–395; Bouinais et Paulus, I, 437–438.
③ Ibid., V, 396–397.

力者厥为教徒，法政府绝不预其事，是为异域传教会时代。广南、安南二国，同出中夏，风俗习惯，与耶教之信仰仪式格不相入。又君相多忌，恐外人之势力侵入，多主闭关自守，其态度与鸦片战事前之中国正相同。故教士之活动，常受种种限制，甚则排斥杀戮，最后则一体严禁。异域传教会计穷力尽，乃思托重通商，暗行传教。遂转而求援于东印度公司，以种种利益，说其赴越通商，于是 Chappelain、Véret 之辈，相继来越设立侨行。教士借通商为羽翼，厉行宣教之实；公司以传教为前茅，借收经济之利。教帜商舰，分途齐驱，互为声援。加以印度总督之虎视眈眈，欲借越南通商，减杀英人势力。法越关系之历史，乃自异域传教会时代，进而为东印度公司时代（1680—1787）矣。然越南地瘠民贫，商业不振，而兵连祸结，所在多虞。又君相残暴贪索，任意杀戮教士，封闭会堂，驱斥商人，没收货物。外人宗教经济势力，即极发达，经一朝一夕之摧残，可使濯然无余。教士、商人无时刻不在危险之中，故多思假政府之力量，以为其后盾。适法失印度，国中论议亦多主取偿于越，以期失之东隅，收之桑榆。①宰割越南之计，于是始萌。然法之所以迟迟未发者，一惧与英冲突，再恐鞭长莫及，三以无机可乘，故南北二国犹得安然对峙，处积薪之上而不觉火之将爇也。迨西山倡乱，福映召戎，法国政治势力，溃堤而进，几不可复遏。幸其国中多事，未遑东顾，所订条约，无力实行，拿破仑之雄图远略，亦为地域所限、时势所牵，不能畅所欲为。即路易十八之决振坠绪，亦不过派遣领事驻越已耳。此为暂时停顿时期，非法遂绝意于越也。明命、绍治两朝一

---

① Hanoteaux et Martineau, V, 345.

意排外，杀戮教士，而庸懦无能，战备不修，假法口实，使兴兵问罪，于是边和、嘉定、定祥三省尽入于法。永隆、河仙、安江接踵沦陷，法得支那交阯，以为凭借之地，北谋吞越通滇，然后交阯支那总督时期，继异域传教会与东印度公司时代而起，越难始亟矣。虽然，综观法在越南之发展，原以通商为急务，最初法无利其土地之意。且十九世纪中叶，欧洲列强均放弃土地侵略而谋实际通商之利益，殖民政策之不振，莫甚于此，顾法独于是时宰割南圻六省者，此全由于其将校之好事喜功，事出偶然，非其政府政策突然改变也。使此时越南能竭全力与法周旋，或中国以宗主之资格，一面出师干涉，胁之以势，一面于传教、通商二事，妥筹办法，喻之以理，则法之政府，或可知难而退，其国中反对侵略之议论，亦或能得势。惜越南既有阋墙之祸，无暇力争，中国亦困于内乱，时机坐失。使法于无意之中，一举手一投足，遂全得下交阯之地，以为其极东政治势力之根据，徐图发展，岂非天哉？

绪论(中)　北圻问题之由来

（一）澜沧江探测结果之失败
　　（同治五年至七年，1866—1868）

　　法既全有下交阯地，渐注意澜沧江（Mékong）之航路，谋入滇境，吸收中国西南诸省之商业，以支那交阯为其尾闾。计划甚大。当拿破仑三世于南圻诸省取舍未决之时，法国中悉愚政府维持既得之地位者，屡以澜沧之利为言。时法将 Charner 旧部有安邺（Francis Garnier）者，著《1864之法领支那交阯》，①极论法欲享有澜沧航行之利，不可不保有南圻。法海相谢师罗劳伯（Chasseloup-Laubat）力赞其议。②次年（同治四年），政府始决计不弃下交阯，又次年探测澜沧江之议始定，探测团亦成立。

　　先是，咸丰十一年（1861）英遣法游历家麻好（Henri Mouhot）从曼谷（《探路记》译彭高格）深入印度，曾探测澜沧江一段，自巴格拉衣（Paklaye）沿上流至郎拨拉彭（Luang Prabang）。中途积劳身故，事业未竟，且其所遗记载，以测具未备，所述诸

---
　　① *La Cochinchine Française en 1864.*
　　② Hanoteaux et Martineau, V, 397.《柬埔寨以北探路记》(后简称《探路记》)卷一，第16页。

多疑义。① 麻好以后，英法国人继起探测此江者颇众，皆无成效。同治三年，法海部始命交阯支那总督特拉格郎提爱（de la Grandière）简派探访人员。次年，总督以二等船主特拉格来（Doudart de Lagrée）应命。五年，乃组织探测团，使特拉格来总理其事。四月十二日（5月25日），总督以书诫特拉格来曰：②

探访湄江一役，前经尚书奏准奉派阁下总理其事，此役将来大有益于新藩各地格致学问，沿途一切应守规模，阁下当能知之，无烦多嘱。惟此番游历，实有要旨，务望阁下深心体会，转达于各员，俾不致负仆心意。前识湄江只自江口至省排桑袍而止，其外悉凭土俗谣传，旧志泛载不全。且古麻好游探，以郎拨拉彭为限，以上悉属渺茫，因其并未实测也。总之不得其源，所知仍如未知，然此乃远印度至大之江，关系非浅，其间壤地既广，古迹亦多，杂二十种方言，据亚细亚各人种相传，此中古时曾立富强之国，我人有志，岂不能浅试深尝，重拓古有之商务？况中国中境，土产饶腴，实与该地相接非遥，诚能就近诱通，功利莫可胜言。此事既关政教，亦涉新藩部利害机宜，察势揆情，存真灭惑，俾将来渐有设措，仆之愿也。阁下总理此役，责任匪轻，深入详探，愈远愈好，先溯干流，必及其源，次究沿途各方门户，如何能使腹里商务贯通于柬、安两国，是为至要。阁下非他员可比，故特谆谆嘱告，务必专心着眼。至随地考察事宜，就各员所长，择要记载，不必贪泥细事，久

---

① 《探路记》卷一，第14页。
② 同上，第17—18页。

稽时日，若天阴及人事阻隔之时，或可细考杂学也。

观此训令可知特拉格来探测团之主要目的，为探测澜沧江源，以谋促进中法之商务。其详细章程中有重要数款如下：①

一、历时久暂，进止远近，不能预限，要在熟知湄江上游山川情形、贸易道途耳。

一、向传湄江与扬子江并行，发源于西藏东北境，此系大约之辞，并无确据，此次必须究明。

一、测探之意，重在联络各方人情，故凡所过之地与民人交往，必敦友谊，启其敬爱，破其猜疑，必使远人咸识我等，并无恶意，实为开化地方，教以富强之术。

一、护卫之人，必须严行约束，毋施横暴，毋逞恶习，贻诮客中，毋藐视地方国法，毋轻贱各教门所信。

一、与各酋长往来，须有慷慨稳重气象，遇事公正涵容，必使远民交相敬服，曰：此富强大国之使也。盖将来能得通商交涉，此次即是始基，人心之钦服藐忽，大有关系，慎之慎之。

该团组织严密，纪律綦严，专员亦多。特拉格来为总办，安邺（《探路记》译为晃西士加尼）为帮办。四月十九日（6月1日）成立，二十三日（5日）自柴棍出发，至柬埔寨，先探测盎高尔（Angcor）一带。五月下旬折返柬埔寨都城，柬王遇之甚渥。②

---

① 《探路记》卷一，第24—25页。
② 同上，卷二，第3页。

二十五日（7月7日），自柬都启行，越二日至克胜氏（Kratié），以桑泡尔（Sombor）江流急，炮轮年久锈蚀，不敢冒险北溯，乃遣之回柴棍，易民船前进。①历尽艰辛险阻，八月初三日（9月11日），抵排沙格（Bassak），②更前进至乌旁（Ubon），使团员特拉巴尔脱（Delaporte）循士蒙河（Semun R.）东行，折北上，以察巴格蒙（Pakmun）、格马兰（Kémarat）间之澜沧江路，余众俱于十二月十五日，由陆路自乌旁直趋格马兰。③据特拉巴尔脱报告，此段江路，较前更险，水流甚急，多大礁石，探测团继进至呼登（Huten）、文湘（Vien Chan），航行愈难。次年三月下旬（4月28日），始至郎拨拉彭（南掌国都）憩焉。④

自郎拨拉彭至华境，有三路可行，一即直溯澜沧而上，路最远，涉入甸境，不得阿瓦护照，恐有阻碍。二系直北循湄江左支囊呼一流，而抵云南边境。此路较近，然离江渐远，必至云南界始能重接江流。三则穿北圻、中圻两界中，抵中国之广西。特拉格来主第二路。安邺则力持第一路，谓不历全江，不抵源头，终违本旨。特拉格来踌躇再四，卒从其言。⑤越缅甸及十三版纳（《探路记》译音为稀桑邦囊）地，于九月二十一日（10月18日）抵思茅境，风霜劳顿，十有八月矣。⑥至是法探测团乃决弃澜沧江而直入云南。特拉格来函告交阯支那总督谓中途放弃澜沧江，自为不得已之举，惟澜沧之不适于航行，已不成问题，自二十度以上，

---

① 《探路记》卷二，第5页。
② 同上，第18页。
③ 同上，卷三，第14页。
④ 同上，卷四，第14页。
⑤ 同上，卷五，第1页。
⑥ 同上，卷六，第5页。

舟行已极困难也。①

探测团自思茅前赴临安，使安邺探元江（即红江之上流）。据特拉格来报告，安邺以土人态度叵测，仅前行百余里，即折赴临安。特拉格来于同治七年二月十九（3月12日），死于东川。安邺代为总办，陆行至叙州，乃附舟东下，以闰四月二十日（6月12日）抵上海，五月初十日（29日）复返柴棍。②

特拉格来探测团调查之结果，最重要者，一为证明澜沧江之不适于航行。又其一则证实红江为华越交通之要道。特拉格来告支那交阯总督云："自临安东南行六日，可抵蛮耗，自蛮耗遵红江可行至海。"氏自诩此道之证实，为其旅行最重要结果之一。安邺亦谓欲通此路，可设法弭除越南政府之阻碍，当不至甚难。③ 又谓由东京、北圻谷中开辟商路以与中国南省通商，此为法人在东方最要之事。④ 盖自同治七年（1868）而后，法人遂移其注意澜沧江之目光，以虎视北圻，法越问题愈形棘手矣。

（二）堵布益开放红江之企图

澜沧通航失败，元江探测未竟，溯红江之全流，为法确定滇越交通之孔道，以促成其吞噬北圻之谋者，则堵布益（Jean Dupuis）之力也。堵布益本法商人，咸丰十年，英法联军北犯时，侨

---

① Hanoteaux et Martineau, V, 400.
② 详见《探路记》卷七。
③ Hanoteaux et Martineau, loc. cit.
④ 《探路记》卷八，第28页。本节译名皆沿用《探路记》，其误者正之。

居上海。《北京条约》成立后，欧西各国在华商业势力日增，堵亦自沪移寓汉口，蓄志探中国边徼各地欧人足迹所不常至者。时中原骚攘，滇省亦有回乱，湖广总督李瀚章奏请以堵布益管理汉口火药局。①云南督抚欲堵一度至滇，面商关于平定回乱事。堵布益以机会难得，拟遂乘此赴滇，建议滇省当局沟通滇越间孔道，屡以事阻未果。②同治七年八月初三日（1868年9月18日），始离汉口入陕，过西安，至汉中，入川，至重庆。翌年正月二十九日（1869年3月11日）抵云南省城。③时回势益张，杜文秀自大理倾巢下犯，堵布益至省城后，仅四日，回酋张荣率悍贼数万，骤陷杨林，省城被困，滇蜀道绝者半月（自西历3月15日至30日）之久。巡抚岑毓英、提督马如龙分军应战，省垣危甚，堵布益乃从容说岑马二人以采用泰西新式军械，且称愿荐西人于岑部下，使训练士卒，教以使用军器之法，自谓若用此计，三年之内，可保滇省全境悉归平靖。④并请探航红江以开发云南矿产，岑韪其言。⑤使回汉口，折赴广州，向两广总督求领购买军械费。堵布益在广州领款后，并觅得 Moren（法人）、Cyriaque（希腊人）二人，与俱至汉口。⑥同治九年九月二十一日（1870年10月15日），始离汉口入滇，决志于此行探航红江。十二月十一日（1871年1

---

① Dupuis, *Les Origines de la Question de Tonkin*, 11–12: "Des Lors, j'étais seul a fournir aux mandarins les armes et munitions de querre dont ils avaient besoin pour combattre les rebelles."

② 说者或谓同治七年安邺等自滇沿江东下，过汉口时，盛传滇军欲得泰西火器，以平回乱，堵布益闻此始萌入滇之志，此不可信，堵书已辩之矣。

③ Dupuis, 65.
④ Ibid., 71.
⑤ Ibid., 74.
⑥ Ibid., 81.

月 31 日）复至云南省城，时叛回已次第殄灭，然道途仍多梗阻，总督刘岳昭、巡抚岑毓英，皆以不必急于冒险探路相劝。堵布益不得已，乃往谒马如龙，马甚是其计划，迫于岑命，不敢遣堵行，堵复使人请命于刘岳昭，刘亦以缓行相劝，且责马留堵，然堵志已决，终不可阻，遂行，马以三十人护送之至蛮耗。①自蛮耗沿红江下至保胜（Lao-Kay），见黑旗军首领刘永福；②至保河（Toen-Hia，按即 Bao-ha），见黄旗军首领黄崇英；皆说以勿阻红江之通行。最后至安沛（Yen-bay），审知沿江至海，可畅行无阻，乃返滇之省城。

堵布益既知红江自保胜以下，汽船可以畅行，乃见马如龙，告以黑、黄旗军皆可设法慰抚，使不为梗。如龙乃商诸督抚与堵布益立约，委以通航红江运送军火之权，使向越廷交涉通行事宜。③堵布益乃遄返汉口规划此事。

按堵布益本受命云南当局，航行红江，此事与法政府全无涉，而堵包藏祸心，欲借此引伸法国之势力于红江，以自为功。④急欲得法国政府正式承认其通航红江之举动。乃回法以其计划呈诸政府。海军部长颇然其说。然是时法都新破，德军压境，政府安有余暇及此远略？故海部仅允为非正式之协助。其告堵布益之言曰：

---

① Dupuis, 87–92.

② 黑旗军事详《请缨日记》。堵布益书云：黑旗本太平旧部，为岑毓英所败，自广西窜入北圻，其首领初为吴亚终，部众约三四千人，剽掠北圻西北一带地。亚终死于同治五年，其部下两酋刘永福、黄崇英为粤军所迫，窜入边地，永福取保胜为黑旗军，崇英居河阳为黄旗军。

③ Dupuis, 101–102.

④ Ibid., 103: "… mais mon but immédiate était, avant tout, de faire de mon entreprise une œuvre éssentiellement française."

"如不幸尔部众挫败死亡，政府不愿为尔复仇。"①此可证明堵布益当时已蓄以武力强航红江之意。

时适越南虐待教徒，法柴棍总督杜白蕾（Duperré）向越廷要求遣使至柴棍解释，否则将以武力相威胁，越廷置未理。堵布益既得法政府之非正式协助，海部亦许其代滇省当局购办军火，最后且愿派一舰送之至顺化，以胁越人。于是堵布益乃偕米乐（Ernest Millot）赴柴棍见杜白蕾，杜白蕾虽不满越廷，然此时亦不愿多事。照1862年条约，法舰本无航行红江之权，乃劝堵布益仅凭广东当局护照向越要求通行；乘船亦以悬挂华旗为妥。堵布益乃赴香港着手准备，选择部众百余人，严加训练。同治十一年九月十二日（1872年10月26日）出发，赴北圻，时柴棍总督已先使Senez舰长以Bourayne舰，游弋红江，自海口至河内之间，号称剿除海盗。至海防时，越南官吏以照会提出抗议，指法未先通知越南政府，且此种举动逾越条约范围，法人本无突入红江之权利，因不肯接见法将校。Senez傲然答曰："吾行已至此，不能忍受无礼之待遇。"②因虚声恫吓，言欲攻海防，越官谨守城置之不理。Senez乃舍之而上驶，回途过北宁，有华军驻守江路防盗，见法军，甚愤激，几起冲突。北宁巡抚恐生事变，乃请Senez率众入城，Senez不得已许之。法众遂困处城中。是时适传法舰队大至，巡抚大惊，急纵Senez出城。其实此项舰队，即堵布益所领，仅两炮艇小火轮及帆船各一耳。③

十月十八日（11月18日）Senez与堵布益会于海防江面，议

---

① Dupuis, 106.
② Norman, 69.
③ Dupuis, 118.

定以小火轮迓越南驻广安总督黎循（Ly-tuong，即 Lê-Tuen），宴于舰上。翌日，黎至。堵布益以云南政府委任状示之，黎见颇愕，乃佯称红江上游多盗不可行。堵答言去年曾一度自滇沿江下，并无障碍，可无虑。黎又以堵此行恐未得法国政府同意为言。Senez 乃以照会付之，中言奉柴棍总督谕，转告越南当局，以法国政府极盼越廷许堵布益假道前赴云南，冀望新商业关系得以成立。① 黎不得已，乃许以十五日为期请示于越廷。

越廷迁延不理，堵布益则抱必行之决心。十一月初三日（12月3日）期满，越廷仍无答复。翌日，堵布益等遂行，溯太平江而上，入红江。二十二日，至河内。越南官吏不敢积极抵抗，仅饬所属断绝供给。② 时太原、北宁一带中国驻军，闻堵布益系奉滇省官吏命采办军械药弹，乃遣人察其真伪，结果许其通行。华商人亦多私与贸易者。同治十二年二月初六日（1873年3月4日），堵布益行抵蛮耗。又陆行十二月至云南省城。③ 米乐仍留河内。

于时云南回乱已平，然滇省当局，见堵以军械至仍甚喜。马如龙另以公文付之，使携致越南官吏，饬以后不得再对堵刁难。且简华军百五十人送之返。堵布益乃广收云南之铜锡矿产，满载而去，四月初三日（4月29日）离滇，翌日至蛮耗，顺流放舟仅一星期返至河内，以滇省官吏之公文寄呈越南督师黄佐炎及巡抚黎循。

自堵布益离河内西行后，越南官吏捕与法人贸易之华商囚系之，且遣使诉广西巡抚，言华军将校私庇法人，堵布益蒙蔽云南

---

① Dupuis, 128.
② Ibid., 138.
③ Ibid., 139–148.

当局,私以军械售叛党。① 堵布益既返,闻之大怒,乃威胁越南官吏,言不释放华商,将攻河内城,态度甚决。次日列军岸上,南官不得已释之。堵布益乃张文告晓谕越民曰:

> 为布告事,越南系华商,事虽严重,尚不至引起战事。今甚盼望越南将吏自晓利害,使我自由通行于其境内,此乃奉滇省当局之命,而为北圻民众之福利计也。兹告谕人民,各自安居,照常工作,不必自相惊扰,我等对越南官吏,并无恶意,实极亲好也。

自是数星期相安无事。堵布益自恃其兵力,及滇粤官吏之公文,决为再航之计。越南海关以盐税为最大收入,滇盐价昂,堵布益乃私谋大宗运盐入滇。此种举动越政府决不能坐视,乃聚集大军于河内附近,俟堵布益出发时,邀之江中,迫不使上航。堵布益亦扬言将尽击附近民船,以为报复。于是河内巡抚乃布告人民曰:

> 云南官吏委任法人运输器械,并未许以售盐之权利,人民敢有私与贸易或以船艇接济之者,均以叛逆论,抄灭其家。

同时向顺化请示。越王乃以此情形呈报中国当局。时中国虽许堵布益航行红江,仅为运输军械之便利计,并非遂欲开放红江。故闻堵布益之放纵不法,遂不承认其一切举动。越南遣大将阮知方

---

① Dupuis, 139–160.

率军至河内逐之。堵布益见中国方面关系已绝，乃悉去华旗，易法帜。遣米乐求援于柴棍总督。阮知方见法旗帜，亦取主慎重，暂取守势。越王遣人赴柴棍告以堵布益侵犯越南主权，违背《壬戌条约》，请派人逐之。于是北圻问题乃起。

（三）杜白蕾安邺之雄心勃勃

法柴棍总督杜白蕾本已蓄志通航红江，见时机已至，大喜。急函召安邺（时安在沪），使至柴棍，面商救援堵布益事。并函告其海军部云：①

> 堵布益与米乐探航之结果，已使北圻问题入一新而严重之步骤。堵君航行之消息，引起欧洲在华贸易之极大反响。英国香港当局叠得请愿书，要求于北圻沿岸攫取一根据地，其理由大抵为英国在北圻本有侨行，可引为口实，德国亦无时无刻不俟机会之至以扩充其商业之势力。德商人已告知其政府，言自滇至海，有天然实用之新航路发现。使英人积久之努力，在缅甸方面欲辟一人工之途径以通滇者，化为无用。……自另一方面言之，则越南政府，再次遣使来此请我劝诱堵君使离北圻他去。堵君之在北圻，实为违背条约，故已阳许越人，劝之速离该地。然结果将如何乎？越南当局其敢恃我命驱堵乎？抑将泄沓逡巡而仍俟我之自行干涉乎？如出于前者，则

---

① Bouinais et Paulus, *L'Indo-Chine Française contemporaine*, II, 11–12.

当续告越廷，称得两法籍人报告，与越廷所述事实经过完全相反。越廷既不肯具正式外交文件说明情形，法方惟有出于就地调查一举。如出于后者，则当语越廷以堵拒不受命，决派军赴北圻以武力迫使他去。

安邺至柴棍，始知杜白蕾之计划，乃议分函两广总督与云贵总督，先请中国将北圻驻军撤退。其致两广总督函云：①

敝国人堵布益，现在云南当局服务，闻执事待之恩遇有加，至为铭感。执事对堵布益曲加保护。同时广西军队协助越南平定匪寇。此皆仆所应向执事道谢者。盖法国之利益与越南关系綦切。执事之加惠于越南无殊加惠法国也。

今闻敝国人发现入滇新路，使中法间友好商业关系得以促进。不胜欣忭。惟鄙意以为北圻地与柴棍亦属密迩。若将在该地保护商业利益之责，完全诿诸执事，殊非公允之道。盖相互之责任所以增进友谊。投桃报李，理所当然。故已决与越廷协力，于越南诸省恢复和平，使北圻、云南间之商业，得有圆满之基础。如是则中国驻越之军队不亦可稍息仔肩，无复长戍之必要乎？路长途艰，烟瘴害人，戍军费用浩繁，此皆执事所深知者，故敢劝执事将粤西军队，以及滇省所派遣军队，悉行撤退，使免久戍之劳、跋涉之苦也。仆愿与越南政府戮力，保护商业，视中国之利益与法国同。夫如是则将来不至再有混乱发生，而中法两国间之友谊，亦日益巩固矣。

---

① Dupuis, 228–230.

其致云贵总督书云：①

> 执事可不必关心堵布益与越廷之翏葛，此问题当由仆负责解决。亦不必派兵前往助堵。今已遣安邺前赴北圻处理此事，同时冀望建立平等商业，使两国之人氏均沾其利。
>
> 安邺如向执事有所建白，乞惠加注意。执事有何高见，盼能垂告。仆愿与执事协力商定商业问题以及军事问题，恐云南乱党或有不时骚动也。

越南久为中国外藩，杜白蕾欲借甘言卑词，越俎代庖，可谓狡狯之极。时越使刑部尚书黎循，礼部侍郎兼机密院阮文祥在柴棍。杜白蕾以书白越外部②云：

> 对贵部之意见，惟一办法，只有遣派官吏一员携众若干前赴河内，使堵布益遵命离境。如堵不受命则以武力强制执行。

安邺于八月二十日（10月11日）起程赴北圻，所携部众不及二百人，炮艇二只，一载五十七人，一载二十人，以两舰曳至红江口（两舰共载陆战队六十人，炮军二十人），欲以此众吞噬北圻，可谓壮矣。二十四日，行抵广南港，乃遣人往富春请派员与俱赴北圻。观安邺所致越外部照会，则知其此行目的，不专为解决堵布益之纠纷问题：

---

① Dupuis, 226-227.
② 按法人称越外部为"Thuong-Bac"乃"官商舶"（quan-thuong-bac）音译简称。

奉柴棍总督手谕中开列应加讨论之问题如下：

（一）越廷对于香港当局之态度，

（二）越南虐待教士问题，

（三）中国各省至海之惟一交通路线不能任其闭塞，

（四）安邺奉命驻河内俟红江航行问题圆满解决为止，请越廷注意。

二十九日越廷派员至广南港，与安邺偕赴河内，同日行至海阳，安邺以书告堵布益，① 言其职务不限于处理此次纠纷，柴棍总督之意，欲一举而明白解决外人在北圻商业地位，请堵布益赞助此举。且云总督决不放弃既得之商业利益，对堵之举动绝表同情。安邺此言，无异劝堵布益明目张胆、变本加厉。堵布益闻安邺至，乃以舰东下迎之。九月十六日（11月5日）与俱返河内。越南初以为安邺来此系奉柴棍总督命驱逐堵布益，及见堵布益反以舟迓之，二人共载而至，大惑。翌日，安邺谒见河内总督阮知方，求驻兵之所。且言其此行任务系与越廷议立新约，开放红江。总督辞以无议约权，使自向越廷交涉，惟称关于堵布益之纠纷事，已奉命与安讨论解决办法。法兵欲入城驻扎，总督不许，以城外附近营寨处之。安邺坚欲议约，总督严拒之。

阮知方见法意叵测，乃大集援军以防万一，法援军亦至。安邺乃决正式警告总督，如坚不肯议约，将以武力胁迫。且提出条约草案五款如下：②

---

① Dupuis, 215-217.
② Bouinais et Paulus, II, 23.

（一）红江自1873年11月15日起开放，许商船通行，

（二）红江专许中国、西班牙、法兰西商船航行，

（三）关税以货值百分之三为准，

（四）商船自柴棍来者所载货物关税减半，

（五）商船自滇省来者所载货物关税亦减半。

此草案提出之日期为九月二十六日（即西历11月15日），无异迫越南即日开放红江。阮知方答以除堵布益纠纷问题外，其他均不能讨论。三十日（19日），安邺乃以最后通牒致河内总督，限当晚答复，总督置不理。次日六时法军攻河内城。法舰以炮火掩护军队前进。八时法军入河内，越军溃却。阮知方重伤，不久卒。安邺既取河内，得陇望蜀，谋尽据红江之三角洲。遂于十月十五日取海阳。十六日取宁平。二十一日取南定。且勾结黄旗军，谋吞全越。越廷乃思用黑旗。越官梁辉懿时为山西按察使，国王敕赴保胜谕刘永福归诚。越廷一面遣使赴河内求和。

是时黄旗贼已盘踞山西、太原一带。保胜至河内路阻不得达。永福既受命，乃率队裹粮越宣光大岭，绕驰河内。十一月初二日（12月22日），黑旗军突至河内城外。法军大骇，谋婴城守，又恐城广兵单、势分力薄。安邺乃定计使其部将以一军突门出当黑旗军前冲，而自以一军攻其侧面，以谋背城借一。结果法两军均大败，安邺及其部将俱阵亡。惟此时富春议和使者至河内，被擒为质，囚系舟中，督师黄佐炎急檄永福罢兵，而授以三宣（即宣光）副提督职。①

---

① Bouinais et Paulus, Ⅱ, 24-34.《请缨日记》卷二，第12页。

杜白蕾闻安邺败亡，大惊。时法外部严诫柴棍当局勿轻举妄动。① 而杜白蕾好事喜功，轻信安邺，以败军辱国，事后乃悉诿启衅之罪于安邺。报告法廷，谓"安邺自信太过，恃勇无谋，以取败亡"。② 然观杜白蕾事前报告，所称"法国在印度交阯之政策，早晚必须加以扩充"，又云"北圻必须有法国立足地，此为将来法国远东势力之生死问题"，③ 则知安邺之猖狂，实得杜白蕾之默契。其完全诿罪于死者实不平之甚者也。

安邺未败时，杜白蕾已遣法人 Philastre 赴越廷解释河内事件。Philastre 颇不满安邺所为，及安邺阵亡，北圻情形大变，Philastre 乃力排群议，主与越妥协订立新约。同治十三年正月二十七日（1874 年 3 月 15 日）该约在柴棍签订，法军放弃北圻，越南宣布自主，红江开放通航。④

---

① 详见第一章。
② Hanoteaux et Martineau, V, 415.
③ Ibid., 412.
④ 《柴棍条约》订立之背景与性质，详见第一章。

绪论(下)　中国与越南之宗藩关系问题

中越民族文化关系綦切，溯其原委，远及秦汉。自汉迄宋皆为中国郡县，迨后脱离中国自立，仍世世受封为属国。其地北界滇粤，与中国接壤数千里，呼吸相通，为中国南境之保障，若指之于臂，唇之于舌，地位与朝鲜相同，史籍具存，可资覆按。法国既觊觎北圻，乃谋先破坏中越之宗藩关系。法之说者异口同声，摈斥中国在越南之宗主权，指为有名无实。如特维利亚（Devéria）谓："中国指越南为藩，意云藩篱，盖借此防御外人之攻击。……中国政府一面常欲使其邻属处于积弱之状态，一面又故示宽大，使保持相当之实力，足以御外患。中国以为将欲维持其优越之地位于久远，不宜以严厉示人。故其宗主之地位仅为虚名。中国亦仅谋以种种方法证明其存在而已。"① de Pouvourville 引申此说，指中国宗主为具名乏实。② 又谓："此国际怪象实源于中国之一种

---

① Devéria, *L'Histoire des Rélations de la Chine avec l'Annam-Viêtnam*, 15.

② L'Annam a toujours reconnu à la Chine, non par tant néçéssité que par une deference coutumière, un droit vague de suzeraineté. Ce droit, tel que l'établissent le pacte de 982, la formule de 1186 à l'avénement de Ly-cao, les pactes de 1239, de 1339, et le traité de Hanoi de 1427, consiste en une investiture sollennelle, et la reconnaissance du titre royal annamite par une ambasade Chinoise. Aucun avantage politique ne découle pour la Chine de ce droit, du moins d'après la lettre des accords. —*Revue générale de droit international public*, 1898, V, 208.

哲理,即四海一家之原则。中国常以黄族之道德上训导者自居,为其表率,而保障其安全,而诸小国亦思环附中国,如婴儿之依慈母,以求道德上之携助,与智识上之沟通,初未必有实际之物质资助也。中国封立各国不求报偿,亦即本此宗旨,故安南与中国之关系,仅为道德上之崇奉,吾人为缺乏适当名词,始以保护国称之,其性质则大异于是也。"① Desfosses 更进一步,研究十五世纪以后至中法战争前之中越关系,以排击中国之宗主权,②广征博引,用力甚勤。惜主见过深,论断究属偏僻无足取。中越之宗藩关系,其历史根据至为充足,不生疑问。故即此辈亦不敢以强词抹杀。至于严格之法律问题,以时代精神之不同,中西观念之异趣,当然与近日欧西之国际法不能不有冲突。若以此遂谓中越之宗藩关系为有名无实者,实不公之甚者也。按列强欲取中国藩属,其第一步,常先设法否认其与中国之历史上法律关系,如出一辙,竟成定例。日本将夷琉球,先谋阻贡,继议两属,终谋吞并。朝鲜问题发生之始,日使森有礼即利用总署答词之语病,强指中国在鲜之宗主权为空名。英于缅甸,法于越南,皆袭用此手段。盖必能出言如循环,然后能用兵如刺猬,虽蓄意吞噬之封豕长蛇,于名义亦不能无忌惮,此固无足怪。独一般假借研究学术之名,倡为谬说,为虎附翼,抹杀真相,则甚为可哂者。中越悠久之历史关系,于此不能具论,实亦无具论之必要。请略举数事,证明法儒所称"道德上之崇奉"实远不足以概中越之关系。自法律上言之,中国对越南国土有"绝对权",而仅以"所有权"畀

---

① *Revue générale de droit international public*, 1898, V, 209.

② "Les Rapports de la Chine et de l'Annam", in *Revue de droit international et de législation comparée*, XV, XVI.

越南王。故越南对中国之地位，严格言之，与蒙古藩部亦差相等。雍正五年谕安南王曰："朕统驭寰区，凡兹臣庶之邦，莫非吾土。……但分疆定界，政所当先，侯甸要荒，事同一体。今远藩蒙古，奉谕之下，莫不钦承，岂尔国素称礼义之邦，独远越于德化之外哉？"①因此中国对越南王有废立之权。②而越南王之地位法律上等于为中国守土之牧伯。故嘉庆七年六月，阮福映献其攻富春时所获安南国王阮光缵册封金印，帝谓："阮光缵嗣服南交，复颁敕令，俾其世守勿替。印信名器至重，辄行舍弃逃走，罪无可逭。"③可见中国畀与越南王之印信，等于守令之关防，安南王失印信为罪之重，等于守令之遗失关防。此均足证中越之宗藩关系，在法律上极为缜密，不仅限于道德上之崇奉而已。再以最近实际之事实证明之，则《柴棍条约》缔结之前后十年间（自同治六年至光绪二年），中国凡三次出兵代越平匪，事毕即班师，毫无德色。④唐景崧《请缨日记》亦云："国家为藩服（指越南）用兵二十年，糜帑千余万。"⑤中国为越出力费财，而分毫不取偿于越，此何故耶？若中国在越之宗主关系，果为虚名，则中国何尝有屡次为越出力之义务？岂真老子所谓"生而不有，为而不恃，功成

---

① 《清史稿·属国传》二，第3页。
② 乾隆五十四年册封阮光平曰："有废有兴，天子惟顺天而行；无贰无虞，国王咸举国以听。"（同上，第8页）
③ 《清史稿·属国传》二，第16页。
④ 同治六年冬，广西太平、镇安两府土匪遁越南。七年，国王乞援。八年，提督冯子材讨平之。四月班师。七月，贼复叛，焰益张，国王复恳出师，再命冯子材出关。十年四月，总兵刘玉成督诸将次北宁，九月，诛贼首苏国汉。十一月，冯子材调回防边。自河内变起，匪势益张，黄崇英距河阳为盗自若。十三年，桂抚刘长佑遣刘玉成、赵沃讨黄崇英。光绪元年，克河阳老巢，七月擒戮之。二年春班师。
⑤ 《请缨日记》卷六，第3页。

而弗居"者乎？

曩者中国雄踞亚洲，藩属环附，俨然自成一国际家庭，自有其法律习惯与基本精神。中国当时不知欧洲之国际法，若强以欧洲之国际法解释此国际家庭，则其必目之以国际怪象无疑也。在此制度之下，中国之地位若君若父若兄，藩属之地位若臣若子若弟。盖宗藩之关系兼法律与道德，名以国际家庭，极为切当。① 故中国对藩属负有拯危继绝之责任，藩属则举国以听命于中国；若遣使朝贡之仪式，仅为一种之表示而已，非谓藩国之责任遂尽于此也。中国之于藩属，可宽可严。其国中至小至微之事，中国或加干涉；其重大之事（如与外人缔约），或反置不问。然就理论言之，则藩国之军事、外交、行政、财用，甚至风俗、习惯，中国均可随意干涉。亦不能以中国之暂不干涉，遂谓中国本无干涉之权，或已放弃此权力也。

在中西交涉未繁之时，数千年中，东亚之和平与秩序均赖此制度维持。迨西力东渐，此东亚国际家庭，遂嫌散漫。中国此时应负责逐渐修改此制度，以适应复杂之环境。然当局无此毅力与眼光，遂坐视藩属为人宰割，此则可慨者也。

---

① 可参阅 T. F. Tsiang, "Sino-Japanese Diplomatic Relations, 1870–1894", in *Chinese Social and Political Science Review*, April, 1933, p.55。

第一章 法国之观望时期(1874—1879)

(一)《柴棍(西贡)政治条约》(1874年3月15日)订立之背景与性质

法越1874年所订条约(《柴棍条约》)之性质,论者意见极不一致。或谓自此条约之成立,"越南王实际上将其对中国服顺之忱,移向法国";① "约中虽无保护国字样而其性质则确为保护国条约"。② 反对此论者,则以为此约为法国反殖民地主义之成功,政府决定放弃越南之结果。③ 誉此约者,称为法国外交之大成功;毁此约者,谓为使法国被虚名而受实祸,④ 尤致憾于红江一带之商业

---

① Morse, *International Relations of the Chinese Empire*, Ⅱ, 346-347.
② Rambaud, *Jules Ferry*, 326.
③ "蒲洛格利为反对殖民地派之领袖,停止法国之征服北圻。1874年3月,《柴棍条约》成,实际上即等于完全放弃。法永认越南之独立。红江与数口岸虽云开放,然法国则一切之一切,完全排除干净。二十载经济侵略之逐步经营,至此突然停顿。巴黎之反殖民地主义,于商业与殖民地为无意义之区别者,至此又大得胜利。"见 Roberts, *History of the French Colonial Policy*, Ⅱ, 424.
④ Cordier 云 1874 之条约,并非一新发端,此乃冲突意见所得之结果。约中并未明举法国之宗主权,此约以保护国(约中并未明文规定保护国)之种种困难加法国,而不畀法以其利益。法国承受此新兴环境之种种责任,而不享其实利。于此约中已隐伏法国来日诸多棘手之根苗。(*Histoire des Relations de la Chine avec les Puissances Occidentales*, Ⅱ, 275.)

未得保障。① 其于只手造成此约之 Philastre，评语亦纷歧叠出。誉之者以为氏不流血造成之条约，较波那（amiral Bonard）两年苦战之结果，所得尚为圆满，其自越南所取之利益亦多。② 咎之者则责其将安邺（Garnier）、堵布益（Dupuis）之功业摧残无余。③ 议论纷纭莫衷一是若此，吾人究将谁适从乎？

窃意越南问题，自来论者多视为一地方一时期单独发生之事件，于其整个背景之演变转换，如国内政治之升降，国际情形之迁移，以直接左右或间接影响及此问题者，辄忽而不详。故各家之解释，非强将外交史自政治史擘开，即将一部分之外交史与全部分之外交史切断。其结论非陷于狭蔽，即失之枝叶。《柴棍条约》，为日后法国抗华对越最重要之根据，其意义之重大，不言而喻。故订立之背景，关系诸国心目中对此条约之解释，以及该约性质之演变，均有详细论列之价值。

当时法新败于德，距大恐怖之岁（l'année terrible），才历四稔。莱因河畔，强敌正虎视眈眈，法国朝野，日夕如处针毡之上。前此一年，则蒲洛格利感环境之不安，至使人（le comte de Chaudordy）向俄方（Gorchkorff）央求调解。④ 后此一年则著名之"1875年之惊扰"（l'alerte de 1875），震动巴黎、柏林以至伦敦、维也纳、圣彼得堡。史家批评法国于此事之记载，虽以为多言过其实，然当时恐慌之情形，足以证明国际空气之紧张。⑤ 且德法之间，曾

---

① Driault, *La question de l'extrême orient*, 260.
② C. B. Norman, *Tonkin, or France in the Far East*, 147.
③ Maspero, *La Chine*, 191-192.
④ Tardieu, *France and the Alliances*, 5-6; *Documents diplomatiques françaises* 第一集，第一卷，第 227 号。
⑤ Hauser, *Histoire diplomatique de l'Europe*, I, 103-116.

为"文化战争"（Kulturkampf）问题，引起极大裂痕。① 1873 年 10 月，德亚宁（Arnim）警告蒲洛格利曰："德政府或将不得不作他种之尝试，以求和平安存之保障。"同月，毕士麦致亚宁书曰："任何政府苟知事与愿违，战事决不可免，必不肯袖手任其敌国静择时机。"1874 年 1 月又云："果使法国以其政策为罗马教会阴谋效驰驱，则德国政府将视此为对德恫吓之举动，而谋抵御之方法。"② 在此情状之下，法国以其全力谋自卫之不暇，何敢大胆浪费精力于冒险尝试，徒为国家增责任而不敢期其必有收获者乎？故际此之时，法国之舆论，竞斥提倡殖民地者为卖国。论者或谓当时不但割取北圻为不可能之事；即公然宣布以越南为保护国，法国亦不敢遽行，以其新败于德之后，多所顾忌。以后来事实与来往文件证之，则知法国此时，固亦未能忘情于割据或保护，然在 1874 之条约中，则绝不敢提及此等事也。③ 虽然，法德关系与国中舆论，尚不足以完全解释《柴棍条约》之背景。

蒲洛格利于 1873 年 7 月 17 日（同治十二年六月二十三日）致杜白蕾之训令曰："无论有何种口实、何种原因，慎勿使法国于北圻陷入排脱不开之地位。"④ 措词极为郑重。然其原因则迄未明言。法新败之后，报仇心切，图存心更切，一举一动，均图万全，此固不待论。然德对法之图殖民地，不但不加以阻挠，反从而怂恿之。况此时德法在远东之利益，并无冲突。故法国对越之不敢遽用强硬政策，决不能全指为德法关系紧张之结果，即谓舆论反

---

① *German Diplomatic Documents*, tr. by Dugdale, Ⅰ, 1.
② Ibid., 2.
③ Norman, 158.
④ Ibid., 93.

对政府浪费精力于远略，然直接主持越南事件者为柴棍总督，政府如有决心，自易设法敷衍民意，推诿责任。故国内政见，虽可为《柴棍条约》下主要之解释，要亦不能为充分之说明。况法政府对越态度，自拿破仑三世以迄十九世纪季年，其积极谋以印度支那为根据，通中国西南诸省之政策，终始一贯，未尝变更，自非有万不得已之苦衷，决不至为首鼠之规避。证以《柴棍条约》原文中之重要各款，可以断定当时法政府于越南所采取步骤，虽不甚积极，亦非全消极。惟迫于实际之困难，当时法官方未肯明言，故历来论者于此点多滋误会。

请观订约后三年（1877）法外长德喀斯（le Duc Decazes）致海军部长一札云："法对越之政策，自始即被种种顾虑（considérations diverse）所牵制，使不得不加意慎重；职为此故，吾人不得不舍公然承认保护国之举动。"其实当时法国司交涉者心目中固有此保护国之观念在也。此可以当时证明法政府决非愿尽弃前功，如或者所称。德喀斯此札，系追述法国对越政策之经过，使海军部长转以训饬新任柴棍总督 Lafont 者，极有历史之价值。惜法外部之《黄皮书》发表此事件时，①多所删节，重要部分，反久湮没。直至前年出版《法国外交文件》，始将全文刊载。《黄皮书》此种疏失，与其谓为无心，毋宁谓为有意，故其所删节者，倍值吾人注意。上文所云"顾虑"，《黄皮书》未有说明。据《法国外交文件》，则紧接上文之下，尚有一大段如下：②

---

① *Livre Jaune*, Affaires de Tonkin, lère partie, 66.
② *Documents diplomatiques françaises*, lre série, II, 202.

当时政府不准备于此等地域积极侵略，恐惹起他国之疑忌。然政府为求避免此等疑忌起见而采取之小心步骤，当时并未稍减其为外人纷呶抗议之口实。职为此故，政府不得不加各种解释，将条约中若干条文之涵义缩小。此类条文，如在保护原则有明文规定时，语气当甚自然。但吾人既无限制承认越南在北圻及其他诸省之主权，则此等条文，甚难期其与一般公认之国际法则吻合。于是在最后决定之约文中，语句每有模棱两可者，时竟发生抵触冲突。

此节所云纷呶之抗议，系指英国。盖在1874年，英国政府已抗议法国船舰在越南各港口所享之特别利益。故下文接言曰：

……果使北圻为一强大之海军国所占据，而此国为法之仇或敌，则其对于法属交阯以及印度支那半岛上法国之势力，将成为不可免除之危险。故政府于此不得不及早预防，理甚明也。今约文中，越南已承认非得法国之许可，不变动其目前对他国政府之外交关系。且此点之规定，极为明确。则吾人之目的可谓已达到。

综观上文，吾人至少可得结论如下：

（一）《柴棍条约》为一畸形之国际外交文件。盖订约时背景之复杂与困难，使法国外交家不得不用吞吐隐约之词语，以留伸缩余地。复经法政府曲解此约为其在越保护权之根据。事实上既多冲突，法律上亦缺前例，遂成种种烦难之厉阶（le source d'inextricables difficultés ）。① 然该约成立时，法国政府视之颇踌躇满意。

（二）当时在北圻为法国政治侵略之最大障碍者为英国。《柴棍条约》之最大目的，亦即预防英国之占领北圻，故约文中于越南独立以及其外交关系之各重要规定，实际均系对英而发。法逼越订约之对象，非空名之中国宗主权，乃实际之英国武力威胁。

（三）法国纵已有以越南为保护国之愿望，惟尚无此决心与勇气。窃按"保护权"（protectorate）字样，不但《柴棍条约》中无此规定，即次年2月27日德喀斯训令其驻华外交代表，将法越订约报告中国，其称两国之关系，亦仅为"密切协调"（entente étroite）。② 其最先提出保护权问题者，实为海军部长 de Montaignac。③ 然与外交当局之意见，固不合者。故严格言之，《柴棍条约》初订立时之性质，决非保护国条约，直至国际情状变迁，法国决对越南作进一步之企图，始以新解释、新涵义强羼入此畸形条约。故《柴棍条约》之性质，可谓为随实际情形而演变，此不宜忽视者也。

《柴棍条约》订立之背景已如上述。请再进一步，以法律之眼光研究该约于法越之关系究有何变动。法国之国际法家如 Bonfils，如 Paul Fauchille，如 R. Foignet，均异口同声，称法国于北圻（Tonkin）、中圻（Annam）之保护权，基于1874年3月15日之条约而确立。④ 其所持之理由，大抵均以为"越南政府愿将其外交

---

① Ferry, *Tonkin et la mère-patrie*, 87.
② *Livre Jaune*, Affaires de Tonkin, lère partie, 30.
③ Ibid., 39.
④ 如 Fauchille, *Traité de Droit International Public*, 1922, I, lre partie, 275。

政策受法国之监督"，① 并允许保障红江航行自由。此实大误。按国际法所谓保护权之种类甚多，性质往往悬殊，其最普遍之特点，为"一方面保护者负保护责任，一方面被保护者负避免未经保护者容许之对外关系之责"，② 即外交不能自主。③ 此双方相互之法律上责任（duty），乃保护权条约之基本原则。今若持此原则，以衡《柴棍条约》，则知约中规定，与此原则，容有类似之处，而其实质，完全差异。法固允许助越南维持国内治安，然须待越南之请求，法国亦不求酬报（"sur sa demande, et gratuitement"，第二条）。越南虽允许与法取一致之外交政策（"s'engage à conformer sa politique extérieure à celle de la France"，第三条），外交自主之权，仍在越南，法国并无监督之实力与根据。此不过一种政治之协调，并非法律之限制。况第二条明云"法国承认越南王之主权及其对一切他国之完全独立"（son entière indépendance vis-à-vis de toute puissance étrangère），此即无限制承认越南外交之自主，等于自行声明否认对越有保护权。④ 故《柴棍条约》上所言之"保护"（protection）至多不过如公法家所谓"文艺复兴时代之保

---

① "La cour de Hué s'engageait à suivre, pour sa politique extérieure, la direction de la France."

② M. F. Lindley, *The Acquisition and Government of Backward Territories in International Law*, 1925, 108.

③ Ibid., 203: "The necessary and sufficient condition for the setting up of a protectorate is the conclusion of an agreement with the local independant government or chief by which the external relations of the district to be protected are placed in the hands of the protecting power."

④ 参阅 de Pouvourville, "Des différents Modes de Protectorat dans l'Extrême-Orient Français", in *Revue générale de droit international public*, V, 1898, 212: "C'était la négation de tout protectorat。"

护",①即"纯粹契约关系"。绝不能拟诸近代所习见之"保护权",夷保护国于殖民地之列者。②此显而易见者也。受庇护之国家与保护国,在国际法上,区别甚明。③普通所谓"庇护"(protection)与法律上之"保护权"(protectorate)绝不容混,此《柴棍条约》与一般保护条约内容不合者也。且保护国关系必经明白承诺乃能成立。④其约文中规定此保护权各款,亦极严密,不容有空疏出入之解释(broad or liberal interpretation)。试观1815年英、奥、俄、普所订《巴黎条约》以爱奥尼亚群岛联邦(the U. S. of the Ionian Islands)归英国保护(第二款)⑤措词何等确定。《柴棍条约》既绝口未提及保护权问题;即谓其一二重要条款略有近似性质,然语句皆极闪烁,解释可容伸缩。其保护权关系,于法律上亦不能成立。此其与一般保护国条约形式不合者二也。法国公法家,阿其政府事后之解释,混淆黑白,殊为憾事。事实之观察既如彼,法律之分析又如此。故可断言名义上与实际上,《柴棍条约》均未定立法越间之新政治关系。此约成立之后,法国于越南所享受特

---

① "The Renaissance conception of protection as a relation of pure contract, a promise of protection in return for solid advantages(如红江航行自由), implying no interference with domestic affaires, conferring in principle no right in rem and leaving with the protected state free to have relations with foreign powers." Baty, "Protectorates and Mandates", in *British Year Book of International Law*, 1920-1922, 115.

② "Vitally colonies, constitutionally foreign soil,... that is the definition of protectorates... judicial monsters." Ibid., 114.

③ "A Protected State may be, and generally was, a fully sovereign state. Its engagements sounded in contract. A protectorate has no international existence at all." Baty, *The Canons of International Law*, 1930, 403-404.

④ Borchard, *Fiore's International Law Codified*, 127.

⑤ *Phillimore's Commentaries upon International Law*, 2nd ed., 1871, Ⅰ, 100.

殊利权，全限商业，无关政治。①此条约之真相，不容法人事后之解释而抹杀者也。

（二）法越《柴棍商约》②（同年8月13日）之成立

法越交涉之目的，既偏重于商业，则《柴棍商约》自有一叙之价值。该约法方由 l'amiral Krantz，越方由阮文祥（时正使黎循已死）等签订。约中重要条款，为开放平定一港，海阳省之宁海（Ninh-Hai），河内城及红江（上达云南境）通商。各国一律待遇（Sans distinction de pavillon ou de nationalité，第一款）。其通商之国各口税额规定，不论进出口，一律抽货值百分之五，盐抽百分之十。军火禁止贸易，鸦片贸易另章规定，米、谷、丝、高粱等进口全不禁，惟米、谷非经顺化政府临时特别允许不得出口。丝与高粱之出口，须待各乡村完纳本邑赋税事竣、政府储藏有裕乃可。然此各项之禁令，除军火外，不能施于进口货经越前赴云南者，或滇货之经越出口者。惟越南政府可采用各种方法，防止通行各货在其领土内私行留下。通过货物来往云南经过越地者，仅于其进口时纳一次税，或在海口，或在保胜。其内地关税，完全废止。货物由华船、越船运输者亦受同种禁令保护。中华国

---

① "Il faut donc retenir que, après des traités de 1874, la France ne jouissait an Tonkin que de droits purement commerciaux, qu'elle y avait abandonné, malgré les victoires de Garnier, sa situation prépondérante, et qu'elle ne pouvait plus en rien y prétendre à une part de direction dans sa politique extérieure, sinon par le moyen et par l'intermédiare de l'Annam, son direct suzérain." de Pouvourville, 227.

② 见 *Livre Jaune*, 10–25。

旗保障下转运之货物，与欧美国旗下转运之货物，应纳同样关税（第二款）。其自柴棍运至已开放诸口岸之一，或至云南，或自此各地运至柴棍者，均缴半税（第四款）。法国政府以公务人员司理越南海关事，归越南统管机关监督。且助越南于沿岸各地设立巡视机关，以保护贸易。在西班牙赔款未完全偿清前，开放海口各关，非得法国领事官或驻顺化之法外务官（Résident）同意，不得任用某欧人或法人。赔款清偿以后，越南政府相信其本国海关人员，可无需法国人员之协助时，两国政府可于此点商加修改（第六款）。关税协定期为十年，十年内非得双方同意，不得有所修改，将欲有所修改，须先一年通知对方（第十一款）。法国总统于必要时，可派遣兵舰至通商口岸，以维持其商船水手之秩序与纪律，并求领事权力施行之便利，此种兵舰，不必纳进出口税（第二十五款）。最后，法国政府重新声明 3 月 15 日《政治条约》第二款所规定助越平定海陆各寇，特别注意附近通商口岸各地（第二十八款）。① 此约成立以后，法之通越目的，可谓完全达到。此后问题，惟在一面设法对付中国，一面尽力实行其已得经济之权利而已。

（三）《柴棍条约》实行之交涉

华为越宗主国，中外皆知，《柴棍政治条约》，涉及越南外交关系，法律上法国自应征求中国之同意。且法之有事北圻，主要

---

① 以上均见 *Livre Jaune* 载该约原文。

目的，固在对滇通商，《天津条约》第六条，规定中国不开放新口，故《柴棍条约》第十二款之规定开放红江自云南以迄海口通商，实与《天津条约》冲突，则此条实行上困难太多，不得不立向中国政府磋商解释。故法柴棍总督杜白蕾于缔约后次年2月，上书海军部长请转饬驻华公使将柴棍约文通知中国政府，"极力解释北圻各口岸之开放，以及红江之通航，并不修改《天津条约》规定中法国所承诺之限制。同时更说明越南各港开放允许外人通商之种种利益；并表示希望于最近时期内，滇省可允自由通商。关于此点，法国只须遵循英国政府已经采取之步骤：英国固方进行缅甸华西各省间通商路线交涉者也"。① 海军部长纯系武人气味，不谙外交，主张对越事须直截了当，先确定其保护权。4月19日致外交部长德喀斯书，云"法国在北圻之干涉，实为保护权之征候（le jalon de protectorate），此种保护权，固为日后必须明白成立承认者"，故"见杜白蕾议于河内设立一外务官（Résident），深觉在北圻最高行政机关左右，实有设立一政治官吏之必要。盖法在北圻之地位，初非限于代越管理海关为顺化朝廷牟利而已也。法国已作许多牺牲，将来仍不吝作许多牺牲。当此越人正感激法国助其平定各省匪寇，且求法如再有同样事故重加援助之时，吾人若竟自行退让，规避其实在目的，即对越保护权之成立。此将何以对国家乎？"②

柴棍总督与海军部长之积极政策，与德喀斯之镇静态度不合。两月前（2月27日）德喀斯已训令法驻华公使罗淑亚（le comte

---

① *Livre Jaune*, 31-33, Duperré to Montaignac, Feb. 27, 1875.

② Ibid., 38-40, Montaignac to Decazes, April 19, 1875.

第一章　法国之观望时期

de Rochechouart）以法越政治条约通知总理衙门，特别注重第二款，即法国总统承认越南王之自主权及其对一切列强之完全独立，冀望中国能谅解"法越在此基础上成立之密切协调"（l'étroite entente établie sur de semblables bases entre la France et le gouvernement annamite）。并云："在此极坦白之情状下，可望总理衙门杜绝将来对北圻各省派遣军队之念。盖于此地域内，法国不能承认他人代越维持秩序保障和平之权。"附提出红江自由航行上达滇境事，以种种利益说中国。又谓据杜白蕾报告，此时云南当局易人，对红江通商事态度不利，不若前此当局之表示欢迎。① 促罗使注意此点，向总署设法解释，期袪除其猜忌；② 敦嘱其慎重行事。故见海部确立对越保护权之主张，意谓不然。时中国幼君新立，政府排外空气稍缓。罗淑亚乃告法外部云："中国摄政政府（le gouvernement de la Régence）对法极表亲善。"德喀斯始料不及此，乃复罗使谓情势既佳，则其向总署交涉关于法越政商两约实行诸问题时，当可较直率表示（plus librement que ne l'avais supposé），惟尚绝口不提保护权事，嘱罗使仍以红江通商事为主，使向中国政府确实声明，以避免滇省官吏之刁难。③ 罗淑亚本外交老手，见外长力主慎重，而柴棍总督之口吻，直视北圻为柴棍

---

① 按云南总督刘岳昭，于前年（同治十二年八月）入觐，由滇抚岑毓英兼署云南总督。此时英法均力谋通滇，岑于是年5月24日（光绪元年四月二十日）奏称："滇省地瘠民贫，大乱之后，穷困愈多。百姓负败营生，沿途照纳税厘。所余蝇头之利，借以糊口。如洋人来滇通商，彼族多钱善贾，又只纳半税，不上厘金，垄断独登，穷民生计，尽为所夺。既难免怨望生事，而伏莽强豪附和洋商，抗官藐法。更恐祸无底止。通商一节，在云南穷远之省，窒碍难行。"（见《岑襄勤奏稿》卷十二，第14页）

② *Livre Jaune*, 29–31, Decazes to de Rochechouart, Feb. 27, 1875.

③ Ibid., 36–38, Decazes to de Rochechouart, April 28, 1875.

之附属品，外长主维持越王之独立自主权，而柴棍总督视越为保护国，意见完全矛盾，不知究何适从。乃决采取朦混方法。5月24日，以照会向总署通知法越新约。于两国关系一点，"含糊了之"，而极意铺张驱逐北圻华匪与开滇一口通商两事，① 以为声东击西之计。罗使一时之取巧，引起来日无穷之口舌。其"含糊了之"一语，不啻自供其罪状。吾人于法国历任外长诸人，如刚必达（Gambetta）、沙梅拉库（Challemel-Lacour）、茹费理（Jules Ferry）等与曾纪泽辩时，屡称中国无词认受1874法越条约，即等于自动放弃其在越之宗主权，承认法国之保护权之论。以罗使之言攻之，此数子虽辩，能无目瞪语塞乎？法国在1879年前，未尝声言其对越有保护权。②《柴棍条约》明文承认越南之独立自主权，罗淑亚又自认对华模棱其词，中国政府何能曲解法意，预先否认其所谓保护权耶？总署诸公纵愦愦，于此等交涉大事，亦不至如法人日后所云疏忽之甚。法外交家当事时乃畏首畏尾，事后则以罪诿人，计诚巧矣，其奈事实具在何？③

6月15日（五月十二日）总署复罗使照会先表示反对开滇通商，谓："中外各约均无开放云南一口通商之规定。"继云："安南即越南国，自昔为中国藩属，中国边境之人民，与接境属国之人民，常有商务关系，其性质随地而异。今当先令云南调查详情，俟复文到后再议此事。"于剿匪事则云："越南辄遭匪患，其

---

① *Livre Jaune*, 44: "... j'ai glissé sur cette question et appuyé plus spécialement sur les deux points que vous me singuliez: la dispersion des bands chinoises et l'ouverture d'un point du Yunnan." (de Rochechouart to Decazes, May 27, 1875)

② *L'Affaire du Tonkin*, 3: "C'est en 1879 seulement que nos intentions s'étaient affirmées ouvertement."

③ 见 *Livre Jaune*, 45。

政府屡向中国求助，中国于藩属不能不加援助保护，故有派兵追剿匪徒之举，中国驻越之军队，皆受越政府之请求，其目的为保捍边界，俟此目的已达，无需在越留驻时，当即撤还。"于二点实际均等拒绝。照会虽未明白否认法越条约，然于中国对越之宗主权与保护责任，则再三声明。① 词直理壮，而法公使馆译官（F. Scherzer）竟将华照会中"越南自昔为（法文应作'elle est depuis longtemps'）中国藩属"一语，译为"昔之外藩"（"elle a été tributaire de la Chine"）。② 罗使遂误认中国已自动放弃其在越之宗主权，大喜过望。告其政府曰："中国复文之满意远逾本人所敢希望者：恭王仅陈述过去情境中之藩属关系，此无异默认新创之情况。"③ 此意外之误解，益增法国觊越之勇气，而酿中法无穷之纠纷，可谓疏忽之极。罗淑亚当时亦自知其办理此事未当，难免日后争执，故请法外部及柴棍总督转商越南当局，以此约告知中国政府，使中国政府确知此约之存在。④ 然未见施行。云南通商交涉，罗淑亚以为宜利用马嘉理案未解决之机会进行。向外部请训，指定云南一口，对华请求开放。⑤ 不久柴棍总督复以索蛮耗城。

---

① "La Chine ne pouvait refuser aide et protection à un pays tributaire." "Les soldats chinois qui se trouvent sur la frontière du Yunnan sont là dans le but de protéger l'Annam contre les attaques des brigands..." *Livre Jaune*, 49-50; Cordier, 281-282.

② Cordier, 281-282.

③ "Cette réponse est meilleure que je ne l'esperais. En effet, le Pince ne parle de la vassalité de l'Annam à l'égard de la Chine qu'a l'état passé. ce qui est une reconnaissance tacite de la situation nouvelle..." *Livre Jaune*, 47, de Rochechouart to Decazes, June 19, 1875.

④ Ibid., 48.

⑤ Ibid.

8月4日（七月初四日），罗使即行文总署议此事，中云："……余前已向殿下声言法国政府与越南王立约，约中承认越王之独立自主，并加越以特别之义务，其中之一点，为将其外交政策听法政策之支配，①并开放红江任法航行。如中国政府不许轮船上驶至华界内该河所经各地，则约中此条毫无意义，且种种纷扰当不断发生。望中国政府将此问题妥为规定，以期有补于法国，而无损于中国之利益。"②中国政府对开放云南，自始坚持反对。前此月余，岑毓英奏滇省碍难通商，政府态度益决。然时以马嘉理事件，方派李瀚章赴滇查办，并筹度通商，未竣事。故9月6日（八月初七日）恭王等复法照会，称须俟得李详细报告后方能决。③法使对其政府称"中国之答复决无拒绝之意"（"ce n'est pas un refus, loin de là"），并云总署诸人与其晤谈，均不断称此举本身之完善。④态度甚乐观。不知中国时正忙于与英交涉，无暇与法争论，故以婉言推诿。李瀚章将赴滇时，谕令洋人在云南通商既属窒碍难行，果能设法阻止，自为尽善，著李瀚章会同该督抚岑毓英等筹度机宜，妥慎办理。⑤其实中国早决闭关谢绝法人矣。故《柴棍条约》成立后，中法初次之交涉，可谓毫无结果。

---

① "L'une d'elle consiste à subordonner sa politique à celle de la France et à ouvrir la navigation du Son-Koi." 按句中所用 "subordonner" 字与原约之 "conformer" 意义轻重不同，极可注意。

② *Livre Jaune*, 51–52, de Rochechouart to Prince Kong, Aug. 4, 1875.

③ Ibid., 53, Prince Kong to de Rochechouart.

④ Ibid., 52, de Rochechouart to Decazes.

⑤ 《东华续录》光绪四，第8页。

（四）《柴棍条约》实行之困难及杜白蕾之弃约论

自柴棍缔约至光绪五年（1879），可称为法国对越南之观望时期。在此时期内，越南完全以通常之同盟通商亲善条约视柴棍两约。法国当政者，虽多视此约含有其他政治意义，欲借此为进一步之企图，但皆踌躇却顾，欲进复已。法越商约所予法国在越南开放港口之特殊地位，欧洲各关系强国对之均甚不满意。照约，在越南之外国人民均归法国管理。然此未经各国承认，越南亦不能以此权与法。最早抗议者为英国，①德、西两国继之。法外交部对英答复，谓此种规定原意求为一切欧洲人民（不论国籍）谋适当之保障，越南政府不能予欧洲人民以适当保障，故利用此项规定，使欧洲人民排脱越南地方法律之缚束；故此项规定，对越南则为绝对的，对欧洲各国政府，则系一种权利，并非强迫者。② 盖约墨未干，法国已为时势所逼，不得不暂舍弃其优越地位，而承认他国之均等权利矣。至1876，情势益坏，柴棍总督极感捉襟见肘之苦，遂于4月间向海军部提议取消法驻北圻之海军队及领事馆卫卒，"以求避免越南民众为此等军队驻留而引起之不安状态"。且请求修改约文中"越南不得变更订约时对列强之外交关系"一款，以求避免对华之"极大困难"。并引用《通商条约》第六款之规定，自即日起，将北圻各海关管理权交还越南政府，仅保留约

---

① *Documents diplomatiques françaises*, série Ⅰ, t., Ⅱ, 202.（原件附注二）
② Bouinais et Paulus, Ⅱ, 81.

文中关于开放港口任外人通商之规定，一如中国、日本对泰西各国之关系。故结果其所认为应保留者仅三事：（一）越南所割让下交阯三省之法国主权，（二）北圻各口开放通商，（三）越南给予基督教徒之保障。① 此种提议，无异于使法完全放弃越南。杜白蕾之意，以为法国对越所处地位，既不曾明白确定；实行法越各约，又诸多棘手。法政府目前既无扩充交阯支那领土之野心，则不如对越坦率表示无觊觎其土地之意，同时修改条约。"不灭北圻，即弃北圻"（"conquérir la Tonkin ou de l'abandonner"）为杜氏惟一之主张。此种议论，政府当然不能同意。海部与外部协商结果，6月1日，海军部训令柴棍总督，使对越廷表示，只求越能忠实遵行约文中关于北圻港口通商及基督教保障各款，法国绝无干涉北圻之企图。至于法越各约，施行虽有困难，然政府不愿将多年之成绩遽尔放弃，若立时宣布废约，窒碍甚多，不若另采其他解释方法，使之简易可行。海部训令又云，领事馆卫卒，可暂调开，或将人数减少；但如越南政府不能尽责保护法国使馆人员时，当再派遣前往。自1879年1月1日起，当以海关行政权归还越南，其条件为越南每年缴纳法国若干款项，该数俟越南偿清西班牙赔款及设立海关费用后再定。海关须用一法人为总税务司，管理一切事宜，其地位职务与中国之海关总税务司相同。且须明白约定，如事后越南各通商港口外人之安全，仍须由武装军队保障，则法国将复对条约采取严格施行；又或如越南不能忠实履行其契约上之责任，法国将复代越管理海关行政。② 此为《柴棍条约》成立后，

---

① *Livre Jaune*, première partie, 55–56.
② Ibid.

法国首次之谋对越妥协。法政府以杜白蕾故作偏激之论，故坚决不用其立时废约或改约论。

（五）《柴棍条约》与中越宗藩关系

越南视中华为上国，中国视越南为藩属，此种情形绝不因《柴棍条约》之订立而受影响。总署于1874年6月15日之复法照会，既再四声称越为中国藩属，越南视柴棍两约，亦仅为极普通之通商亲善条约。① 惟此后两国均知法觊伺北圻之野心，颇有合作防法之势。越南对中国亦虔修藩属之礼，以杜法之借口。故光绪元年，刘长佑奏越南王因奉到穆宗毅皇帝遗诏，拟遣使恭进香礼，又斋进表文方物，庆贺登极。② 同时中国军队仍在北圻之河阳各地剿平黄崇英等匪。③ 1876年杜白蕾以法国既允助越维持红江两岸治安，于此等地域政治情形、商业路线，不可不事先调查，以免临时周章。故谋遣河内领事 de Kergaradec 探红江入云南，④ 然越殊不愿以法力平匪。越贡使裴文禩等，以1877年9月18日（光绪三年九月十二

---

① Hanoteaux et Martineau, op. cit, V, 419: "Le gouvernement annamite interpreta la remise de l'indemnité et la livraison d'armes comme une sorte de rancon payée par la France; devant ses peuples il se donne l'apparence d'une triomphe."

② 《续东华录》光绪四，第17页。

③ 见《续东华录》，光绪四，第7页；光绪五，第3—7页；《清史稿·属国传》二，第12—13页。

④ 见 Livre Jaune, 59, Duperré to Brenier de Montmorand, Oct. 18, 1876。氏函法使白罗呢（Brenier de Montmorand）使向总署交涉求护照，华初不许，后不得已与之。de Kergaradec 以11月23日离河内，次年1月1日抵保胜，未入滇境而返。2月18日，再自河内出发前往，经蛮耗、蒙自等处，至4月乃回河内。（见 Cordier, II, 287）

日）离越南境赴北京。此举与《柴棍条约》第二款所谓"越南完全独立"自难免冲突。故 de Kergaradec 于 27 日曾函告杜白蕾，促其注意此事，谓此为柴棍缔约后越南第一次遣使赴北京之举动，将为后日之先例。且称渠曾询裴文禩以抵京后拟否访法国公使，裴答以奉令事毕当往访法使臣，惟须先得中国司仪节官吏之同意。① de Kergaradec 因此对中越关系问题，颇加疑虑。惟杜白蕾毫不介意，谓中国早已放弃其对越之宗主权，观其于法叠次割据越地、逼订条约，丝毫未加干涉，或声明其宗主之权利，足证中越间之藩属关系仅有历史上之意义；② 故此次遣使，纯属仪节（"act de pure courtoisie"）而已，勿庸加以重视；目前法正可利用此各种形势，不必再多事向华提出种种易惹事端之原则上问题，强华正式承认法越条约关于越南之完全独立者，此恐反为不美。德咯斯于此颇不谓然，次年 5 月 30 日函法使白罗呢，谓："中国越南两国素极重视旧例，又受种族风俗文教势力之影响，意义深长。今于悠久之习惯，中国历代借以羁縻越南者，岂容忽视？且中国从前对越辽远诸地（如下交阯），虽抱漠视态度，及至北圻诸地有事时，恐未必依然缄默。盖中国于此等地方官吏极有势力，其军队直至去年，尚有自由各处游行之权（la faculté de parcourir librement et en tous sens）。然则越南王对中国如此铺张之敬礼（les marques de deference prodiquées）及随时之通问，其意义恐无殊继续已往亲切关系，使越王为中国排欧政策之附属品。"③ 因使白使详细报告总署对于中法关系问题之态度。杜白蕾之主张不交涉，非为其对越态度骤趋和平，实因其未识

---

① *Livre Jaune*, 60–66, de Kergaradec to Duperré, Sept. 27.

② Ibid., Duperré to Brenier de Montmorand, Oct. 18, 1876.

③ Ibid., 62–63, Decazes to Brenier, May 30, 1876.

中越间之实在情形，以为《柴棍条约》已足夷越于法之保护国。不知中国虽无明文否认法越条约，而于其对越之宗主权，则极意郑重声明，此实法国在越发展之大障碍，亦法外交当局最重视而力求芟除者也。

法外部于实际之情形，似较柴棍总督为明了，外部始终注重确定越南之独立，柴棍总督始终主张法国之保护权。①盖外部意见以为只求越南完全独立，不受中国宗主权之干涉，则法在越可畅所欲为，不必亟求确定保护权，转生枝节。杜白蕾则以为中国之宗主权本系空名，法国对越无所用其迟疑，不于此时成立保护权，将来许多纠纷无法排解。故非决灭越，即当弃越。此种论调，完全出于好事喜功之心理，政府不能采纳。杜白蕾不得已辞职。政府以 Lafont 继任，并诫之，以"勿庸力求推广法在越南之势力"。②白罗呢亦谓对华应主慎重。9 月 13 日，函法外部告以中国从前（1862、1874）于法越条约所以不加否认，亦不请法政府解释者，并非默认法越间已成之事实；实以当时中国不愿多事，又不谙法所谓保护国为何物。③且观 1875 年 6 月 15 日中国照会

---

① 1875 年 7 月 23 日法使罗淑亚告 Decazes 云："Tandis que vous insistez sur l'indépendance de l'Empereur Tu-Duc, il (Duperré) parait plutot croire à un protectorat。"(*Livre Jaune*, 44) 又 1877 年 9 月 30 日白罗呢告 Decazes 云："Il est disposé à traiter l'Annam comme une annexe du Gouvernement de Saigon et croire à un protectorat effectif de notre part, tandis que V. E. insiste sur l'indépendance du Roi Tu-Duc。" (Ibid., 71–72)

② "Bien que les circonstances soient aujourd'hui plus favorables pour nous qu'elles ne l'étaient alors au point de vuc de nos relations internationales; je ne crois pas que nous devions chercher à étendre notre situation au Tonkin." Decazes to Gicquel des Touches, Sept. 1877, *Livre Jaune*, 67. *Documents diplomatiques françaises*, lre série, t., Ⅱ, 204.

③ 按此种解释甚当，中国之不谙西人所谓保护国，犹西人不谙中国所云藩属也。且条约及来往公文中，并未有保护国字样。

所云"中国于藩属不能不加保护援助",又如"中国派兵赴越,实受越政府之请求,其目的在于肃清越境盗匪,俟此目的达到后当即撤退"等语,岂得谓为承认越南之新情状?以故"此时越南甚似在两国保护之下,一为法国,一为中国",加以种种矛盾事实,情形不易解释,盖如承认越南为完全独立之国家,则《柴棍条约》应由越南政府直接通知中国,无须法之代劳。若法以保护者自命,则此次越之入贡北京,为《柴棍条约》后第一次,理应顾忌法国,而越使节离河内时,公然鸣礼炮,且通知法领。则法国在越南之地位,盖极复杂,极不确定,欲于此时与中国交涉中越间新关系问题,诚戛戛乎其难!中国政府恐将以空词支吾规避,结果不得要领,"不如先维持现状(laisser les choses sur le status quo),保留干涉之权,以备日后中越关系更密切或至威胁交阯支那之法国利益时,再谋办法"。① 由此可知,中国之宗主权不因《柴棍条约》而受影响。中国于此,已有明白声明,法亦无可奈何。惟越南则受条约束缚,对任何国家应保持其完全独立。遣使入贡之举,自法观之,越实为背约。然法国此时在远东尚无发展之实力,② 只好听其自然,静俟时机之至,再谋彻底解决也。

---

① *Livre Jaune*, 71–73.

② Decazes 告 Gicquel des Touches 云:"En supposant même qu'une telle entreprise dût être peu couteuse par elle-même, elle nous exposerait encore au grave inconvénient d'être entranes plus loin que nous ne voulons aller et nous créerait, en tout état de cause, de grands embarras, par suite de l'insuffisance numérique du personnel spécial dont nous pourrions disposer et qui ne serait mallement en état d'administrer une population trois ou quatre fois plus nombreuse que ne l'est celle de la Cochinchine。"(*Livre Jaune*, 67–68)

第二章 中法之和平交涉

(一) 法政府政策之变更与曾纪泽首次之折冲
  (光绪六年至七年)

法国对越南之观望态度,迄光绪五年之末,未为稍减。己卯十二月(1880年1月),法新外长法来西讷(de Freycinet)诫驻华代办巴德诺(Patenôtre)"不可作任何易惹法华冲突之举动";谓果如此,则法所受危险与牺牲之总量,将远过将其在北圻所得之利益。① 同月二十五日(2月5日),海军部长函外长论北圻事,亦言其个人之意见"不但极反对占据北圻,且反对法国于北圻作任何干涉"。② 然巴德诺以中国干涉北圻李杨材乱事,屡函外部,言"清廷之重申宗藩关系,法国应加以严重之注意";③ 请外部声明法国"不能以自身应负之责任,容他人代庖"。④ 庚辰正月二十四日(3月4日),竟云:"就目前情景观之,莫宜于北圻采取军事行动。……若仍旧维持无为政策,则法之势力恐将蒙极大

---

① Cordier, *Histoire des Relations de la Chine*, II, 308-309.
② *Documents diplomatiques françaises* (1871-1914), lre série, t., III, 14, no.14.
③ *Livre Jaune*, 1883, I, Affaires de Tonkin, 141.
④ Ibid., 144.

损失。"①时越南又谋遣使入贡，柴棍总督 Le Myre de Vilers 以告，请阻之。海军部与外交部均谓两年前越已有入贡之举，则此次若公然阻之，恐不可能，不若使法驻顺化之外务官，私告越南政府以法虽不正式反对此举，实不满意。②结果，越南政府置不理。四月二十日（5月28日），柴棍总督函海军部论越西订约事，请阻其批准。因云："法之顾虑，越南视为怯弱；法之退让，越南视为无力。……法国此时在越之地位，较诸1873（《柴棍条约》成立前年），实际上毫无进步。"③柴棍总督既屡屡表示不满政府之容纵政策，政府颇有改弦更张之意。适德国明白表示对北圻无政治野心，且为其商业计，愿法在北圻发展其政治势力。④法之态度，遂大变。

六月二十日（7月26日），法外长致其海长一函，实为法国对越南积极政策之发端。外长自称于越南事件研究结果，认为海长所倡占领红江之议，较阁议所持保守河口之说为当。因谋遣军出征北圻，尽占红江流域，谓海长如同意此举，可拟军费提案交国会议。⑤八月十九日（9月23日），法来西讷去职。Saint-Hilaire 继任外长。九月二十六日（10月29日），外部以议会即将召集，促海部速备提案。⑥此可见新外长不变更前任之积极计划。

出使法国大臣曾纪泽，于去年十二月十四日（1880年1月25日），曾以法越间之纠纷事询法来西讷。因提及中越间之宗藩关

---

① *Livre Jaune*, 1883, Ⅰ, Affaires de Tonkin, 149.
② Ibid., 151.
③ *Doc. dip. fr.*, 121, no. 138.
④ Ibid., 166, no. 197.
⑤ *Livre Jaune*, 156–157.
⑥ Ibid., 157.

系，问法越之纠纷问题，有含如何严重性质可以引起中法两国间之冲突者乎？法外长答以无有。曾意乃释。至此见法将派遣军队赴北圻，乃于十月初八日（11月10日）自俄都照会法外部，问此项消息究否可靠。且问自上次与法来西讷晤谈而后，法政府之目的，有否变更。因声明越南自来受中国册封，且与华接壤，中国决不能坐视他国之军事行动，变更越南之政治状态。① 时法海部与外部，均言北圻事不可再务退让，并作出师准备。于曾侯照会，竟延搁不复。二十四日（26日），法外部致其驻华公使宝海（Bourée）书，言中国宗主权之声明，实一不可接受之理论。因言："1874年《柴棍条约》中，法许保护越南王，承认其对一切外国之完全独立，故越南对他国之藩属行为，与他国对越南之以宗主自居，皆直接与法冲突。而柴棍总督所寄越南使节赍呈中国皇帝两表文，语句之间，多承认中国对越之宗主特权。外长决俟与海长议定应采取之对付步骤后，再答复曾侯。"②

时法国休养生息已历十年。普法战争之疮痍已复，殖民国外之兴致正浓。前五六年有种种之顾虑，不敢对越积极，至此形势已大变。且中国以伊犁之事与俄关系紧张，无暇问越南事。法外部乃思乘时确定其多年梦想之越南保护权。③ 十一月二十六日（12月27日），外部与海部协商结果，决定使其驻俄公使商犀（Chanzy）以照会转交曾侯。中云："法越间关系，全由《柴棍条约》规定，

---

① Livre Jaune, 158.
② Ibid., 161–162.
③ Livre Jaune, 163, Saint-Hilaire to Cloue, Dec. 21: "Vous jugerez sans doute comme moi que cet incident est une preuve nouvelle de la necessité pour nous d'obtenir la reconnaissance définitive de notre protectorat sur l'Annam."

根据该约，法有助越保障和平、维持治安之责。且欧洲在越侨民之利益，悉由法保护。规定既极明晰，深信法来西讷前次与曾侯晤谈时所加之解释，必不至与约文之意义有相违背者。"① 此复文仍未正式声明法国对越之保护权及否认中国之宗主权，措词颇圆滑。盖有法来西讷之声明在先，外部不能遽变其说。然文末郑重言法国政府决照《柴棍条约》，实行其应负之责任，并希望中国设法避免中法间关于此点之冲突与误会，则已为第二步暗伏一笔。十二月初八日（1881年1月7日），曾侯乃往晤商犀，谈北圻事。谓中国政府如闻知关于北圻之谣言，将极感不安。因再解释越南一向承认中国之宗主权。并云，法外部并未明白答复其所提之疑问，既谣传所称法国将以武力侵略北圻，究竟是否事实。商犀推诿未得政府训令，不知法究竟有无此项计划，以及计划之内容。曾侯以中俄交涉正急，不能积极对法，恐增加意外困难，乃嘱法使以此意转达其外部。②

此次问答中极应注意者，为曾纪泽表示承认法越之《柴棍条约》。③ 此实一种错误，盖自法国以越约通知中国后，中国虽未正式否认，然始终未加以正式承认。约中有越南对外完全独立之规定，与中国宗主权完全冲突；今将谈越事，先无条件承认此约，则中国宗主权全失根据，法国对我可以取不理态度，交涉将完全失效。更可注意者，则自法越缔约至此，法迄未敢向华提及其对

---

① *Livre Jaune*, 164–165.
② Ibid., 167–169.
③ Ibid., 168: "Nous connaissons les droits et les devoirs qui résultent pour la France de ce traité; il a été notifié à Pékin par vôtre gouvernement; nous n'y avans vu qu'une garantie pour l'Annam, un bien pour la tranquillité; mais rien ne nous a indiqué que les lien de vassalité qui liaient ce pays au nôtre fussent rompus."

越之保护权，而据法使报告，此次谈话中，曾侯竟有"法国根据1874条约对越所加之保护权，中国视之为有益"之语。此竟无条件承认法之保护权，尤为可怪。然此次中外两使晤面，系私谈性质，口头交接，未有正式文移；又法使单方记载，未必可据以为信。① 法外部闻华竟承认其保护权，则大喜，遂乘机将其数年来难于启齿之苦衷，倒箧倾囊，悉数出之。二十三日（1月21日）复商犀书云："《柴棍条约》将越南置于法国保护之下，窃信关于此点，北京政府当不至有何误解。……今日最重要者，为使中国知晓安南以及其附属之北圻，除法国外，与任何他国全无瓜葛。法国在越之保护权，不但加法以其权利，且予法以无可推诿之义务，即对其友邦如中国者，亦不能规避退让。"② 至此法国不但要求中国承认其保护权（此点法外部以为已不成问题），乃直接否认中国之宗主权。法数年之隐情，至此乃完全暴露。

光绪七年正月初四日（3月2日），法外部得宝海讯，报告越南贡中国事，并附法译表文，谓其"字里行间，处处流露反抗法支那交阯殖民地，与反抗法越条约之思想"。宝使谓此盖由迩日喧传法将以武力解决越南问题确定其保护权之反响；且此次越使入贡，并非完全仪节问题，实欲要求中国为实力之援助，以保全领土之完整。③ 翌日，外部复宝海，令其向中国枢廷表示："法虽不愿讨论关于越南之问题，然于越南各地法既得之条约上权利，绝不放弃。"时柴棍总督报告中国派舰在越南江面剿匪。外部因使宝海向总署表示在此等地剿逐盗匪，为法国之职务，不容他国代

---

① 窃疑法使所记"保护权"乃"保护"之误。
② *Livre Jaune*, 171.
③ Ibid., 174—176.

庖。① 三月十七日（4月15日），海部函外部云，据柴棍总督报告，中国之干涉越事，实由法国态度过于缄默，华越均以法为怯。故欲保持法在远东之地位与尊严，亟须有所表示，请外部助海部进行请求军费案。② 二十一日（19日），外部复文许尽力赞助。③ 五月，海部乃训令柴棍总督云："法国所冀望之主要目的，为成立一极确定之保护国，故对越廷外交问题，须严加以规定，此实必然之结果。此后此种关系，须绝对明白受法约束，由法代行。凡与越南遣使贡华，西班牙派公使驻顺化等类似之事，当极力设法阻止，勿使将来再发生。"因征求柴棍总督关于改善法越关系之意见。④ 六月二十七日（7月22日）军费案通过议会。八月初二日（9月24日）曾侯乃重向法外部宣言："中国政府不能承认1874之条约，惟法国已有言在先，愿竭力设法祛除中法间为越南问题发生之误会，中国政府相信法政府愿与协商此问题，使得圆满解决。法政府当知若以武力攻占北圻，在任何环境之下皆将引起清廷极大之不安。故在未实行此计划之前，最好能先与中国磋商设法，避免中法利益之冲突。"⑤ 法外部于曾侯提议，搁置未复，海部乃告柴棍总督以此后法国在北圻之政策为"恢复法国之地位与威严，同时避免以武力侵略冒险之举。在此等区域，明白保护欧洲侨民之利益与安全"。使柴棍总督对越廷采取强硬态度，谓："此种态度须以实力之示威为其后盾。虽不可带军事行动之性质，然须足

---

① *Doc. dip. fr.*, 375–376.
② Ibid., 439.
③ Ibid., 445.
④ Cordier, op. cit., II, 317–318.
⑤ *Livre Jaune*, 188–189.

以充分表示法国有实力可以达到其所冀望者。"并令其将可调拨之海军悉数调往北圻沿岸，设法逐渐增加河内、海防之驻兵，于他人不知不觉之间，使法于河内有目前两倍之兵力，然后再寻口实谋溯红江上行之举。① 外部于此亦极表赞同，称其与法国外交之大原则，无有不合。② 并函宝海称法国在北圻之行动，将尽力慎重以避免引起中国之反感。③ 此时法国以武力干涉北圻之政策已定，虽一再声称不愿为武力之侵略，而实力示威之结果，必酿成大规模之军事冲突，此实无疑问；挑衅之责任，恐法国百喙不能辞也。

（二）法国拒绝讨论原则问题（七年八月至八年八月）

曾侯辛巳八月初二日之照会，为中国第一次正式宣言，一面否认《柴棍条约》，一面提议中法协商解决越南问题，理直词壮。④ 十一月十二日（1882年1月1日），法新外长刚必达（Gambetta）始复文，称此时法政府不愿讨论原则问题，仍决定维持Saint-Hilaire于去年十一月二十六（1880年12月27日）照会中所言各点。至于法越《柴棍条约》，前已经罗淑亚通知中国；恭王复文并未反对该约以及约文中之任何一款，且指越南"昔"（autrefois）为中国外藩，无异谓中越宗藩之关系，乃历史上之问题。今条约成立实行已经八年，中国于此时提出抗议，法国实难

---

① *Livre Jaune*, 190–191. 此件颇有删节，原文见 *Doc. dip. fr.*, lre série, Ⅳ, 142–143.
② Ibid., 192.
③ Ibid., 192–193.
④ 见上节。

加以承认。① 十二月二十日（2月8日），曾复牒称："按恭王照会中并无与'昔'（autrefois）字相当之语，恭王之语意，乃云'越南自古迄今，皆为中国外藩'。且越南与中国之关系，绝非历史上问题，有目共睹，……恭王之声明，根本推翻条约之本身，自无须更讨论条约之内容。"② 时法来西讷已再任外长，知此事系原则问题，讨论难期有结果，决定不复。③ 其实法之理论根据（即谓中国已承认《柴棍条约》，放弃宗主权），完全基于文字转译之错误，理由既非十分充分，辩论殊费口舌，且其时以武力干涉北圻之策已定，亦无与华讨论原则问题之必要，故借口搁置不理。

当时北京政府于此严重问题之发生，迄无明确态度之表示，法国难以实行其已定之政策为前提，然以事实上种种之关系，对中国之态度，亦非敢于完全不顾。故外部屡次电其驻华公使宝海，使向清廷解释，法于越事只求保障其已得之利益，并无土地之野心。④ 而宝海报告外部，乃有"中国驻法代表之论调，虽颇愤激，但法国如仅施行其《柴棍条约》规定范围内之权力，则中国政府于法对越计划之实现，不拟加以阻碍"之语。⑤ 法外部遂以为曾侯八月初二日之照会，不能视为清廷意见之确切表示。⑥

按北京政府之无确切表示，并非无因。当时法国之谋以武力干涉北圻，谣传均指为法谋吞并越土。⑦ 中国当局亦深信此说。光

---

① *Livre Jaune*, 195-196.
② Ibid., 199.
③ Ibid., 210.
④ Ibid., 210, 268, 273, 297.
⑤ *L'Affaire du Tonkin*, 6.
⑥ *Livre Jaune*, 210.
⑦ 其实法此时尚无此意。

绪七年十月十五日,总署奏称法人谋占越南北境,粤西唇齿相依,后患堪虞。故其外交对象,以取法不侵略越地之保障为要着。至于《柴棍条约》,中国虽为体面起见,不能明白承认,然当时中国之政策,并不以要求法越弃约为目的。故总署奏云,"曾纪泽屡与法外部言云南通商,非中国所愿,从前法越立约,中国不认。法如仅整顿商务,中国犹可宽容越私立约之失,全法颜面;若另谋进步,则负中国保全友谊之心"云云。① 换言之,即中国以不否认《柴棍条约》为法国放弃侵略北圻之交换条件;此与其谓为曾侯交涉之方针,无宁说为总署之一种见解。时北洋大臣李鸿章任对法交涉,其观察与总署大略相同。李知法越《柴棍条约》成立已久,虽于中国不利,然其时无法弥补,只求法不吞并越南,其他中国可置不问。故于同月二十一日(12月12日)与宝海第一次晤谈,完全注意中国不能坐视法国吞并越南一点。② 经宝海极力否认后,李乃告总署云:

> 越南孱弱已甚,事事求助法人,既立有约据,恐非中国所能劝阻。然窥法使之意,尚非即思吞并者,似只可不即不离,随时设法调停。③

平心而论,《柴棍条约》本身虽有种种矛盾冲突,其于中国虽有种种不利,法国之手续虽有种种之不完妥,然该约成立已八年,中国此时欲加以否认,使法越废约,无论理论上如何健全,事实上

---

① 《清光绪朝中法交涉史料》卷一,第2页。
② 《译署函稿》卷十二,第44页。
③ 同上,第43页。

确不可能。李较明了当时之利害情势，故不主张积极促法越解约。然则总署当时仍提出法越条约问题者，其至要目的，仅在于提醒法国，使知法越间之问题，亦即中法、中越间之问题而已，未必根本上即有推翻该约之决心。惟此事关系中国藩属朝廷威信问题，其性质至为严重，当局虽有此种见解，难于率然表示，亦未将此见解作为一贯政策。故七月十五日上谕仍为"着曾纪泽坚持前议，相机辩论，期于大局有裨"等语。① 曾侯八月初二日之照会，事在李、宝晤商两月以前，自不能与李之态度相合，无足怪也。

李鸿章之政策，在于保全越南土地，不愿于名义上为无益之争；故其不即不离之态度，并非欲置越于度外。李最初谋开放越南，诱各国前往通商，以牵制法人，使不敢畅意侵略。十月二十六日与英国威使（T. Wade）晤面，劝其商诸英国外部派使与越议立通商条约。② 惟此时各国于法越之关系，均认为已成之事实，故威使复李，英若与越南议约，亦不能出法越商约范围之外。③ 李知此事无望，适宝海屡表示法无侵略野心，故亦暂不作他图。惟李自始即主不固持否认《柴棍条约》，另谋实际解决，则态度甚明显。

此时法国究竟谋以武力占领北圻，抑仅欲以实力保持红江之航路，实一极宜注意之问题。当时各国皆言法意叵测，而外长法来西讷又为始倡武力干涉之人，④ 故事后论者多疑其别有野心。⑤

---

① 《曾惠敏奏疏》卷四，第10页。
② 《译署函稿》卷十二，第43页。
③ 同上，卷十三，第4页。
④ 见上第一节。
⑤ 如 Norman (*Tonkin*,...) 即力持此说，抨击 de Freycinet 甚力。

按在河内陷落以前，法外部对于北圻问题，实主慎重。时北圻盗匪充斥，红江梗阻，法驻河内之领事，屡以黑旗之威胁诉诸柴棍总督。柴棍总督既奉政府增河内防军之令，乃命部将李维业（Riviére）以兵赴之；将行，谆谆诰诫，嘱其勿好事喜功，谓："法国政府无论有任何代价，必不愿于数万里之外为一侵略战争，为国家惹极大之纠纷。故在北圻越南方面，只可出于和平方法，于政治上及行政上扩充巩固法国之势力。……如遇中国军队，慎勿引起冲突。"结语谓："当力避开火，开火只能增加困难，别无好处。"①语极恳切。海军部长见柴棍总督此训令，大加赞许，称其深得海军部之意。②外部亦云然。法来西讷告海部云："红江之有效开放，不外于驱逐黑旗，于沿江地一二处，以少数军队筑营防守，绝无占据附近地带之意。即柴棍总督所谓'在北圻越南方面，只可出于和平方法，于政治上及行政上扩充巩固法国之势力'是已。惟所云'行政上'一语，意义尚须稍加限制，盖法之军事行动，当求其极力缩小限于一区域之中，不当以占领越南一省一城为目的。"③此可证明当时法实未有吞并北圻之意，且力求避免与中国冲突。当时中法主持大计之人，若能屏除意气，认清交涉目标，无为理论之争执，急谋实际之磋商，则越南问题，未必不能和平解决也。

李维业至北圻后，攻占河内（三月初八，即4月25日），并南取南定。此实超越其所奉训令之范围，与法政府意见完全相反。法军人数甚少，势成骑虎，进既不可，退又不能，政府乃不得不

---

① *Livre Jaune*, 1883, I, lère partie, 202-204.
② Ibid., 206.
③ Ibid., 209, *Doc. dip. fr.*, lre série, IV, 269.

陆续增援，以厚其势。然观李维业倡议"此后法于北圻当为武力之占领"时，①柴棍总督深不以为然，嘱以慎重从事，避免无谓之纠纷；海军部亦谓"欧洲之局面不容法国以费时伤财之经营为累"。②盖法政府对越一贯之政策，为保持条约之权利，保障红江之航行，故只谋利用其努力所得之地位，于红江流域培植其威势权力，使基础更加雄厚，而避免用实地占据越南土地之方法。③可见谓法预谋攻略北圻者，实非公允之论。

此时中法之交涉重心，在巴黎而不在北京。自辛巳八月至次年三月，曾侯与法廷之谈判，全为中国宗主权与否认《柴棍条约》问题。法国一贯之表示，则为此原则问题，绝无讨论之余地；同时声明法无侵略北圻野心。均未谈及解决之积极方法。至三月十九日（5月6日），曾侯得河内陷落之讯，乃重向法廷提出抗议，质问法政府之食言，求法撤兵。然其所言之内容，仍主中越之宗藩关系，其前提仍系否认法越之《甲戌条约》，且语气稍欠婉转，法外部对此大不满意。④四月十五日（5月31日）复文措词极强硬，谓："法国政府为尊重条约起见，已令柴棍总督确求法越《甲戌条约》实行之保障，至于因此而采取之举动，则仅关两缔约国本身，故不负向中国解释之责任。"同时训令宝海如总署提出此问题亦以同一"不理"之态度对付之。⑤

河内之陷落，与法外部态度之转移，关系甚大。三月十六日

① *Livre Jaune*, 242.
② Cordier, II, 352.
③ *Livre Jaune*, 242.
④ Ibid., 212.
⑤ Ibid., 213–214.

（5月3日），曾侯与法外长晤谈，外长称："关于法军攻陷河内事，法政府未得确讯。①即使此项消息可确，政府实不知情，此事未得政府之许可。"按此系实情，并非饰说。惟政府既得确讯之后，不惟不思补救办法，反以为木已成舟，极力维持已成之事实，不承认其事先之声明，强指为误会。②食言者不肥，此实非国际交接之应有态度。曾侯得法外部复文后，极愤怒。四月二十九日（6月14日）照会法外部，申述越南问题中国不能不过问之理由：

> 以中国在北圻宗主权之有如此悠久历史，以中国边界数千里之与北圻接壤，以中国人民侨居北圻之众，以中国在北圻商业利益之不减于任何国家，以红江航路之为中国西南诸省货物出口之途径；有此种种理由，尚不足以证明中国政府有过问北圻之权利，请问贵部长须有何种理由始可得此权利耶？③

法外部以曾侯抗议措辞失当为理由，置不复。且使宝海告中国政府，如中国使臣不改其傲慢之口气，法外部于此类照会，皆将拒不接收。④北京方面，总署与宝海仅于三月二十三日（5月10日）晤商越事一次，所谈亦无非关于中国在越之宗主权与法国出兵北圻之问题。总署既无确定之交涉方针，谈判自难期有实在结果。然就大体言之，总署之目的，在求目前法国于北圻不作积极之侵

---

① 按十四日（5月1日）柴棍总督已有简电报告法外部，原文见 *Livre Jaune*, 211。
② *Livre Jaune*, 212–214.
③ Ibid., 269–270.
④ Ibid., 268.

略,故晤商结果,据宝海报告,谓"北京方面对法国于北圻之计划,态度极旷达,只要法国表示其无积极侵略之野心"。① 法外部乃益决不理曾侯,巴黎交涉无形停顿,外交重心乃有移于北京之势。

河内既陷落,法之政策在胁越廷重订条约,明白承认法国之保护权,一以杜绝中国之责难,再以确定其红江之势力。海部与外部商决定态度,表示:"法之遣军至北圻,一为根据条约承认之特殊地位,以及基此地位而发生之特殊权利;一为越南不能尽其保护欧侨生命安全与红河通行之条约责任。故不容他人对法国之优越地位有所问难,使法长久之努力与牺牲均成画饼。"② 此时欲与法谈法律理论问题,争回中国之宗主权,直无异与虎谋皮矣。

六月末 Duclere 继任为外长,其政策一循法来西讷旧规。七月,曾侯屡促法外长答复四月二十九日之照会,外长不理。以对华交涉事嘱宝海。告曾侯以此事之谈判,已决定由宝海与总署直接进行。③ 一面促柴棍总督与越南续订商约以弥救《甲戌条约》之缺点,期"以更坚决确定之字句,从兹永置越南于法国保护之下,使其地位与突尼斯(Tunis)伍"。④ 外长对中法交涉颇乐观,谓:"宝海所得总署态度,较曾远为恬静;其对法国印度支那半岛政策之论调,亦与华使所持者大异;……在此种情状之下,极可希望法国与华之良好关系,不至为法国之上征红江,遽受重大影响。"⑤ 然法国既拒绝与曾侯讨论原则问题,其外部屡次所予宝海

---

① *Livre Jaune*, 276.
② Ibid., 264.
③ Ibid., 297.
④ Ibid., 298.
⑤ Ibid., 299.

之训令，均为求中国不干涉越南事一空疏之原则；中法双方均不肯先提出切实之办法，合作互商，以求解决。河内事件，法政府视之仅为一不幸之波节，不知其于越南于中国所引起之反响，实至严重。北圻方面，日益混乱，黑旗恨法军益甚，思聚而歼之。法之河内援师，乃不得不日增。而中国当局迫于清流保藩之论，边军亦陆续出关，酿成不能不战之形势。其咎在于两国外交当局，均不顾事实，均不明情势，空谈原则，不于实在处着眼。华之宗主权，历史根据本极充分；法于北圻之优越地位（至何程度尚未确定），亦有条约之明文规定。其实际之冲突，非可用口舌争者。李鸿章自始主张不否认法越条约，十月间宝海与李开始谈判，第一语即请中国先将属邦置之勿论。① 此二人见解之较符实际，与其谋解决之诚心，时辈视之瞠乎后矣。

（三）中法首次妥协之失败（八年十月至九年三月）

巴黎交涉，既告决裂，北京乃一变而为中法交涉之中心。壬午八月，法廷屡得中国进兵之消息，恐北圻方面中法不免冲突，外长乃屡催宝海，使征询中国之实在态度。② 继见中国尚无以武力干涉之计划，意乃释。自河内陷落以后，法国对华外交之一目标，在使中国不过问北圻事。换言之，即暂时不准备与华交涉。此种态度，至九月间，可谓完全确定。此议由海部提倡，经外部表示

---

① 《译署函稿》卷十四，第 43 页。
② *Livre Jaune*, 1883, I, 203, 303.

赞成。其具体之办法，为派全权公使赴顺化，与越议款，于北圻、顺化同时武力示威，先使北圻成为法之纯粹保护国；然后再与中国谈判，解决中法间之争执。海部以为与中国交涉，结果难期迅速，而北圻问题不容拖延，故宜先注重法越之交涉；此交涉既有结果，中法间之争执，自可迎刃而解。① 故驻华公使之责任，实际上不外敷衍清廷，使于越事勿取断然之处理，俾法越交涉得以顺利进行而已。

十一月二十日（12月29日），外部忽得宝海急电，言"与李鸿章磋商结果，定一草约，约经总署同意；内容为开放云南，承认法国在北圻之保护权，惟北圻与中国接境一地带系除外，其界线俟商后再定，两方互相保障维持此种情状，拒绝外来之侵犯。法军在北圻之军事准备，华方以为敌视中国，若外部不否认此事，则和平之协调恐将不保。中国之军力远过于海军部长所推测者。详情邮上"。② 翌日，外长复电称草约条件可接受，对总署可绝对保证法无仇华意。③ 然此与九月间外、海两部同意采取之步骤实相冲突。④

宝海于十月初二日，自北京起程赴天津。十六日（11月27日），始与李鸿章谈越事，不数日谈判已告成功，大有咄嗟立办之概，实中法越南交涉第一次之快举。九十月间，宝海所奉其政府训令，皆令其阻中国勿与越事，不及其他。然观九月中旬宝海所拟致总署一函，答复其关于法廷不理曾侯照会之质问（按此照会

---

① *Livre Jaune*, 311–317.
② *Livre Jaune*, 1883, I, 2nd part, 1.
③ Ibid., 2.
④ Ibid., 2, 4.

未发而宝海赴津），即表示希望中法两方不必以固持宗主权与保护而费无谓之口舌：

> 中国如持其对越之宗主权，法国自不得不持其保护权，以为相抗之地步。中国如以久远因袭相沿之惯例为词，法国必以条约为答。此条约成立为期固甚短近，然曾经通知中国，并有战胜与实地割据为双重之保证。如是则此双方之冲突，恐难以调剂和解。若于此点各坚持其所是，则隔绝两国之沟洫，恐将愈深愈广。①

此实一极平心静气之言论，其见地之超卓，深值赞许。欲求中法越南争执之解决，此实一先决条件。然当时法国政府对于越南问题之观察，究未能如此透彻。②故宝海在北京之地位，颇有心有余力不足之感。适中法有失和讯，且时将封河，宝乃决暂赴沪。临行向总署告别，晤谈至三小时之久，此次为极重要之谈话，宝海力言法无占据北圻意，劝中国军队自关外撤退，以免纠纷。因劝告中国以所拟照会中语，即两国均不谈其对越之关系问题。并云："解决方法，莫若中法订立一双方同等有利之条约。自法国言，法经营北圻之目的，在保障红江之通航；其保障红江通行之目的，在于通滇；欲通滇则必须于滇省得一开放之口岸，以利商业。自中国言，则红江之通航，滇省之通商，亦属有利之举。故两国于此，利益系一致，中国当能与法协力办理。"总署颇以宝议为然，

---

① *Livre Jaune*, 1883, Ⅰ, 2nd part, 10.
② 当时法外部所持政策，为增重（accentuer）其在北圻之保护权，以压倒中国之宗主权，与宝海所拟双方不谈原则之解决办法，当然不合。

因提议中法各派一全权代表商订协约，解决所有连带各节。宝海请问其详，总署乃举三点：（一）决定开放口岸办法，（二）保障中国南部安全之办法，（三）中国商船、军舰在红江航行自滇至海之最有利办法。宝海言此数点法政府均极愿与中国谈判。① 按此系中法越南交涉以来两方第一次同意抛弃空洞原则，而磋商实际问题。宝海与总署此时均有解决越南问题之诚意。然与法政府所持对华暂不交涉之原则相悖。

总署见宝海愿意转圜，遂函李鸿章，使于宝海到津时相机办理。② 十月初，宝海到津，先与李谈天津法租界事，至十六日（27日），始及越南问题。宝海首主不讨论宗主权与保护权问题，③ 而商边界与通商事，力言中国当先撤兵，免无谓之冲突。李表示同意。此次晤谈之结果，宝极满意，谓不但可以避免军事之纠纷，且可冀望整个问题之顺利解决，即对滇通商，亦可期有办法。④ 宝对李称，愿将拟议大略写出，候总署酌示。

十七日（28日）李派马建忠赴宝海处，阅其所拟草案，磋商甚久，乃决定草案如下：

一、中国将滇桂军队自现在屯扎之地撤退回境，或离边境若干里之遥驻扎。法国即照会总署，切实申明其无侵占土地之意，亦无损碍越南国王主权之谋。

---

① *Livre Jaune*, 1883, Ⅰ, 2nd part, 5—18.
② 《清光绪朝中法交涉史料》卷三，第24页。
③ *Livre Jaune*, 35: "Tout d'abord, écartons les questions théoriques de protectorat ou de suzeraineté, sur lesquelles on discutait en pure perte en ce moment. C'est sur le terrain pratique que l'entente entre nous est facile."
④ Ibid., 28.

二、法国切愿设法自海口以达滇境通一河路。为商务起见，须使此河路直达华境，以便设立行栈埠头等事。前有在蒙自（法原文作蛮耗）设立口岸之说，今愿改保胜，中国当在保胜立关。洋货入关后，照已开各口洋货运入内地章程办理。中国设法使云南境内土物运往保胜畅行无阻，如驱除盗贼，撤去保胜境上已有关卡之类。

三、中法在滇桂界外与红江中间之地划界，界北归中国巡查保护，界南归法国巡查保护。中法约明北圻现有全境永远保全，以拒日后外来侵犯之事。①

此草案之关键在第三款，实际上等于将北圻分为两区域，受中法之分别保护。②严格言之，此实已超出宝海所受其政府训令不容"中国过问北圻事"之范围，与其海部之态度更完全不合。惟中国既许撤兵，又许开放云南；法国既得避免与华冲突，又安然达到其数百年处心积虑之商业目的。且中国不持其在越之宗主权，亦不否认法国基于《甲戌条约》而得之种种权利；北圻自红江以南全归法保护，中圻亦为法囊中之物，除红江以北数省外，法可谓不血刃而得越南全境，所获实多。故法外长亦表满意。海部得宝海与总署交涉之消息，乃向外部询问其对于两部间决定之步骤，究竟有无变更之意。③外部答称："目下之情形与从前不同，中国

---

① *Livre Jaune*, 1883, I, 2nd part, 31-32. 马建忠译文，见《清光绪朝中法交涉史料》卷三，第25页。

② Une nutralité de Tonkin, sous la garantie commune de la Chine et de la France.—Ibid., 37.

③ Ibid., 2-3.

军队愿自北圻撤退，中国总署愿与法国交涉；外部所得宝海之报告不甚详确，故关于中国方面让步之价值，不能遽下断语，然于此时即将中国倾向和平之态度加以挫折，拒绝其与法谈判，实为非计。且法在红江通航之目的，不仅在于采取北圻之富源，尤注重于中国毗连北圻诸省之商业；关于此点，早晚总须与华商议，与其俟诸法确定占据北圻之后，不如趁目前较佳之情势行之。"① 中国方面，总署已认此草案之原则为可行，以宝使立候撤兵回信，即飞函滇桂督抚令将驻越各军酌退若干里，以示和好。宝海致其外部所云经总署同意者，即指此事。

时中法议事之范围既定，宝海于十月二十九日赴沪，静候其政府之复命，中国方面则饬滇粤疆臣豫议通商口岸地点与分界保护办法，以作交涉之准备。② 署滇督岑毓英奏宝海所议（一）华军退扎一条，滇军未经深入，毋庸再退。（二）滇省通商一条，法借口通商，实垂涎厂利，现已将厂务停顿，彼无可争之利，其所谓驱逐盗贼，系指刘永福，请告以永福越官，非同土匪，不能无故驱逐。（三）分界保护一条，意存蚕食，显而易见，须求将北圻各省统归中国保护，与富春国都联成一气，紧急可以援应。故"疆界可分而北圻断不可割，通商可许而厂利断不容分，土匪可驱而刘永福断不可逐"。③ 桂抚倪文蔚奏称第一条撤兵事可许，第二条法愿逐刘永福，"中国于义所不忍出，于力所不可及，未得通商之利，先受其害，不可。法索保胜，欲中国设法使滇货运往该地，

---

① *Livre Jaune*, 1883, I, 2nd part, 14.
② 《译署函稿》卷十三，第56页；《中法交涉史料》卷三，第26页。
③ 《岑襄勤奏稿》卷十八，第32—34页。

恐将来商贾不往，法谓我误之，此亦当考虑。①越南寇匪极多，分界保护，实无把握，保胜之能否设关，必视刘永福之从违为准，中国之能否保护，亦必视刘永福之聚散为衡"。②岑、倪所奏，虽于李宝草约均颇有不满之言论，然原则上（除岑愿全得北圻保护外）均承认可行，所顾虑者仅实行上之困难。然此困难非无解决办法，故李鸿章奏（十二月十五日）："为今之计，如滇省允于蒙自一路议立通商口岸，则保胜即作罢论，刘永福如何安置，应听越法自行酌办。如滇省以保胜通商口岸为宜，则保胜必在分界保护之列，届时再与越南妥议，或由越另调刘永福转扎他处，或由中国权授永福一官，汰遣疲弱，编其部众精锐为一二营于红江北圻我应保护界内，指令择地屯守。"③据李所奏，则办法亦无问题。惟岑所持欲得北圻全归中国保护，此实非识时审势之论；李知不可，仅称"俟将来会议，相机辩论"，④不拟改动。就大体言之，李宝草案，当时中国经讨论之结果，已表示可以接受。

　　宝海之详细报告，至十二月下旬始达巴黎。时法政局变动，Duclere已去外长职，⑤正月初七日，外部乃电宝海谓不能此时详细研究其草案，嘱静候后命。⑥十四日（2月21日），茹费理（Jules Ferry）内阁成立，沙梅拉库（Challemel-Lacour）任外长。前此一日，海部致外部一函称："据柴棍总督报告，中国并未撤退北圻

---

① 《中法交涉史料》卷三，第29页。
② 同上，第30页。
③ 《译署函稿》卷十三，第58页。
④ 同上，卷十四，第2页。
⑤ Duclere内阁始于1882年8月7日迄次年1月28日止。外部于1月31日，始收到宝海之报告书。
⑥ *Livre Jaune*, 58.

驻军；宝海与中国协商之草约，据华报登载似为承认中国之宗主权，至少亦为干涉越南事件之权，此为海部彻底反对之原则，前外长 Duclere 关于此点，对海军亦屡表示完全同意者。若此消息可靠，则宝海之举动，恐未完全顾及法在越南之利益。"① 十六日（23日），宝海电外部称李鸿章俟法答复已久，颇不耐；法国迁延过久，恐失机，且引起新困难，请即复。② 沙相与茹费理考虑结果，认为宝海前后文电报告多不符，宝海根本不应与中国交涉，宝李草案，未得中国政府正式准可，此草案之本身，法国亦不能接受；盖此约承认中国干涉法越关系之权，使法失其自甲戌以来所得之权利，且规定北圻分界保护，与《甲戌条约》中规定法国保障越南土地之完整冲突。③ 结果决定不承认宝海草案。惟同时仍欲保持中法间之和平关系，故惟一之办法，只有诿罪于宝海，将其撤回。④

法政府之召回宝海，表面虽似为法律问题，实际上全为政治关系。茹费理号称"近代殖民地后兴之使徒"，身兼理论与实行。其所持政策本为于海外极力开辟殖民地。时法失埃及，更思于北圻取偿，不容机会错过。⑤ 其于宝海之妥协办法，当然不能认为满意。宝海得沙相电令，不服，谓草案之原则，前经外部两次承认，沙之拒绝，使人莫明其妙。⑥ 沙相复文称《甲戌条约》正式声称越南之主权与完全之独立，使法负有严格之义务，拒绝一切承认中

---

① *Documents diplomatiques françaises*, lre série, IV, 390–391.
② *Livre Jaune*, 65.
③ Rambaud, *Jules Ferry*, 329; *L'Affaire du Tonkin*, 35.
④ *Livre Jaune*, 70.
⑤ Rambaud, 389.
⑥ *Livre Jaune*, 70.

国有干涉权利之草约；宝之草约，既与此原则违反，绝不可行。①不知法果有决心与中国谋越南问题之实际解决，则以中国对越有历史之根据，政治之关系，经济之利益，当然不能不与北圻发生关系；若法坚决拒绝中国之过问越南，则根本毋所用其交涉，惟有出于一战，以胜负解决中法间之争执。宝海诚心谋和平之解决者，谋既不用，则中法除武力解决外，尚有其他途径乎？

法议既突变，总署于三月初八日乃奏称饬边军挑选劲旅，扼要进扎，广东原驻廉琼水师，亦即移船洋面严防。②二十五日，旨起复李鸿章迅速前往广东，督办越南事宜，两粤滇军均归节制。③桂抚倪文蔚奏请乘此会议未定，滇粤之师斟酌进扎，以振军威，一以慰越藩乞救之心，一以壮刘团固守之气。④法内阁提出军费案，亦于是月通过议会，增军四千人赴援，并以何罗桩（Harmand）为法国驻北圻之民政特派员，积极进行将北圻为法殖民地之计划。⑤中法冲突，日益露骨矣。

（四）李脱上海之交涉（九年五月）

宝海撤职后，交涉停顿。二月二十五日（4月2日），总署始函曾侯令其向法廷诘问所以撤退宝海之原因。⑥法廷未复，适又

---

① *Livre Jaune*, 72.
② 《中法交涉史料》卷三，第 38 页。时李丁母忧，归合肥。
③ 同上，第 40 页。
④ 同上，第 41 页。
⑤ 见下。
⑥ *Livre Jaune*, 81.

有招商局轮船运米至海防为法所阻，总署令曾抗议。三月十七日（4月23日），曾乃照会沙相言："中国皇帝实握越南之主权，故中国人民在越南通商贸易，与在国内无异。"①又半月（四月初三日，即5月9日），曾与沙晤谈言北圻事。沙执此事无预中国；曾言："中国在北圻有宗主权，此非若刚必达所云'仅为历史上之权利'，而为实际积极之权利。"沙谓法国不承认此种权利，故不愿讨论。此时法国之目的，坚欲使北圻事件成为法越两国间之问题，不容第三者插喙，故对中国态度甚冷淡。曾侯与沙会晤，本谋先袪除法国此种心理，使法承认中国本身对于越南问题既不能漠视，而法国欲求此问题之圆满解决，亦非得中国之协助不可。故言词之间，处处均表示愿中法间之感情，不以此事破坏，而谋和衷共济。因举云南通商一事，证法如不与中国协商，问题难期解决。沙乃表示愿于巴黎、北京进行谈判中法间将来之商业问题，仍将此事划开，不与越事相混，仅声明法不侵犯中国领土。②顽固已极。

时宝海羁留沪上，屡以中国方面情形紧张为言。三月初十日（4月16日），电称："滇军万余人赴北圻，此系中国大军之先锋队。"③二十二日（4月28日），政府连得其两信，极言法将有与华军事冲突之危险，中国政府已令华军复赴北圻，恢复其前日所据要地；且中法果战，则战事之性质将极严重，痛斥法京论调指"中国为不足虑"者之谬误。④二十九日（5月5日）、四月初二

---

① *Livre Jaune*, 92.
② Ibid., 106–109.
③ Ibid., 91.
④ Ibid., 101–104.

日（5月8日）两电，叠言中国增援续赴北圻，滇省屠杀教徒。①越数日，又陈："李鸿章将督十五万众援越，总署态度决绝。"②初八日（5月14日），政府又得其报告，言：李鸿章之态度有两点可注意，（一）中国决不肯容他人之漠视，不容法国于处理北圻事蔑视中国之意见与希望；（二）法国即欲赓续与华商议，中国不能再依从前之根据讨论。③函电蝉联，皆力言中国之不肯让步，与法国积极态度之危险。

宝海态度本甚和平，识大体，于法政府对越之急进，甚不以为然。政府恶其作梗，故撤其职。然未得适当之人继任，故使其仍留中国，于过渡时期继续负责。及见其态度依然不改，固执己见，且所报告多张大之词，乃决亟以他人代之，以便驾御，政府得以畅行其所欲，越战之机遂益迫。

四月初九日（5月15日），法外部电调其驻日公使脱利古（Tricou）为特任驻华全权公使，继宝海职，使即赴北京。④翌日，电促宝海回国。⑤沙相所畀脱之训令，一为向中国表示中法间之交涉，不以宝海之撤职而决裂；一为侦察中国之实情，窥探中国战备之内容，使法得知将来红江流域对华作战时军事之范围。⑥此极可注意者，脱使态度之骄蹇，无交涉诚意，实其政府有以迪之也。

脱利古以五月初二日（6月6日）至上海，即往谒李鸿章，

---

① *Livre Jaune*, 105.
② Ibid., 109.
③ Ibid., 111.
④ Ibid., 112–113.
⑤ Ibid., 114.
⑥ Ibid., 115–116.

李询以宝海事，脱答以宝议不及时，故撤之，余皆寒暄语。① 初四（6月8日），李往答拜，脱问李有无议事全权，李答以"本大臣向办外交事件，不仅越南一事，其有关涉重大者，自由朝廷专主，本大臣亦可与闻"。此日议商结果，脱使对李印象甚佳。② 然会议内容，据两方所载，颇有出入。脱谓中国许不再干涉越南事件，亦不阻碍法国确定其对越之保护权。③ 而我国所记当日晤谈节略，则李仅否认中国助越敌法；时中国未谋正式以武力与法周旋，当然不能公然承认助越。关于中国宗主权问题，李云："越国久为中国藩邦，贵国决难勉强中国不认。"脱使乃谓李并未确切表示意见，实误。④ 就大体言之，李此日对脱谈话甚为恳切。脱遂以为中国态度甚佳，交涉可迎刃而解。迨十八日（6月22日），脱使以报告寄呈其政府，失望之意，溢于言表。脱谓十三日（17日）晤见李，竟否认其有交涉越事之全权，且言中国决不承认《柴棍条约》。十五日（19日），更以照会郑重声明此两点。⑤ 突变前此数日谋妥协之态度，脱大愤恨。

中国态度骤变之原因，据脱解释，则"当时有某方面用政治策略阻挠脱之进行，而此种策略，完全改移李相之态度"。于是有半官方消息，传播中外报章，极言中国之委屈，说明中国之希望；同时天津各地广播李维业被杀之消息，谓为"法军大挫，中国各地备战已暂停者，又继续进行"。⑥ 然所云"某方面之政治策

---

① 《译署函稿》卷十四，第10页。
② *Livre Jaune*, 133.
③ Ibid., 177.
④ Ibid.
⑤ Ibid., 178；《译署函稿》卷十四，第14—15页。
⑥ Ibid., 178.

第二章　中法之和平交涉

略"未明加解释，除当事一二人外，他人均莫知所指。其年西历10月，法政府将北圻事件经过报告议会，偶涉及此事，谓"受某种不必明言之影响，李鸿章与其僚佐之态度，突有明显之改变"。据毕乐（Billot）谓沙相在议会中解释此点，乃云："诸君日后便可知有何人暗中劝诱中国，谓法国之计划并不积极，议院亦无赞助此计划之决心与方法。诸君将来便可知此种劝告，乃对于北圻之军事经过有何种之影响。"次日，Clemenceau 乃重提此事，谓法用兵辽远之地，难保无他国对敌人暗加唆诱。茹费理郑重以语间之曰："所云非指此，……君若此解释大误，此处所言不关他强国事。"于是议会中有数人问曰："然则此究何所指？"茹应之曰："君等日后自知之。"但日后中法问题解决，无人复忆及此事，法国历史家于此无法解答，遂以之列为史谜之一。①

余按李、脱初四（8日）、十三（17日），前后两次会面，中间有初九日曾侯致总署一电，极可注意。电云：

> 顷与法前相瓦定敦（Waddington）久谈，渠言越事乃徇党言，因国人不尽谓然。半月后回法必转达泽语，且劝法廷。邵道电劝泽勿持刚论，泽确见法党皆痞徒，让彼得手，则有进无止，挫之则党言自变，不敢不陈策备采。暗助越以兵与械，试法可敌，我乃益刚。不可敌，亦宜不认所为，似无可再柔。②

总署急以转寄李。李于十一日接到此电，十三日与脱晤谈，颇改

---

① *L'Affaire du Tonkin*, 47–48; *Livre Jaune*, 1883, Ⅱ, Exposé de la Situation de Tonkin, 17.
② 《李电稿》卷一，第20页。

昔日态度，语甚强硬。脱忿然作色，拂衣而出。① 曾侯之电与李之态度不无关系。瓦定敦对曾侯谈话之结果，或许即法政府所谓"今日不必明言之影响"，脱使谓"某方面之政治策略"，此显然与党事有关。时瓦与曾俱在英京，故其谈话国中罕知之者。瓦定敦为法前相，在国内尚有相当势力声望，茹费理等无实据在握，故不敢公然指斥之。且脱使报告提及中外报章，宣布华之委屈与其冀望事，按十九日曾侯自巴黎致李电云："泽近将往来文牍摘宣各国，皆咎法廷，政府亦多持异议者，沙相退志益增。"② 而前此两日（17日），曾与茹费理晤面，茹责以未征求法廷同意，将来往文牍在伦敦《泰晤士报》发表，曾诿称沙相在上议院责己经年不与外部交涉，为不尽外交官职责，故不得已出于此举，以自表白。③ 其实此事之背景，并不若此简单也。此于谜语之解答或不无小补助。

曾、茹晤面之次日，曾侯即告茹以将有伦敦之行。④ 法京交涉断绝者又月余，上海交涉断绝亦十余日，李相本始终一意和平，而脱使性情很戾，素善陵压，⑤李极不耐，思有以挫折之。又适得曾侯"无可再柔"之电。故十三日与脱晤面，言语遂起冲突。然则此实系一时之手段，并非其一贯政策有所变更。观十七日李函总署云"美国杨使为法越事在沪勾留，屡来密谈，曾苦劝脱使与鸿章和衷商办，而脱不见信"，⑥可见李实有与脱议商之诚意，脱

---

① 《译署函稿》卷十四，第15页。
② 《李电稿》卷一，第23页。
③ *Livre Jaune*, 1883, I, Affaire de Tonkin, II, 146.
④ Ibid., 148.
⑤ 《译署函稿》卷十四，第16页。
⑥ 同上。

之骄蹇,乃使交涉几濒破裂,脱使完全诿罪于"某方面之政治策略",亦殊不当也。

二十六日(6月30日),脱重晤李,言曾侯与法外部言三事:"(一)李奉有全权与脱专议越事,(二)中国不明暗助越,(三)不阻挠《柴棍条约》法应得之权利。"李谓此三事均不甚确,疑有讹误。脱因谓曾侯"假传朝命"。① 按《黄皮书》记载,十七日(21日)曾、茹晤面,茹谈及李相,曾偶称"渠有政府之全权"。茹谓中国如明暗助越,法皆将认为失和之理由。曾称北圻华人甚多,黑旗军中多前华匪,中国不能负责,此不能指为暗助。茹乃郑重言将以明文宣称中国于越将不为明暗之援助。曾未反对,但云:"中国无意侵略,法国力固足于越南尽取其所欲,中国亦不管法;但两国间之和平,须于久远处着眼;中国视越为藩属,若不与闻法越间之处置,法在北圻之地位,必不能长久。"茹以此为理论不必谈。最后茹称法仅望在北圻确定其于1874条约所得之情状,并无取越南意,事后且愿与中国商通滇事,曾称"见法态度之和平极为欣慰",并请茹以晤谈内容电脱。茹、曾均以越事有解决之望。按第一点曾语气稍含混,茹亦未追问。第二点曾实已许法。第三点仅茹单方说明,曾注意在"法无取越意"一点,于《柴棍条约》未加讨论,不能指为已许法也。② 时盛传法将侵占北圻,故曾、李均以先使法宣告无此野心为交涉之要着。李郑重言此点,脱许李备一照会,将此意切实声明。此次交涉,脱一变从前凶悍情状,似欲和衷婉商。继言及宗主权与保护权问题,李、

---

① 《译署函稿》卷十四,第18页。
② *Livre Jaune*, 141-146.

脱商定妥协办法："中国不必明认越南为属国，法国亦不必明认保护之权。"①

翌日，脱乃电其政府请示，谓："如中国政府以书面声明不于北圻阻碍法之军事进行与地位，法国政府亦以书面声明无侵占越南之意。此事是否可行？"② 下午，复携所拟节略谒李。内容为：

> 法兵在北圻所为之事，中国约明毫无阻挠，并不显然或暗中干预越南之事，且不稍侵甲戌年条约后已有之情节。事定后中国先开云南通商口岸，由红江入。法国届时言明与中国议立条约，办理彼此通商事务，并保护寓居北圻华人所有之利益。……此条约画押之日，法国全权公使愿备照会……切实声明法国毫无侵占越南之意。

李先反对节略中所称"中国不显然或暗中干预越事"一语，谓等于显然弃却属邦名分，与前次约语不符。脱许将此句删去。李继谓甲戌年条约一句，亦宜删去。脱许删去"条约"二字。李持不可。综观此次李、脱晤谈内容，中国不肯明言放弃宗主权，法亦不强中国明言放弃。中国之目的，求法切实保障不侵占越南。法之目的，求中国切实声明不助越挠法，并承认法在北圻之地位。此最后问题，乃双方争执焦点，李不肯负责承认，法亦不肯让步。于是垂成之谈判，又功亏一篑。③

李此时极愿与法妥协。十二日（6月16日）奏称："越为法并，

---

① 《译署函稿》卷十四，第17—19页。
② *Livre Jaune*, 149.
③ Ibid., 151-152；《译署函稿》卷十四，第20—22页。

则边患伏于将来；我与法争，则兵端开于俄顷。其利害轻重，较然可睹，……不敢畏葸而置属邦于度外，亦不敢激烈而掷天下于孤注。"①然言者籍籍，皆主用兵之论。如十七日张佩纶奏边情已亟，宜早定宸谋，敌情诡诈，请辟浮议。②十三日，御史刘恩溥奏称法人窥伺滇粤，请保护越南以固疆圉。③二十五日，内阁学士廖寿恒奏请以战为和。二十八日詹事洪钧奏请遣将出关。④此时李既许脱声明不助越挠法，若又承认其在北圻之优越地位，则冒众口之大韪，非其所敢。若决然拒脱，则恐交涉决裂，收拾甚难。故借口奉旨克日回津，将交涉暂时延搁，使脱使日后入京与总署谈商，或赴津与己续议，或由曾侯与法外部议。⑤李于六月初二日（7月5日）离沪赴津，脱以谈判无成甚愤，以为"总署、李、曾合以愚弄法人；故与李交涉则推曾，向曾交涉则推李，向总署交涉则推二人"。⑥其实李之困难，非脱之所得知也。

（五）沙相之中立地带提议（八月十五日）

按五月二十七日，脱使提交李之节略，稍加研究，便知其与当时中国期望相去甚远。中国不阻挠法在北圻所为之事，即无异言中国完全放弃北圻，听法支配，且逼中国明白承认《甲戌条约》

---

① 《清光绪朝中法交涉史料》卷四，第23页。
② 同上，第26—28页。
③ 同上，第29—30页。
④ 同上，第34—35页。
⑤ 同上，第21页。
⑥ *Livre Jaune*, 153.

后法在北圻之特殊地位；北圻华商利益由法保护，无异言华在越南之地位与英、西各国等，中国且自动开放云南通商。所易者仅法一纸照会，声明无侵占北圻之意。此不但为当时清议所不许，即清廷亦碍难批准。李之急回天津，实为知难而退。当时茹费理之政策，为全吞北圻，使成为第二突尼斯；故其主要计划在于法越间之直接交涉，即迫越订立明确之保护国条约。中法间之交涉，就茹之政策言，不能解决越南问题，故自法政府否认宝海草案以后，法国本无须对华交涉。脱利古之所以继续与李谈判者，其惟一目的，仅在于排开中国，减少法越间交涉之困难，使越失其奥援，军事、外交均对法屈服，法可费力较少，成功较速而已。李、脱上海之交涉（五月）如此，曾、沙巴黎之交涉（六月至七月）亦如此。

　　曾侯自五月十七日与茹晤谈后，四十日未至法外部，时法外长沙梅拉库与曾感情极坏，屡在议院诋曾，言语极肆，曾恐辱国，故不愿常往外部。①

　　六月二十九日，曾侯谒沙相谈越事，此时法与黑旗军冲突正烈，中国暗助黑旗，法亦知之。故沙相与曾侯谈判之目的仅在使华军撤退，解决黑旗，此外实无他事可商。曾侯先言"中国在北圻之地位主也，法国宾也"，②此自法视之，离题太远。故沙相答以若就此观念发挥，恕不能继续谈话，即谈亦无用。沙为人粗暴无礼，前任驻英公使，伦敦人人厌苦之，法不得已召之回国，③故

---

① 《曾惠敏遗集》卷五，第9页。

② Livre Jaune, 170: "La Chine se considère, au Tonkin comme la maitresse d'une maison dont les français ne sont que les hotes."

③ Norman, 261.

与曾谈话不逊若此。曾当时提出三点，促沙注意：（一）中国为维持中法友谊计，故当初法以《甲戌条约》通知中国时，政府未加以反对，惟此时法遣军至北圻，情形与前迥然不同。（二）法从前声称中国不能干涉越事，即否认中国政府正当之权利。（三）法不承认宝海草案，使中国疑其另有野心（即占据越南）。为此种种理由，中国极感不安，故华军不得不在边地驻守（时中国否认北圻有华军），法越如欲立协约，最好由中国居间调停（bons offices）。至于黑旗受越粮饷供亿，非土匪比，不可驱逐，且警告法军如再前进，将与华军冲突。① 次日续谈，曾提议法越停战，中国另以和平办法解散黑旗军。沙相言法决报李维业之仇，又欲维持其条约上地位，非达到目的，不肯罢兵；曾既谓黑旗为越军，则法可直接与越王交涉。至于中国军队，据曾说既不在北圻，则法军前进无与华军冲突之危险，如有华军暗助黑旗，中国有避免冲突诚意，当可自行撤退。曾侯言："然则请直接照会北京政府言此事。"沙云："法国要求之时机未至，目前只好由中国自行声明撤退。"曾许转达总署。② 此二日晤谈结果，仅两方表示其坚决态度，曾侯提出中国干涉越南之权；沙相片面要求中国撤兵，如中国不许，则不惜对华军事冲突。

七月初六日（8月8日），曾侯告沙相云：已得总署对法要求撤兵之复电，内称北京政府于所称华军进至北圻事当加以调查，此调查颇费时日，曾谓调查之后如北圻有华军，尚须考虑其应否撤退或驻扎原处。沙相大怒，谓华军在北圻有实据，法非不知，

---

① *Livre Jaune*, 172–174.
② Ibid., 176–177.

所以熟视无睹者，不欲公言法已与华战耳；华潜遣兵卒，暗输器械军火，激励越人，而一面屡以无结果之拟案与法交涉，法不能再忍，将取决然处置之手段。① 于是曾、沙谈判濒于决裂。

曾知空言交涉无益，十六日乃提出交涉之基本原则六条，请法注意：②

　　一、法国不损伤越南国之政治地位，除其南部六省越前已割让于法者外，不再割取越南尺寸之地。
　　二、中越宗藩关系，仍旧存在。
　　三、北圻法军自其所占据之北圻各地各城撤退，再议将数城开放通商，法国在此等城中驻领事，其条件与中国通商口岸之领事同。
　　四、红江开放通商，上至与山西相对在红江左岸之屯鹤关为止。
　　五、中国担任使红江商业通行无阻，并避免以武力对待黑旗。
　　六、法越订立新约须先与中国议商。

此种条件，法国不但不能接受，简直不能讨论。③ 惟此次法国对曾之复牒，不但不宣告交涉决裂，反极婉转，殊为可异。其实此两月中，欧洲情形适极紧张，毕士麦客岁联意成功，此时谣传德意有联合进攻法国之计划，故法不敢遽与中国决裂。且法将孤拔

---

① *Livre Jaune*, 181—183.
② Ibid., 188—189.
③ Ibid., 210.

已于十六日进攻顺安，二十三日何罗桵与越订新约成，越明白承认法之保护，形势大变。法意中国自当撤消原议，故容隐未发。①且谋拟出法国方面之条件，以为最后之谈判。

八月十五日（9月15日），沙相乃以备忘录致曾侯，内容仅分两点：

一、法国政府约定不侵占以下地带中之任何地点，亦不采取军事行动，该地带北至中国边界止，南则自海岸二十一纬度至二十二纬度中间某点划线至红江上游之保胜（Lao-Kay）止为界，中国政府亦约定不侵占此地带中任何地点，亦不采取军事行动。

此地带内之行政权，仍属越南官吏，惟不得设立炮台。

如有盗匪窜入该地，或该地有纷乱事情发生，危及其邻近地带之安宁，则中法政府经会商决定军事行动之范围后，联合或单独派遣军队前往弹压，事定即须撤回。

二、云南省之蒙自城开放通商，开放之条件与中国其他通商口岸同。

按此备忘录完全注重于第一点，即在华界之外设立一中立地带之外，完全为法国势力范围。此与宝海草约虽同为一界务问题，而宝海草案为中分北圻，归中法两国分别保护。若照此备忘录，则北圻除一极小部分之中立地带外，完全归法保护，不但山西、北宁全为法有，即太原、宣光亦在中立地带南界之外，其所云中立

---

① *L'Affaire du Tonkin*, 73.

地带者，仅包括谅山、高平两省地。与宝海草约相较，直不可以道里计。

时法使脱利古（德理固）于十七日到津。次日与李鸿章晤谈，提出三条办法：（一）法保护在越之中国商民（按此即暗指越南全归法保护),（二）剿除北圻土匪（即黑旗),（三）另订中法边界（按此谓越南归法保护后，中法接壤，须勘定界务）。①此三条较沙相之备忘录尤苛。中国当然无法接受，此时脱未得其外部训令，不知沙相向曾侯已有提议，故其所提办法若此。②李答称将宜河内以南归法保护，河内以北归中国保护。脱云："此真是笑话，何不竟云以柴棍为界？"③二十一日晤谈，脱固执三条为讨论张本（按此三条即沪议时脱节略之内容）。④李知议必无成，函总署言："此后但备与法人动兵而已。"⑤又二日，脱得其政府训令，李亦得曾电，于是巴黎、天津乃分头进行商议中立地带事。

法国突有中立地带之提议，实三月前曾侯（五月十七日，即6月21日）与茹费理谈话所引起。是日曾侯对茹发挥其瓯脱之理论，谓中法两大国接壤，风俗习惯不同，有种种困难，中间必须有缓冲地带。⑥然曾侯此言，不过抒个人之见解，言中国所以不能容法取北圻之一原因，并非提议于北圻设立中立地带。故接到法之外部之备忘录后，十八日（9月18日）即往谒茹费理（时茹

---

① 《译署函稿》卷十四，第35页。
② 十九日茹费理（《黄皮书》作沙相误，沙不在巴黎）始以备忘录全文电脱，见 *Livre Jaune*, 221–222。
③ 《译署函稿》卷十四，第36页。
④ 同上，第39—40页。
⑤ 同上，第38页。
⑥ *Livre Jaune*, 144.

暂代外长）问其意。茹言中立地带之功效与瓯脱同。曾谓法国既谋向北发展，则中立地带实非充分之保障。盖中立地带归越管理，法仍可间接设法操纵越之官吏，结果中立有名无实，中国政府恐不能接受此项提议，而宁与法商定华界与法保护区域之分界问题，至于红江通行问题，中国本不反对，惟蒙自地点不适宜，可另商他地。尚有黑旗问题，备忘录中未提及，曾谓此点中国不能膜视。盖黑旗军中虽无正式华军，然华人加入黑旗行伍者甚多，中国不容以武力驱逐之，可采取和平方法解决。① 按曾意中国不愿有名无实之中立地带，而愿得增加土地之实惠；通商不成问题。法方所以不提黑旗问题者，盖中立地带成立以后，法对黑旗有全权处置之权，中国不能过问，若黑旗退至中立地带内，则法认为危及法保护区域，可依约使中国与法联合或许法单独剿除之。清廷所致曾之训令，有"黑旗断不可逐"语，故此点曾特别提出，促法注意。时曾侯已将备忘录电北京，乃静候复命。

英使巴夏礼（Sir Harry Parkes）偕脱利古至天津，二十三日，李留其在津调停，巴请侯进京接任后再来。翌日向李辞行，谈越事甚久。时法欲以二十二度为界（钦州海岸在二十一二度之间，保胜在二十二三度之间，故云二十二度），中国欲以二十一度为界（即河内）。曾电简略，仅言通商、分界，未详及中立地带事。李误会法意，以为约言分界保护。故对巴言，本大臣昨拟以河内为界即在二十一度，似于法国甚有益处；盖河内以北如归中国保护，自应设法疏通商路，收抚黑旗，勿使与商务有碍，法人可省无数兵力饷力。巴因请折中就二十一二度之间中分议结。

---

① *Livre Jaune*, 215–220.

李不肯。①

曾侯电李谓欲以河内为界，宜先索虚价（北圻归华，南圻归法）。②李以"当时情势较昔大变，法以越南新约为主脑，华虽倾国之力战争恐亦未能办到，而德理固亟欲赴京回国，若过迂远其词，更难冀有合拍之日"，③故不从曾说。二十五日，与脱谈判坚持河内以北归华保护，河内以南归法保护。然此与法之立场相差仍甚远。此时《顺化条约》已成，据该约第一款，开宗明义，先言越南承认法之保护权。④故中法分地保护之说，至此法已决不肯接受。中国既不愿采用法国中立地带之办法，只可借重新勘定界线为名，将边界稍加开拓。然开拓地亦极有限（脱提议自原有边界开拓十五里），决不能南至河内，故交涉仍无结果。⑤

法国本以为逼越立约，袭取越都，造成已然之形势，可以不战而屈中国，不知其期望与计划适相反。《顺化条约》成立而后，中国态度转趋强硬，盖中国知法志在必取越南，一时保藩之论，极嚣尘上，皆谓当时情形，不能不战。时朝鲜问题日急，主和者（李鸿章等）主张中国不能兼顾朝鲜、越南，朝鲜为重，越南为轻，朝鲜为急，越南为缓。主战者则主张越南不比琉球，可有可无，欲保全朝鲜必先保全越南。江西学政陈宝琛言："越南之于滇粤，犬牙相错，辅车相张，亦如朝鲜之密迩陪京，非若琉球之孤悬海外，琉球失可为求艾愈病之图，越南沦则有舐糠及米之惧。"⑥粤督张

---

① 《译署函稿》卷十四，第46页。
② 《李电稿》卷一，第37页。
③ 《译署函稿》卷十四，第44页。
④ *L'Affaire du Tonkin*, 411；译文见《中法交涉史料》卷六，第32页。
⑤ 《译署函稿》卷十四，第50页。
⑥ 《中法交涉史料》卷六，第5页。

树声奏言："越南屏藩南徼,二百年来,朝贡无缺。法人明目张胆,夺地攻城,驯至劫制越王城下之盟,等于陨宗夷社。若中国仍隐忍不发,则保护之实不至,即属邦之义果虚。……昔之万国衣冠奉我正朔者,仅余朝鲜与越南两国耳。朝鲜上年内乱,曾一出师,今犹岌岌焉为倭俄所窥伺,越南颠危至此,苟坐视而莫之恤,生心者岂独法兰西哉?中山固永无复国之期,高丽亦必贻东顾之患,唇亡齿寒,于忧何极?"①翰林院编修朱一新言:"越南之患酿于琉球,琉球之祸萌于台湾,……得陇望蜀,夷固无厌,亡羊补牢,计犹未晚。……朝鲜密迩陪都,屏藩东海,俄与日本日思抵隙蹈瑕以窥我东省,其幸免于吞噬者,正以仰仗声威,久庇宇下之故。若越南唾手可取,俄日两国势必效之挑衅朝鲜。与其后日受剥肤之灾而仍不免于战,何如今日戢狡谋之渐而先示之以威?"②故当时清流之主战,并非轻视朝鲜问题,实以越、鲜处相同之地位,有联带之关系,欲保鲜必先全越,失越则鲜必随沦,此为当时清流保藩论中最重要之观点。法之破顺化,胁越盟,狰狞面目,已完全暴露,越事实上等于亡国,中国不得不乘法在越都经营未就绪之时,亟图收复。③故法在越之势力愈张,地位愈固,而中国主战之论愈盛,和议愈难。李维业败死纸桥,中国方以为法鸱张之气可稍杀,而法转增军决战,拒华干涉。《顺化条约》既成,法方以为华可不战而屈,而中国态度乃益坚,备战愈力。此极可注意者也。

时朝士议论大抵主一面派知兵大员,酌带兵轮驰赴越都,驻

---

① 《张靖达奏议》卷七,第1页。
② 《中法交涉史料》卷六,第37页。
③ 同上,第16页。

扎观衅。①一面由滇粤之军会合黑旗，进规河内以全占北圻为目的，至少须得河内。②故曾侯之议二十一度分界，李相之争河内，皆中国最低限度之要求，与法外部备忘录之条件相去太远，无妥协之可能。八月二十八日（9月28日），曾晤茹费理言未得总署答复，惟私意纵法愿以红江为中法分界（即宝海原议），中国亦必不肯接受。盖曾所得训令为中法当于广平分界，界南归法，界北归华，换言之即中国全得北圻（此即曾所谓先索虚价是也）。据曾之意见，大平江、红江、喝江皆中国所不可无之河路。中国并非要求法军自其目前所驻扎之北圻各地完全撤退；法仍可择要驻扎少数军队，以保商为目的，照上海法租界例。③茹费理大愕，谓今始知中国所谓分定界线者之实在内容，中国不但要求法放弃北圻，且欲自其宗主权之空名，进一步谋占领越南大半土地之实利；使中国与法易地而处，恐亦不能接受此议。曾言此时北京空气甚为激烈紧张，李鸿章被议，曾国荃亦受严谴，即向朝廷请退让亦无益；暂时只好静候总署消息。④九月初一（10月1日）、初六（6日）两日，曾侯至外部与沙相谈两次，毫无结果。⑤脱利古自北京电法廷，言总署不过欲延长谈判时间，期法军全为黑旗所歼灭，或观法增遣重兵表示有必取之决心时，再行定议。⑥十五日，曾侯

---

① 《中法交涉史料》卷六，第 25 页。
② 同上，第 7 页（何崇光奏）；卷五，第 44 页（丁振铎奏）。丁言："欲永固边篱，非全据北圻不可；欲全据北圻，非规复河内不可。"何言："为越南计，非复河内不足以自存；为滇粤边防计，非复河内不足以自守。"
③ *Livre Jaune*, 223–226.
④ Ibid., 225–226.
⑤ Ibid., 231–233.
⑥ Ibid., 234.

乃以总署之答复告法外部：

> 照中国政府之意见，法之提议，不能顾及中国在越南之权力与利益，亦不能保障越南之永久秩序与福利。中国之权力，为对越之宗主权；中国之利益，为与北圻接壤，在越侨民之众、贸易之繁，以及红江之通航为中国西南货物之惟一出路。……法之提议，可以两点括之：其一为于中国南界之外设立中立地带，两国于此均不得有军事行动；又其一则由中国政府开放蒙自通商。此双重之提议，无异谓中国除以商业权利让与法国外，完全放弃其对北圻之权利，而以法之权利代之。中国政府决难承认此为讨论之根据。

继言越南为完全独立自主之国，独中国为其宗主；越南受中国保护，二百年来中国未尝有利越土地之意，今为权力与利益计，不得不为实际之占领。愿与法讨论其所持中立地带之议，惟此地带须设在北圻南界之广平至纬线二十度止。中立地带以北，中国有绝对之权力。至于红江之通商，不成问题，中国将开放红江，许一切与中国有商业关系之国家前往通商。暂以与山西相对之屯鹤关为贸易之止点。俟商业发达以后，可与中国政府商开上流地点通商，目前中国不能允许开放蒙自或保胜。最后谓请法慎重考虑此议，以后恐无避免中法冲突之方法。① 措词极强硬决绝。法知无解决希望。时法廷已派巴德诺任驻华公使，脱利古乃决回日本，

---

① *Livre Jaune*, 236–240.

使参赞谢满禄(de Semallé)代理。① 脱利古来华五月，谈判结果，中国表示两点，(一)中国不能承认法在北圻之绝对权力，(二)欲解决越南问题只有中分越南办法。时法虽占顺化，而北圻军事不甚得手，波滑(Bouet)屡挫，将帅不和，②而中国边帅(倪文蔚、徐延旭等)屡以胜利饰词入告，唱高论者益多，故中国政府态度较前转强硬，对法之提议去实际愈远也。

李鸿章于曾侯极表不满，留脱利古续商，脱以身体不佳辞。③二十六日乃函总署极论越事，谓：

> 昔宝海过津，鸿章与之反复筹商，两相迁就，深知法志难餍，事局难了，欲及早收束，为羁縻勿绝之计耳。……今事势至此，更迥不如宝海会商之时。西国公法，以两国订定条约为重。本年七月，法越新约，虽由逼胁而成，然越南固自为一国也。其君相既肯允行，各国无议其非者，岂中国所能代为改毁？今若声罪致讨，须为改毁此约，则必自量兵力饷力，能驱逐河内、西贡等处法人否？能变易越王否？能诛击订约之奸臣陈廷肃、阮文祥等否？非办到以上三层，则法不能改毁。揆之目下中国人才兵饷，皆万万办不到者也。乾隆盛时，大军克河内月余，旋以败退，遂因阮光平崛起而封之，不加诘问，况在今日，况加以法国劲敌乎？倪、徐两君，实不知兵，不知洋务大局，其言多不可信。……细绎尊议，拟令滇粤防军，如法兵犯我驻守之地，不能不与开仗。似只有如此办法。第念开

---

① *Livre Jaune*, 242.
② 详见下章。
③ *Livre Jaune*, 244.

仗以后，我胜则法必添兵再战，我败则尚可退回本境，法必不遽深入，亦尚不至牵动大局，届时再徐议分界画守。军机至密，似不必以遍告各国，迹近张皇而实无裨助。……屈计冬内北宁胜负已见，将来新使巴特纳（即巴德诺）来华，或与妥议收场。……①

李对越南问题之见解与推测，于此函中可得其梗概。（一）李对法国在越南之法律上地位有透彻之了解，认定越南既受法约之束缚，中国无法为之解放。（二）李对中法实力之比较，成竹在胸，知中国决非法敌，战必无幸。（三）越南问题，结束愈晚，于中国愈不利，此时中国于越南问题，实无方法对付，只好设法使告一段落，暂予羁縻，俟将来情势转变再图解决。（四）外国对中法之事，皆抱隔岸观火态度，不肯为华奥援，均不足恃。（五）越南问题，终不能不妥协，边军一时之胜败，无关于问题之最后解决，胜不足喜，败不足忧。平心而论，李之观察，实为精到。中国此时之无力与法战，无可讳言。不战而谋解决越南问题，于华不利；战而败，再谋解决，更不利。当时主战者，于越南问题，实无办法，无政策。李之无办法无政策，与他人同。惟李明大势，识时务，只求先敷衍下台，徐图将来办法；他人则坚欲与法立决胜负，结果遂不可问。李之所以高人一筹者，即在此也。

---

① 《译署函稿》卷十五，第8页。

第三章　中法之明交暗战

（一）滇桂之出兵（光绪八年至九年四月）

光绪八年三月，清廷以法越兵端已起，谕各省督抚通筹边备。①论者纷纭，各持一说。最积极者为侍讲学士张佩纶②、晋抚张之洞③等，主张即日开战。佩纶谓："沉痼非瞑眩不瘳，髋髀非斧斤不解，……正不如奇，守不如战。"且更进一步倡中国用积极政策，逼越内属。之洞谓："法人狡谋已遂，情势已彰，徒遣使招抚无益，徒在法京辩亦无益，惟有遣使带兵赴越保护，助越之势，沮法之气，……越祸既纾，滇防自缓，……非庇属国无以为固吾圉之计，非扬兵威无以为议条约之资。……语云：守则不足，攻则有余。"最消极者，为粤抚裕宽，④主中国不干涉法越新约事，其所持理由为"越积弱已久，……决不能再与法抗。……若中国预闻其事，势不得不代与法争。争之而不听，徒损威信，无益事机；

---

　　① 《清光绪朝中法交涉史料》卷二，第17页（八年三月二十五日即1882年5月12日上谕）。
　　② 《涧于集奏议》卷二，第20—25页（四月初十日奏）。
　　③ 《张文襄奏稿》卷三，第11—13页（四月二十日奏）。
　　④ 《清光绪朝中法交涉史料》卷三，第10页（四月十九日发），又第13页（上谕）。

争之而听,法人必见恩于越南,而市惠于中国,甚或置越南之事,而于中国别有要求";即使一时能代越谋解决之一方法,然数年之内,变故复生,"一有违言,法人越人俱将有词于中国"。裕宽之论,于当时情势观察颇有独到之处,且言时人之所不敢言者,尤为难得。二张之言,可为当时清流主战论代表,惟政府于越事,未有宣战之准备,亦无放弃之决心,故于此极端之两说,事实上皆不容采用。其折衷办法则有直督张树声之议。①张谓"红江为法所注意,北圻尤我所必争,守在四境,备在事前",惟当持衅而动,不即与法开战,其办法为"令滇粤防军守于城外,以剿办土匪为名,借图进步"。时广西记名提督黄桂兰军驻关外谅山、高平等省。四月,树声令进扎北宁,临太原。并推举闽抚岑毓英筹办越事。②五月初七日,旨以岑毓英署理云贵总督。③新桂抚倪文蔚于同月十二日接篆视事。使黄桂兰统十营,防水口、平而、硬隘、罗隘,办理越南之商平、通化、白通、谅山、芚葑、长庆、太原、富平一带防务,为左路。使革职道员赵沃统五营,防陇邦、四邦、平孟、剥淰、柏怀等隘,办理越南之药街、襄安、同文、唐上一带防务,为右路。④旨令滇督刘长佑(时岑未到任)饬道员沈寿榕率军出境,进扎开化、保胜、馆司,与桂军联络声势,以剿匪为名,保护越南。⑤时言者纷纷,多主出境略地。川督丁宝桢奏言:"为略地之议者,不过谓得尺则尺,得寸则寸,拓之可以固边围,

---

① 《清光绪朝中法交涉史料》卷二,第26页(四月十二日发)。
② 同上,第27页。
③ 同上,卷三,第4页。
④ 同上,第5、8页。
⑤ 同上,第4页(五月初二日上谕)。

留之仍以畀越南，立言似正，为谋似远，而不知其实有不可行者。如略法已侵各地，彼方据之于前，我即夺之于后，法国岂能甘心？如略其未侵之地，法必谓我袒护属国，并力相图。在越南且谓我乘彼之危，坐收厚利。即徇定其地，而孤军虚悬，岂能久守？倘不旋踵而复失，徒损国威，于事无补。不可。"因请用越匪（黑旗军）制法，胜则越感代筹之德，败则法代我除患，驱狼斗虎，一举两得。①倪文蔚奏亦称："保胜一带，久为越南守将刘永福所踞，法人惩于前车之覆，似不敢轻犯其锋，若此道遮蔽不通，则滇边可恃无恐。"②于是清廷乃定用黑旗之计。时河内已陷，法越谋和。越南以刘永福（黑旗军）与黄佐炎（越督帅）在山西，有碍和局，令退兵撤防。永福乃以旧部至保胜，与滇粤军互为声援。③

岑毓英以八月二十一日驰抵云南省城。九月十三日，奏称"刘永福本中国叛民，乃吴亚终、黄崇英之类，首鼠两端，惟知自谋其穴，未必终为我用，纳之则敌且寻仇，拒之则彼复生变，于防边制敌之策似无所益"；吏部主事唐景崧所条陈越事，"未能尽合机宜"，请仍令回京供职。④十月十一日据藩司唐炯议奏称：（一）越南积弱殆不能国，中国不能长为戍守。（二）刘长佑所议"以滇粤之军，分扎越南各省，渐次进步"（按此实本张树声议）虽似稳当，然滇粤相距数千里，"声气隔绝，进止不齐，迟回之间，事机已失"；法于中国未肯轻开兵端，"如见我分扎越南各省，举兵相向，退则示弱损威，战则兵连祸结"，出境兴兵，甚非长算，

---

① 《清光绪朝中法交涉史料》卷三，第 11 页（五月初四日发）。
② 同上，第 8 页（四月二十七日发）。
③ 同上，第 16 页（八月十一日刘长佑奏）。
④ 同上，第 21 页（九月二十三日奏）。景崧事详下节。

第三章　中法之明交暗战

宜将各军分布边内要害，而暗资助刘永福，使固守拒法军，鹬蚌相持，我收渔人之利。(三)滇省通商问题，可以许法。末谓不敢"务一时主战之虚名，贻将来全局之实祸"。① 时馆司滇军已奉岑调退回河口，全军则分三路守开化、广南、蒙自等边地。② 十二月，法使宝海与北洋大臣李鸿章议越南事，诏两广云南督抚妥议预筹办法。毓英奏称：(一)疆界可分而北圻断不可割，(二)通商可许而厂利断不可分，(三)土匪可驱而刘永福断不可逐。③ 得旨称为"扼要之论，深合机宜"。④

二月十五日，诏以法越一事尚无成议，夷情叵测，应先事绸缪。命广西布政使徐延旭出关，督饬关外各营妥筹防范。⑤ 张佩纶奏言粤东、云南，但求自治，粤西势孤，然粤西形势足以吞并北圻，北圻险阻足以划地自守，请简边材以经画越事。固言倪文蔚长于吏治，战事非所习，宜用徐延旭，使出关治军事，专折奏事。⑥ 侍讲学士何如璋亦言宜急派知兵大员出关筹办。⑦ 是月法军

---

① 《清光绪朝中法交涉史料》卷三，第23页（十月十一日奏），或《岑襄勤奏稿》卷十八，第23页。
② 《清光绪朝中法交涉史料》卷三，第22页，或《岑襄勤奏稿》卷十八，第21页。
③ 《清光绪朝中法交涉史料》卷三，第27页（光绪九年正月初九日发），或《岑襄勤奏稿》卷十八，第32页。
④ 《清光绪朝中法交涉史料》卷三，第28页。薛福成讥岑筹议前后矛盾，谓："既称刘永福盗贼之余，断不可用。又循唐方伯（炯）之议，谓稍资永福以饷械即可保守越南。既陈明滇军不宜久戍越，又谓北圻断不可割，必得全境代为保护。"（见《庸盦外编》卷三，第37页，石印本）所言甚是。惟岑始终未尝以黑旗军为可恃，特以滇军势孤，不能深入越地，故于无可办法之中，谋利用黑旗军支撑局面耳。
⑤ 《清光绪朝中法交涉史料》卷三，第31页。
⑥ 同上，第32页（二月十三日奏）。
⑦ 同上，第36页。

攻陷南定，①谋取海阳。三月，叠诏滇粤两军，挑选劲旅，扼要进扎。②二十五日，命李鸿章赴粤督办越南事宜，所有广东、广西、云南防军，均归节制。③鸿章复奏"广东距粤西边境数千里，粤西距云南边境又数千里，声气隔绝，消息难通，若徒受节制之虚名，转贻以互相推让之口实，诚恐误事不浅"，请至上海暂驻，④遂不果赴粤。

时桂军扎越之谅山、高平、太原、宣光等省，与河内相隔不过数十里，壁垒相望。徐延旭于二十日遵旨出关布置。滇军则以势单，逡巡未进；初奉旨招募新军二十营，嗣因中法议事，防务稍松，只招十四营，共五千余人，并旧军分防滇越交界各地。岑毓英极以悬军深入为虑。四月奉旨进兵，拟仅遣二三营（约千人）前往兴化、山西附近一带驻扎。⑤同日奏称："山西、兴化均在平原，且离江甚近，轮船畅行无阻，恐难抵御。……可守则守，无险可守即退回大滩。"又以刘永福军为前蔽，不轻启衅。⑥岑意桂军防地在红江之左，越南黄佐炎、刘永福等军扎守山西、兴化等省，皆在红江之右，宣光、兴化，遥遥相对，滇军由保胜顺流而下，大滩正在当中，既可联络宣光，又可策应兴化，故力议守大滩，⑦不肯轻进。

---

① 《岑襄勤奏稿》卷十八，第42页。
② 《光绪朝中法交涉史料》卷三，第38—40页。
③ 同上，第40页。
④ 同上，卷四，第4页。
⑤ 《岑奏稿》卷十八，第45页。
⑥ 同上，第47页。
⑦ 同上，卷十九，第1页。

（二）唐景崧之招抚黑旗

光绪八年七月，吏部主事唐景崧以绥藩固圉说呈大学士宝鋆及协办大学士李鸿藻，请用刘永福。鸿藻携入枢垣与恭王、景廉、王文韶等传观，均善其说，使景崧改说帖为折式，代奏。大意言：①

> 法人眈眈于北圻者，实欲撤我中国之屏蔽，而窥滇与蜀楚之道路也。……越君臣穷守富春，中国往援，既虑有碍，争以公法，亦决不从，而越南患难之来，中国与共，又未可听其存亡。……疆臣建议无外筹防，揆时度势，力止于斯。而终归无救越南，有损中国，殊可叹已。臣窃惟救越南有至便之计。越南存则滇粤亦固。请为皇太后、皇上陈之。……刘永福少年不轨，据越南保胜，军号黑旗。越南抚以御法，屡战皆捷，斩其渠魁。……臣惟刘永福者，敌人惮慑，疆吏荐扬，其部下亦皆骁勇善战之材，既为我中国人，何可使沉沦异域？观其膺越职而服华装，知其不忘中国，并有仰慕名器之心。闻其屡欲归诚，无路得达，若明畀以官职，或权给以衔翎，自必奋兴鼓舞。即不然而九重先以片言奖励，俟事平再量绩施恩。若辈生长蛮荒，望阊阖如天上，受宠若惊，决愿效驰驱，不敢负德。

---

① 《请缨日记》卷一，第1—6页。《清光绪朝中法交涉史料》卷三，第33页起。

惟文牍行知，诸多未便。且必至其地，相机引导，而后操纵得宜。可否仰恳圣明，遣员前往，面为宣示，即与密筹却敌机宜？……惟使臣难得其人，越南四境虎狼，强之以行，其气先馁。且非用一刘永福遂能资其靖寇也。是赖胸有成算者往焉，用彼爪牙，为吾凭借，而后扩充以图事业之有成。昔汉陈汤为郎，求使外国，傅介子以骏马监求使大宛。皆以卑官而怀大志，卒立奇勋。微臣慨念时艰，窃愿效陈、傅之请。

奏上。八月初五日上谕，吏部候补主事唐景崧，著发往云南交岑毓英差遣委用。①九月二十日，景崧出都。二十三日过天津谒李鸿章。十一月初七日至广州谒曾国荃。国荃极称其奏，曰："三十年来无此文矣。"因劝景崧先往富春（即顺化）一行，察其政令能否有为，其于永福能否信用，再酌或径趋保胜，抑先旋广州。十二月，景崧偕黄国安、唐镜沅、周炳麟等改服充商，渡海至富春。越权相阮文祥来谒，景崧与笔谈良久。据景崧自记云：②

　　观其大概，官不成官，民不成民，则其君可知也。实不足以立国，一目洞然，不必穷诘。

是时法使宝海正在津，与李鸿章议越南通商分界事，谕越南派

---

① 据景崧自记云："余之疏请入越也，而敕下往滇。盖中旨谓滇越毗连，刘在保胜，尤与滇近。其命入滇，未尝非暗寓用刘之意。而余意非亲入越必不能相机筹措，入滇终属隔膜。于是展转而有假越入滇之计。"（见《请缨日记》卷一，第32页）

② 《请缨日记》卷一，第18页。

一二明干大员，赴津备问。景崧见中外既有此举，保胜暂可缓行，因返广州。①

时李鸿章与法使宝海已定草案三款，②将北圻中分，由中法分别保护。景崧乃上疏力争分界保护之说，请重用刘永福。其言曰：③

> 夫越界本无所谓分也。分之则当以清化为断。清化以上，北圻归我保护；清化以下，南圻归彼保护，则边事犹属可为。惟此议非独虑法人不允，即越人亦未必从。盖法人志在红江，红江在北圻境内，违其志则必龃龉，此不允之在法者也。而越都顺化设在南圻，我既立保护之名，先委其都于度外，是显示中国专在边隅起见，未免孤属国之心，此不从之在越者也。臣亲履其境，目睹其形，伏思中外未肯失和，非用刘永福一军别无良术。……所以必用刘永福者，以其为越官而行越事，无虑外人之阻挠耳。果能先据红江，次扼北宁，则宣光、山西、兴化、太原、高平近边等省，已归囊括之中，据北而后图南，固围之策，无逾于此。

疏上。翌年正月，景崧再度入越，欲径至保胜，说刘永福。二月中行抵山西省，越南驸马东阁大学士统督北圻军务黄佐炎来见，言

---

① 《请缨日记》卷一，第24页。
② 见第二章第三节。
③ 《请缨日记》卷一，第26—31页。按景崧此奏影响甚巨。当时反对分界保护者多本其说。如周德润奏（见《清光绪朝中法交涉史料》卷四，第7页）是也。

刘永福不受调度，请筹驭之。① 于时法将李维业攻破南定，南定为北圻五大省（河内、南定、北宁、海阳、山西）之一，最称富庶。二十日，越法战于新河，越兵败绩，北宁告警。法舰进至喝江口，窥伺山西，而华军奉旨严戒深入，仅进至谅江，不敢入驻北宁。黄佐炎前后六调永福不至，则浼景崧促之，以永福称探知景崧行抵某处，即当束装趋见也。景崧乃命黑旗军将吴凤典等以羽檄飞催。②

三月初八日，永福率亲兵队乘舟至山西，即日谒景崧，执礼卑谨。翌日，景崧答拜永福，为陈三策曰："万里来兹，专为足下策不朽之勋，创不世之业。越南乃法人刀砧之鱼脍，亡不旋踵。足下诚能据保胜十州为老巢，守山西为门户，北宁、太原、谅山、高平、宣光、兴化，传檄可定。收关外之亡命，简越卒之精锐以为兵，就膏腴之地以为粮，榷七省之物税以为财，礼罗贤俊以为辅助，然后请命中国假以名号，据北图南，事成则王，不成亦不失为豪杰，功在中国，声施万世。此上策也。其次则提全师击河内，战胜则声名崛起，粮饷军装必有助者，不胜而忠义，人犹荣之，四海九州知有刘永福，谁肯不容？立名保身，无逾于此。此中策也。如株守保胜，坐视国难，无功无名，事败而投中国，恐不受。此下策也。"永福曰，微力不足当上策，中策勉为之。③ 黄佐炎闻景崧应赴云南，乃与越官梁辉懿会奏其国王，咨呈广东代奏留越，以左右永福。十三日，景崧夜访永福，坐密室短榻，询前所陈第一策有意否。永福恐中国问罪，颇犹豫不决。景崧言中国知越祀将绝，必不理蛮触之事，且以保残越固华边为号召，义

---

① 《请缨日记》卷二，第7页。
② 同上，第10页。
③ 同上，第14页。

正名顺，中国无与为难也。永福乃决进军丹凤。

（三）黑旗之孤军苦战（光绪九年四月至八月）

九年二月二十五日（4月2日），法将李维业自南定回河内。时越军已自北宁进占嘉林等地，胁河内之东。① 四月初，刘永福部又自山西一带进至怀德府，攻河内之西。② 法兵少，不敢出战，坚守候援。永福乃屡以兵夜袭之，城中大扰；又暗以布告张贴河内城门，痛诋法人。③ 初八（5月14日）初九（15日）二日间，法援军三百余人至河内，李维业乃思少试其锋。初十（16日）晨，使将统之进攻嘉林，以兵轮助之，颇有焚杀，迄晚乃退。黑旗军夜袭攻河内城外天主教堂，焚之，杀教首三人。李维业乃报告柴棍总督（Thomson）言"地位岌岌可危，北宁、山西，敌军日增，法军少，又天时不利，不能出战，即战结果亦无大用，欲解决困难，惟有一举攻下山西、北宁之办法。然一当俟江水涨，再须俟援军至；且援军最少须满千人"，请总督速济师以救燃眉之急。④ 然此时印度交阯实无兵可再调，欲俟法国援军，费时太久，束手坐毙。十三日（19日），李维业乃决突攻怀德取山西为孤注一掷之计，晨六时，行将抵怀德府纸桥左近之安决村，与刘永福军遇，法军仅四百余人，与黑旗军众寡悬殊，不敌。李维业督队战甚猛，

---

① Bouinais et Paulus, II, 115.
② 《清光绪朝中法交涉史料》卷五，第2页。
③ *Livre Jaune*, 1883, I, Affaires de Tonkin, II, 159–160.
④ Ibid., 156, Rivière to Thomson, May 16, 1883.

至八时，中弹阵亡，法军大溃退，死伤五分之一，回河内，婴城固守。① 黑旗军乃谋乘机进规河内。

时法内阁见北圻情形日坏，决派军增援，且向议会提案求五百三十万佛郎为军费。二月初五日（3月13日），沙相在议会演说，言法须有一海外发展政策，其第一原则为不急侵略，持重谨慎，必要时须有充分之军力，使敌不敢视我为怯；第二原则，则法不可忘其本身为一大陆国家，集中军力于本国，乃保障安全之第一条件。然两原则之间，可以随时视情形轻重通融办理，求其并行不悖。沙相因声称政府决不采取北圻退军之计；政府不思占领北圻，然决于红江确立法国之势力，以保障条约权利之实行，维持越南之秩序。② 三月二十日（4月26日），政府乃于下院提出要求军费案，谓须增遣四千人赴援，并须设法国驻北圻之民政特派员（Commissaire général civil），畀以组织管理保护国之职权。四月初九日（5月15日），该案通过下院，上院以特派员权力太大，不宜以法令明文规定，乃将此节删去，将修正案交下议院。二十日（26日），李维业败耗至巴黎，全市震惊，皆云此仇当复。是日下院全体通过军费案。③ 翌日海军部长急电以波滑（Bouet）继李维业为北圻法军统帅，④ 并成立北圻舰队，以孤拔（Courbet）统带。又十日，以曼谷领事何罗桮（Harmand）充任法国驻北圻之民政特派员，代表政府监军，不许军事之行动超出政府所予训

---

① Bouinais et Paulus, II, 118–120 (combat de Cam-Giay); *Livre Jaune*, 117–118；《岑襄勤奏稿》卷十九，第14页，或《光绪朝中法交涉史料》卷五，第2页（岑奏怀德之战，误作十二日）。

② *L'Affaire du Tonkin*, 39.

③ Ibid., 40.

④ *Livre Jaune*, 120, Brun to Thomson, May 27.

令之范围。其责任兼组织、行政、交涉三事,可谓负北圻之全责者。政府并训令法军在北圻"以占领据红江之三角洲为目的,不可越过北宁、兴化"。①

法军自怀德败后,河内益混乱,波滑急自柴棍前赴北圻,筹备守御。六月初,黑旗军益奋,时袭击法军,东至海防。②何罗桎亦自曼谷经柴棍至北圻,援军渐集。二十七日(7月30日),与波滑、孤拔在海防商议全盘军事计划。决孤拔以海军攻顺安,封锁北圻海岸;陆军进攻山西。时何罗桎为行政最高长官,其地位等于殖民地之总督,波滑为陆军统帅,孤拔为海军主将,各奉政府训令,各有独立行事之权,此三巨头(Triumvirate)不肯相下,意见多冲突。③孤拔初至海防数日,何罗桎欲令海军各舰长至海防,均须进谒民政特派员。孤拔拒之。二人始不睦。④

七月十四日(8月16日),孤拔宣布封锁越南沿岸。是日孤拔与何罗桎同乘舰至富春江口与舰队会集,又有舰自柴棍载海军六百人,越土兵、役夫各百人至。十六日(18日),法军炮击顺安,连轰数日,越不能守。十九日(21日),乃求停战,并请何罗桎议和约。孤拔许之。二十三日(25日),和约成。⑤

时滇桂均按军不动,⑥全恃刘永福军与法相持。波滑至北圻

---

① *Livre Jaune*, 122-123, Brun to Harmand, June 8.

② Bouinais et Paulus, 130.

③ Ganneron, *L'Amiral Courbet*, 173. Bouinais et Paulus, 136.

④ Ganneron, 202.

⑤ Ibid., 203-210.

⑥ 七月初八日徐延旭奏:"赵沃、黄桂兰彼此商定,左路各军扼守涌球、宁城一带,右路各军扼守新河、慈山一带,各分疆界以专责成。……经谅饬各将深沟高垒,实力严防。"(《清光绪朝中法交涉史料》卷五,第35页)滇军恐惹衅,竟将各营旗帜衣收回,勇丁交刘永福管带。(同上,卷六,第31页)

后，决先取山西。自七月初六七日，屡出队攻刘永福营。十三日（8月15日），悉军大举，以千八百人分三路进攻，每军约五六百人。一军趋左路，敌黑旗军大营。一军趋中路，直取怀德。一军趋右路，与兵轮沿江上攻炮台（按即瑞香社炮台）。波滑自留守。①激战经日，法中路、左路军皆大败退。至夜十时，大雨倾盆，次日不止，河水漫溢。②按此战中法两方报告冲突极多，岑、倪、徐等奏均谓华军大胜，波滑报告讳败谓法胜，"但非全胜"。岑、倪奏称法军乘夜决河灌刘永福军，然法方记载则洪水全由暴雨所致，法无决河之举也。十四日，仍有小战。刘永福军以水溢不能立足，乃撤退至丹凤。波滑经此挫后，知北圻兵力尚不足进取，乃重请海军部增援，且求助以攻城炮队，此可以证其怀德之战实系失利。③然黑旗军遇水骤退，损失甚多，且怀德为山西屏蔽，怀德失守，黑旗军势渐蹙，而法蓄意谋一举荡平红江流域矣。是月，法攻取河内东之海阳，势愈张。

中国闻法袭顺化、越南乞和之讯，颇为惊皇。言者因多攻击边将借重黑旗敌法之计，张佩纶奏称："中国既不用水陆之全力，而仅注意于防，又不用滇粤之全力，而仅借资于刘永福，又不能尽用刘永福之全力，而仅略予以饷需器械。……有助越之形，而避助越之名，近于昼伏夜动，掩耳盗铃，何如堂堂正正而出之？"④邓承修奏言："法人取南定，取河内，长驱入越，朝廷绝

---

① 倪文蔚（《清光绪朝中法交涉史料》卷五，第47页）、岑毓英（同上，第203页）奏称法军四千余人，不实，兹据波滑报告，*Livre Jaune*, 196；又徐延旭奏（同上，第16页）、倪文蔚奏（同上，卷六，第14页）。

② Bouinais et Paulus, II, 136–142 (combat de Vong, Aug. 15).

③ *Livre Jaune*, 196.

④ 《涧于集奏议》卷三，第59页。

第三章 中法之明交暗战

无处置，关外之师逡巡而不敢进者数月。惟越之督臣刘义（永福）以孤军血战，幸而胜之。……一日纵敌，数世之患，不知诸臣果有何策以善其后？"①时张树声调任两广总督，亦奏言："中国接济刘永福枪械军火及主事唐景崧调拨援助之营，络绎于途；事难隐讳，不如据理责问，先发制人。"②给事中秦钟简言："名正言顺，救援属邦，则理直；伪作刘兵，暗助刘团，则理屈。"③二十二日，朝命彭玉麟赴粤与张树声等妥筹布置。责左宗棠等筹办长江南洋防务，李鸿章办北洋防务。④而刘永福又有丹凤之败。

法军于七月末，谋大举攻丹凤，二十九日（8月31日），法轮十余驶至丹凤之喝江口，自波兰登陆。次日（八月初一日）大战，适遇大雨，两军肉搏甚猛，至晚始休。永福知不敌，预遣人至山西乞援，主事唐景崧商越统督黄佐炎立拨两营驰往。翌日复战竟日，黑旗军不支，败退。时大雨未休，泥多途滑。波滑乃令撤军退波兰，再回河内，而筑垒守波兰，扼喝江口，临丹凤。此役黑旗军损失逾千，⑤方拟移驻青威，得越京议和之信。初十日，乃与黄佐炎各营一律退回山西，军心涣散。⑥

黑旗军虽屡挫，然法人畏之。七月十日（怀德）与八月初一（丹凤）两战后，波滑益知黑旗之不可轻敌。何罗栊乃遣波滑

---

① 《清光绪朝中法交涉史料》卷五，第 39 页（八月初八日奏）。越人称永福为刘二，新闻纸遂讹作刘义，非其本名也。
② 《张靖达奏议》卷七，第 1 页（八月十三日奏）。
③ 《清光绪朝中法交涉史料》卷六，第 3 页（八月十九日奏）。
④ 同上，第 4 页。
⑤ 同上，第 6 页，又第 40 页，徐延旭奏。Bouinais et Paulus, II, 137-160 (combat de Phung).
⑥ 同上，卷八，第 22 页（《岑奏稿》卷二十，第 5 页）。

躬返法都求增兵。其实二人意见之水火，亦促波滑返国之一原因也。①

滇督岑毓英，滇抚唐炯，以法越议和，法人势必迫胁越南驱逐刘永福，乃将驻防山西之滇军退扎大滩，"免启衅端"，严旨申斥。②永福见时局大变，恐饷需无着，又见滇军已退，粤军亦难保久留，谋弃山西退守保胜，唐景崧力劝勿动，反复开导，永福始留。③然实力大减，军心亦不如从前之固结，已成强弩之末矣。

（四）华军之进展与山西之失守（九年十月至十一月）

自北圻事起，黑旗军首当法冲，滇粤两军初仅处于从旁赞助地位。至十月间，黑旗军既失败，桂军乃不得不公然与法旗鼓相接，然滇军仍以黑旗为缓冲。综计中法北圻上半段之战事，④实际时期，仅山西陷落后至《天津条约》成立前数月耳。法既逼越定城下之盟，明文承认法之保护权，其外交关系全由法驻顺化之外

---

① Bouinais et Paulus, 160–161.
② 《清光绪朝中法交涉史料》卷七，第3页（《岑奏稿》卷十九，第49页），又第5页。
③ 同上，第7页，九月初一日徐延旭奏。《请缨日记》卷三云："富春警至，渊亭（永福字）闻王谕退兵大感，遂偕黄佐炎于十一日率全队至山西，欲以全军退据保胜十州，余力止之。而我帅（唐炯）撤军之檄适至。渊亭愈恐，言中国且撤兵，吾何为独守此？余苦语挽留，渊亭犹豫。黑旗将士俱慷慨攘袂，不愿弃数月战名。黄守忠造渊亭请曰：'提督退保胜则全军付末将代守山西，有功提督居之，罪归末将。'渊亭大惊，诘曰：'谁为汝画此策者，得毋唐公言？'乃不敢再言退。然自是黑旗军心一懈矣。"（第2页）
④ 第二次战事见下第五章。

务官代办（第一款），富春江口之炮台及其他各地重要炮台悉由法军驻扎（第三款），北圻越兵完全撤退（第四款），越南各省城均有法外务官携带卫兵驻之（第十二款），此外割地、赔款、权利让予等款合共计二十七条。①结果夷越于一行省之地位，中国始悟狼子野心，不容坐视，沿边将帅亦纷请出师。粤督张树声奏言："法越构衅时阅两年，内而总理衙门与法使辩论之，外而出使大臣与法廷辩论之，不可谓中国不知也。法国一则令宝海来议，再则遣脱利古来议，不可谓中国不与闻也。乃使命方殷，兵轮已鼓动于顺化，议论未定，盟书已炳于富春，一意径行，绝不为中国稍留余地。是而可忍，何以谢越人？是而不争，何以示各国？"②请率旧部赴粤西募劲旅出关，规复北圻，期存越社。桂抚倪文蔚奏请明旨"宣谕滇粤两边，以越南本我藩属，北圻即我疆宇，尺寸不可以让人"。③时屡旨催徐延旭出关，文蔚乃复奏言："徐延旭新奉出关恩命，亟应乘此声势，督饬诸军，奖率刘永福，会合各道义师，一鼓作气，且战且守，进攻河内，全复北圻。若犹照常扼扎，不思变计，使彼族得以时利诱力征，兼收并取，因其地之利，用其地之人，流毒之深，讵堪逆臆？"④滇督岑毓英亦请自将二十营出关恢复越地。⑤而徐延旭屡称"刘团添募未齐，河内阻洳未涸"，迟迟不行。⑥滇抚唐炯亦奏称刘永福募勇尚未成营，军火器械尚未

---

① 约之原文见 Cordier, op. cit., 387–392。
② 《张靖达奏议》卷七，第9页（九月十九日奏）。
③ 《清光绪朝中法外交史料》卷七，第24页（九月十九日奏）。
④ 同上，卷八，第9页（十月十二日奏）。
⑤ 同上，第8页（十月初九日奏）。
⑥ 同上，第18页（十月十二日奏）。

齐备，暂难进取。① 法军方面，波滑既去，孤拔于九月二十七日（10月27日）继任统帅。时北圻混乱异常，义军四起，法军力单，孤拔乃决定援军未至之前，暂不为进攻之计。② 十月初，华军自北宁前进。梁俊秀所部义军李全忠等及粤军四营，进扎平均（Binh-quèn，在Kémot南约二公里），临鹅黄江，前距海阳仅十五里，后距锦江十里。义勇军黄文明等及华军五营驻锦江一带，后去顺成府三十里。提督陈朝纲部四营至顺成城外，高垒深沟，立营扼扎，后距北宁老营三十余里。法亦增兵守海阳。③ 两军入于对峙之局面。滇军方面，直至十一月初，始派丁槐部三营及张永清部前赴山西一带，择要驻防。④ 然怀德、丹凤既失，北宁与山西间之联络已绝，滇粤两军不能通声气，势分力弱，而法援日增，待时而动，华军陷于不利之地位矣。

海阳方面，华军于十月中，颇取攻势。海阳地处海防、河内之中枢，扼太平江之险，为中法必争之地。法军急筹守备未毕，十三日（11月12日），陈朝纲暗使越官阮善暨方金安等五营分攻海阳水东，而以李寿林等营继之，乘夜攻入，天明乃退。⑤ 十七日（16日），梁俊秀于锦江防营拨兵会合华军及各义勇约三千余人再攻海阳。时法炮舰已夜驶泊海阳江面，华军分三路进攻，以李全忠等部分攻城内四楼，以尚国瑞等专攻婆庙（法炮台），陈朝纲自率亲兵攻庙前围基（皆法军驻地），约天晚会于城

---

① 《清光绪朝中法外交史料》卷八，第36页（十月二十六日奏）。
② Ganneron, 215-217.
③ 《清光绪朝中法交涉史料》卷九，第4页（徐延旭十一月初九日奏）。"顺成"，原奏均作"顺城"，传写之讹也。
④ 同上，第12页（《岑襄勤奏稿》卷二十，第23页）。
⑤ 同上，第4页（又Ganneron, 219-220）。

下，乘夜进攻，夺海阳城，而法舰炮火猛，华军多伤。战至次晨十时，法军势甚危，另有炮舰闻炮声自太平江外急驰至，助法军轰击，华军不能守，至下午二时乃弃城而退。是役法军死伤约数十人，华军较多。① 孤拔闻海阳战法军不利，且华军谋第三次进攻，乃急遣部将以六百人赴援，为守海阳之计。时华军屯平均一带，约四五千人，壁垒甚坚。三十日（11月29日），法军进攻平均，两炮舰以炮火猛轰华垒，华军乃后退数公里。② 徐延旭奏请调王德榜营出关。③ 又言："法人既踞越南多省，而河内为彼老巢，海阳为彼要道，并皆近接北宁。涌球、慈山（在北宁西南）、新河，固所必守；顺城（即顺成）、锦江、平均，尤所必防。且须严扼塞河之所，又须添营进扎之师，布局既宽，需勇益众，即王德榜所部出关，尚虑备多力少，请准岑毓英自带二十营出扎山西。俾腾出刘永福一军，径由陆路专力河内，兼可抽粤军代守山西之四营，严扼新河对岸，攻其嘉林（在河内东北，新河南）营垒，并联络顺城、锦江各营，截其下游挟应之船，而助刘团攻取之势。"④ 徐之军事计划甫定，而山西失守（十一月十七夜）之消息踵至。

十月末，法军即数以兵轮上窥山西，此时丹凤已在法手。法

---

① 法方谓华军死二百人，伤更多，据黄桂兰等报告则云死十二名，伤三十八名，相差甚巨。见《清光绪朝中法交涉史料》卷九，第4页（又《岑襄勤奏稿》卷二十，第36页；Ganneron, 220—224）。

② 同上，第8页，徐延旭奏（《岑奏稿》卷二十，第36页，日期误作二十九；Ganneron, 224—226）。

③ 同上，第5页。

④ 同上，第6页（讹字甚多，当与《清季外交史料》卷三十八，第16页对校），十一月初九日奏。

屯重兵于此,以备进攻,法援军亦自金边、阿利迦逻等处陆续调到。① 至十一月初,法军在北圻者,总数达九千人。② 孤拔见军力已充,乃亟谋进攻。孤拔定计极秘密,仅参谋长及其心腹将校数人得与闻之,直至出发前一日,他人无知之者。③ 时法军之目的为北宁、山西,两处华军互为犄角,而黑旗军多集山西。山西、河内之间,仅有一河(即喝河)之阻,如法军先进攻北宁,则后路空虚,华越之军可随时偷渡喝河以袭河内;北宁与河内之间,有新河与红江两水隔之。华军纵过新河,红江天堑难越。故就军事言之,宜先山西后北宁。且其时江水虽落,尚可容军舰上驶,协攻山西,过此则水师无用。故孤拔决先攻山西,再取北宁。④

孤拔分军两队,第一队三千三百人,第二队二千六百人,巨舰三,小舰十余,民船数十。十二日(12月11日),自河内出发。第一队由轮船运至喝江口,第二队陆行至丹凤,再渡喝江前进。第一队翌日先到,即于喝江口登陆。第二队至十四日午后始至喝江,士卒疲惫。孤拔乃令休息一日,以十五日(14日)进攻。时主事唐景崧偕刘永福部守山西,滇军张永清部及粤军共七营助守。⑤ 十五晨起,法人分队猛扑,枪炮环施。下午,江边炮台悉被轰坏,伤亡甚多,黑旗军极力抗抵,据附城土围血战,法军力冲不能破,乃却。黑旗军乘夜袭法军,法军有备,大战至晓,黑旗知沿江地不能复守,乃退至附城土围分段固守。是役孤拔盛称其

---

① 见《岑襄勤奏稿》卷二十,第24页。
② Bouinais et Paulus, II, 168.
③ Ganneron, 233.
④ 此系根据 Bichot 之军事报告,Bouinais et Paulus, 168—169 转录。
⑤ 《光绪朝外交史料》卷十,第5页,徐延旭奏;又第18页,唐炯奏。

士卒之劳苦功高，①此适足以反映黑旗之忠勇善战也。十六日，法以大炮轰击华军竟日。十七日（16日），法军猛攻西门。午后拼力前冲，三大炮舰猛轰城中，黑旗军竭力扼守至夜，法军扎城之西门与北门外，俟晓续攻，而黑旗军已于是夜弃山西城退却矣。②是役，华军与黑旗军死伤逾千，弃辎重军火甚多，法军方面据其报告亦死三百余人。山西失守，兴化、宣光之屏蔽均撤，北宁亦失犄角之势，滇粤之联络全断，越事遂不可问。

山西失守后二日（十一月十九日），滇督岑毓英始奉统兵出关之旨。十二月朔，行至通海，始得山西失守之讯，乃急以轻舟先进，驰赴保胜，与唐炯议防守事宜。③北宁与山西本互相为犄角，有急可以相救。徐延旭既迁延不进，又信任黄桂兰、赵沃。法攻山西，黄、赵逡巡不赴援，④山西遂陷。时刘永福退兴化，唐景崧绕道撤回北宁，滇抚唐炯至议弃兴化退守家喻关。⑤

（五）滇桂之谋会师与北宁之失守（十一月至甲申二月）

自十一月中山西失守后，至次年二月初，阅时二月有半，中法两军除小冲突外，几无战事可言。孤拔初欲乘胜进攻兴化，而

---

① Ganneron, 242 引孤拔战事报告。
② 《清季外交史料》卷十，第5页，徐延旭奏；第17页，唐炯奏；第18页，唐炯奏。Bouinais et Paulus, 170–188（Bichot 军事报告）。
③ 《岑襄勤奏稿》卷二十，第30页。
④ 《光绪朝中法交涉史料》卷十，第6页。
⑤ 同上，第18页（或《清季外交史料》卷三十八，第26页）。

江水浅落，军舰溯红江上，仅可抵清河口。法军粮械辎重多由轮运，其作战又多借炮船之力，故不能前进。欲攻北宁，则所期援军未至，北宁华军约三十余营，兵力甚强，不易敌。又山西、南定、河内等地黑旗军余党充斥，为心腹之患。孤拔乃决先肃清之，以除后顾之忧，故自十一月末至正月中，法军几全力从事于剿匪工作。①

孤拔以海军人物为陆军统帅，国中舆论啧有烦言。山西陷前十日（十一月初七日），下院有人向陆军部质问。部长答以孤拔才极胜任，且正计划重要军事行动，不便代以他人。然阁议大增北圻法军，谓孤拔职卑，不可使统大军。遂任米乐将军（Millot）为统帅。议定后数日，法京乃闻山西之失守事，政府难于收回成命。甲申正月十六日（2月12日），米乐正式就职。孤拔遂去，复统海军，意极悻悻不平。②

孤拔见兴化方面，暂难进军，遂筹备攻北宁，援军云集，北圻法军总数达万六千人。米乐既接任，乃分大军为两军，以波里也（Brière de l'Isle）统第一军，尼格里（de Négrier）统第二军，以莫列波约（Morel-Beaulieu）统北圻江防舰队。部署既定，乃谋大举指北宁。③

北宁西接山西，南拒河内，东临海阳，内蔽谅山南关，握北圻之枢纽，实中法所必争，亦胜负所取决之地。山西既失，北宁三面受兵，势极危急。而桂抚徐延旭自癸未十一月初至甲申二月，均株守谅山，北宁防务悉委之赵沃、黄桂兰二人，直无措置可言。

---

① Ganneron, 254–256.
② Ibid., 250–251.
③ Bouinais et Poulus, 193–200.

延旭奏请滇军迅速东下规取山西，粤军乘法东路空虚，由钦、灵进攻海阳以为牵制，并调闽省大轮，严扼海防各口，然后以桂军直趋河内，使法首尾不能相顾。①不知海阳为法后路门户，法军设守甚固，兵轮铁舰，环泊海口内外，而支河汊港，百道纷歧，非陆军所能径达。灵山境界广西，本不与越南相接；自钦州出境，其右皆崇山峻岭，鸟道崎岖，其左一径斜通，悉濒大海；广安一省，棋峙中道，法人于此屯有重兵，不易越过。就令先下广安，直抵海阳，而法以坚轮大炮，截华军归路，左右环击，等于自蹈死地。观陈朝纲等部屡入海阳，卒以不敌铁轮炮火撤退，则此策决不可行。②至于以闽省军舰扼守海防等口之议，无异驱羊斗狼，不堪法海军一击。若促滇军东下，固属正论，然道里之悠远，输送之困难，行事极费时日，缓不济急，③宣光、兴化防守已难，欲其即日规取山西，谈何容易？此可见延旭完全昧于当时地理形势与军事实情，虚言搪塞，谋皆不符实际；于北宁之防务，惟以空言令黄、赵加意严防，毫无计划，奏报一味粉饰，直至北宁失守前半月，尚奏称"北宁守御，可以无虞"。④昏瞆如此，殊可慨也。

时谅山、北宁大军云集，据黄、赵报告则副将党敏宣督带八营扼守芹驿关、三江口（按在北宁之东），总兵陈得贵督带四营扼

---

① 《清光绪朝中法交涉史料》卷十，第7页（十一月二十八日奏），又第28页（十二月十六日奏）。

② 《张靖达奏议》卷八，第5页。

③ 岑毓英曾奏云："由蒙自至兴化，陆路一千六百余里，由开化至宣光，陆路一千二百余里，即由蛮耗至保胜亦有四百余里，皆偏僻小道，路极崎岖，沿途人烟稀少，猛兽甚多，军士裹带行粮，披荆斩棘，跋涉惟艰。自蛮耗至保胜虽水路可通，仅有小船二三十只，可装兵三四百人，往返一次必需十日。若由保胜水路至兴化，往返必需三十余日，欲速不能。"（见《岑襄勤奏稿》卷二十，第30页）

④ 《清光绪朝中法交涉史料》卷十一，第38页；卷十二，第10页。

守慈山前路，副将周炳林督带四营扼守慈山后路（按此在北宁之南及西南），提督陈朝纲督带四营扼守涌球（江名，经北宁之东北，南流入新河），而以两营守北宁，两营守谅江，另以三营为游击之师。① 徐延旭前后添募新军，共二十余营。粤桂之军，次第出关，自龙州以至北宁，沿途分扎。② 岑毓英于十二月十一日以八营驰抵保胜。唐景崧亦至，与毓英晤商，正月初八日自保胜开拔赴兴化附近，择地驻扎，谋通兴化至宣光、太原、北宁之路，以联络粤军，共图补救。提督吴永安亦率六营由开化出马关往守宣光。③ 十五日（2月11日），毓英抵家喻关，即于该处布置防守。④ 此时华军最要之举，在谋滇桂两军之联络，乃遗书徐延旭，会约于太原。延旭以山西、太原相距甚远，复书请滇军一路出兴化、临洮（Phu-Lam-Tao）、永祥（Vinh-Tuong）、三阳（Tan-Duong），与金英（又作金婴，即 Kim-Anh）之粤军（李应章部）连成一气；一路出兴化，至广威（Quang-Oai）；两路合规山西。并商滇桂两军各抽数营联扎于北宁、山西之间，以接声势而备应援。⑤ 毓英谓自临洮至金婴，中经扶宁县（即富宁县，Phu-Ninh，属临洮府）、永祥府安乐县（Yen-Lac）、安朗县（Yen-Lang）共计二百数十里，所部各营不敷分布。请延旭派王德榜部楚军八营，驻永祥府，使诸军联为一气。越南北圻地方未失者，有北宁、谅山、兴化、宣光、太原、高平六省，及山西省属之临洮、端雄（Phu-Doan）两

---

① 《清光绪朝中法交涉史料》卷十，第 25 页。
② 同上，卷十一，第 11 页。
③ 同上，第 18 页（《岑奏稿》卷二十，第 39 页）。
④ 同上，第 37 页（《岑奏稿》卷二十，第 43 页）。
⑤ 同上，第 26 页。

府。毓英奏以粤军分守北宁、谅山，兼顾太原、高平。滇军分守宣光、兴化二省及临洮、端雄二府。① 延旭乃加派刘仁贵等三营由金英以上接连西扎。② 正月二十一日诏以岑毓英节制滇粤诸军，徐延旭各营及调防等军均归调度。③ 毓英力辞。④ 延旭始终以为北宁断无他虞，⑤ 诚所谓燕雀处堂不知火之将爇者矣。

  米乐部署法军既定，见北宁华军多，乃为避坚蹈瑕之计，偏军趋正面之新河一路（即河内、北宁间之大路），而以主力自侧路出海阳驶六头江（即 Song Cau, 别名），攻芹驿关，两路期会于北宁东之安定（Yen Dinh），合趋北宁之东北，胁华军之背。⑥ 滇军闻北宁急，使唐景崧偕刘永福部驰援，二月初五日，至北宁。十一日（3月8日），法军一路（按即第二军）由芹驿关驶逼扶郎社（即扶良），水陆兼进，直扑粤军陈得贵、翟世祥等防营。粤军不敌，登时弃营而走，退至桂阳县（Que Duang），适刘团赶到堵截，法军始却。十四日（11日），法第一军亦至。两军定于次日会攻。十五日（12日）法军由扶良上犯涌球炮台，分兵攻新河、三江口各处。提督陈朝纲驻涌球，接战。至下午四时，涌球炮台失守，各营退至河北。谅山、北宁路绝。五时五十分法军入北宁城。华军望风溃退。黄桂兰退至黄云社，赵沃奔太原。⑦ 按中法

---

① 《清光绪朝中法交涉史料》卷十一，第26页。
② 同上，第37页（《岑奏稿》卷二十，第44页）。
③ 同上，第39页。
④ 同上，第6页。
⑤ 《岑奏稿》卷二十，第34页。
⑥ 十二月十四日张树声电"晓山（徐字）奏北宁断无他虞"（《李文忠电稿》卷一，第47页）。又徐二月初一日奏（见《清光绪朝中法交涉史料》卷十一，第38页；卷十二，第10页）。
⑦ 米乐军事报告（Bouinais et Paulus, 201 转录）。

之战，以北宁之役为最可痛心，岑毓英奏言："北宁防军共计四十余营，不为不多，经营防备不为不久，……竟不能固守待援，殊非意料所及。"①法将米乐亦云："华军为数达二三万人，经营守备累月，锐卒名将云集，乃望风溃退，以城畀法。"又云："法军仅鸣炮数响而下北宁。"②可见华军之败，并非实力不足，将非其人，士无斗志，敌军甫至，争先逃避，军械辎粮尽以委敌，一蹶不能复振矣。

张树声早知前敌军不可恃，两月前曾奏言："岑尚百战之余，且所部能耐烟瘴，徐则虚憍之气耳。……桂军有三十余营在北宁、谅山，颇不为少。果皆精练，将帅一心，尚可相持。奈勇饷太薄，军中又不甚和辑，……前敌事殊可虑。北宁自当属黄桂兰坚守，惟现在黄尚须听命于赵，所处亦大难。……如得琴轩（潘鼎新）任桂事，则能联岑、能用黄，前敌一气，庶望有济。"③徐延旭不问军事，悉委诸黄、赵，其所奏前方情形，全照二人禀报抄缮，其致张、岑函亦然。故北宁失守前半月，尚谓可保无虞，北宁失前两日，其所奏于前方紧急情形，毫无所知；④失后两日，亦竟未得信。⑤既闻败，大恐，乃奏云："伏念臣暗直迁庸，罔知军

---

① 《岑襄勤奏稿》卷二十，第48页（二月初二日奏）。卷二十一，第1页（二月二十一日奏）。《张靖达奏议》卷八，第6页。《清光绪朝中法交涉史料》卷十二，第21页（二月十四日徐延旭奏），第26页（二十一日徐奏）。法方记载见Bouinais et Paulus, 200-211（米乐报告）。

② Bouinais et Paulus, 208.

③ 《李文忠电稿》卷一，第47页。

④ 《清光绪朝中法交涉史料》卷十二，第21页。李鸿章二月二十五日致张树声电亦云："城北十三函何以尚无前敌警信，劫刚电我军并未鏖战，后路将断，即溃怪极。"（《李电稿》卷二，第3页）

⑤ 同上，第25页。

第三章　中法之明交暗战

事，只以黄桂兰、赵沃历经前任抚臣委办边防多年，必皆诸可信任。臣诸遇事推诚，力求共济。……初不意其粉饰欺朦。"① 其昏瞆之状，历历如绘，朝廷虽有以岑节制诸军之命，岑知鞭长莫及，固辞不就，北宁事终误于延旭之手，统帅不得其人，此桂军失败之原因一也。

黄桂兰、赵沃分统左右两军，二人地位相若，意见不和，据张树声奏，则徐偏信赵，北宁之战，黄桂兰屡征右路各营弗至，致众寡不敌，遂不能支。②而刘永福以山西之败，憾桂军不救，北宁之战颇持观望。③军权纷歧，将帅不一心，此桂军失败之原因二也。

广西边军初仅十二营，徐延旭筹办边防骤增至五十余营，兵力多而不求精，粮饷不敷，士无斗志，且未经训练，不习火器，④驱市人而战，以器资敌，此桂军失败之原因三也。

粤西新军既多，良莠糅杂，毫无纪律，越民骚然。军中携带妇女，闻警相率溃退，张树声曾以此弊入告，而总署诫以"水清无鱼，人察无徒"，勉张"荡佚简易，录长覆短"。⑤军纪扫地，军心涣散，此桂军失败之原因四也。

黄桂兰为淮将，部下所统，多新募粤勇，仓卒溃败不可禁遏。

---

① 《清光绪朝中法交涉史料》卷十二，第27页。
② 《张靖达奏议》卷八，第16页（又《李电稿》卷二，第6页）。
③ 见同上。
④ 《清光绪朝中法交涉史料》卷十三，第31页。崔国因奏："炮当用长弹者，炮兵不知，误用圆弹，初放即坏。"又《张靖达奏议》卷八，第23页。
⑤ 《清光绪朝中法交涉史料》卷十三，第34页（潘鼎新奏）。《张靖达奏议》，同上。

将与兵不相习，此桂军失败之原因五也。①

张树声虽有先见之明，然事前不敢力争，事后乃以为卸责之地。粤督有兼圻之责，既知徐之不可靠，而漠然听之。但顾粤防，不问关外，亦有应得之咎也。黄桂兰事后畏罪仰药死，陈得贵、党敏宣军前正法，赵沃革职拿问，徐延旭革职留任，树声亦自请交部严议。②北宁既失，北圻华军无能为矣。

（六）桂军之节节败衄（二月至三月）与滇军之撤退

米乐既攻克北宁，下令分两路追击华军。尼格里趋谅山一路，尾逐桂军数千人，二月十八日（3月15日）至二十日（17日）三日中，连败华军，取谅江、郎甲，势如破竹。郎甲南连北宁，西通安世，为极重要之地。时王德榜以楚军八营出关，半至驱驴，延旭商请就近移扎长庆以顾广西第二重门户。③波里也自北宁追击华军，趋太原，十九日，陷安世。时北宁防军退至太原，皆不肯守。刘永福亦自太原撤回兴化，岑毓英飞函切嘱赵沃坚守。二十二日（19日），法军甫至太原，官军溃散，太原即陷。④清廷闻太原陷落，大怒。旨将徐延旭拿问交刑部治罪，使潘鼎新署理桂抚，唐炯亦革职拿问，以张凯嵩署理滇抚。⑤法军破太原后，止

---

① 《李文忠电稿》卷二，第6页。
② 《张靖达奏议》卷八，第8页。
③ Bouinais et Paulus, 209-210.《清季外交史料》卷三十九，第17页，徐延旭奏。
④ Ibid., 210-211.《岑奏稿》卷二十，第4页。
⑤ 《清季外交史料》卷三十九，第22—23页。

不进，集军河内，谋大举攻兴化。①

兴化小城，紧接江边，江水涨时轮船可直抵城下。滇军军火枪炮均由两粤转运龙州，道阻不能前。又兴化军粮仰给永祥、广威等府，且由越官黄佐炎代办。时盗贼蜂起，教匪横行，拦路抢截，军食军火，均成问题。至于迤西各营，滇军相距率二三十站，遽难赶到，故援军亦不继。且北宁、太原相继失陷，越南将校之附带华军者颇怀贰志。二十九日，毓英乃奏言："越事如将倾大厦，断非一木所能支，兴化城无半月存粮，转瞬江水涨发，烟瘴盛起，是时守既不能，退又不得，不如乘此全师撤回退守边境，尚可保全精锐，再图恢复。"②三月，宣光副将陈安邦报法人由太原逼宣光，欲绕出清波、夏和（均县名，属临洮府）抄袭官军后路。③毓英乃奏称："粮已罄尽，万难支持。……越南各省俱为法人占踞，即株守兴化小城，亦属无补于大局。"时事机危迫，不及俟朝命，毓英乃饬各将领军火军装先行运回，随将兴化营盘城楼毁平，于十二、三、四等日陆续先退镇安县馆司关，再到保胜，分扎沿边各地。刘永福部亦退扎大滩、文盘一带。④十七日（4月12日）法军入兴化。⑤

潘鼎新于三月十三日自湖南驰赴广西，徐延旭亦收集败军扼守要路。⑥桂军全败，滇军亦撤。清廷乃有迁就和议之意。⑦四月

---

① Bouinais et Paulus, 211.
② 《岑襄勤奏稿》卷二十一，第5页（二月二十九日奏）。
③ 见《岑襄勤奏稿》卷二十一。
④ 同上，第8页（三月二十日奏），第11页（四月初八日奏）。
⑤ Bouinais et Paulus, 215.
⑥ 《清光绪朝中法交涉史料》卷十三，第35页。
⑦ 《李电稿》卷二，第7页，三月十七日寄张树声："内有款意，但令为难。"

初，调开曾纪泽专办英俄两国事，以李凤苞兼法使。① 十四日，诏以"法人在津与李鸿章讲解略有端倪，云南、广西防军著岑毓英、潘鼎新督饬扼扎原处，进上机宜，听候谕旨"。② 中法两军，乃暂卷旗息鼓矣。

---

① 《李电稿》卷二，第 8 页（四月初二日译署来电），第 9 页（初五日寄张振帅）。
② 同上，第 12 页（四月十四日）。

第四章　中法之乍和乍战

（一）《天津条约》（四月十七日）

甲申二月末，法水师舰长福禄诺（François-Ernest Fournier）赴广州，与前津关税务司德人德璀琳（Gustav Detring）遇于香港，因同舟赴粤。二人前在津相过从，谈吆甚洽，又皆与李鸿章有旧，故相见纵谈及当时中法冲突事。时正值北宁熸军之后，福禄诺言据其观察所及，法国如与中国议商，必以（一）撤退曾侯，（二）华军放弃北圻，不坚持中越宗藩关系，及（三）赔款三事为张本。盖法国终必有北圻与中国邻，中国宜及时与法讲求善邻之道，若一味战争，法必驱黑旗入两粤，利用回教徒扰滇，中国受害且极大，不若乘时亟与法讲和、定界，既可避免纠纷，保全南境，又可扩拓疆界，再于边关税务争取较有利之规定，即赔款数目，亦可期减少。① 福既有从中讲解之意，因密函托德转致李相。德至广州谒张树声，请赴津而禀。三月初一日（3月27日）张电告李，李即请总署令赫德转饬德璀琳赴津。② 初五日（31日）赫电催德

---

① *L'Affaire du Tonkin*, 155–156.
② 《李文忠电稿》卷二，第3页（三月初一日寄译署）。

即北上。① 二十二日（4月17日）德至天津谒李，称法水师提督"拟调兵船入华，将夺踞一大口岸为质，若早讲解，可电请本国止兵"；② 因呈福禄诺密函，条陈四事如下：③

（一）中国须有与法国愿保和局之凭据，法既为中国南省之强邻，中国宜与之订立南省通商章程并税关规则。

（二）时势至此，中国无法限制或阻碍法国对越之保护权，法于越经营，中国转可因以为利，至于拟订约章中，法国措词必有以全中国体面。

（三）曾侯一日不离法，即法一日不与华商和议，故目前中国宜迅将曾侯调开。

（四）法欲向中国索偿兵费，且谋占地为抵押，中国及早与法商议，法国尚可将此层极力相让。

末言此系其一人私见，并未向本国请示。李乃以原函译呈总署，谓将来此事结束，亦只能办到如此地步。若此时与议，似兵费可免，边界可商。若待彼深入，或更用兵船攻夺沿海地方，恐并此亦办不到。与其兵连祸结，日久不解，待至中国饷源匮绝，兵心民心摇动，或更生他变；似不若随机因应，早图收束之有裨全局。④ 时德国新报传载曾侯一函，中有"中国此时虽失山西，尚

---

① 同上，第5页（初五日复张树声）。
② 《李文忠电稿》卷二（二十三日寄译署）。
③ 《清光绪朝中法交涉史料》卷十三，第25页（福禄诺密函）。
④ 同上，第22页（李寄总署函），又见《译署函稿》卷十五，第35页。

未似十年前法国失守师丹（Sedan）之故事"一语。① 法人大怒。出使德国大臣李凤苞以此告李鸿章，李乃决意撤曾，以就和议。

李既得德璀琳报，二十三日，先以其言电总署，并告兴化已失。二十五日（4月20日），复寄以详函附福禄诺及李凤苞件。同日总署以李电上奏，得旨："越南昧于趋向，首鼠两端，致使该国教民，肆行侵逼，抗我戎行，此皆越南君臣不识事机所致，朝廷与法并不愿伤睦谊也。……两年来法越构衅，任事诸臣，一再延误，挽救已迟。若李鸿章再如前在上海之迁延观望，坐失事机，自问当得何罪？此次务当竭诚筹办，总期中法邦交从此益固，法越之事由此而定，既不别贻后患，仍不稍失国体，是为至要。"② 德璀琳称，福禄诺与要约八日内在烟台候信，二十六日（4月21日），李乃电京催速复。③ 次日，军机处电李云："来信进呈。奉旨：事属可行，许其讲解，钦此。望将此意电知福酋。……简明条约可在津定。至划界、通商、修河之类，似以中法派员到越会勘详议为宜。……曾大臣本系连任，年限届满，留撤俟由内酌。"④ 四月初二日（26日），总署电李，称拟请以李凤苞暂兼法使，定于初四日具奏；至曾纪泽暂令办理英俄两国使务，俟薛福成等到京酌定后，即行更换。⑤ 李以此意告德璀琳，德欣然谓此事可谐。翌日附轮赴烟台。⑥ 初四日（28日）上谕，以许景澄充出使法、

---

① 李凤苞译抄曾纪泽致德国报馆函，见《清光绪朝中法交涉史料》卷十三，第23页。
② 《清光绪朝中法交涉史料》卷十三，第17页（三月二十五日上谕）。
③ 同上，第18页。
④ 同上，第25页（又见《李电稿》卷二，第7页）。
⑤ 同上，第33页（又见《李电稿》卷二，第8页）。
⑥ 同上（初三日李电）。

德并义、和、奥钦差大臣，未到任以前，出使法国钦差大臣著李凤苞兼署。① 是日福禄诺已到沪催华迅复。初五日（29日），李电马建忠（时马在沪），使密告福以奉特旨调开曾侯，派李使法，即是顾念友谊确实凭据，彼当径电法廷止兵会议。② 又电法将利士比（Lespès），言政府已决撤曾侯，另派新使驻法，暂由李凤苞代理，盼福禄诺直赴津商议。③ 利士比见中国允撤曾侯，甚满意，乃令福禄诺北行，并告其政府。翌日（初六日，即4月30日），政府复电许之。利令福便宜行事，根据下列之基本原则，与华交涉：④

（一）法国于目前于将来在任何情势之下皆当尊重保护北圻与华毗连之疆界，以防阻一切之侵略。

（二）中国既得法国正式保障其南境之安全，(甲)当自北圻将其所有军队完全撤退，(乙)尊重法国政府与越南间直接订立及将订立各约，(丙)于北圻沿边允许法越与中国自由贸易，由一双方互利之商约规定之。

初七日（5月1日），福禄诺乃离沪北行。

---

① 《清光绪朝中法交涉史料》卷十三，第37页。

② 同上，第38页。

③ *L'Affaire du Tonkin*, 156-157. 此电日期，案原书作三月二十九日（4月24日），误。其当在四月初四日上谕之后无疑也。

④ Cordier, II, 432. 此条根据福禄诺四月十二日与谢满禄信，与同日福对李所拟办法草案大略相同。惟此处第一款为"法尊重保护北圻与华毗连之疆界"（les frontières de Tong-king limitrophes de la Chine）。而福对李之谈判节略，则为"中国南省毗连北圻之疆界"，相差甚巨，应注意。又第二款丙目，福草案改为要求赔款，盖为讲价地步。见下。

李鸿章既出重任和议，知不惬于清论，梗者必多，乃于初四日上奏，①痛陈不得不与法讲和之故，大意为请抑浮议以专责成。其言曰：

> 光绪六七年间，法人筹兵筹饷，端倪大露，中国始悉其隐谋，议者遂佥陈保护越南经营北圻之策，所以维体统而绥边圉，其为谋固甚忠也。无如法人蓄锐积虑，已非一日，竟成骑虎之势，攻城夺地，不留余步。中国争之以口舌而不应，争之以函牍而不应，不得已而派兵分驻越境。其事虽自朝廷主之，臣之愚见亦谓借防边为名，隐制法军之势，不难乘机讲解，使彼此可以收场。八年十月，适法国前使宝海过津，有分界保护之议，臣知相持既久，必致决裂，因与酌订办法三条，以期渐有结束。乃外而疆臣，内而言路，皆不以臣言为然，均谓越地必不可分，通商必不可允，而法之政府亦不肯遵约，竟撤宝海回国，于是越南之患愈变而愈棘矣。自昔艰难之世，议论愈多，则是非愈淆，而任事者亦愈无把握。……今日事势至此，恐不能如前岁与宝海所订三条之妥，然诚能速与议结，犹可比之遇险而自退，见风而收帆。……详绎税务司德璀琳与法总兵福禄诺函意，似尚不无转机，果其措注得手，则"不贻后患""不失国体"两层，或尚可以办到。

又言所虑者有两端：

---

① 《清光绪朝中法交涉史料》卷十四，第1—3页。

（一）法既连占越地，日肆鸱张，即与讲解，岂能尽如人意？将来越地分界，必有以分界太少为言者；滇境通商，必有以通商宜拒为言者。其他条目不少，指摘必多，……恐意见益歧则谋议难定，枝节横生。

（二）法为欧洲强国，而议院各党持论每有异同，今揆其本计虽非必欲失和，亦难保无倾邪喜事之徒，别创新议，或要我以必不能行之事，则羁縻之中，仍当竭力迎距，恐难克期成议。

至于交涉之内容，则李主张越可弃，滇可通商。曰：

滇境通商，他日果得人妥办，于国民决无大损，可于各海口通商之事验之。法人既得越南，形隔势阻，岂能遽入滇粤？但使妥订约章，画界分守，当能永久相安，可于中俄接壤之事验之。

初六日（4月30日）旨令廷臣会同妥议。① 于是言者蜂起。初十日，御前大臣伯彦讷谟祜等百余人复奏，谓法如果要求太甚，即宜严行拒却，不可曲予迁就，仍令实力整顿防守事宜，毋稍松懈，以杜其得步进步之谋。② 张佩纶奏，请以讲解责成李鸿章，以备御责成各路疆臣统御；③ 又言和战当以敌情兵力为定，法言之可许不可许，请饬李鸿章切实具奏，兵力之可战不可战，请饬沿海疆臣

---

① 《清光绪朝中法交涉史料》卷十四，第3页。
② 同上，第16页。
③ 同上，第5页。

详细具奏。①吏科掌印给事中孔宪毂等奏,和局有十不可恃,李鸿章即欲言和,亦必确有把握乃可入告,岂可游移两可,处处自占地步,以凭空结撰之事,虚声恫喝之辞,冀耸上听?②户科掌印给事中邓承修等亦言,法不和于山西未失之前,而和于北宁已失之后,决无是理。③内阁学士廖寿恒奏,(一)法兵船宜令出口,(二)兵费宜杜绝隐谋,(三)刘永福宜极力保全,(四)滇省通商宜加意妥筹,(五)关外疆土宜仍加究诘,以为抵制地步。④国子监祭酒李端棻等言,德璀琳不过外国一细民,其言何足深信?福禄诺虽属彼国总兵,究非奉其君命而来;必令彼国特派使臣专办此事,然后与之定议。⑤李鸿章所主越可弃、滇可通商两点,廷议几全表反对。内阁学士尚贤谓,法封豕长蛇,滇粤通商,流弊且将远过于各海口之通商,法谋全越本为滇粤计,李谓不能遽入,有何把握?⑥御史张人骏奏,兵费断不能偿,刘永福断不能去,分界不得尽失越险,通商不得阑入滇中。⑦御史冯应寿奏,如画疆分界一节,我国非利其土地,仍当为越南计,略仿齐桓迁邢存卫之意,以定越君,即兼以防我后患。⑧通政使吴大澂奏,法人议款不能见从者,约有四大端:(一)要挟中国不再与闻越事,(二)刘永福与法嫌隙已深,法欲得而甘心,(三)云南通商开矿设关收税,(四)

---

① 《清光绪朝中法交涉史料》卷十四,第 21 页。
② 同上,第 12 页。
③ 同上,第 13 页(或《语冰阁奏议》卷六,第 9 页)。
④ 同上,第 18 页。
⑤ 同上,第 22 页。
⑥ 同上,第 20 页。
⑦ 同上,第 27 页。
⑧ 同上,第 31 页。

索偿兵费。① 此外乘机攻击鸿章本人者亦多，如御史吴峋奏言："十年来，李鸿章仰窥皇上冲龄，皇太后听政，不肯轻易大臣，任意陈奏，视为故然，遂至于此。臣愚以为李鸿章战而失利，应治以训练不实之罪；不战而和，应治以虚糜兵饷之罪。……且衰经从戎，原为用兵，今李鸿章所为，若议和之事，除该大臣无人能办者；该大臣夺情起用，若专为和局至者，……臣恐其不惟无以对皇太后、皇上，且无以对其父母。"② 御史刘恩溥至斥李鸿章"力主和议，冀苟延残喘数年，得邀饰终典礼，已为厚幸，至国体之是否有伤，后患之未来方大，概不虑及，徒以虚辞敷衍，贻误大局，……诚老奸巨猾之尤者"。③ 和议未成，李已为群矢之的矣。

初十日（5月4日）密谕"李鸿章与法人交涉，目前最要者约数端：（一）越南世修职贡，为我藩属，断不能因与法人立约致更成宪，此节必先与之切实辩明。（二）通商一节，若在越南地面互市，尚无不可，如欲深入云南内地，处处通行，将来流弊必多，亟应豫为杜绝。（三）刘永福黑旗一军，屡挫法兵，为彼所深恨，蓄志驱除，自在意中，岂可遂其所欲，更长骄矜之气？（四）此次法人侵占越南，衅自彼开，……我与彼毫无失和之意，亦各国所共知，若再索偿兵费，不特情理所必无，亦与各国公法显背"。④ 十一日（5日）晚，福禄诺偕德璀琳至天津，时福已于途次拟定交涉草案三条，较其在沪与利士比商议者，大纲相同，略加增改。次日下午偕驻津法领法兰亭（Frandin）谒李，即以其草案与李议。第一

---

① 《清光绪朝中法交涉史料》卷十五，第1页。
② 同上，卷十四，第29页。
③ 同上，卷十五，第5页。
④ 同上，卷十四，第14页。

款云:"法国约定尊重保护(respecter et protèger)中国南省毗连北圻之疆界,以防阻一切之侵略。"李问,此于中国有何益处?福云,将来别国如有与中国开衅,法国不能暗地与之立约,且"尊重(respecter)"云者,即法国不再侵犯之意。此款自表面观之,仅为法国单方之责任,故李乐许之。然就实际言,其流弊甚大,将来可为法国觊觎中国南境之借口,李似未顾及也。第二款与福、利原议同,即"中国既得法国正式保障其南境之安全,当自北圻将其所有军队撤退,并尊重('respecter',当时译为'概置不问')法越间已订未订各约"。此款强华承认法越之关系,实际即承认法对越之保护权,而间接即放弃中国之宗主权。惟措词甚婉,使李得借口未正式承认法之保护权,谓中国之权利不受影响。且该款关键之"尊重"二字,译文改为"概置不问",自字面观之,中国方面于法越关系,绝无积极之表示。故此款李亦接受。惟李谓:去年七月法越新约首条云"越南与任何国交通,必由法国掌管,即大清国亦不得预及南国之政",此于上国体制大有违碍,必须删改。盖中国此时最忌明文规定否认其宗主权,故于此节决不能缄默。惟中国所反对者,非涉内容,仅关字面。故福提议另添第四款,说明"法国政府约定与越再议新约不插入伤碍体面字样,该约将以前法越所立关于北圻各约一律取消"。李认为满意。第三款为,中国应负赔款责任之原则。按中法交涉,自宝海、脱利古各案,以迄沙相之八月十五日备忘录,从无有以赔款为言者,即茹、沙诸相在议院舌战累月,均未闻有赔款之议。今福对李突提此款实为可怪。但就理论言之,中国在北圻与法之冲突,前均利用黑旗,中法军未正式周旋,故法不能向中国索军费;及山西失守,北宁熸师,兴化继陷,华军虽战而不宣,然其与法为敌,已成不可讳饰之事实,故法国此时向华索偿,振振有词，非复昔比也。时上谕已明言不许偿兵费，此款李决难承认，乃对福云"提到兵费，即无办法，汝若真心要成议此事，切勿再提"。换言之，若法欲坚持赔款一事，则和议便当决裂。按福禄诺与利士比在沪议定交涉办法大纲，本无赔款一项，仅要求"中国于其与北圻接壤之沿边，允许法越与华自由贸易无阻，由一双方互利之商约规定之"，则福之索偿，盖本为先索虚价，借留退步计；故见李之态度坚决，即云："万不得已，只可另添一款如下：'因感中国和商之意，及办理此约李大臣热烈之忱，法国不向中国要求赔款，中国亦应于其与北圻接壤之边地，许法越与华自由贸易无阻，并约定将来订立通商专约，中国方面须格外通融，使法国得到可能内最大之利益。'"李许之，答云："在越南境内，中国有可让法国者，总可和衷互商；若欲在中国境内开口设领事等事，中国断不能准。"其实此款已许法国以通商滇粤之权，原则既经承认，则于议订专约时，法国当然可以尽量要求有利之规定，开口设领，皆为势所必至、理所固然之事，中国虽有口头声明在先，届时亦不能不俯就法议。法取北圻，并非视为纯粹殖民区域，实乃视为通中国西南诸省之康庄大衢，今得此项正式规定，夙愿既遂，踌躇满志矣。李乃使马建忠与福照此所议大略，订立简明条约共五款；① 于前四款之外，另加一条，规定此约签押后三月，两国各派全权大臣照以上各点，会议专约；并言照外交惯例，此约以法文为主。② 李、福晤

---

① *L'Affaire du Tonkin*, 157—160. 又《清光绪朝中法交涉史料》卷十五，第11页（李福晤谈节略）。

② 《天津简明条约》，法原文见 *Livre Jaune*, 1884, Affaires du Tonkin (Convention de Tientsin du 11 mai 1884; incident de Lang-son), 5—7。华译文见《清光绪朝中法交涉史料》卷十五，第12页。

谈商定约文大略，共费两时，可谓速矣。

十二日晚，李电总署，言福议与初十日密谕尚不大悖，只求商务有益，兵费可免。① 十四日（8日）上谕："该署督筹议此事，关系大局，言路交章弹劾，虽有不悉原委，措词失当者，而该署督办理海防有年，尚无十分把握，不免予人指摘之端，朝廷实事求是，现经责成该署督与法人讲解，总以办理是否得宜，定其功过，并不以人言为转移，该署督当思倚任之专，益存戒惧之念。"② 并谕滇桂各军以法人在津与李鸿章讲解，略有端倪，著岑毓英、潘鼎新督饬防军，扼扎原处，进止机宜，听候谕旨。③ 时福禄诺已于十三日（7日）将约文寄沪，翌日利士比以电巴黎，请签约全权。④ 茹费理即日电福禄诺云："政府以全权畀汝，依利士比电呈之约稿，即与李大臣签定简明条约，无须俟利北上，惟先须问明李大臣有否中国政府之全权。"⑤ 李亦于十三日以约文寄总署，附以说明如下：

> 伏查四月初十日密谕各节内；（一）越南职贡照旧一节，已隐括于第四款……内。据福禄诺云，法已派驻京新使巴德诺往越，如蒙准行，伊可电达外部令巴使与越王另议，将甲戌及上年约内违碍中国属邦语义，尽行删除，不肯明认为中国属邦也。（二）通商一节已包括在第三款……之内，既云边界，

---

① 《清光绪朝中法交涉史料》卷十五，第1页（或《李电稿》卷二，第12页）。
② 同上，第6页。
③ 《李电稿》卷二，第12页。
④ *Livre Jaune*, loc. cit., 10.
⑤ Ibid., 11, Ferry to Fournier, May 8（《李电稿》卷二，第12页）.

必不准深入云南内地明矣。(三)至刘永福一节,彼未提及,我自不应深论,盖刘永福本系越将,前守山西,及协剿北宁,均被大创,法人视之蔑如,似在无足轻重之列,将来若派使会议及此,再与酌定安置之法,亦未为晚。(按原谕第四节为兵费宜拒,时法已正式声明不索兵费。)

按李之说明本为敷衍当局,故所言多牵强。照约中第二款,中国尊重(原译"不问")法越已订未订条约,即承认放弃其对越之宗主权。第四款之规定,特法方为顾重中国体面,许于新约内不明言否认中越之宗藩关系,不得谓为该款已隐括越南职贡照旧一节也。至于通商一事,原谕只许在越南地面互市,而约中第三款则许其径至滇粤边境,虽未言深入内地,然沿边数千里门户已全开矣,与谕旨原意亦不合。刘永福事,法虽未提及,然法既全有北圻,华军亦许撤退,则黑旗军瓮中鳖耳,法自可直接处理,无与中国商议之必要。李虽谓黑旗无足轻重,然于谕旨所谓黑旗断不可逐一事,实未办到。至于赔款问题,表面上似李胜利,实际上则法得滇粤通商权利,所获更多。[①]且华军撤退一节,李谓:

[①] 四月二十六日(5月20日)茹费理致议院书云:"Ces avantages considérables seraient-ils trop chèrement achetés de la part de la France par la renonciation à une indemnité pécuniaire, dont le principe n'était d'ailleurs ni contestable ni contesté? Une satisfaction en argent aurait-elle, aux yeux du pays, plus de prix qu'un traité de bon voisinage, une ailiance commerciale et politique, ne laissant derrière elle ni humiliation ni amertume, et ouvrant à nos producteurs, à l'étroit dans l'ancien monde, des débouchés inattendus? Nous ne l'avous pas pensé!" (Cordier, II, 438)

> 查桂军退扎谅山，滇军退扎馆司、保胜，皆近边界。此约倘蒙许可，只须密饬边军屯扎原处，勿再进攻生事，便能相安，亦不背约。

此点之解释，尤为不当。约文明言撤退，而李谓可屯扎原处，殊欠斟酌。北黎冲突之机，已伏于此。李福此约，若就初十日上谕之标准论之，李之交涉实大失败。然平心而论，李毅然出任艰巨，所抱宗旨，本为"遇险而退，见风收帆"。诚以大势既去，非口舌所能争，故未议之前，已力主越可割，滇可通商。若以李所预料衡其结果，则亦未可厚非之也。①

总署以李信进呈，十五日（9日）奉旨："与国体无伤，事可允行。"②十六日（10日），李电总署代奏请全权，有旨："前大学士署直隶总督李鸿章，著作为全权大臣，与法国使臣办理条约事务。"③时李、福已议定于翌日签字，李仍犹豫不决，使人告福，谓约文尚须修改，愿与福重行谈判。福大愕，复书严拒，谓约文决难再改，亦不愿与李重商，如李不肯签约，则决于三日后离津，孤拔即攻扰中国沿海。④李不得已，次日（十七日，5月11日）下午五时乃与福签约。

和议既定，李奏："今虽妥速成议，非初料所能及，其有思虑所不到，力量所不及之处，尚祈曲鉴愚诚，勿为浮议所惑。"⑤时

---

① 《清光绪朝中法交涉史料》卷十五，第10页；《译署函稿》卷十五，第33页。
② 《清光绪朝中法交涉史料》卷十五，第12页；《李电稿》卷二，第13页。
③ 《清光绪朝中法交涉史料》卷十五，第17页。
④ *L'Affaire du Tonkin*, 164.
⑤ 《李文忠奏稿》卷四十九，第51页（四月十七日奏）。

廷臣于李福草约不满者甚多,攻击李者亦愈烈。如给事中洪良品奏言:"法夷素知李鸿章主持洋务,偷懦惮事,于是怵之以大言,媚之以软语,先占地步,诱之以就范围,其计可谓狡矣。宜与法详议:(一)中越交界之地不准侵犯。(二)退还越南侵地,以富良江为界,听凭中国另立藩封,无得侵夺。(三)云南、贵州等地永不通商。"① 御史冯应寿亦奏条约宜再加酌核,仍持画界分守之说与之改议。② 给事中孔宪毂奏:"(一)李鸿章视弃地犹弁髦,谓中国所争在体制,不在区区一越南,实为舛谬。争全越不得,必不获已,且当中分越地,画界保护,永远不得侵犯。(二)保胜、宣光等处,为越守者尚多,不能以附益法人。(三)疆界未定,不能先撤师。(四)法人不索兵费,不宜立专约,我无所用其赔,彼无所用其让。"③ 然朝廷厌兵,倾向和议,故群言啧啧,而十九日(5月13日)上谕称:"此次简明条约,与初十日所谕该署督(李)各节尚不相背。"④ 惟仍将诸臣所议择要摘抄交李阅看。⑤

《天津条约》成立之次日,茹费理电福禄诺,贺其成功之速,并嘱对李相表示欣慰。⑥ 二十日(14日)李复电谢之,谓:⑦

> 久仰贵大臣办事明决,见识远大,从此惟望两国和好永敦,猜嫌尽释,彼此为难之隐衷,两地心照,切盼。

---

① 《清光绪朝中法交涉史料》卷十五,第18页。
② 同上,第19页。
③ 同上,第26页。
④ 同上,第30页。
⑤ 同上,第37—38页。
⑥ *Livre Jaune*, loc.cit., 12.《李电稿》卷二,第14页。
⑦ 《李电稿》,同上。

时法海军部亦令利士比以中法议和定约中国许撤兵事，告米乐、孤拔。命福禄诺赍约文返法。① 惟约文中有两事亟宜实行，一为中法互派全权议专约事，一为撤兵事。全权代表，法方决派巴德诺（Patenôtre）。时巴方赴越南议新约，俟竣事即前赴津。至中国撤兵事，茹费理电嘱福调查华军现驻何处，及其撤退命令之内容。② 二十一日（15日），福乃以茹电示李，附以一函如下：

为遵守此项训令避免含糊塞责计，请执事告我，中国军队，照其撤兵命令（此项命令当已下），自北圻撤退回境，何时可以完毕，即中国军队何时撤退过滇桂粤之边界而将来不复再越此界。

此时最重要者，即使仆得知中国军队何时可自谅山、室溪（That-Ké）、高平、保胜等地撤退完毕。此时法国米乐将军候命至为不耐。……③

李未复。福定于二十四日起程回国，二十三日（17日）乃往谒李，问华军调回边界究已调何处。李答以粤军似在谅山一带，滇军似在保胜一带，皆距中国边界不远。其实此时粤军已进扎屯梅、谷松，距边境几二百里，李不知也。福谓中法既经定约，仍请照约调回边界为是。④ 福乃取出法文节略一纸，共三款，皆关于《天津条约》之实行办法。第一款为法国已派巴德诺为全权公使与中

---

① *Livre Jaune*, 13, Peyron to Lespès, May 13.
② Ibid., Ferry Fournier, May 13.
③ *L'Affaire du Tonkin*, 167.
④ 《译署函稿》卷十五，第35页。

国会议详细条款，该使离顺化后即来华。第三款为法国即行通知巴德诺，应将去岁法越新约第一款内所有"即大清国……"云云删去，无非礼敬中国，不愿伤其威望。此两款无何问题。第二款为北圻华军限期撤退，原文如下：①

> 二十日后，即五月十三日（6月6日），法军进至谅山、高平、室溪及北圻与两粤接境各地接防，同日法海军于北圻沿海各地布驻。四十日后，即闰五月初四日（6月26日），法军进至保胜及北圻与云南接境各地接防。逾期则法军决然前进驱逐滞留北圻之华军。

此款自李视之，实一大难题。十日前（十三日）李致总署信，尚谓"滇桂两军只须屯扎原处（保胜、谅山等地），勿再进攻生事，便能相安，亦不背约"，此时自难以法方要求限期撤退入告。而法方之要求系根据条约上"华军立即撤退（retirer immédiatement）"之规定。李亦无词拒绝。据李日后之报告，则当时李答福以：

> 滇粤各军，闻分扎谅山、保胜一带，皆距中国边界甚近。十余年来，久驻剿匪，属邦赖其弹压，与法国毫无关碍。兹既议和，应俟详细条款定后再议办法，今汝国商令限期退兵，语近胁制，我实不敢应允，亦不敢据以入奏。

---

① *Livre Jaune*, 17 (note remise par Fournier à Li, 17 mai 1884);《译署函稿》卷十五，第37页。

福仍力请照约将防营调回。李告以：

> 相距过远，该处情形难以遥度，总在统兵大员随时察度妥办。我劝法兵不必急于前进。即与华兵相遇，亦勿接战生衅。①

李日后谓当时并未允许福之要求，然观其自述当日答复福禄诺之语，则一言不敢上奏，再言不能遥制边军，皆仅系陈述个人之困难，非根本拒绝法要求之原则。其所持理由，为华军驻地距边界近，与法无妨，此于华军应立即撤退之原则，并未否认。即其所云"兹既议和，应俟详细条款定后再议办法"，亦仅为李之一种提议，并非谓条约原文关于此款之规定应作如此解释。②李究竟已否许福之要求，华方虽无确切证据，至少可断言当时在原则上李未加以否认；理论上亦不能有此否认。此甚明显易见者。

据福禄诺之说，则李当时并未反对其提议，惟谓限期太短，总署视之有最后通牒之嫌疑，恐伤情感。福谓粤西、北圻均通电信，传递消息甚便，时间实甚充容，且言即电米乐告以限期一至，如华军尚未撤退，则进兵驱逐之，希望华军如期撤退，避免此不幸之流血事件。李告福决设法告知各军，使此种不幸事件不至发生。③则李于福之要求，至少已加以默认。

福禄诺继言：余素深知米乐将军，渠进军途中若遇障碍，必

---

① 《译署函稿》卷十五，第37页。
② 观北黎冲突后，五月二十九日，李电总署云："究之事逾匝月，在我并未照约调回，彼亦未免疑虑也。"（《李电稿》卷二，第20页）可见李于约文中"华军立即撤退"一语，亦知不应作"俟专约成立后，另定办法，再行撤退"解释。不然则照约可缓撤兵，法何所用其疑虑？李明知不立即撤兵，即背津约。详见本章第三节。
③ Cordier, II, 442（五月初八日，即6月1日，福报告海军部书）。

决计冲破之。李云：然则米乐将军将自将前进迄华边境耶？福曰：是，奚疑？① 福以为限期撤兵事，李既不表示反对，当然不成问题，遂去。惟此时手续并未完全。规定撤兵日期，本为重大问题，福单方以节略一纸交李，李纵不表示反对，然既未签字，亦无明文承认，则此约尚未成为双方互照之规定，至少亦应由中国方面具文承认收到此节略。而福禄诺匆促离津，谓此文可由李直接交利士比；② 仅以李口头含糊答应之语为凭。是福之手续亦欠周到。福是日即电米乐告以华军撤退日期，并云："已通知李鸿章，逾期法即进兵驱逐滞留之华军。"③ 福拍发此电时，故用明文电码，以促华方注意。次日乃离津回国。④ 时都人士于李福简约已啧有烦言。李不敢重以法方限期撤兵之约入告，恐益众怒。然朝廷既未闻此事，自不肯遽下撤兵之令。于是李惟一之办法，暗中示意边将，使细审机宜，自行退扎。然奉命出师，谁敢擅退以干法纪，此时李所处地位，亦大难矣。

（二）北黎之冲突（闰五月初一日至初二日）

《天津条约》成后三日，⑤ 法方即将之宣布于北圻法军。米乐下令曰："本总司令兹将四月十二日（5月11日）中法两国在天

---

① 见德璀琳信（Bouinais et Paulus, II, 249）。
② *L'Affaire du Tonkin*, 169.
③ *Livre Jaune*, 17.
④ *L'Affaire du Tonkin*, 169.
⑤ Dr. Challan de Belval, *Au Tonkin*, 1884-1885, 170.

津所订条约布告将士，此约为将士功成之保障，吾甚为愉慰。中国愿尊重法越已订及将订各约，并愿将军队自北圻之保胜、高平、谅山等地撤退，且与法议订专约，以宽大条件允许法越于中国毗连北圻之边界自由贸易。"米乐于次日即将越南士兵遣回柴棍，临行时，致词曰："越南将士，今剧战告终，君等辛苦久戍北圻，可以归南圻矣。"越数日，又遣其自非洲调来之军队一部回驻原地，亦加以慰劳，盛赞其北宁、兴化诸役战绩。①

五月下旬，米乐乃决进兵，预定先进驻谅山、室溪、高平等处，然后西向取保胜。乃下令杜森尼中校（lieut-colonel Dugenne）统军前进，任 Crétin 为参谋部长，于浪张府（Phu Lang Thuong）② 会军出发，克期行，限于五日内自浪张进抵谅山。③

自浪张至谅山，官道约一百公里，途极崎岖难行，盛暑行师，又携辎重甚多，每日平均须行二十公里，势决不可能。后日，法将波里也（Brière de l'Isle）自谷松进军谅山，路程较此短甚，犹费时十日，米乐于当地情形之懵然亦可知矣。④

杜森尼既得命，乃于二十六日（6月19日）以九百余人离浪张府前进。⑤ 酷暑中骤值大雨，士卒疲惫多病。⑥ 行四日仅抵北黎城北之谅江（le Song Thuong），以天晚未渡。次晨（闰五月朔日，6月23日），杜森尼遣前锋至江右岸，以护大队及辎重等渡。据杜报告，前锋仅抵岸已有枪弹射至，法军另有一队依

---

① Bouinais et Paulus, II, 252–253.
② 浪张府为北江省城。见 Cordier, *Bibliotheca*, III, 1636。
③ Bouinais et Paulus, II, 254.
④ Ibid., 255, note 1.
⑤ Ibid., 254; Cordier, *Histoire des Relations de la Chine*, II, 449, note 1.
⑥ Challan de Belval, 209.

山还击,始将敌击退,约战一小时,法方死者三人,法军以次尽渡。①

至八时,华方遣一卒携函致法军主将云:"贵国福禄诺君在天津于其归国之前,曾云二十日后法方将遣军队巡边,桂军当退营某处,此固敝军所悉,然今日贵军欲敝军遽退至边境,非有总理衙门之命不可。敝军非欲毁约,《天津条约》固明云敝军须退驻边界,今所须者不过一纸明令耳。若逞一战破坏和平,于法亦无利,敢请执事即电北京催总理衙门下令。电信往返,费时无多,敝军一得命令,即可整旅入镇南关,两国既有和议,大可不必再启衅端也。信上无日期,署名者为李、王、魏三人。"②信封上书曰:光绪十年五月二十九日酉时自观音桥发,限同日到。③

时法军中所携之越南舌人,译中文不能达其旨。无何潘鼎新遣部下胡弁至,法军使 Crétin 出任交涉,结果亦不得要领。④ 至下午三时,杜森尼不耐,乃遣中国来致书者还,附复书云:"一小时内法国军队决前进。"四时,遣一队长率前锋先发,临行时,杜森尼诫以无论华方态度如何,不得先开火。大队继发,辎重队留后,途宽不及二英尺,两旁均蔓草丛薄,冈起于左,江流于右,路险难行。未几闻枪声,有弹自右林中至,法军还击,隔岸对射,

---

① 杜森尼报告,见 Bouinais et Paulus, II, 256;米乐报告,见 *Livre Jaune*, 1884, Affaires du Tonkin, Incident de Langson, 30-32。

② 信原文未见,法译文见 Annexe 5 au rapport de la Commission du Tonkin, séance de la Chambre, du 17 novembre 1884(Bouinais et Paulus, II, 257 转录)。

③ Cordier, II, 450。原书误作光绪十六年。

④ Bouinais et Paulus, 257; *L'Affaire du Tonkin*, 188,谓杜森尼于来信之大意,仅知中国将领承认《天津条约》,并求延长时间,以便办理。至于中国不愿背约,与未得总理衙门命令,请法方电京询问等语,均未经译出。杜森尼一误于译人,再误于其不谙中国军队实力,三误于恃勇急功,求即完成其所衔命令,故冒昧前进。

至晡始已。晚九时杜森尼急以电告米乐求救。次晨五时继战，华军隐林薄中射击，且谋断法军归路，杜森尼惧全军歼灭，乃下令退兵，华军追击。下午一时法军渡江而南，至五时抵北黎。① 翌晨（初三日）继却至北黎东南一山上，屯守待援。然据潘鼎新报告，则初一日之冲突，实由法方先开火也。是役法方军队虽号称九百余人，然能战者实仅三百余人。② 中国方面军队，据法方报告为四千人。③ 法军死者，初一日计将校一人，卒七人，伤者将校一人，卒四十二人；初二日死者，将校一人，卒十人，伤者将校二人，卒三十三人，失踪者二人。④ 中国方面死伤者，据当时报告，初一日为弁勇三百余名，⑤ 初二日未详。

北黎冲突之责任问题，双方各执一是，纷如聚讼。李鸿章与福禄诺会议后所谈各节，不以上闻，虽别具苦衷，然手续上之错误，实咎不容辞。李亦知四月十五日（5月9日）既有"扼扎原处"谕旨，至十七日定约"调回边界"后，仅由李钞约咨行云桂政府，

---

① 上均见杜森尼报告（Bouinais et Paulus, 258–260 转录）。

② Rambaud（*Jules Ferry*, 343）谓杜森尼所统九百九十五人中，战士仅三百五十人，其余皆越南土兵与伙夫苦力等。Challan de Belval（212）谓法战士约五百人，大抵概法越战车言之。Bouinais et Paulus（Ibid.）则谓法军三百人，越军三百人，其余均伙夫苦力。然则法能战之军，实仅三百余人，其总数亦不足千人。潘鼎新报告竟云："初一日午后，法兵万余逼近观音桥营外。"（《李电稿》卷二，第21页，张树声电）相差在十倍以上，不实甚矣。

③ 见米乐致海军部长 Peyron 电（*Livre Jaune*, 1884, 19, no.21）及7月4日致海军部报告书（Ibid., 31）。其另电称中国军队约有万人之数者（21），盖指谅山以南华军总数而言。

④ 见同上注。李寄译署电（《李电稿》卷二，第22页）所云"顷法领事法兰亭来称该国电信，谅山华军接战，张兵死七人，伤四十者"，仅指第一日伤亡结果而言。据 Challan de Belval（212）日记，则是役法军战士中死者将校八人，士卒三十人，伤七十五人，失踪六十人，苦力不计。

⑤ 《李电稿》卷二，第21—22页（张树声电）。

无另饬调回之旨,虽有定约,实行时必发生冲突;若明告总署请旨下令撤兵,则情势所不许。故其致岑书云:"此次议款之速,实因桂滇各军溃退,越事已无可为,法提督调集兵船,欲夺台湾鸡笼煤矿、福州船厂,接济煤械,为持久索费计。正恐兵连祸结,益难收拾。中旨密令鄙人维持和局,乃敢冒不韪以成议,解此困厄,而局外清议挑斥多端。……福使密告闰月间当往保胜剿逐刘永福,……万一冒险深入,尊处切不可声明滇军进扼,致与原约调回边界字样相背也。"① 李致张树声电所云"内意但以续议条款责望敝处,其余一切不问",其苦处昭然若揭。如张佩纶所奏"以讲和责李,以备御责边臣",即此态度。可见当时政府将条约之磋商(negotiation)与执行(execution)划为漠不相关之二事,于是任外交者、司军事者毫无联络,首尾不相应。李既不能请旨退兵,其惟一办法即由外间相机酌办。② 所谓外间相机酌办云者,即由边将于法军来接防时自动撤退而已。故又一托张树声,③ 再托潘鼎新,④ 设法疏通滇军。一则云"岑素机变,临事当自审进止",再则云"似宜移扎河口,严守我边",又云"法必欲逐刘乃敢撤兵,非欲与岑为难",其窘迫之状若绘。⑤

是时中法在北圻对敌分东西两路。东路自谅山以南至谷松、屯梅,均为桂军防地,在屯、谷者为王德榜与方长华、方友升部,归潘鼎新节制。西路则保胜以上,由滇军(岑毓英部)与刘团防

---

① 《朋僚函稿》卷二十,第52—53页。
② 《李电稿》卷二,第16页(李寄张树声电)。
③ 同上。
④ 同上(五月十八日寄潘鼎新电)。
⑤ 同上,第19—20页。

守。李所以力求岑毓英设法避免冲突者，盖恐法借驱刘为名，自兴化、宣光驱兵西上，而不知其反先东进与桂军发生冲突也。李既再三疏通滇军，于桂军亦必有相当谅解，观潘鼎新五月二十三日电云："驻军屯、谷，实在边界百数十里之外，显与调回边界议约相反，若一意与战，较易著手。"① 至二十五日，忽又电云："桂军恐不可恃，谷松王方四营，病者大半，方友升新到四营正在学习，此次一经接仗，彼以巡界为词，我以守营为词，款局复败，朝廷得毋责备否？新已密疏请照章守界以顾门户。"② 两三日之间态度变化突然如此，其受意于李，委曲求全和议之意可见。

然朝廷既有扼扎原处之明旨，潘又系久历战阵之宿将，虽得李命极力避免与法冲突，然若无朝命撤兵，势难无故自行退却。故一面既疏请照章守界，一面又以到京需时，由张树声电李代达总署请酌核，其顾虑亦不为不周。不意潘之老成持重，转使此事棘手，二十六日总署复电，谓潘电进呈后，得旨："云粤两军驻扎之地，断不能退守示弱。"③ 二十九日又复张树声电云："……奉旨前令潘鼎新驰赴广西关外，本系备豫战守，该抚上次电信，亦有一意主战较易著手之语，目前法人有意寻衅，何以该抚又有炮械不至、米粮缺乏等语，岂欲以此为谢责地步耶？衅自彼开，惟有决战，果能办理得宜，朝廷有奖励无责备，……务当懔遵前旨，竭力防御，倘有疏虞，该抚不能当此重咎也。"④ 潘得此旨后自不

---

① 《李电稿》卷二，第18页。潘此电中有"似此则与福使二十日派兵往巡之语相符"一语，此可证明李先有密电与潘，告以福要求限期撤兵事。且潘电云："进退两难，乞请总署明示。"可见李曾嘱潘相机撤兵而潘不敢。极可注意。
② 《李电稿》卷二，第18页。
③ 同上，第19页。
④ 《李文忠电稿》卷二，第20页（译署致张树声）。

敢再作退计,而北黎之冲突遂不可免矣。事后李电潘云:"前旨不准退扎,上意负气。"① 又云:"省三自京回,云醇邸面言,当日尊处若先照约略退,再电奏,亦无妨,可知内意非必主战。"② 然则当时政府实无与法重开衅之意,特不肯明令撤兵示弱,所谓负气云者即求存威信全面子而已。不知以此竟酿成大错。至潘守土有责,其赴关外特系奉旨备战,外交上之问题,本非所问,至密疏请退,义务已尽,冲突之事,潘不任其咎也。

法方米乐本抱稳重主义,其派遣杜森尼进军北黎时,诫以如中国军队不肯让防时须先向长官请示。③ 而杜森尼骄愎自负,遇事自主,军中竟无一人能译华军一札,其疏忽更可知。且当时明知华军求延期④十日,使得请示撤退。而杜森尼以为华军易与,⑤卒不许,使冲突之事终不可免。观其时法军参谋部责杜之言曰:"渠固知惧中伏挫败,然事先当熟察情形,最少须俟总司令训令,乃不肯如此,法军之惨败,实杜之粗暴致之。"⑥ 故北黎之冲突,杜亦负重大责任。

北黎冲突后,双方均极愤怒。潘鼎新电称法先启衅,谓:"曾遣胡弁照会法官,既经议和,勿开衅端,若派员游历,当为保护,法置不理;临阵复遣将与说,答话更为无理:'和与不和,三日必要谅山。'语毕,即连开三排枪,伤我弁勇不少。……许久始肯回

---

① 《李文忠电稿》卷二,第35页。
② 同上,第27页。此两电更证明李曾嘱潘后退。
③ Gundry, *China and Her Neighbours*, 96.
④ Ibid.; Challan de Belval, 214.
⑤ Challan de Belval, 212: "Et le colonel rêvant peut-être quelque facile victoire, aurait formellement refusé!"
⑥ Ibid.

击,次日攻扑益猛,若非并力抵御,则全军皆为所乘,法自违约兴兵,非我往攻法营也。……今法廷理论索赔,又备兵示强,全无信义,殊难与言。"① 杜森尼于挫败之后,老羞成怒,乃报告本国政府云:"北黎冲突之结果,至少可以表明三事,(一)中国破坏《天津条约》,派遣军队自谅山南来御法方依约和平前进之军队。(二)中国军队与法国军队相遇,华军乃故以交涉为名,延宕时间,以集中其军队,并先占要害。(三)华军预寻林薄设伏待法军。"② 此系杜森尼诬罪之语,本无足轻重。然茹费理在下议院言谅山之事系华兵埋伏以攻不备,③ 实即据此报告。若采潘鼎新电以驳杜森尼所举三事,则"屯梅、谷松本是老营",④ 是中国非以法军前来,始特派队往御,至为明显。又云:"叠奉严旨扼扎原处,不准稍退,扑犯即与开仗,疏虞难当重咎,新知一经开战,必有口舌,除密疏外,并临期照会法官无开兵端,彼杀我送文差弁三人,尚有胡弁逃回。"⑤ 法之杀戮送文差弁与否,固有问题,然潘遣人磋商,纯为求免冲突,非有意缓兵以为准备,实无疑问也。至于设伏之事,则"彼在我营外被伤,自是扑犯,何须埋伏?"⑥ 是杜森尼所诬中国军队三点,潘虽未见其报告,已代中国军队辩明之矣。

法军在河内者,于北黎冲突发生之夜(初一),即得杜森尼求

---

① 《李电稿》卷二,第26—27页。
② Annexe 6 au rapport de la Commission du Tonkin, séance de la Chambre, 17 novembre, 1884(Bouinais et Paulus, 260转录)。
③ 《李电稿》卷二,第30页。
④ 同上,第34页。
⑤ 同上,第42页。
⑥ 同上。

援消息。次晨尼格里（de Négrier）即率队自浪张府赴援。初八日（30日）始与杜森尼军队遇于中途，仍却返河内。法军本急欲报北黎之仇，而天气酷暑不能行军；北黎之战，安南苦力死者甚多，皆怕死不敢应募，而越地驴畜甚少，不能转运。且不久孤拔在台湾攻基隆（即鸡笼）、淡水（即沪尾），所用士卒多由南北圻拨遣，军力益单，进取靡易。米乐亦请命回国。① 北圻战事遂暂停顿。

（三）北黎冲突之责任问题

案四月二十三日李、福晤谈之事，李迄未告知总署，直至五月二十三日李进呈潘鼎新电（中有"十九日探报法兵来至屯梅、谷松以外，我军防守戒严，似此则与福使二十日派兵往巡之语相符"之语，其时已过二十日期限），② 始附奏称："福临行谓中法既经定约，仍请照约调回边界为是，该国拟派队巡查越境，二十日外当至谅山云云，……目下和局大略已定，可否由钧处请旨飞饬滇桂各营，照约暂行移扎边界，……以免借口？"③ 朝廷以此等大事，李竟未告知总署，且于一月后始行上奏。下旨切责其疏忽，④ 然仍未知李、福交涉之详情，故谕李以已令岑、潘按兵不动，如法来扑犯，惟有与之接仗。李既受谴，且见朝廷态度强硬，无下

---

① Bouinais et Paulus, 261-263.
② 《李电稿》卷二，第18页。
③ 《译署函稿》卷十五，第35页。
④ 《李电稿》卷二，第19页。

旨撤兵之可能，故于二十九日电总署谓："福酉临行语，已在定约以后，疑为游谈不实，业经正言折拒，虽未及上闻，当时已致岑、潘相机进止，究之事逾匝月，在我并未照约调回，彼亦未免疑虑也。"①盖二十三日李致总署函时，以事机已迫，试探朝廷口气，冀得旨撤兵，则根本无须将四月二十三日晤谈详情奏知。至二十九日之电，则知撤兵绝望，身且蒙谴，不得已而正式声明已拒绝福禄诺撤兵之议。然李果已正式拒绝福议，福是否撤销原议，或另提办法，何以下文竟无着落？且据二十三日奏，李明告福谓"倘必派队往巡，现既议和，切勿与我军接战生衅"，可见当时李实已承认法方进军之议；其密函潘、岑，更为此议已成立之佐证。果李正式拒绝福议，何必多此一举？细绎二十三日奏中，李无一确切拒绝福议之语；即于福声明法军将往保胜逐黑旗，李亦仅答以"黑旗可由中国设法安置"，福谓此不关中国事，李亦未加以反驳。乃至二十九日电，忽云"疑为游谈不实，业经正言折拒"，与二十三日所奏，实完全矛盾。试问坛坫折冲，一言一动，军国大事决焉，有何不实之可疑？且福以其拟议笔诸备忘录，内分三款，秩序井然，并非口头提议，何谓游谈？闰五月初五日，李始得北黎冲突之信，至是势成骑虎，更不得不否认到底。故初九日答总署以"福虽有此说，然当时未备文照会，更无所续约，彼此游谈不足为据"（惟此奏中李始承认福有法文节略一纸）。②二十一日电李凤苞亦云："福临行限期说帖，我曾面驳，或传译之误，断不可以此为

---

① 《李电稿》卷二，第 20 页。
② 《译署函稿》卷十五，第 37 页（闰五月初九日，李申明福禄诺原议。此函有法译文，见 Annexe no. 6 au rapport de la Commission du Tonkin, Nov. 17, 1884; Bouinais et Paulus, II, 267–268 转录）。

据。"① 其实皆系遁词。北黎冲突李实负最大责任,毫无疑义。

北黎冲突之后,法方对华误解甚深,谓此事非仅出于误会,实系华军阴谋。闻五月十五日(7月7日),茹费理在议院宣称,福禄诺与华订约,手续毫无问题,而华军竟在北黎预谋挫法。无论华方负责者应为其军事长官,或应为其政府当局,此显然破坏《天津条约》之举动,皆足为法方要求赔偿之根据。议院当时承认茹相之解释,中国故意设谋之罪名乃成立。② 然此事华方实出误会,绝非有意。法方记载,多谓津约成立后,中国极不满意,舆论哗然,如左宗棠、曾纪泽等皆极力主战,期改津约,故有北黎之事。日意格且谓左宗棠以衰老之年,闻《天津简约》成,大愤,自湘北上陛见,请出大兵与法决战,朝士反对鸿章者十居七八,使鸿章无已往之殊勋,或京畿门户无需其镇守,则难保不为崇厚之续。③ 又谓曾侯自英伦奏称津约宜废。按此皆捕风捉影之谈。左宗棠本任江督,时以目疾在假,虽由曾国荃代署,仍居江宁,并未回湘。北宁熸师之后,津约未成之前,言者固多主起用宗棠以战乱御侮。④ 四月九日,朝命宗棠入京陛见,时在津约成立前九日,⑤ 既非宗棠自请,与津约亦无关系也。宗棠原奏请饬提督黄少春、罗大春等募勇驰赴滇粤,策应王德榜军。⑥ 及津约成,遵旨停募,宗棠亦未尝言津约宜废,与法宜再决战也。迨北黎冲突,始奏:"衅自彼开,法人虽狡,无可置辩,惟有请旨严饬防军稳扎稳

---

① 《李电稿》卷二,第33页。
② Rambaud, *Jules Ferry*, 345; Bouinais et Paulus, II, 265-266.
③ Giquel to Ad. Cochery, 见 Rambaud, 346-347 附注转录。
④ 如洪良品奏,见《中法交涉史料》卷十三,第42页;又卷十四,第25页。
⑤ 同上,卷十六,第5页。
⑥ 同上,第1—2页。

打。"① 此为兵端已起后之言，并未根本主战以修改津约者。法人于曾纪泽误会尤深，故所言尤多失实。曾侯虽亦反对津约，然以空谈无补，缄口力戒多言，于北黎冲突后二十日，始致其叔父国荃一书，略抒愤懑。中言"吾华兵力不足，议和亦是正办，惟所议之和约，侄愚未敢以为是耳"，②并无主张废约用兵之语，此外更未见曾有何函电章奏言津约宜废者。时人于曾之态度，固多误会。曾于是年二月之自白云：③

> 传闻异辞，乃有李主和、曾主战之说。夫纪泽所谓备战者，特欲吾华实筹之备，示以形势，令彼族知难而退。至于不欲启衅之心，则与合肥同也。惜备战稍迟，法人增兵略地，获利已多。譬诸骑虎，势难复下。吾华以惧战过甚，反酿成不得不战之势，此可为太息者也。

读此可知曾并无徼倖生事存孤注一掷之心。伦敦华使馆洋员马格里曾谓曾侯与我皆欢迎和议，只求其为光荣之和议而已。④可谓曾侯知己。法人诬蔑曾、左之言，实毫无证据。时中国上下皆不惬意津约，此系实情，即李鸿章本身对此约亦抱不满。然一般积极之议论，大抵均主严饬兵备，杜绝要盟，以免议商专约详细条款时重蒙损失。此为亡羊补牢之计，绝无公然请废置和议重开兵衅者。次年正月十二日（2月26日），赫德致茹费理函解释北黎误

---

① 《中法交涉史料》卷十八，第9页。
② 《曾惠敏遗集》卷五，第14页。
③ 同上，第13页。
④ Boulger, *The Life of Sir Halliday Macartney*, 393.

会，亦谓当时无人奏请废弃津约不顾。① 故法史家谓总署受主战派影响，预谋重开兵衅以解除津约者，其解释与事实完全不合。② 况总署并不知有李福续议，自无此预谋之可能。③ 故总署与所谓主战派，均不负冲突之直接责任。

若边军实奉有不准退扎之旨，自不能无故撤退。法方谓边军明知有李福条约而与法军冲突，乃有意预谋。④ 不知《天津条约》为一事，撤兵命令又为一事，边军知有军令不知有条约。此极浅显易见。至于开火问题，华法两军各持一说，殊难断定。法方谓法军奉有不许先开火之令，故必不至先开火，然不特法军有此令，华军亦有之。⑤ 若谓法军必能守军令，而华军必不能守军令，则说更武断。况杜森尼之卤莽喜功，已无可讳饰，华军纵不先开火，冲突亦无幸免之可能。平心而论，中国边军决不能负北黎冲突之责任。中国方面此时虽不满津约，决无破坏和平之阴谋，此可断言者。

总署不知有李福续约，桂军知有撤兵之议而无命令，故于北黎之冲突，均无责任之可言。李鸿章实负全责，然不肯任咎。法将利士比（一译李士卑斯）闻北黎消息，急自烟台使其副将日格密（Jacquemier）赴津，问李。初八日（6月30日），日格密谒李，责华方背约。李否认与福禄诺有撤兵定议，谓福只系面请，业经

---

① *L'Affaire du Tonkin*, 353.

② Rambaud 即力主此说之一人。氏云："En un mot, le parti chinois de la guerre, mécontent du traité Fournier, avait préféré recourir de nouveau à la fortune des armes."—*Jules Ferry*, 348.

③ 又总署对于津约"立即撤退"之规定释为华军应于三月后专约成立时，立即撤退，此实系事前无意之误会，亦非事后有意之曲释。

④ Cordier、Rambaud、Bouinais et Paulus 皆作如此说。

⑤ 《清光绪朝中法交涉史料》卷十三，第42页；又卷十四，第25页。

面驳；彼此皆未动用公文，尤无所谓约，背于何有？日要求惩办桂军将领，赔偿兵费，李拒之。① 日格密乃电法海部，告以李无权实行津约，大抵系主战派得势之故，此时宜以海军攻取华地，据之为质，以迫中国实行津约。② 据日格密之解释，北黎事件，性质严重，不仅系一误会。法使巴德诺抵沪后，亦据日格密说电法政府，③ 且谓华方不过借讲和延期备战。④ 李与日格密初八日之问答中，不但未提福禄诺节略，且极力否认双方有任何来往文件，此可注意者。及至初九日（7月1日），李得总署函，询其究竟有否续约事，忽称福有法文节略，然又加以解释，谓并非备文照会，更无所谓续约。⑤ 总署于十二日（4日）复谢满禄，言李、福并无续议。于是法方舆论激昂。李凤苞由巴黎电李，谓各国同声以不照二条撤兵为非，法人尤忿，势甚凶。⑥ 茹费理连向李抗议，⑦ 措词极强硬；谓中国有意败盟，无可讳饰。索赔款愈急。李愈不敢承认与福禄诺有定议。然观十三日（5日）李奏云：⑧

  福禄诺临行时，忽以限期退兵之语相要挟，臣当即正言驳斥，仍飞函密告云贵总督臣岑毓英、广西抚臣潘鼎新相度机宜，酌量进止，随时奏明，请旨办理。缘臣系议约之人，与关

---

① 《译署函稿》卷十五，第39页。
② *Livre Jaune*, 24-25.
③ Ibid., 33.
④ Ibid., 25.
⑤ 《译署函稿》卷十五，第37页。
⑥ 《李电稿》卷二，第28页。
⑦ *Livre Jaune*, 27, 34.
⑧ 《中法交涉史料》卷十八，第22页。

外相距过远，军情地势，究以调扎何处为宜，非敢遥度。其时适因所议简约，虽蒙圣明曲谅，而都人士啧有烦言。若闻福酋又请限期退兵，必更哗噪，徒惑众听。臣又明知事虽照行，而约款未可遽背。欲令岑毓英、潘鼎新查照调回边界约文，自行斟酌妥办，实具委曲求全之苦衷。

李既知不照津约立刻撤兵即为背约，然则前此有何理由可以拒福禄诺之议乎？李言外之意，盖云即无福禄诺之议，亦应撤兵，已为朝廷设法委曲求全，办理不通，个人不任其咎。观二十四日（16日）李寄潘鼎新电云：①

福酋请限期撤兵，鄙固未允，然不得不谓非照约行事也。……今法责言正急，我辈当弥缝前事，不肯任咎。

"弥缝前事，不肯任咎"，即李此时应付法方之惟一办法。法责言愈急，则李弥缝愈力，李不以此语他人，独以此语潘，愈足证李有密电致潘命其自动撤退，且告以与福已有默契也。时法对华已致最后通牒（二十日，即7月12日）。六月初旬，李托伦敦《泰晤士报》登载关于所谓福禄诺节略之消息，谓当日晤商时李极力反对撤兵之日期，福乃自行将节略中所载撤兵日期抹去。②法方闻之大哗，谓此不实。李电李凤苞使与茹力辩，一面使罗丰禄以原本送巴德诺阅。原本中关于撤兵各段全经涂抹。③福禄诺闻

---

① 《李电稿》卷二，第35页。
② 同上，卷三，第11页（六月十二日寄译署，同日寄罗丰禄）。
③ Cordier, op. cit., II, 496.

之，急函茹费理，极力否认此事，谓可以人格担保，并无抹销四月二十三日节略中日期或规定之事。① 茹以此信公布。至十月初七日（11月24日），李之翻译马建忠、罗丰禄等电沪西报云："四月二十三日均在场亲见福将该各款抹销，且加签字于上。"② 此为极应注意之问题。福果有抹销约文之事，则福应负全责，李可告无罪；不然则李不但负北黎冲突责任，且有伪造证据诬蔑对方之嫌。按北黎冲突前后，李均力持与福禄诺绝无正式公文往来，仅系面谈，何以一月之后，忽有法方正式照会出现，可见其曲在李，此不可信者一也。使约文中之涂抹果出福手，则李有确证在握，北黎冲突法对华有责言时，即可公布以折其口，何必迟迟至是始行公布？此不可信者二也。马建忠、罗丰禄皆李翻译官，其声明自不可视为确切证据，且四月二十三日李、福晤商之时，罗不但未在场，且不在津，③ 则此电之价值可知，此不可信者三也。使福已抹销撤兵日期，许李更定，则李不负北黎冲突责任，其致潘鼎新电何必言"弥缝前事，不肯任咎"乎？此不可信者四也。综一切之证据观之，皆不得不伸福而曲李，然法方舍李不问，而坚持总署负责，以为要挟地步，此则别具作用，识者谅能共见之。至于法文节略原本之福禄诺签字，实出伪造，当无疑问也。④

---

① 原函英译见 Douglas, *Li-Hung-Chang*, 211-212。

② 函件登在 *North China Herald*（R. S. Gundry, *China and Her Neighbours*, 95, 转录）。

③ Cordier, 499.

④ 原件照片见 Semallé（谢满禄），*Quatre Ans à Pékin*, 206-207，系由1885年10月8日 *Le Matin* 报（巴黎出版）转摄。谢书最近方出，在此文脱稿后，未及引用，读者自行参照为幸。

（四）北黎冲突之善后交涉

北黎冲突之讯骤到法京，茹费理大愕。① 初四日（6月26日），急电谢满禄使向中国政府提出严重抗议，声明中国应负破坏条约全责，要求华军立即撤退，并保留请求赔偿损失之权。② 时巴德诺在越议约竣事，已首途赴华，至香港，茹电促与孤拔妥议办法，急前行赴北京交涉赔偿。③ 海军部亦电令孤拔任中国北圻两舰队统帅，使急与巴使晤商。④ 翌日茹费理乃自以电抵李鸿章曰：⑤

> 中法为保全和局利益两国计，订立要约，乃墨沈未干，约章已背。法方派兵八百人，前往谅山接防，竟为桂军万人袭击。执事声言五月十三日（6月6日）谅山军队尽撤，法方深信执事之言不疑。然执事之命令竟未得实行，中国政府实负异常严重之责任，今海军统领孤拔已率两舰队北上矣。

初六日（28日），谢满禄乃以照会致总署抗议北黎事。⑥ 谢偕参赞葛林德（Colin de Plamy）亲携照会至署，与诸大臣交涉，责中国

---

① *Livre Jaune*, 19, 21. 米乐连电报北黎冲突，均称法军被大队正式华军攻击，故茹甚愕。
② Ibid., 20 (Ferry to Semallé, June 26).
③ Ibid., 20 (Ferry to Patenôtre, June 26).
④ Ibid., 19 (Peyron to Courbet, June 26).
⑤ Ibid., 22 (Ferry to Li, June 27). 华原译见《李电稿》卷二，第27页。
⑥ 《清光绪朝中法交涉史料》卷十八，第8页。

违背津约，总署答以津约并无撤军期限。谢满禄谓津约第二条已规定华军应立即撤退，总署答以照华文解释，撤兵须在议定详细条款以后。谢云中法约文既不符，照约第五款须以法文为正，总署答以详细条款未定之前，无撤兵理。① 谢问续约三条曾否见过，总署答云："李鸿章并未寄过此件，亦万不能有此续约，倘有此续约，李鸿章不能不奏，万无此理。"② 总署极力表示愿巴使速来与李议专约，谢答巴须北圻华兵撤尽方肯来。翌日（初七日，即29日），总署复谢照会，谓《天津条约》第五款，声明限三月后照以上所定各节会议详细条款，故津约于界务、商务，均未议有详细办法；于中国撤回防营一节，亦未定有日期，中国政府已行文滇粤驻军，均在原地屯扎，不准前进，不准先发开仗；谅山为华边界，系粤军原扎地，而法军进逼，先放枪炮，故华军抵御。末谓："贵国官兵既欲巡边，何以不待详细条款议定之后，又何以不先知照贵署大臣，明告本衙门，以便转行中国滇粤各防营知悉，而遽行前进攻打，与《简明条约》第二款相背，贵国官兵应负攻打之责，认赔偿之费也。……务希贵署大臣转达贵国外部，一面饬知各官兵勿再前进攻打，一面饬催会议详细条款之大臣克期来华。"③ 总署乃以交涉经过告李鸿章，且问其究竟有否续约之事，李否认。

初十日（7月2日），总署电李凤苞，言已向谢满禄要求转商法方，将军队驻扎原处，勿再进，以避免冲突。并派全权代表速来议约，可对法外部声明华军自《天津简明条约》成立后，皆驻

---

① *Livre Jaune*, 22-23 (Semallé to Ferry, June 29).
② 《清光绪朝中法交涉史料》卷十八，第6页（总署与谢使初六日问答）。谢使致茹电（初七日）竟未提及总署否认福禄诺致李备忘录事，可怪。
③ 同上，第7页。*Livre Jaune*, 24 (Semallé to Ferry, June 30).

扎原处，并未进兵，以待专约议订之后双方撤兵，绝无向法挑衅之举。至于谅山冲突事件，究竟何方先行开火，殊难决定，两国之友谊必不至以此破裂。① 十二日（4日），茹费理复文，称："照《天津条约》第二款，北圻华军应立即撤回边境，定约后数日，法之全权代表且与李鸿章订立续约，定于二十日后（即西历6月6日）法军进至谅山、高平、室溪及北圻与两粤交界各地接防。法军于西历6月26日，始派一小队前赴谅山，中途即为华军数千人袭击，激战两日之久。华方于撤退之日期，既表示同意于前。四月二十六日（5月20日），法外长且于议会公开宣布，众所共知。华方若不愿承认此日期，何不早通知法方？谅山之冲突，全出华方预谋，此实系破坏津约，法方保留其要求合法赔偿之权利。华方欲法全权代表赴京议约，须先予法以实行津约之正式保障。华方须立即下令北圻华军一律撤退。如华方无确切之表示，巴德诺决不赴京。"② 此时茹措词虽强硬，然仍无决裂之意，十五日（7日），茹得巴德诺电，言李鸿章失势，无力促实行津约，请对华致最后通牒。仍复电称可交涉要求抵押品，惟不主与华决裂。③ 十七日（9日），又照会李凤苞，言："新得米乐详报，北黎之役，性质严重，全系中国党争阴谋，破坏两国和平所致。今已无可再俟，只有向中国要求抵押品，以保障津约之实行，并要求以撤兵上谕于京报上公布，④ 赔款二万五千万佛郎。"谓已以此训令巴使，使

---

① Livre Jaune, 26–27 (Tsungli Yamen to Li Fong-Pao, July 2).
② Ibid., 17–19 (Ferry to Li Fong-Pao, June 4);《清光绪朝中法交涉史料》卷十八，第19页。
③ Ibid., 33 (Ferry to Patenôtre, July 7).
④ 法人不明京报性质，以为重要上谕，须由京报正式公布，故与华交涉，每遇重要规定，辄求华方于京报上发表。

向华方提出要求，如华方于赔款、保证两点无满意之答复，法将采取直接行动。①

北黎冲突以前，中国方面舆论已多谓和约不足恃，备边不容缓。②北黎冲突以后，华方不知李福续议之内容，皆以为李已拒福定期撤兵之议，群谓法人败盟寻衅，宜筹战备。③及法以海军要挟保障撤兵，赔偿巨款，舆论愈趋激昂。言者纷劾李鸿章误国，谓要盟必不可从。④然中国政府此时仍一心愿遵守《天津条约》，并无借口弃约之意，仍向法商请即派全权来津议款，"一面定约，一面即可撤兵。惟军火繁多，择地退扎，非仓猝能办，须令滇粤带兵大员于奉文后限一个月后撤完"。⑤李凤苞因向茹费理郑重声明中国无毁约意，谓李未许福定期撤兵，谅山事件全出误会，总署此电即足为实行津约之保证。⑥茹答称中国明知有此约，事前未加否认，显系阴谋，法方决坚持要求担保品与赔款之议；至于撤军问题，仍须在京报公布，然后法方可允遣巴使北上议约。⑦

时巴德诺与孤拔会于上海，皆谓与华商议徒费时间，决无圆满结果，暗商北犯之计。茹费理极力反对此议，⑧然仍令谢满禄向

---

① *Livre Jaune*, 33—34 (Ferry to Li Fong-Pao, July 9).
② 如编修钟德祥奏（《清光绪朝中法交涉史料》卷十七，第 34 页）。
③ 如内阁学士尚贤奏（同上，卷十八，第 24 页）。
④ 如右庶子锡钧奏（同上，第 25 页）。
⑤ 《清光绪朝中法交涉史料》卷十八，第 26 页（闰五月十六日，总署致李凤苞电）；或 *Livre Jaune*, 37—38。
⑥ *Livre Jaune*, 35—36 (Li Fong-Pao to Ferry, July 10).
⑦ Ibid., 34—40 (Ferry to Li Fong-Pao, July 20)；《清光绪朝中法交涉史料》卷十八，第 34 页。
⑧ 译见第六章第一节。

中国提出最后通牒。二十日（7月12日），谢照会总署如下：①

> ……我国信佩条约遣兵驻守谅山被华攻击一节，经我国政府……已得确据，实为中国官兵。深悉贵国如此干犯约章，必有人从中构衅以伤我二国之和好。从此我国政府不能不索实在凭据（当译为"担保品"），俾得《天津条约》见诸施行。现巴大臣已奉廷寄，请贵国立即遵照第二款办理，并请朝廷特旨通饬北圻戍兵，火速退出，刊登京报。复因贵国违约，致我国糜费巨款，奉命向贵国索偿赔银至少二百五十兆佛郎；应如何办理，下次再议。惟撤兵、赔银二项，自今日为始，限七日内复明照办。不然，我国必当径行自取押款，并自取赔款。

二十一日（13日），总署复谢使以调回防兵，系津约所载，法国若专为此条，中国现已撤兵，即可奏明，按照前次照会一月后撤竣，并请明宣谕旨，为和好确据。若欲索偿及径行自取押款赔款之说，显违津约第三条，中国当将此事始末，及万难允此无名兵费，布告各国，照万国公法作为"普鲁台司特"，待他日再行理论。②是日，孤拔受命将舰队分赴基隆、福州，俟最后通牒限期一至，即袭取两港为抵押品。③时中国已使总税务司赫德就巴德诺议，赫谒巴两次，言北黎事出误会。巴答："华兵先行动手攻

---

① 此处用总署原译（见《清光绪朝中法交涉史料》卷十八，第38页）。法原文见 *Livre Jaune*, 42 (Patenôtre to Ferry, July 13)。

② *Livre Jaune*, 44；又《清光绪朝中法交涉史料》卷十八，第39页；又《李电稿》卷二，第33页。

③ *Livre Jaune*, 43.

击法军在距谅山两日路程之处，故其咎须归中国，所有法国军需等费，必须中国赔偿，中国若允于京报内明降谕旨，饬将驻扎北圻兵勇立刻调回粤滇所辖界内，并允赔偿法国一切军需等费，则本大臣愿在上海会同中国特派全权大臣商订条约。至于撤兵之日期，与赔款之措词，尚可酌商。如中国不允，孤拔即将据地为质。"态度极强硬，谓中国只有"允与不允"二说。① 赫德乃电总署，请许巴于七月十五日（9月4日）前，将北圻兵勇全数调回粤滇境内；并派两江总督于二十七日（7月19日）前到沪就巴议。② 二十四日（16日），醇亲王等奏请饬令各军照约撤回关内。③ 是日上谕：④

> 前据李鸿章与福禄诺于四月间议定《简明条约》第五款，声明三月后将所定各节详细会议。现在已将届期，所有第二款北圻各防营调回边界一节，应即如约照行。著岑毓英、潘鼎新将保胜、谅山各处防营撤回滇粤关内驻扎，并于一月内全数撤竣，以昭大信。钦此。

中国既正式下令撤兵，法方目的已达，果使此时摈除无谓争执，妥议专约，则第二段中法之战争，绝无复起之必要。而法方坚持赔款要求，抱定此时只能与华议赔款数目及办法，未遑议及专约。观撤兵之旨既下，总署即电上海道邵友濂使告巴使言，可于六月

---

① *Livre Jaune*, 43.
② 《清光绪朝中法交涉史料》卷十八，第 2 页。
③ 同上，第 4 页。
④ 同上。

初四日前奏派两江总督（曾国荃）赴沪议约。① 可见中国不愿破坏和约之诚。赫德反对友濂与巴使谈判，自称经理此事颇费苦心，若他人搀议无益。然友濂已奉旨，故不从赫言。② 二十六日（18日）晤巴，告以中国拟派江督会商详细条约，请宽期限。③ 巴一面电问茹，一面答称详细条约另是一事，此时不能议，必须照最后通牒行事，方肯受商。④ 二十七日（19日），茹复巴电亦嘱以"与两江总督商议，只可限于最后通牒第二点（即关于赔款问题），其期限可宽至六月十一日（8月1日）。至于津约第五款所规定议订商约事，须俟赔款有成议后，方可开议"。⑤ 巴使对赫德表示赔款之原则，不容他国居间评论；款之数目，尚可容参订。⑥ 赫德以法志甚决，妥协无望，乃电劝总署让步，谓："偿款万不能免，而名目可不拘定。故思应办者有二：一面行文知照谢署大臣，以免却交战，中国愿付意外经费；一面曾宫保拟议赔款数目，请由有约三国参订，其三国系中法各请一国，再由所请二国公请一国，如此办理，或可免失利之事，若能照此举办，曾须紧速来沪，秉有全权大臣之责。"⑦ 中国见法强索巨款，甚愤。是日有旨派两江总督曾国荃为全权大臣驰赴上海，与巴使办理详细条约，派陈宝琛会办。⑧ 二十八日（20日），总署电复赫德不许接受赔款之议，且

---

① 《清光绪朝中法交涉史料》卷十八，第6页（或《李电稿》卷二，第37页）。
② 同上，第12页（七四七）。
③ *Livre Jaune*, 55-56 (Patenôtre to Ferry, July 18).
④ 《清光绪朝中法交涉史料》卷十八，第39页（七四九）。
⑤ *Livre Jaune*, 56-57 (Ferry to Patenôtre, July 19).
⑥ 《清光绪朝中法交涉史料》卷十八，第7页（七三七）。
⑦ 同上，第12页。
⑧ 《清光绪朝中法交涉史料》卷十八，第17页（七五五，七五六）。

言曾国荃除议五条细目外，并无他权，如赫见事难就绪，可先回京。① 措词甚决绝。旨谕曾国荃："所索兵费赔款，万不能允；告以请旨办理条约，最重者越南照旧封贡；刘永福一军如彼提及，答以由我措置；分界应于关外留出空地，作为瓯脱；云南运销货物，应在保胜开关，商税不得逾值百抽五之法。以上各节，切实辩论，均由电信请旨定夺。"② 曾、陈知事棘手，向总署力辞。曾言："只知守土，不敢与闻和议，且性激烈，不善议款。"又电称："素鲜阅历，深恐贻误。陈会办现丁祖忧，似难素服与外人相见，请另派。"③ 朝廷不许。④

六月初一日（7月22日），赫德自沪电总署，言法允展限至西历7月底（即六月初十日），并允巴使在上海与曾会商一切，惟须先议偿款，议定后始得商《简明条约》中各节，故曾若无议允偿款之权，来沪亦属无益。邵友濂电亦云，巴谓如索费一节不先允商，江督到沪，亦属无益。⑤ 初二日（23日），茹费理电巴使，畀以全权，使照上月二十七日茹电，与中国交涉赔款问题；并以四月十七日（5月11日）津约为根据，与中国商订专约。⑥ 时总署连电曾国荃，嘱以赔款万不可许，⑦ 并加派许景澄会同曾、陈在沪办理详细条约事宜。⑧ 国荃于初四日抵沪，先邀赫商。赫云，巴

---

① 《清光绪朝中法交涉史料》卷十八，第20页（七七一）。
② 同上，第19页（七七〇）。
③ 同上，第18页（七六三），第23页（七八〇）。
④ 同上（七八二）。
⑤ 同上，第24页（七八六），第25页（七八八）。
⑥ *Livre Jaune*, 62 (Ferry to Patenôtre, July 23).
⑦ 《清光绪朝中法交涉史料》卷十九，第26页（七九二）。
⑧ 同上，第27页（八〇一）。

意不言款则事难商。①法方初以为曾国荃有议赔款权，故允巴使与议，后又得李凤苞函，言曾之全权系照津约第五款，专议详细条约，急使谢满禄诘问总署。②初五日（7月26日），总署乃正词告之曰：③

> 谅山之事，贵国先行开衅，本属理曲，中国知之，各国亦知之，乃转因此索赔，并欲动兵，是贵国动兵之始，已先处于无理之地。一也。贵国侵占越南之地，获利甚大，中国亦明知之，以顾全知好之故，置诸不问，一经动兵，则在津所议《简明条约》，竟成废纸。是贵国所得津约之利益，因此小节，一旦弃之。二也。贵国商务经营有年，兵端一启，各国商务阻滞，贵国商务亦必因此日衰，并以动兵之故，又须筹备饷项，旷日持久，恐贵国亦属难支。三也。动兵之后，各国商民中国自当保护，即贵国商民教堂，亦必照常保护，惟中国百姓，倘以动兵之故，义愤所激，或于商务、教务有损，若在两国交仗之际，恐中国保护之力难周，尤于贵国不利。四也。自来有害无利之举，智者所不为，谅贵国必能洞悉，曾大臣现已赴沪，惟望彼此会商妥议，言归于好，实为两益。以上各节，本爵不惮详切相告，实已言尽于此。

然总署一面又告巴以曾既有议事全权，当然不限于议定专约，茹

---

① 同上，卷二十，第12页（八二二）。
② 《清光绪朝中法交涉史料》，卷二十，第16页（八三五）。(cf. *Livre Jaune*, 68—69, Ferry to Li Fong-Pao, July 28.)
③ 同上（八三六）。(cf. *Livre Jaune*, 65—66, Patenôtre to Ferry, July 27.)

费理乃饬巴接见，限期视沪议再定。①初七日（28日），曾等与巴正式谈判。开讲，巴便及兵费。曾等力驳。巴出节略三款，（一）革刘永福职拒不与联，（二）索赔二百五十兆，（三）交银地方期限。谓："如速了，可减五十兆。"索款意甚坚。曾答以此大伤体面，非惟难允，并难代传。巴云，此是法廷之命，如不允即另打主意。良久乃复云："名目数目尚可通融。"②巴问中国肯否承认赔款之原则，发问至二十次之多，曾等无确切答复。③次日续议，曾仍言法不应索赔款，巴不耐，怫然去。④

李鸿章时虽不与闻和议，然仍一意弥缝和局。朝廷虽令曾等万不可允赔款之议，李则屡电曾无妨变通办理。初二日，李电曾云：⑤

> 内意似欲外间任谤，公当相机为之。先云俟查有误处议偿恤，聊作腾挪。或至万不得已时，无论曲直，求恩赏数十万，以恤阵亡将士，似尚无伤国体。

初八日又电云：⑥

> 酌拟通融可代传之办法若何，求恩赏恤数不可多，乞缓磨。

---

① 《清光绪朝中法交涉史料》卷二十，第18页（八四四）。
② 同上，第25页（八五八）；又《李电稿》卷三，第7页。
③ Livre Jaune, 70 (Patenôtre to Ferry, July 28).
④ Ibid. (same to same, July 29).《清光绪朝中法交涉史料》卷二十，第27页（八六四）；又《李电稿》卷三，第7页。
⑤ 《李电稿》卷三，第20页。
⑥ 同上，第7页。

初九日又电云：①

  先见衅再缓磨，似是一定层次，乞酌之。

时机限已迫（至初十止），曾等不得已乃于初九日许巴恤银五十万两。巴请益，拒之。巴云，电报法廷，直笑柄。坚决不允。②曾等以此入告。奉旨：③

  曾国荃等，遽许法国抚恤银五十万两，虽系为和局速成起见，然于事无补，徒贻笑柄。法使尚言须得国主之命，中国大臣反轻自出口允许，实属不知大体。陈宝琛向来遇事敢言，是以特派会办，乃亦随声附和，殊负委任，均著传旨申饬。

曾等许法五十万两，折合佛郎三百五十万。较法方要求二万万之额，仅为六十分之一强，相差甚巨，巴固持不许。初十日，总署正式照会美使杨越翰（John Russel Young），请美出任调停。④翌日（8月1日），孤拔奉令攻基隆。十五日，基隆战起。⑤

---

① 《李电稿》卷三，第8页。
② 同上，又《清光绪朝中法交涉史料》卷二十，第31页（八五七，八七六）；又 *Livre Jaune*, 76。
③ 《清光绪朝中法交涉史料》卷二十，第32页（八八三）。
④ 《清季外交史料》卷四十三，第36页。详见第七章第一节。
⑤ 见第五章第二节。

第五章　海疆之骚扰

（一）法之决攻闽台

北黎事件发生后，法与中国交涉既不得要领，闰五月初九日（7月1日），法使巴德诺自沪电法廷，主先据地为质，徐索偿。① 其时适孤拔亦到沪，与巴德诺晤谈，皆以为与北京政府继续谈判之结果，必与法廷之冀望相反。中国仅借此延宕时日，为军事准备，费时愈多，法之地位将愈不利。十四日（6日），巴电茹费理请将最后通牒提交北京政府。② 其所拟通牒要求之内容为：（一）中国承认《天津条约》，并许将华军立自北圻撤退，（二）偿军费二万五千万，（三）立将江宁、福州之船厂及附属之炮台交法军为抵押品，（四）派遣全权钦使来沪签定新约。限总署三日内答复，逾期无圆满答复，则法代办下旗归国，法自以兵力攻取所欲得地及他地为抵押品，同时北圻军队进攻谅山。孤拔又告法廷谓如廷所议，则当立派军舰前赴江宁、福州，妨阻中国防御之工作（如调动战舰、安放水雷等），静候华政府之答复。并谓察情势需要，

---

① "L'idée prévaut ici que, pour obtenir satisfaction, il faudra que nous prenions des gages." —*Livre Jaune*, 1884, Affaires du Tonkin, 25, Patenôtre to Ferry.

② Ibid., 33.

或当变更计划，鼓轮北驶，入直隶湾，径袭取旅顺、威海，请法廷予以便宜行事。①

上项通牒草案之要点，一为实行当时法方所谓抵押政策（la politique des gages），即夺华一港，据其地，收其关税，以为中国偿还赔款之保障。②又其一则为扩大战事至闽、苏、直隶。孤拔雄心勃勃，早有窥中国沿海各地之意，尤注目福州、江宁。三月初曾呈请法海部准其前赴中国各港察视，时以海盗扰攘，米乐又方攻兴化，需海军陆战队之助，未克成行。中法北黎既有违言，法政府乃以孤拔统率支那、北圻两舰队，合成为远东舰队。③孤拔素极轻视中国军队，以为易与。山西之战，孤拔遇刘团之力抗，以为黑旗军尚胜中国正式军队。《天津条约》既成，孤拔大懊恨，谓中国完全在法掌握之中，法政府奈何不利用此机会，多为挟索？和议中毁，正中孤拔之意，遂拟乘时大举，蹂躏海疆，威胁京师，占据要害。④打开密云不雨之局面，演成中法之正面冲突，剑拔弩张，大有一触即发之势。

此时茹费理司大政，老成持重，虽毙巴德诺、孤拔等提出最后通牒之办法，而坚反对其扩大军事行动之议。以为此项计划，窒碍甚多：法果要求中国立即以福州、江宁之船厂等处交法军经营，中国必视为奇耻大辱，不肯承受，如因此结果引起陆上战事，则于法大不利。即使中国勉强承认，法国占领该地，势必派遣军队登岸防守，则此项军队随时有被攻击之虞，结果仍难免陆

---

① *L'Affaire du Tonkin*, 199.
② Ganneron, *L'Amiral Courbet*, 273.
③ Ibid., 267–272.
④ *L'Affaire du Tonkin*, 200.

战。至攻取南京之谋，更属危险，中国势必调集大军，竭力抵抗，各国商业受影响，国际干涉尤不可不虑。① 袭取威海、旅顺之策，自军事眼光视之，或不失为要着，然自政治眼光视之，则迁移战事之重心于华北，所需陆战士卒之数，至少须六七千。战事发生，既深妨欧美之商业，所得土地又极启列强之疑忌，得不偿失。且茹费理欲为李鸿章留余地，使将来再出任中法谈判要务。威海、旅顺在直隶总督直接管辖之下，遽用兵攻取，恐太伤李威望。又北圻适逢雨季，军队调动维艰，非俟西历10月不能进攻谅山。故决不采用巴德诺、孤拔之计划。②

十五日（7日），茹电巴德诺，告以法政府深韪其所拟先取担保并决定步骤之议，惟务避免先事决裂。③ 同时海部令孤拔告以不得不修改其所拟计划之故，使准备派遣军舰候令前赴福州、基隆。孤拔所请求之便宜行事权，海军不许，仅允其于必要时电呈该部，商攻取他地。④ 闽台祸机，于是遂伏。孤拔竟以此事与茹意见相左。

同日，茹电谢满禄使向中国政府提出最后通牒，内容为（一）撤兵、（二）赔款、（三）担保三点。前二点如巴原议，第三点不指定地域。⑤ 限二十九日（21日）前答复，中国请延期，乃展至六月十一日（8月1日）。

---

① *L'Affaire du Tondin*, 201.
② Ibid., 201–202; Rambaud, *Jules Ferry*, 354.
③ *Livre Jaune*, 33, Ferry to Patenôtre.
④ *L'Affaire du Tonkin*, 202.
⑤ *Livre Jaune*, 42, Patenôtre to Ferry; *L'Affaire du Tonkin*, 204.

（二）基隆之战

台湾有基隆、淡水（沪尾）、打狗，均商业要港。煤矿甚富，可资军舰之用。且孤悬巨浸，援军难达，攻之较易，战事又可不至扩大，免受各国非难。故法政府决据台之计。先是光绪九年沿海戒严，台湾道刘璈簿五路分防之策。① 以台地辽阔，防勇不敷，请派军协防。于是总兵杨在元率勇四营，提督孙开华率勇三营先后至台，以副将周善初统勇三千守澎湖。② 甲申闰五月，诏以提督刘铭传为台湾防务大臣。二十四日，铭传驰抵基隆，急筹台守。时全台防军四十营，台南多至三十一营，台北仅孙开华三营、曹志忠六营而已。铭传设防练军，修筑炮台，防具粗备。

二十五日（7月17日），法船（Villars）至基隆泊，阻止中国防守工作。孤拔嘱以必要时可用武力制止。时曹志忠部在基隆，孙开华部在沪尾。六月初，提督章高元率勇五百甫到基隆，铭传命扎基隆炮台附近，借资辅助，提督苏得胜佐之。十二日（8月2日），德船万利装沪炮至沪尾，翌日至基隆，为法舰所阻，不得起运，乃退回沪尾。③ 时孤拔已得令据基隆，乃以利士比统带 La Galissonière、Le Lutin 等舰于十四日（4日）至基隆。④ 利士比即

---

① 《清光绪朝中法交涉史料》卷十，第9页。刘璈曾在左宗棠行营多年，老于军事。
② 同上，第22页。
③ Ganneron, 273；《刘壮肃奏议》卷三，第2—4页；《李文忠电稿》卷三，第27页。
④ Ganneron, 279–280.

日遣其副官日格密告苏得胜、曹志忠，要求将基隆城堡、炮台等悉交法军，否则于翌晨攻炮台，华军置不答。十五日（5日）八时遂战，法先发炮，华军拒战甚锐，而 Galissonière 发二十四生口大炮攻炮台，顷刻毁之。法军遂乘机登陆，华军却。① 十六日，法兵四五百人，半在曹志忠营北筑营，余二百人直薄华垒。志忠乃督二百人接战。而铭传令章高元、苏得胜等袭攻法营。② 战四小时，法军败退回舰。③ 利士比乃知华军不可轻敌，谓欲据基隆，至少需卒二千人。④ 法政府决并力攻台湾之计，基隆之役实其主因也。

（三）马江之役

谢满禄致最后通牒之次日，法海部即电孤拔令将所有军舰，扫数调回福州、基隆，俟中国拒绝该项通牒时，即据两地为质。⑤ 孤拔早疑中国借交涉迁延，暗治守备。十九日（11日），先遣一舰（L'Hamelin）入闽觇之。二十一日，该舰进口，旋搁浅受伤。继派两舰（L'Aspiée、Le Volta）踵至。二十四日（16日），孤拔

---

① Ganneron, 279–281;《刘壮肃奏议》卷三，第5页。法军仅死一人，华军死伤百余人。

② 刘奏称华军为章高元等队百余人，邓长安小队六十人，是共约二百人。Ganneron 竟称华军三千人，相差之数可惊。

③ Ganneron, 281–282;《刘壮肃奏议》卷三，第5—6页。利士比报告讳败，仅　云："Le lendemain, la déstruction des batteries ennemies était achevée et les pièces mises hors de service, le petit corps de débarquement rentra à bord."（Bouinais et Paulus, II, 290）不可从。

④ Ganneron, 283.

⑤ *Livre Jaune*, 43, Peyron to Courbet, July 13, 1884.

自至闽江，登 Le Volta 舰，① 福州大震。

中法启衅后，中国早知法不逞于北圻，必有蹂躏海疆之举。癸未十一月十八日，总署奏称海防紧要，请慭近患而豫远谋。有旨令南北洋大臣暨各督抚实力筹防。② 十九日，许景澄奏称台湾孤处海外，若被法踞屯，大为肘腋之患，亟须添调劲兵，或令道员刘璈选练士兵择要而守。③ 时朝旨特命杨岳斌驰赴闽省妥筹防范。④ 福州将军穆图善亦屡奏筹备闽台情形。⑤ 次年三月二十三日，李鸿章电称法拟据中国口岸为质。⑥ 四月十四日，以张佩纶会办福建海疆事宜，兼船政大臣，专折奏事。⑦ 时闽饷极形竭蹶，海防难于恢张，奏折俱系纸上文章，毫无实际。佩纶奏谓"论地形则苦于船械少而兵杂，论饷力又苦于船械贵而兵多"，⑧ 此系实况。佩纶以闰五月十五日抵闽，仅六日而法舰至。闽海自南菱至马尾，山峦迤逦，处处皆险可凭。时朝旨戒生衅，闽将帅不敢阻法船入口，法船乃麇集马江，拊背扼吭而闽之险要尽失。二十五日，佩纶奏言："敌强我弱，敌狡我迂，既让以要害，复让以先机，敌处处攻心，我种种掣肘。"⑨ 将军穆图善亦奏谓："法人包藏祸心，现已深

---

① Ganneron, 275-276；《涧于集奏议》卷四，第 16 页。
② 《清光绪朝中法交涉史料》卷八，第 27—29 页；或《涧于集奏议》卷六，第 1—4 页。
③ 《清光绪朝中法交涉史料》卷八，第 39 页。
④ 《涧于集奏议》卷六，第 12 页（杨辞以母病未行，见《中法交涉史料》卷十一，第 36 页）。
⑤ 《中法交涉史料》卷十，第 9、21 页；卷十一，第 35 页。
⑥ 《清季外交史料》卷四十，第 5 页。
⑦ 《涧于集奏议》卷四，第 1 页。
⑧ 同上，第 7 页。
⑨ 同上，第 17 页。

入,善队驻长门,纶以两营顾马尾,亦难策应。"① 次日又电称防军不敷分布。时外报均称法舰队突冲进福州。② 六月初一日(22日),La Saône、Le Parsevol、Le Vipère 三战舰,及两鱼雷艇尽驶至马江,泊罗星塔下。张佩纶、何如璋屡电请南北洋拨船。曾国荃、李鸿章均辞以无船可拨,③不予。佩纶促开济船还闽,曾奏称:"法船坚于我船十倍,一经出口,必被抢去,诚恐自送败局,反助法焰。"张、曾至以此互诟。④ 李鸿章言:"法船窥闽,我船虽圩,力不敌,不如赔款保和。"⑤ 张佩纶气豪,仍主战,奏言:"法三船在口外,口内船仅多于我两艘。全队登陆,则我水军牵之;以半登岸,则我以二千人敌其数百人,彼未必遂胜。"⑥ 朝谕张佩纶、何如璋就现有兵勇实力固守。⑦ 佩纶急治战备,布置防军,饬各轮船添配炮勇,并于林浦、鼓山、中歧砌筑土炮台。⑧ 两军相拒匝月。

时法攻基隆不得手,中外报纸竞传法军败绩,中国态度顿趋强硬。二十二日(8月12日),总署照会各国公使,请将法人违

---

① 《清季外交史料》卷四十二,第 71 页。

② Ganneron, 278: "La flotte française avait pénêtré par surprise jusqu'a Fou-Tchéou."

③ 《清季外交史料》卷四十一,第 19 页,张、何电;第 21 页,张电,李电;第 30 页,张电。

④ 张电云:"甚矣曾之膜视闽也。沪仅法船一,华船则六。南洋十五船无可分,欲闽三船敌法耶? 今长门逼,请饬曾分两船来闽,法退即送还。人云船活台呆,今船亦呆矣。"见《清季外交史料》卷四十二,第 21 页;又卷四十四,第 19 页(曾电"请告张佩纶勿因调船动曰军前正法,以固军心");又第 20 页(曾电开济不可赴闽);又第 21 页(旨寄张佩纶)。

⑤ 《清季外交史料》卷四十四,第 5 页。

⑥ Ganneron, 284;《涧于集奏议》卷四,第 21 页。

⑦ 《清季外交史料》卷四十四,第 15 页。

⑧ 《涧于集奏议》卷四,第 24 页。

约之处转报各国，有"如中法和局不成，法国独任其咎"语。①
法知同时有事闽台，力分难举，乃决变更计划，于两处择一并力，
求速收效，政府遂定悉舰攻台之计。②然法舰入闽江者已多，屯泊
日久，若一旦骤撤，恐示弱。且退后难重进。乃谋暂停基隆战事，
以一舰守之，悉力至闽，攻破马江船厂，毁华舰队，然后昂然出
闽口，攻基隆。毁闽以为"报复"（reprisal），占台以图索费，必
要时更可调舰北上骚扰，此巴德诺之计也。③

孤拔在闽候令久，殊不耐。④七月初三日（8月22日），得
开战令则大喜。时法舰泊罗星塔下者有 Le Volta（旗舰有二十四
生丁大炮六门）、Le Dugúay-Trouin（有十九生丁大炮五门）、Le
Triomp hante、Villars、d'Estaing、Lynx、Vipère、Aspice 共 八
舰，鱼雷快艇二，另两舰（Le Château-Renaud、La Saône）在琯
头、金牌江面驻泊，防华塞江路使船不得出也。华船初仅三艘，
内扬武最大，为营务处旗舰，有十九生丁大炮一，余二舰，福胜、
建胜，蚊船耳。继何如璋将振威、伏波自外调回，张之洞亦以飞
云、济安来援，合艺新、福星两小船，及在槽候修之琛航、永
保，共十一艘。加以艇船商船，与法相拒。⑤以张成为闽安统带，
兼带扬武军舰。法舰共一万四千五百十一吨，将卒一千七百九十
人，重炮七十七门，均系新式战舰，中有二为装甲舰；华舰十一

---

① 《清季外交史料》卷四十四，第 14—15 页。
② L'Affaire du Tonkin, 221.
③ Livre Jaune, 1885, I, Affaires de Chine et du Tonkin, 29 (Patenôtre to Ferry, August 10, 1884).
④ Ibid., 49.
⑤ Ganneron, 283; Bouinais et Paulus, II, 291–292;《涧于集奏议》卷四，第 26 页。

艘，九为木质，共六千五百吨，将卒一千又四十人，炮四十五门，炮口大者甚少。①实力相差太远，直不足言战。初三日（23日），法领白藻泰（de Bézaure）照会闽督何璟称本日开战，即卸旗下船。②孤拔下令：以雷艇两艘（四十五号、四十六号）直前攻扬武、伏波，以Volta助攻；Aspice、Vipère、Lynx冲至船厂前，攻琛航、艺新、永保、福星、福胜、建胜等舰；以Dugúay-Trouin、Villars、d'Estaing三舰敌罗星塔下游之振威、济安、飞云三舰，兼攻罗星塔东及船厂后之炮台。③部署既定，下午一时五十六分，下游先战，Lynx开炮，振威应之。上游则两鱼艇望前突驶，将及目的地，约三百米达至五百米达之遥，各船同时发炮，华舰还击。顷刻之间，扬武中鱼雷（四十六号鱼雷艇所发）沉没。④福星亦坏。伏波为第四十五号鱼雷艇所伤，尚轻，仍赓续作战，飞云、济安、振威，为法炮火聚轰，瞬息火起，随波漂流。福胜、建胜一沉一毁。伏波搁浅。艺新沉林浦，为塞港之用。琛航、永保被焚。⑤自开战至战事结束仅历时七分钟。⑥全军歼焉。哀哉。此役法军损失仅鱼雷艇一，死六人，伤二十七人。中国则死伤约二千人，十一

---

① 此根据 Customs Decennial Reports, 1882–1891, Farago's report。

② Ganneron, 285; Bouinais et Paulus, Ⅱ, 292；《涧于集奏议》卷四，第31页，佩纶称："转电知长门，长门线断不得达，马尾未得电信而法人已先开炮。"

③ Ganneron, 286–287; Bouinais et Paulus, Ⅱ, 293，孤拔报告。

④ 据 Roche and Cowen, *The French at Foochow*, 16，扬武战不及一分钟沉没，法人记载则云"pendant quelque temps"或"pendant quelque minuits"。

⑤ 马江战况，中国方面有《涧于集奏议》卷四，第26页（张佩纶奏），第31页（张佩纶等奏），《清季外交史料》卷四十六，第16页（何如璋奏）；法方有孤拔报告（见注③）；中立国观战者之记载以 Roche and Cowen 之 *The French at Foochow* 及 Farago 之报告（见注①）为最重要。

⑥ 上据 Roche and Cowen 说。

舰尽失。①

　　张佩纶初在山巅观战，见败，走至彭田。二时，法军炮击船厂。翌日，孤拔以四舰轰厂，炮力嫌弱，未能全加毁坏。另两舰炮大可用，然吃水深，不能上驶。华军在附近屯扎者约万人（黄超群、方勋部），法军不敢上陆。乃于翌日晨掠罗星塔傍炮台中克虏伯炮三门而去。②孤拔见大功已成，乃谋出闽口。初六、初七二日攻毁闽安炮台，初八日攻毁金牌炮台。时穆图善军把长门，港中多散布水雷。法军苦战累日，沿江而下，闽江炮台口皆外向，法自内轰之皆烬。然各军苦守，台毁而犹不弃炮位。法军颇窘。初十（30日），法船始毕至芭蕉口。③总计闽江战事，法军死十人，伤四十五人，④数目与华死伤相较，可谓微乎其微。中国海军燔，船厂烬，炮台毁，总计损失近三千万。法报复之目的已达，而基隆战祸起矣。

（四）孤拔与茹费理意见之龃龉

　　法船既出闽口，聚马祖山，孤拔先至基隆观察形势。巴德诺叠告法廷，谓马江之役，法国虽获全胜，而北京离闽远，清廷仍

---

　　① Lecomte, *Langson*, 16（Farago 及 Roche and Cowen 所载数目与此不同）.战时一弹落孤拔侧，毙其副官 Ravel 及水手三人，后讹称孤拔死盖由于此。
　　② Ganneron, 290; Bouinais et Paulus, 296;《涧于集》卷四，第29页。
　　③ Roche and Cowen, 24-32; Ganneron, 292-296;《涧于集》卷四，第32—33页。
　　④ Bouinais et Paulus, 303.

无让步之意。照目前情形言之，惟一解决方法，须于北方下手。①七月初六日（8月26日），清廷以法渝盟肇衅，乃下诏令滇桂进兵。十二日（9月1日），巴德诺谓此诏实际等于宣战，请去华移居长崎，并谓孤拔意亦云不如直接宣战，较易措手。②次日，茹费理复电不许。时法政府已有令致孤拔许其自由择地用兵，且允以兵舰接济之。③孤拔在基隆居三日，回马祖山。以其所得结果报告政府，力谓攻台非计。盖中国防台军队多，法非俟北圻援军至，不能进攻。且山地崎岖，行军不易。取基隆固可占据煤矿，然煤质不佳，中国并不需此项煤产，法国军舰本可向中立国购煤，占此亦非要着。自政治观点言之，基隆地处荒徼海外，离北京过远，即占基隆，北京未必有何反响。若法政府欲占全台，则费力更多，需三倍以上之军力，谈非容易。据孤拔意，不如急炮毁基隆、沪尾等处炮台，留两舰泊守基隆，而悉师北上攻烟台、威海卫、旅顺。然无论如何，政府须先对华正式宣战。惟如是始能求舰队之奏效，惟如是始可防中国利用中立国船舰运输军队军火。故孤拔之主张无他，即占领北方一二港口，正式宣战。④巴德诺之意见与孤拔略同。

  其时法政府意并不欲攻取全台，不过欲占基隆一港为质而已。茹费理非不知攻击华北沿海地较易威胁中国，然自欧洲大局观之，此种举动，甚易惹起陆战，酿成不测事件，于法极不利。时毕士麦已向法国表示，谓法在华之军事行动危及德国侨民之安全。茹

---

① *Livre Jaune*, 80–82, Patenôtre to Ferry, Aug. 27, 29.
② Ibid., 92–93, Patenôtre to Ferry, Sept. 1.
③ Ibid., 95, Ferry to Patenôtre, Sept. 2.
④ *L'Affaire du Tonkin*, 245.

费理乃使其驻德公使向毕士麦声称愿极力保障外侨之安全与利益。① 又中国向各国宣传亦以法在华之攻击危及各国商业为言。故法政府无论如何，不敢宣战。且孤拔但知宣战可以干涉中立国船舰之利，而不知宣战而后，中立国将断绝法国海军之供给，利害亦相抵。况战而不宣，法使仍可驻留中国观察形势，随时继续磋商，以求和议之成。在孤拔根本反对《天津和约》者，视此固为徒予中国以缓兵之机会，在茹费理以完全实行《天津条约》为目的者，② 则非不得已决不愿谈判之完全停止也。

惟其时孤拔与巴德诺，一司军事全权，一负外交责任。其坚决一致之意见，政府不能不加以相当承认。故二十日（9月9日），茹费理电告巴德诺，谓孤拔已得令赴华北口岸攻击以取得抵押为目的，政府许其便宜行事，期其能取得此交涉之利器。③ 然孤拔原议欲以陆军占领烟台、威海、旅顺；政府之许孤拔赴华北口岸，其范围仍不越抵押政策。二者相较，意义深浅，范围广狭，相差甚远。孤拔奉令后，仍以兵少为言；巴德诺亦云增兵二千人不敷支配。政府因疑孤拔另有野心，恐其行动或越出训令范围。二十九日，海军部乃电孤拔停止攻击华北之计，使专力先攻据基隆。④

法人于茹费理阻孤拔北上事多致不满，率谓法军费三月之力攻基隆、沪尾，坐失戎机，暴露己弱。⑤ 俄外长（de Giers）嘲法

---

① *Livre Jaune*, 85–86, Ferry to Peyron, August 29; Ferry to de Courcel.

② Ibid., 98: "Il faut s'expliquer très franchement. Nous voulons avant tout l'exécution loyale et complète du traité de Tientsin." Ferry to Patenôtre.

③ Ibid.; Patenôtre to Ferry, Sept. 25, ibid., 115.

④ Ibid., 114; *L'Affaire du Tonkin*, 250.

⑤ Cordier, II, 312.

军攻台为"蜂螯象背"。① 张之洞电亦称法围台为中国之利,请饬刘铭传设法诱之怒之使之坐困。② 自军事言之,攻台于法实为失策。然自政治言之,则殊未必也。

---

① *Livre Jaune*, 181.
② "闻法又围台,此中国之利也。即有窜扰,内地不惊。一、土人颇强,兵食足用,二、瘴热土呕,主利客否,三、非战无策,军民并力,四、法虽增兵大举,断不能深入全台。顿兵久留,数月必困。外兵援闽,势有不及。敌注台则闽解,他海口亦舒矣。"(《清季外交史料》卷四十四,第23页)

第六章　北圻战事之再起

（甲申七月至乙酉三月）

（一）桂军两路之挫衄（甲申七月至八月二十三日）

自北黎事变而后，滇桂军全撤入关，北圻战事暂止。未几，和议不成，闽台告警。清廷于七月初六日（西历8月26日）下进兵之诏，谕军民等以法国渝盟肇衅，不得已而用兵，① 促潘、岑出师。法亦志在必取谅山，绝华入越之道，使中国不得不屈于和议。于是战祸再起。

法困台湾，中国阻隔重洋，渡兵济饷均觉困难，故时议进兵越南，攻法之所必救，以为牵制。② 时滇桂各军均已撤回内地。③ 办理防务大臣张树声方驻黄埔，督各军筹战守。朝命赴粤西，树声电奏拟遵旨率其亲军吴宏洛部（淮军）五营西进。④ 初八日，粤督张之洞电枢垣，以粤防空虚，请留张防粤东，谓："（一）张熟

---

① 《清季外交史料》卷四十五，第12—14页。
② 同上，第17页，七月初六日旨："据张之洞电称牵敌以战越为上策，甚是。……岑毓英、潘鼎新务即募率所部，星驰前进，相机筹办，俟各军齐抵前敌，迅即电闻，再行降旨宣示。张树声即遵前旨，酌带兵勇，驰赴粤西关外，勿稍迟延。"又《彭刚直奏稿》卷六，第27页。
③ 《彭刚直奏稿》卷五，第29页。
④ 《清季外交史料》卷四十五，第19页。

粤情，可资商酌，在粤督率，淮部诸将易尽力。（二）若不与旧部，只身往无用。（三）即使可往，赴西十数营无饷，防东募填者无械，实无从办。（四）越关外荒苦，西军万余，转运艰，多食粥，大军不战已困。（五）粤东戒严万紧，敌船一驶，各自顾前路，疏前敌。张曾两请出关，今昔殊势，东急西缓，我援彼乘，仰恳天恩留张仍防粤东，至幸。"①时廷旨已改令张督师援闽，②以海道梗阻，粤防紧张未行。未几病卒于军。严旨促潘鼎新"督军进剿"。③并谕"岑毓英迅赴戎机，督刘永福奋勇决战，恢复各城"。④然仓卒行军，事前无充分准备。粤军于初七日（二十七日）复进谅山，填扎旧垒，前进过谷松，至坚牢（即坚老），以饷乏兵弱入告。苏元春军过坚牢，于月底更进至船头，八月中，攻克陆岸。余军均调观音桥（距谅山百二十里）。杨玉科病，部下并归方友升。王鸿顺亦病，并归周寿昌。营哨各官，大半代理。精壮能战者仅十之二三。拨饷三十万，已逾四月（据潘鼎新二十三日电）。八月中，方、周进至郎甲（Kep）。滇军亦称"瘴盛粮乏，欠饷两月，事事掣肘"，⑤求缓进。岑进扎保胜。二十四日，又奏称："目下关外烟瘴正大，潘鼎新所部淮楚各营尚未到齐；唐景崧新募四营，与刘永福相隔千余里，遽难会合。所部滇勇，因瘴故颇多，均求缓进。"⑥可以观盛暑行军之苦，与士气之沮丧矣。

时法将米乐返国，法廷以波里也代为统帅，备与华战。谅山

---

① 《清季外交史料》卷四十五，第20页。
② 同上。
③ 同上，第24页（七月初九日李致枢垣）。
④ 同上，卷四十六，第2页；卷四十七，第15页。
⑤ 同上，卷四十六，第18页；卷四十七，第7、21、23页。
⑥ 《岑襄勤奏稿》卷二十二，第2页；或《清季外交史料》卷四十七，第19页。

为中国入越孔道，且法思报北黎之耻，故抱必取谅山之决心。①自七月中旬竭力筹备，于军队之组织，军需之措办，转运之布置，皆甚精密。计将校四百三十四人，卒万七千五百余人。②期于八月末大举。③与华军相较劳逸悬殊矣。

时两粤大军云集，桂军分东西两路，在船头者约四千八百人，在郎甲者约三千二百人。④滇军顺流而下，谋攻宣光。法军则"陆屯涌球以拒桂军，水屯馆司以拒滇军"，⑤且决先剿平山西、北宁、太平各地越匪，以除后顾之忧。⑥事定，桂军已迫，乃分军两路，先敌桂军，谋急取谅山，再回救宣光。以尼格里将一军趋浪张、郎甲，溯谅江上，为西路军。以 Donnier 趋船头、陆岸，溯陆南江上为东路军。期会于谅山。⑦时华悬军深入，路远难行，转运迟缓。自谅山至船头、郎甲，地瘠民贫，难以供亿大军，粮食缺乏。时值秋稔，华军谋据陆南、谅江间盆地就粮，为持久计。⑧俟滇军克复宣光后，会师规复北宁。法军不能坐视，乃亟起应战。

船头在陆南江左岸，北通谅山，东接安州，扼红江、谅江之中枢，实华法两军必争之地。⑨苏元春军（即东路桂军），屡战皆

---

① Lecomte, *Langson, combats retraits et négociations*, 18–19.
② Ibid., 44.
③ Ibid., 19–23: "Malgré toutes ces précautions, il eût été désirable, au moins jusqu'à a seconde quinzaine d'octobre que l'ennemi nous laissât en repos."
④ Ibid., 30.
⑤ 《清季外交史料》卷四十七，第12页，张之洞电。
⑥ Lecomte, 28–29; Bouinais et Paulus, Ⅱ, 308–309.
⑦ Hanoteaux et Martineau, Ⅴ, 438; Lecomte, 53.
⑧ Lecomte, 44–46.
⑨ Ibid., 57; Bouinais et Paulus, Ⅱ, 313.

捷，深沟高垒严防，时出轻兵游击。法军谋先破此路。八月十四日（10月2日），Donnier 部离北宁经七庙，沿陆南江进。十八日（10月6日）上午十时半，进至离船头二十里之尼村。计有炮船三只，汽船二只。见中国军队，①法军乃以次登陆列阵备战。时苏元春与总兵陈嘉，分兵两路，以镇南中后两营及抚标左营由船头沿江前行，令抚标中营站队于营垒之前十余里，派前后等营及粤勇自后山抄出敌后。法亦分兵两股前后抗战，各船一齐燃炮，华军伤亡颇多，仍竭力鏖战。午后战益力，②法渐不支，击毙其队长一人。华军隐身草际作战，陈嘉亦受伤。天晚法军始退，营船头西南。此为华军出关后之首次获胜。

尼村战后，船头法军无进攻能力，乃静守待援。虽屡经华军攻击，乃坚扎不动。相持数日，无大接触。③而西路军，正以此时血战于郎甲。

郎甲地西接安世，直达宣光；南临北宁，威胁河内。地位较船头尤为重要。④法将尼格里统军约二千攻之，兵力倍于东路。八月十五日（10月3日），自河内出发，不敢深入，决以十九日（7日）先攻保禄（在郎甲东南），以观察形势，或转军东援船头法军，或直前取郎甲。⑤既至保禄，肃清其左近各地后，知右翼不至被华军包围，后路亦无虞，乃决计前进。时方友升、周寿昌由观音桥各出行队，在屯牙、郎甲一带相机游击。二十日（8日）辰刻（九

---

① 炮船为 Hache、Eclair、Massue；汽船为 Phu-Ly、Tra-Ly。(Lecomte, 58)
② Lecomte, 60.
③ 十八日尼村战事（combat de Lam）华方有潘鼎新报告，见《清季外交史料》卷四十九，第5—6页。法方记载见 Lecomte, 58—63。
④ Bouinais et Paulus, Ⅱ, 316.
⑤ Lecomte, 69.

时半），方友升营仓卒被围，自辰至未鏖战四时之久。据华方报告："方友升右手腕被炮击穿，……黄立均、胡延庆身先士卒，力竭伤亡，哨弁勇丁同时阵亡者三百余名。"法方则谓华损失及千。① 法将尼格里腿受伤，死将校三人。可见战争之剧烈。此役结果法军大胜，华军自郎甲撤退，扎观音桥。尼格里以伤重回河内。波里也自代统其众回浪张，转援船头，留一军守郎甲。

十八日（6日），浪张法军陆续出发增援东路。② Mibielle 为将。二十日（8日），先锋抵船头西南。二十一日（9日），Mibielle 与 Donnier 会晤，决进攻之计。惩于前败，乃分军两路，以主力军队直扑船头华军；别出一队，牵制后山之兵。③ 部署既定，二十二日（10日）进战，华军由陈嘉督率接战。法军势猛，苏元春飞饬两营攻近河小岭，以分敌势。并调四哨增援船头，使粤勇于近河小岭对面，遥抄敌之背。苏元春、陈嘉各亲燃过山炮向法队遥击。自天明激战至酉末，法军败。④ 然当日郎甲败讯至船头，华军士气大沮。次日复战，大败，损失甚多。夜焚船头而退。⑤

郎甲、船头既失，桂军入越之两路俱绝。夫中国原意以为海军不能敌法，陆路可期取胜。且谋滇桂两军会合规越以收夹击之

---

① Lecomte, 83; Bouinais et Paulus, Ⅱ, 321（de Négrier 之报告书）。《清季外交史料》卷四十九，第7页。法数谓华军死三千人，潘报三百余人（《清季外交史料》卷四十八，第14页，李鸿章电）。按 Lecomte, 102, 抨击潘叠次报告不实，可注意。

② Lecomte, 87.

③ Ibid., 90.

④ 《清季外交史料》，同上。

⑤ Lecomte, 98; *Livre Jaune*, Affaires de Chine et du Tonkin, 1884-1885, 129-130, Ferry to Patenôtre, Oct. 15.

效。①桂军遇悍敌,当局屡促岑(毓英)、刘(永福)由西路加攻以分敌势。②然宣光法守甚坚,滇军骤不能东下。桂军苦守血战,法人极称之。苏元春部尤屡建奇功。然火器不敌,虽胜多损。③而后路梗阻,援应迟缓,④粮饷不继。⑤法军从容筹备,粮足械精。未战而伸绌已见矣。故两路之败,非将帅之不效死,士卒之不用命也,以兵委敌,政府实尸其罪!自是法焰益张,骎骎谋攻取谅山,而中国"滇桂联成一气合规北圻"之计,徒成画饼矣。

(二)滇军东下之被阻(甲申八月至乙酉正月)

桂军败退,边臣以法军拟大举分四路攻谅山入告。⑥潘鼎新

---

① 八月中,桂抚潘鼎新尚奏称:"太原离谅山较远,将来岑毓英进至宣、太,粤军各将领近隶麾下,即请将粤西各营统交岑毓英节制调遣,庶与滇军呼吸一气,……俟其会军并进,并请滇粤各军,统归调度,以一事权。"(《清季外交史料》卷四十八,第9页)

② 九月初一日,旨促岑毓英迅图攻剿(同上,第1页),又张之洞电(同上,第4页)。

③ 《清季外交史料》卷四十八,第14页,张之洞电。

④ 同上,卷四十七,第12页,彭玉麟、张之洞电:"粤省抽出防军八营由梧赴龙攻船头一路以助苏提。……冯(子材)路近而新募,王(孝祺)兵老而路远,冯约十一月半到防,王约十一月底到防,大队两枝,军欠饷需甚巨,竭力应付,先令成行。"又同上,第23页,旨促各军设法前进,勿稍松懈。又同上,第27页,旨催援越。

⑤ 同上,卷四十八,第14页,李鸿章电(九月初十日)。又第16页,张之洞电:"争台惟有争越,内地增百营不如关外增十营,内地用饷百万不如关外用饷十万。"

⑥ 同上,第27页,李鸿章九月二十三日电:"现由东京换队,分四道,一由太原,一由安世,一由观音桥,一由陆岸。"

以谅山事急，牧马空虚，留唐景崧军防牧马。①时我军仍守观音桥、谷松等口，潘使王德榜悉其所统十营赴那阳、同朴一带驻守，以防后路而蔽谅山。②当局仍促滇军速进以分敌势。然法军以时值雨季，不便行军，又兵力尚单薄，不敢直捣谅山。乃先为补充休息计，徐图大举。华军损失太多，亦无力图反攻。故谅山方面暂时停战者又达两月之久。③此时战事乃侧重于宣光方面。

自清廷决意用兵北圻以后，叠谕岑毓英督师出关。岑遣其将张世荣等率粤勇二千五百人偕刘永福先发，以记名总兵覃修纲率兵三千人继进，备应援。岑本驻马白关，时亦移扎保胜，但以瘴高饷乏，求缓进。④八月初一日（9月19日），廷谕以"秋高气爽，即着督饬刘永福及在防各营，力图进取，迅赴戎机"，与桂军"联络声势，分路并进"。⑤并叠旨促鲍超率部赴滇助岑。⑥刘永福部仍称水陆难行，徘徊观望；由保胜、河阳至宣光，地段皆崎岖弯远，夫马难行，水路则船只缺少，且恐敌轮邀截，不敢急遽前进。⑦毓英乃决自赴前敌督师。八月二十四日（10月12日），先锋抵宣光，始知馆司关法兵均撤回守宣光。江水尚大，法水陆防守甚严，攻之匪易。乃暂屯兵琅瑁总地（离宣光城十里）。一面分兵进扎兴化、清波、夏和、锦溪等县，临洮、端雄等府，攻

---

① 唐本拟由牧马、宣街赴宣光助滇军。见《清季外交史料》卷四十八，第14页，张之洞电。又第28页，李鸿章九月二十五日电。
② 《清季外交史料》卷四十九，第8页，潘鼎新电。
③ *L'Affaire du Tonkin*，271. 法军之准备，Lecomte，111-116。
④ 《清季外交史料》卷四十七，第4页。
⑤ 《岑奏稿》卷二十二，第1页（七月二十四日奏），又《清季外交史料》卷四十七，第17页，李鸿章电（八月十七日）。
⑥ 《清季外交史料》卷四十七，第15页（八月十三日电）。
⑦ 《岑奏稿》卷二十二，第7页（八月初七日奏）。

其后路。①清廷赏刘永福以提督衔,使克期进兵。②滇军进抵宣光城下,三战皆捷,遂添扎营垒,四面围困之。③黑旗军进取左域(又作左育,在宣光东南),谋断宣光与河内之交通。时桂军两路已败,严旨促滇军速进,分敌势。宣光守坚,猝攻不下,法统帅尼格里遣将护粮食军火援宣光,且以军瓜代守城疲卒。十月初一日(11月18日)至左域,黑旗军(黄守忠部)两岸夹击,法船自辰至酉不得冲过。次日,法军舍舟登陆力战,黑旗军不支退却,法军占左域。初三日(20日),法援军辎重入宣光城。④于是法将Dominé受尼格里命,严守宣光。尼格里正谋攻谅山,且深知Dominé智勇可靠,因决计先逐桂军,再取滇军。⑤滇军阻于坚城,不得东下,又深入重地,兵单饷匮,发展甚难,计划可谓完全失败。⑥

十一月初五日(12月21日),法军忽大股出城扑黑旗军吴凤典部,自辰战至未,法军大败退城中。华方死伤约百人。⑦初七日(23日),刘永福部复得左域,堵法援。毓英调丁槐兵助之。滇军以次收复安平、陆安、沾化等地(均属宣光府),并宣光城外之

---

① 《岑奏稿》卷二十二,第11—13页(九月初二日奏);又Lecomte, 141-142。
② 《岑奏稿》卷二十二,第24页。
③ 同上,第22—25页(九月十四日岑奏),又第26—28页(二十六日奏)。
④ Lecomte, 142-146. 又《岑奏稿》卷二十二,第36—37页(十月二十五奏)。是役法人称为combat de Yoc或combat de Hoa-Moc。
⑤ 《清季外交史料》卷五十一,第9页。
⑥ 岑奏:"官军苦战多日,又饮新涨河水,纷纷患病,医药鲜效。"(《岑奏稿》卷二十二,第36—37页)又初四日奏:"外粮协济不到,库储已空,即现有之滇勇粤勇两万余人,亦无粮支应,何能枵腹荷戈?"(同上,第31页)
⑦ 《岑奏稿》卷二十二,第46页(又见《清季外交史料》卷五十二,第12页)。据法方报告,华方死伤约百五十人,见Bouinais et Paulus, 386。

连山、同安、中门、安岭各总。宣光之围益固。初九日（25日），丁槐军至中门总，与永福议定唐（景崧）、丁任攻城，永福任堵河。据Dominé报告，滇军约五千人，黑旗军约二千人。①自十二月十一日起（1885年1月26日），滇军（并粤勇景字营）攻逼城下，三面开挖地道，日夜不停，并力攻南门外敌营。十五日（30日）战尤烈，法军大败，悉遁入城中，城边敌营炮台，悉被扫除。②华军攻城极猛，Dominé以五百人镇静固守，无隙可乘，支持三月余之久，使滇军坐困，尼格里得竟全功，可谓壮矣。③

（三）法军之大举与谅山之失守（十二月二十九日）

十月以后，法屡增兵来华，赴越者三之二，赴台者三之一。④清军知法决并力驱桂军出越，再图滇军，乃为先发制人之计，谋反攻。二十九日（12月16日），冯子材部与法军遇于纸作社。时华军约二千余，法军人少，又仓猝遇敌，激战不支，互有死伤，遂却入城，华军亦退。⑤十一月王德榜军万余，出东路，自那阳至安州，谋拊船头法军之背。十八日（1月3日）暮，与法军遇于船

---

① Bouinais et Paulus, 388.
② Ibid., 388–389.
③ Cordier 称 Dominé 为 "le héros de la défense"。
④ 《彭刚直奏稿》卷六，第27页。
⑤ 《清季外交史料》卷五十，第15页，李鸿章电；又同上，卷五十二，第2页，上谕。又 Lecomte, 151–153。法方谓此役死者十五人，伤者二十人，潘奏乃云，毙法官四名，法教匪一百四十余名，数目相差甚巨，潘奏不可靠。此役法人称为 combat de Ha-Ho，地在郎甲、船头之间。

头东之丰谷（Phong Cot），夜战至晓不息。次日继战，华军大败，委尸六百具，弃辎重甚多，①连夜退至车里。此两日之战，法军以少击众，其统帅称为新年奇捷。②东路既败，那阳势危，华军急谋保后路，更无能为。彭玉麟虽有"粤军四路规越，曾合滇军、桂军、刘军互为奇正"之计，亦徒纸上谈兵耳。③

  法政府知攻台湾不足以胁中国，亦思大举完全占领北圻，尽驱华军，使中国不得不屈服。④八月二十六日（10月14日），政府已向议会提案要求增加北圻军费一千万佛郎，议会将此案付审查。九月三十日（11月17日），审查委员会交呈报告书；同时下院已有人提出正式质问，谓政府未经议会许可，擅对华宣战，为违背宪法。十月初七日（11月24日），下院开会，政府与反对党争辩极烈。茹费理于初九（26日）晚另提一案，谓政府上项提案所请求之费用，仅为本年计算。此外另须请求四千三百万佛郎，为来春海陆军费。且谓此项费用通过之后，将以供给来年海陆将帅在陆地或海上作战之用，不受任何限制；此即谓政府要求对华水陆作战之空头支票。⑤两案均以大多数通过下院。二十四日（12月11日），竟以一九一对一通过上院。政府乃公然进行其略取北圻、逼中国实行《天津条约》之计划，陆续向北圻增援。此外尚有一重大更动者，则战地法军本属海军部指挥，自十一月二十二

---

  ① 《清季外交史料》卷五十一，第11页（李鸿章电），第13页（二十八日李电）。Lecomte, 155–172.

  ② Lecomte, 175: "Deux brilliants succès pour le corps pexéditionnaires ouvrent l'années 1885." 此役即combat de Nui-Bop。

  ③ 《彭刚直奏稿》卷六，第27页。

  ④ *L'Affaire du Tonkin*, 275.

  ⑤ Ibid., 288.

（1月7日）起，改由陆军部指挥，以期收指臂之效。① 法第一批援军以十一月十九日（1月4日）至海防。

时潘鼎新率淮部五营守谅山，王德榜守那阳，苏元春守谷松，杨玉科守观音桥。备多力分，援兵不继。法军自十一月半得政府命攻谅山，急作大举准备，十二月中旬竣事。计战卒七千余人，隶役四千五百人，② 分属两队，由尼格里（第一军长）与 Giovanninelli（第二军长）分带之。十九日（2月3日），第一队由梅岭向车里进攻王德榜营，第二队由奇功向谷松攻苏元春营。自十九日战至二十二日（2月6日），苏军大败，撤回谅山，前军屯威坡。③ 谷松一带营垒尽失，谅山告警。粤督张之洞急调冯子材、王孝祺两军援谅山。岑毓英亦饬王德榜回顾谅山。冯子材军进次峒朴，西距威坡、东距那阳，均数十里。④

法军得谷松后，息军三日。二十六日（10日），复进兵至步巴（距威坡二十里），夜续进，过威坡。二十七日（11日）午后，与苏军遇，激战，华军小胜。次日大战极烈，潘鼎新以淮军赴援，战甚烈，终不支败退。法军追蹑华军，晚至谅山南十余里。此役苏军系作最后之抵抗，法军伤亡甚多，而苏军血战六昼夜，粮药俱缺，精锐伤亡殆尽，各路援军亦未达，遂不得不放弃谅山。

---

① *L'Affaire du Tonkin*, 293.
② Lecomte, 20.
③ Ibid., 227–252.《清季外交史料》卷五十二，第 23 页（二十七日张之洞电），又第 32 页（二十九日曾国荃电）。
④ 《清季外交史料》卷五十二，第 34 页（三十日张之洞电）。按苏元春军极善战，谷松之败，最大原因为粮药断绝。谷松离内地几三百里，"十日转运不敷一战之需"（见同上，第 22 页，李鸿章电），甚可惜也。

二十九日（2月13日），法军至谅山，苏军焚城而退。① 时关外以淮（潘部）、苏二军为长城，经此一役，伤亡过多，加以谅山沦陷，法寇日深，边地大震矣。

桂军之所以一败涂地者，其最重要原因，在于无帅，责任不专，指挥失灵。十二月二十八日（谅山陷落前一日），潘鼎新始电李鸿章云，军情瞬变，请饬各军均暂听调派。② 正月初三日（谅山陷落后三日），始有旨："潘鼎新身临前敌，王德榜、王孝祺等军着听候调遣，以一事权。冯子材着帮办广西军务，所统各营亦归潘鼎新调派。"③ 然大事已去矣。时朝中文臣竞言军事，纷歧乱听。边外将帅意见亦多龃龉，胜不相让，败不相救。④ 军事素无联络，声气毫无沟通，又路远兵单，援军逗遛不进。苏元春孤军百战，冯子材三日十调；⑤ 顾此失彼，朝令夕更，以此当强敌，又安得而不败？自郎甲、船头之失，至是为时殆历四月，而军力之单弱如故也，粮饷之不继如故也，军火之缺乏如故也。当局之泄

---

① 《李文忠电稿》卷五，第4页（正月初四日电），第5页（初五日电），又第8页（转奏潘电），《清季外交史料》卷五十三，第14页（初六日张之洞电）。二十七日之战，详见Lecomte, 282-288；二十八日之战（combat de Bac-Viay），见Lecomte, 288-298；二十九日法入谅山，见Lecomte, 298-302。又潘鼎新之报告，见《清季外交史料》卷五十五，第20—21页。

② 《李文忠电稿》卷五，第3页；《清季外交史料》卷五十三，第2页。

③ 《清季外交史料》卷五十五，第6页。

④ 或谓王德榜丰谷之败，苏元春不赴援，德榜憾之，故谷松之役，亦坐视不救。征之当日往来之电，则潘责王以"原与苏约二十八日会师，乃先期而发，为法所乘"（见同上，第11页），王则责桂军失约。潘鼎新祖苏，胜则亟称其功，败讳言其罪；张之洞右王，谓潘宜责己恕人（同上，第24页）。将帅之水火可见。唐景崧谓："当是之时，主客各军不能共缓急，图奋取，督师又意气自用，且迹近偏袒苏军，故谷松一败，各军袖手，坐视颠覆而不救。"（《请缨日记》卷七，第9页）可叹也。

⑤ 《清季外交史料》卷五十五，第24页。

沓，咎何能辞？观法军每从事一役，事前必有充分准备，部署齐整，然后出发。益知桂军之败，不能尽诿诸军队之不良、军器之不精也。①

（四）宣光之解围（正月十七日）与镇南关之陷（初九日）

时宣光之围已久，法守将 Dominé 前以谅山未下，不欲分法军之力，故不敢明言请援。至是知法军已得手，乃亟请济师。②法统帅波里也乃命尼格里留守谅山，而调 Giovanninelli 部三千人赴援宣光。③初二日（2月16日）离谅山，行七日至河内。波里也自将溯江西上，十三日（27日）至端雄。④时滇军昼夜攻城不休，见法援至，乃暂息攻，敛兵待战。黑旗军在左域，当敌冲。滇军拨千人前往助战。另以覃修纲部下二千人出扎临洮府，俟法进军围左域，即趋端雄，断其后路。又以二千人守珂岭浮桥。⑤滇军久战疲弊，粮械支绌。十六日（3月2日），法进攻左域，刘永福接战甚力，连以地雷毙敌甚多。而对河同章之黄守忠军救援不至，

---

① 波里也战胜郎甲时，谓与法敌之中国军队，皆国内精兵，其训练与器械，皆仿欧洲。见 Hanoteaux et Martineau, V, 439。
② Lecomte, 309.
③ Ibid., 314.（有 Berger Levrault, *La March de Lang-Son à Tuyen Quen* 一书，记此役甚详。）
④ Ibid., 322.
⑤ 《岑襄勤奏稿》卷二十三，第16页（正月二十五日奏）；《清季外交史料》卷五十五，第27页。

刘军不支，日暮遂溃。① 次日（十七日），滇军接战，亦败却，法军入宣光。此两日之战，法军死伤约五百人，谓为北圻开战以来最难一役。覃修纲部击败锦溪、临洮之敌，直趋端雄，而左域已不守，乃退驻临洮等地。滇军力攻日久，复经此役，精锐凋丧，故望后撤退。唐景崧军亦退扎沱化州，拟移牧马。② 屡旨促鲍超趋保乐，援牧马，迟迟不行。滇军辛苦百战，③ 功亏一篑，殊可痛惜。宣光之围既撤，华军东西两路均无能为力，北圻反攻之望始绝。而黄守忠与刘永福以此役意见不合，滇军与黑旗军亦互咎，军心涣散矣。④

谅山方面，法军由尼格里统率。时杨玉科军以初五日自观音桥全师退还文渊，即驻其地，护南关。苏元春守关右，与之犄角。法军见华军扎文渊，颇感威胁，思乘胜驱之。⑤ 初九（2月23日）晨，法军攻文渊，杨玉科督军与战甚力。至午未之交，玉科突中炮穿首阵亡，华军大乱溃退。潘鼎新亦受伤。法人镇南关，居一

---

① Bouinais et Paulus, Ⅱ, 400-401, 附注录当时法军参预此役者一札，述当日战事经过，可参阅。Lecomte, 325-328 (combat de Hoa-Moc). 毓英奏称黄守忠军先败，《请缨日记》则谓黄"泣诉左育之役，非不顾主将，亦非彼军先失营垒，包抄不到，乃为敌后路截住，刘挟嫌诬罪"（卷七，第11页）。黄、刘本不睦，说当可信。

② 《岑奏稿》卷二十三，第16页。

③ "丁槐等军四千人，唐景崧三千人，何秀林三千五百人，历三十五六昼夜，天雨泥滑，死者一千余人，伤者二千余人，疲敝不堪。"（《岑奏稿》，同上）滇军饷械极支绌，正月，岑电云"粮运艰难，将士不饱，各营欠饷两月，势极危险"，见《清季外交史料》卷五十四，第15页。又《岑奏稿》卷二十三，第19页（行营饷械艰难片）。鲍超之霆军迟迟不肯出关，亦为恐粮饷无着（《岑奏稿》卷二十三，第20页；又《清季外交史料》卷五十四，第9—10页）。

④ 《清季外交史料》卷三十五，第8页，张之洞电。

⑤ Lecomte, 333.

日，十一日（25日）下午，法军焚关而去。①

法军之自镇南关退却，潘鼎新报告，自称："与苏元春熟商，……宜挑小队乘夜掩袭，使彼不能安枕，再以大队轰击，可期得手。……苏元春受计，该逆一夕数惊，十一日，我军分两路抄击，逆党骇散，相率遁逃，登时南关收复，我军追至文渊，始行收队回关。"② 按此系大言欺人，不值一笑。观法人所有记载，均无一字提及十一日战事。法军之入镇南关，本非谋攻取广西边地，其目的全在示威。焚关之举亦本此意。③ 法军既去，且在关上大书曰："欲捍边境，无用石城，须行条约。"④ 态度甚从容，绝非如潘所言骇散逃遁者。盖其时法军目的固在肃清北圻边界，使其北圻军事早告完成，不必久占南关也。⑤

法军既退，乃于文渊州（离关十里）筑台安炮，为坚守计。尼格里返谅山，亦治守备。时龙州商民惊徙，游勇肆掠，逃军难民蔽江而下，广西全省大震。未几，冯子材、王德榜援军到关，众心稍定。⑥

---

① Lecomte, 338-350.《清季外交史料》卷五十五，第22页，潘鼎新奏。

② 同上。

③ Bouinais et Paulus, 411:"Le général fit sauter la porte de la Chine, non seulement parce qu'il ne voulait pas l'occuper, mais encore parce qu'il voulait frapper l'esprit des Célestes et prouver, par un témoignage irrecusable, l'arrivée de nos colonnes sur les frontières de Kong-Si, jusque alors inviolées par les Européens."

④ Lecomte, 350:"Ce ne sont pas les murailles de pierres qui protègent les frontières, mais l'exécution des traités."

⑤ 彭玉麟亦谓法于十一日晨焚关自退，见《彭刚直奏稿》卷六，第45页。

⑥ 《彭刚直奏稿》卷六，第45页。

（五）华军之复振（二月至三月初）

桂抚潘鼎新意气自用，与诸将不和，调度又多乖方，南关失后，议之者甚众。彭玉麟、张之洞于潘尤不满，连章论之，请以李秉衡代鼎新抚桂。二月初八日旨，潘鼎新、王德榜均革职，以苏元春督办广西军务，李秉衡为桂抚。① 先是鼎新与冯子材不协，钦廉告警，② 彭玉麟以桂军渐集，拟调冯军回顾，又恐难于移动，乃令潘、冯议决行留。潘谓冯军不得力，即令回廉。冯则谓边防紧急，不肯退。③ 结果，从冯议。时桂军退休，冯、王军当中路，任前防。法陆军部以和议未成，令法军进规龙州，以胁中国。④ 尼格里亦以华军大集，乃于二月初一日（3月17日）躬至镇南关一带探视虚实，见华军尽复故地，壁垒一新，防备甚严，知华军强，不可轻敌。⑤ 且见王德榜军屯关外东三中里，专备抄截，兼防入关旁路。⑥ 知深入必无利，乃叠函告法统帅，言其所以不能遽进之

---

① 《清季外交史料》卷五十三，第24页，张之洞电。又卷五十四，第33页，彭玉麟、张之洞电，又同上，彭、张电。
② Bouinais et Paulus, II, 417.
③ 《彭刚直奏稿》卷六，第46页。
④ 正月三十日（3月16日）波里也致尼格里书云："Ministre fait savoir que négociations sont engagés avec Chine et paraissent sérieuses. Il estime il y aurait grand intérêt à agir sur Lang Chau et à y montrer spahis。"（Lecomte, 370）
⑤ Lecomte, 370，尼格里回书云："Dans ces conditions, prendre l'offensive avant d'avoir reçu des renforts serait une faute。"Lecomte, 381: "tout indiquait la présence de forces sérieuses。"
⑥ 《彭刚直奏稿》卷六，第46页。又尼格里云："En outre, J'ai reconnu sur un autre débouché menant directement à Lang-Son, à l'est de Cui-Ai (porte de Chine), un grand camp Chinois。"（Lecomte, 381）

故,且求济师。① 时华军谍知法将犯关,冯子材倡先发制敌,群议多不欲战,鼎新以士气未复阻之。子材力争。初五(21日)夜,偕王孝祺军出关袭文渊,自初六(22日)五鼓战至未乃退。②

尼格里见华军众,渐取攻势,孤军驻文渊,惧为所袭;欲退回谅山,凭险而守,又惧途中为敌所乘,且不战而退太示怯。③ 乃决以攻为守,进犯南关。初七日(3月23日),法军悉众扑南关前隘,攻粤军营垒。冯子材力拒之,王孝祺亦誓与城共存亡。战至申刻,苏元春军至,合力拒战,竟日不食,至夜未休。王德榜军由油隘出据文渊对山,要击法辎重,法粮械遂不得入关。初八日(24日),大战至酉,法军四面受攻,不支,乃大败溃退。尼格里知文渊不可守,乃连夜径退至谅山。④

初十日(26日),冯子材军入文渊。十二日(28日),诸军三路攻谅山。法军踞城固守,并扼其对河北岸之驱驴墟。黎明,王德榜军进攻驱驴,法垒甚固,士卒多伤。午后诸军继至,王德榜与王孝祺军战尤力,法军猛,华士卒多伤,遂却。而法帅尼格里骤中弹,伤甚重,舁回谅山。命中校 Herbinger 代督战,升为军长。⑤ Herbinger 怯大敌,决退军。甫就职,即令前军停止前进,且电法统帅言:"尼格里重伤,粮药绝,无法再守,决乘夜分两队径退至谷松、屯梅。"⑥ 尼格里知之,坚持不可。Herbinger 不

---

① Lecomte, 380-381, 386-388. 尼格里不愿进攻,实为知己知彼。
② Ibid., 421-423;《彭刚直奏稿》卷六,第 46 页。
③ Ibid., 425.
④ 此役法人称为 combat de Bong-Bo(南关附近隘名),详见 Lecomte, 428-455。
⑤ Lecomte, 472-473.
⑥ Ibid., 474: "Général de Négrier grièvement blessé, Profiterai de la nuit pour rétrograder Long-Song et Tanh-Mol sur deux colonnes Impossible maintenir positions, fautes de munitions et de vivres."

听，①遂下令退。其实法军药甚充，至少尚可供四日作战之用也。②十三日（29日），华军克复谅山，分军追击。桂军、楚军追中路（按即谷松一路），粤军追西路（按即屯梅一路）。法军一蹶不振，望风而靡。十五日（31日），陈嘉、王德榜攻克谷松。冯子材军同日复屯梅。法军退船头、郎甲。华军尽复客岁所驻边界。③而法军辛苦百战之结果，尽丧于四十八小时之内。粤西将帅，喜出望外矣。

法统帅波里也自受命专任以来，北摧桂军，陷谅山，转旆西上，败滇军，解宣光之围，战无不胜，攻无不取；乃分军三路，一溯江而上，进犯清波，一从端雄至珂岭、安平，一从缅旺入猛罗。自以为可囊括红江流域，尽灭滇军，如摧枯拉朽耳。④不意二月初八日（3月24日）竟大败于临洮。⑤是日，谅山法军亦败退，波里也见两路均不得手，大懊恨，又不知谅山军情，以为不可收拾。乃一面遣兵回援郎甲、船头，一面急告政府云：⑥

尼格里将军受重伤，谅山失守，殊可痛惜。华军以三队之众猛扑驱驴。Herbinger中校见众寡远不敌，弹药垂绝，不得

---

① Lecomte, 476.
② Ibid., 477–479.
③ Ibid., 489–508, 512: "Nous venions de perdre en quarante-huit heures les résultats acquis au prix de tant de penibles labeurs et d'un préparation qui n'avait pas demandé moins de cinq mois, résultats acquis au prix de tant d'efforts pour la ravitaillement, de tant de combats sanglantes, de victoires si éclatantes. Tout cela était la faute d'un homme seul, du lieutenant-colonel Herbinger."
④ Ibid., 515.
⑤ 详见《岑奏稿》卷二十三。是役滇将出力者为岑毓宝、李应珍、王文鼎等。
⑥ 原文见 Lecomte, 414。

不退至谷松、屯梅。现尽力图守船头、郎甲。红江方面，华军亦日增。但无论如何，仍望能保守三角洲。请政府急增援。

此电可状当时法军张皇之情态。法陆军部于十三（29日）晨接到此讯，至晚，巴黎始知此消息，全市震动。舆论已不慊于政府，至是更愤激。翌日，下院开会，茹费理提案求二万万佛郎为军费，即以此案投票为信任投票。左派右派均痛诋政府，竟无一人为政府辩护者，结果政府之军费案以一四九对三〇六票被否决，茹费理内阁运命遂终。① 新阁成立，法来西讷复为外长。茹阁辞职之日，中国政府已接受法方和案。赫德电文以十五日（31日）至巴黎。中国接受法案后，乃知谅山之捷；茹阁既倒，乃知中国之已屈受和议，事亦奇矣。

（六）边军之全撤

中法和议，十九日（4月4日）在法都画押。二十一日，上谕各军定期停战："滇粤各军照约期调回边境。越南宣光以东，三月初一日停战，十一日华军拔队撤回，二十一日齐抵广西边境；宣光以西，三月十一日停战，二十一日华兵拔队撤回，四月二十二日齐抵云南边界。"② 时冯子材军方攻郎甲，规北宁。停战前一日

---

① *L'Affaires du Tonkin*, 387–389.
② 《清季外交史料》卷五十五，第31页，又卷五十六，第2页；又《李文忠电稿》卷五，第27—28页。

（二十九日），犹攻郎甲甚烈。① 滇军于二十日复广威府，规兴化。② 停战撤兵旨下，张之洞极力反对，谓："停战则可，撤兵则不可，撤至边界尤不可。关外兵械方利，法寇大创，中法用兵年余，未有如今日之得势者，我撤彼进，徒中狡谋，悔不可追。"③ 彭玉麟奏称："法狡无信，和可许，兵不可撤。"左宗棠亦谓宜慎要盟。④ 朝旨不从。二十五日，谕以（一）条约已画押，断难失信；（二）北圻虽胜而澎失台危，越地终非我有，而全台隶我版图，援断饷绝，一失难复。⑤ 二十七日，又谕以"获胜得不偿失，蹉跌更伤国体"，⑥ 严旨促退。于是自三月十四五日起，广、桂、楚、鄂诸军连环卷扎，皆撤入关。⑦ 滇军亦遵旨入关。刘永福军移屯思钦一带。越南自是遂与中国诀绝矣。

---

① Lecomte, 526.
② 《岑奏稿》卷二十三，第35—37、39—40页。
③ 《清季外交史料》卷五十六，第3页。
④ 同上，第20—21页。
⑤ 《清季外交史料》卷五十六，第3页；又《李电稿》卷五，第29页。
⑥ 《李电稿》卷五，第31页。
⑦ 《彭刚直奏稿》卷六，第50页。

第七章　各国之调停

（一）美国之独任调停与仲裁之提议
（甲申闰五月至七月初）

中法战争之历史，可分为两时期。第一时期，自壬午年（1882）至《天津条约》之成立（甲申四月十七，即1884年5月11日）为止。此时中法之冲突，完全限于北圻；且中国仅暗中助越，表面上北圻之战事为法越两国之冲突。中国仅希望以外交方式处理北圻事件，法国政府亦不愿扩大军事行动，恐惹起第三国之不满。在《天津条约》成立以前，两国均不愿将事件扩大，均极力使北圻事件成为一地方之单独问题；且均相信中法之冲突可由两国间直接交涉，以和平方法解决，无需第三者之调停。此时第三国之一般利益，未受若何影响，故亦不愿挺身而出为中法两国排难解纷。癸未（1883）六月间，英国忽有愿任调停之讯。[①]此种消息，中法两国颇加注意，深信英国素重视其远东商业利益，自愿维持远东之和平。至八月间，此说更盛。时法军已攻破顺化，

[①] *Livre Jaune*, 1883, Ⅰ, Affaires de Tonkin, 2me partie, 209: "un télégrame du marquis Tseng lui（李鸿章）faisait espérer les bons offices de l'Angleterre." Tricou à Challemel-Lacour, July 20, 1883.《李电稿》卷一，第27页。

第七章 各国之调停

胁越南订约（七月二十日，即 8 月 22 日）。八月十五日，法外部以备忘录送交曾侯，议于北圻设立中立地带。① 英国如有调停决心，此为最适宜机会。然英迄无表示。此盖由英法两国去岁以埃及问题发生冲突，感情尚未恢复，对此种排解重任，难于担承。其余各国皆隔岸观火。德国尤希望战争延长，使法国多费力于远东，对德不得不妥协。② 美使杨越翰（John Russel Young）曾告李鸿章以中法均愿请美国调停，美应竭力设法，以免中外失和，③ 但亦无下文。

第二时期，自北黎冲突后以迄中法和议之完成止，为各国调停之活跃时期。其最先为此事效力者为美国。

中国既坚拒法之要求，闰五月二十日（7 月 12 日），谢满禄以最后通牒致总署。二十七日（19 日），中国根据中美 1858 年条约第一款，请美出任调停（bons offices）。六月初二日（7 月 23 日），美国务卿（Frelinghuysen）乃电训其驻法公使（Morton）征求法国意见。④ 美使请茹费理将法国致华最后通牒之限期延长若干日以期便利谈判之进行。⑤ 茹费理答称中国违背《天津条约》，法国要求赔偿，中国须先承认该项原则，至于数目尚可俟后议定。⑥ 美国认为法之答复，在一般原则上无可非议。然美总统对于事实

---

① *Livre Jaune*, 212–214.
② "C'était dès lors un lien commun pour l'opposition ministérielle en France de représenter le prince de Bismarck comme l'inspirateur de la politique coloniale du Cabinet, et M. Jules Ferry comme la dupe du Chancelier." *L'Affaire du Tonkin*, 302.
③ 《李电稿》卷一，第 30 页，九年六月二十四日寄曾侯。
④ *Livre Jaune*, 1885, Ⅰ, Affaires de Chine et du Tonkin, 1–2, 36.
⑤ Ibid., 82–83, Ferry to Sala, August 29.
⑥ Ibid., 83.

之详细经过，尚未完全明了，① 因令驻华美使（杨越翰）以私人资格向中国提议其他适当办法。初七日（7月28日），杨使劝总署将详细情形告美总统，纠正法之错误。初九日（30日），总署乃郑重声明北黎之事应由法国负责，中国既不背约，自不能无故赔款。并云中法意见既完全相反，中国决请美总统调查事实，秉公裁判中国究有无违约之处。② 至此中国盖进一步请美出任"仲裁"，对事实问题加以判断。美乃再次向法提议。③ 十一日（8月1日），法外部得美此项仲裁之提议。茹费理见中国不但否认背约，且以事实问题请美裁断，乃坚决拒绝美之请求，谓事实问题无仲裁之可能。④ 十八日（8日），杨使乃以仲裁议绝望告总署。中国因提议请求美使赴沪协商解决方法。美乃向法提第三次请求，⑤ 为变相之调停。法国此时于仲裁绝对不肯承认，于调停本有容纳之意。惟茹费理于中国之推诿，极不满意，而巴德诺等又屡电法外交部报告中国备战情形，力谓中国借词延期。⑥ 时有旨申斥曾国荃等擅许法银五十万两，巴德诺以告法廷。法知中国决不能许

---

① *Livre Jaune*, 1885, I, Affaires de Chine et du Tonkin, 2–3: "La France suggère que les Etats-Unis disent à la Chine que les traités formellement souscrits doivent être respectés. Jusqu'ici le Président ne connait qu'imparfaitement des actes qui sont représentés comme un violation du traité. La principe générale, toutefois, est incontestable."

② Ibid., 66: "Nous demandons avec insistance que le Président des Etats-Unis veuille bien examiner les faits à fond, et, dans un esprit de justice, se prononcer en arbitre sur la question de savoir si effectivement la Chine a ou n'a pas violé le traité sur un point quelconque."《清季外交史料》卷四十三，第33—35页。

③ Ibid., 5-6;《李电稿》卷三，第9页。

④ Ibid., 83.

⑤ Ibid., 36, Frelinghuysen to Morton, August 14; 66, Young to Yamen, August 8.

⑥ Ibid., 17, August 6.

其所求偿款，交涉无望。二十四日（14日），巴黎得美提案。时下院通过以全权付政府，使"采取一切必需之步骤，迫中国遵守《天津条约》"。二十六日（16日），茹乃电巴德诺使转饬谢满禄向中国要求赔偿八十兆，分十年交清，限二十四小时答复。① 七月初九日，又使其驻美代办（Sala）告美政府法国不能再以游移之空言延宕，对美道谢，并致歉意。时孤拔已毁闽海军，轰船厂。美之调停，遂无结果。

（二）德京之直接交涉与美国之继任调停（七月至八月）

时中国税务司葛德立（Cartwright）在巴黎刺探法情。② 七月中，德璀琳（Detring）得葛报称法虽备战，然愿接受调停。③ 赫德亦函总署云："得电报，法国愿从英美德各国'评断'，并以为若英国从中调停更妙。"④ 赫德且谓法"下台而欲求梯"。巴德诺闻讯大惊。二十五日（9月14日），急电法京问之，且持不可。⑤ 翌日茹电闻此事，谓："此数日中葛德立与美使馆中人物在巴黎，李凤苞在柏林，分头进行重新交涉事。惟本人已郑重声明，凡调停之带有仲裁性质者，均绝不能接受；法国仍继续进行其报复之举

---

① *Livre Jaune*, 42, Ferry to Patenôtre, August 16; 78-79, Semallé to Tsungli Yamen, August 19.
② 《李文忠电稿》卷三，第23页。
③ *Livre Jaune*, 106, Patenôtre to Ferry, Sept. 14.
④ 《清季外交史料》卷四十六，第10页，七月十七日赫德致总署。
⑤ *Livre Jaune*, 106.

动，中国有何具体意见，可直接或间接由第三国转达。"①茹虽否认接受调停之说，然可证明中国希冀第三者仲裁之心尚未死。

时李凤苞以战事起，自法移居德都。十四日奉旨，"以德法仇"，可设法请德助华。②十六日复电称："德不肯助，亦不调停。"③李乃请毕士麦居间，使中法重新进行谈判。毕士麦时将赴波兰，乃以此意告驻德法使（Alphonse de Courcel），并云将使哈兹费德（de Hatzfeldt）告李使，言法使表示欢迎。④法使急电茹请示，茹答以"接待华使无妨，中国有何具体意见，可直接或由第三者居间转达。惟法国无论如何，不能接受带有仲裁色彩之调停。至于解决之条件，中国当知之已谂。法国要求《天津条约》之完全实行，即中国完全不干涉北圻事务。于界务与宗主权问题，均不得二三其词。并要求抵押品以为保障。法以中国背约，费用甚多，故要求赔偿八十兆佛郎，分十年交清。然法视赔款为次要问题，中国可以其他相等物件代替，如将台湾之基隆、沪尾等港之码头、海关、矿山交法国管理九十年，中国仍可保留其对此诸处之主权"。⑤时李使以未受朝命，不愿赴法使馆议。二十八日，哈兹费德乃延二人于己寓相见。⑥李使极言中国愿遵守《天津条约》；法既攻福州、基隆，当可满意，若欲割地为质，决不能许。法使告李云，此等大事，若由第三者传达，易引起误会，增加纠纷，不若直接与茹费理交涉。并云："果中国之意见如此，恐尚须

---

① *Livre Jaune*, 108, Ferry to Patenôtre, Sept. 13.
② 《清季外交史料》卷四十六，第 2 页。
③ 同上，第 5 页。
④ *Livre Jaune*, 107–108.
⑤ Ibid., 109–110.
⑥ Ibid., 110, de Courcel to Ferry, Sept. 13.

稍待。"① 故李与法使之交涉，全无结果。

美国自六月二十四日（8月14日）第三次提议为法所拒绝后，对中法事表示消极，不过问者几一月。至七月下旬（闽江战后约半月），法国渐不固持其赔款原则，表示可用相当物件替代。美国乃有为冯妇之意。二十三日（9月12日），美政府电驻华公使杨越翰云："中国政府使美居间对法表示，关于《天津条约》之执行与八十兆佛郎赔款分十年交清之意见，若此时讨论，当可顺利进行。……法国此时当愿意接受相当物品，以代替赔款。美国所愿为居间调停者即关于此项物品之决定。"② 二十九日（9月18日），驻法美参赞（Vignaud）以此转达茹费理。杨越翰时在天津，得李鸿章同意任调停，八月向巴德诺私提调停案。其内容为中国军队自北圻撤退；法军暂据基隆，停战六月，由美国仲裁。杨意只求法同意，北京政府必能接受此案。③ 巴德诺对此案尚无若何表示，杨越翰乃再进一步问巴法方所谓"可接受之相当物件"（équivalent acceptable）为何。巴冷然答之曰："华知我之条件已谂矣。"④ 杨越翰之提案，最后仍归结于仲裁，法置之不理。二十九日（10月17日），美驻巴黎代办又向茹提调解案，内容为：中国实行《天津条约》，偿款五百万，至实行条约之抵押品及赔款偿还之方法，则由美国仲裁；或将款之数目、偿还之方法及担保品听美国仲裁，随法所择。⑤ 九月，茹费理答以美国务卿所言均关于赔款问题，不

---

① *Livre Jaune*, 112–113, de Courcel to Ferry, Sept. 18.
② Ibid., 113.
③ Ibid., 117–119, Patenôtre to Ferry, Oct. 2, Oct. 3; Stahel to Patenôtre, Oct. 1.
④ Ibid., 119–120, Patenôtre to Ferry, Oct. 3.
⑤ Ibid., 131.

知在赔款问题范围外，美国愿否承认法国占据台北至《天津条约》实行止，为一切解决方法之基本条件。① 初九日（27日），美国务卿答以"法国如不满意赔款五百万之数，可将数目交美仲裁，至于担保此项赔款偿还方式，及保障条约实行之方法，当经仲裁决定。美国以为若预先说定法国将用担保名义占据中国土地，中国必认为不公允"。美国此论，理直词壮。② 法国见美不承认占据基隆为基本原则，即不承认其对华所提之八月二十三日案，对美表示不满。美之调停，遂无希望。而此时一线和平曙光，乃系于英国。

（三）英国之调停（八月末至十一月）

英国对中法越南之事，初无意干涉。迨战事扩大，闽台先受兵，中国沿海各省告警。英国为保全其商业计，不能坐视。同时英在欧洲之外交政策，以联法为方针。颇思借此机会对法表示好感。八月中，英外相（Lord Granville）与法驻英公使瓦定敦（Waddington）谈及中法纠纷事，愿出任调停。瓦定敦乃请示于政府。时美国任调停已历三月，尚无结果，中国颇有重行直接交涉之意。二十二日（10月10日），李鸿章乃使天津法领事林椿（Ristelhueber）问巴德诺愿于何种条件之下接受仲裁。③ 翌日，茹费理

---

① *Livre Jaune*, 134, note remise par Ferry, à Vignaud. 时法已向中国提出所谓八月二十三日案（见下），其基本原则为实行《天津条约》及暂据基隆为质，故以此复美。其意无异问美愿否以该案为交涉基础。

② Ibid., 136, Frelinghuysen to Vignaud, Oct. 27.

③ Ibid., 121, Patenôtre to Ferry, Oct. 10, 1884.

电复巴使，提出所谓"八月二十三日案"。内容为："中国撤退北圻军队，法舰队停止军事行动；中国批准《天津条约》，照原约所规定议订商约；法以暂时名义占据基隆，不妨碍及中国领土之主权，直至《天津条约》完全施行止；赔款名义不必坚持，但法国须得相当代替品，即据有基隆、沪尾之海关、矿产若干年；法肯接受第三国或数国之调停，以决定此年限以及减短年限之赔偿金额。"① 法外部既得英国愿任调停之讯，乃以此案寄瓦定敦。九月初三日（10月21日），瓦定敦见英外示之，谓法须在此种条件之下方可接受调停。外相问美国进行如何，瓦答美屡以仲裁为言，法不能接受。外相袒法，谓八月二十三日案，与其心中所私拟者大致相同，因问法愿接受英国何种调停。瓦定敦对如草案中语，且谓赔偿金额最少须四千万。外相表示愿于此种条件下进行调停，即交内阁讨论。且电驻华英使巴夏礼（Sir Harry Parkes，《黄皮书》误作 Sir Henry Parkes）调查清廷之意见。② 又十余日，茹费理知中国方讨论法案，以为此乃良好之调停机会。适美国已表示接受法之两基本条件，即赔款之原则与占据台北以为实行条约之保障。茹冀英美合力调停。十七日（11月4日），乃电瓦定敦使以此意告英外长。③ 英外长对与美合作事，不发表意见。④ 二十一日（8日），美代办又以其国务卿电呈茹费理，云：美极愿与英德两国或一国合作调停或仲裁。⑤ 此为美国极大之让步，表示不复坚持

---

① *Livre Jaune*, 124, Ferry to Patenôtre, Oct. 11, 1884.
② Ibid., 132–135.
③ Ibid., 140.
④ Ibid., 141–142.
⑤ Ibid., 149.

仲裁，亦愿担任调停。法外部急以此告瓦定敦，使转达英外长。①然八月二十三日案，中国讨论结果，认为不能接受，乃正式拒绝，并另提新案。②于是英之调停遂失其目的，英美合作之计划，亦告失败。

时台越将帅屡以大捷入告，朝臣虽有议乘胜讲和者，③而廷意以为军事甚有把握，不必亟亟示弱。九月十四日（11月1日），曾纪泽电问："如法不索费，津约可否照允？"④军机拟复曾乃云：

> 援台入越，已有胜算。廷议惟重此二者。台虽似危，彼果占据，尽有毙之之策。论理不当和，论势不必和。况津约作废，曾与美使明言，岂能计及转圜？刻下彼既密探，自系悔祸，曾纪泽为彼所恶，即为彼所惮。若法人允曾纪泽办理此事，先由彼照会曾纪泽议和。议论之际，约外不添一事。福酋之荒谬，彼果数其罪而斥之，不妨姑允议和，此外则有战而已。至我已进之兵，断不能先撤，彼来犯之兵，亦不准更战，方可开议。此事须于二十一日以前复到。曾纪泽不必前赴巴黎，迹近俯就。⑤

以此积极之态度，当然不能接受法之八月二十三日案。中国于法军留据基隆一款尤不满意，坚决拒绝。醇亲王等乃另计办法八条：

---

① Livre Jaune, 150.
② Ibid., 149, Patenôtre to Ferry, Nov. 8.
③ 《清季外交史料》卷四十八，第17页，翁同龢等九月十三日奏。
④ 同上，第17页。
⑤ 同上，第20页。

"（一）津约之商务界约，尚须酌改。（二）滇粤边外，由谅山至保胜一带划一直线，为中国保护通商界限。（三）设关通商事，派员另议。（四）法国在越不能有保护之名，越南嗣后仍贡献中国，其一切政令法国不得阻止干预。（五）法国派大臣与曾纪泽文移商议，或同来中国商办。（六）中法文字不同，翻译易误，此次立约，以中文为主。（七）中国入越之兵，暂扎不进，法军退出基隆，停止台湾封口。（八）中国本应向法索偿，今弃怨修好，可免索此项巨款。若法国有不允之条，应先赔中国以上各费再明定和战之局。"①二十一日（11月8日），旨寄李鸿章、曾纪泽核办。时英外相未知新案内容，二十五日（12日）向法表示云：据巴夏礼报告，中国此项新案，将求英国转达；但无论如何，英仅负转达之责，不另参加意见。②曾纪泽既以提案内容示英外长，外长乃大愕，谓曾云，英极愿接受中国调停之请，惟华方拟案为法国所必不能接受者，转达无用。据英相之意，华方拟案出于"战胜国要求战败国"之口吻，殊非始料所及。③不久巴德诺亦以华案内容电法外部。④曾纪泽见英外部不允转达，十月初五日（11月22日），又奉总署电嘱注重贡、界二事，乃将原议节略示英外长。外长云："不去保护名，则法功不致尽弃，此稿可送。"乃以示瓦定敦。瓦见华仍以界务为言，则云"有修界事即无和理"，⑤拒不受。十五日（12月2日），瓦定敦告英外长云："如英觉无和解之可能，盼

---

① 《清季外交史料》卷四十八，第25—26页，军机处奏附旨及条款。参阅 *Livre Jaune*, 157。
② *Livre Jaune*, 153—154.
③ Ibid., 156—157.
④ Ibid., 157.
⑤ 《清季外交史料》卷四十九，第15页，曾十月初十日电。

即相告。"且重申前意，谓法议中全允津约且据基隆至条约之完全实行，此两点为绝对不可移易者。至于基隆占据之时间，与偿款求早退兵之数目，尚可商议。①翌日，英外长以此告曾侯。曾侯乃言："津约可择允，不可全允。法台北兵宜退。此二事已奉旨，不敢再渎。"辞谢不肯为转告总署，②且指津约中"法保护中国南部边界"为侮辱中国，中国无需此保护；至于界务问题，未先决定，中国不能撤兵。③越三日（十八日，即12月5日），曾侯乃以备忘录送交英外部，中云："（一）中国不能批准《天津条约》，然法于该约中所要求之利益可以相许。（二）中国政府不能承认法据基隆以为施行条约之担保品。中国政府以为中法目前之困难焦点，在于法之要求赔款。若法欲以军队占据基隆若干年，此与赔款异形同实，更可憎恶也。"④

此时法方痛诋曾侯，以其不承津约为无意言和。其实中国并非绝对不愿承认津约，观李凤苞在德京之表示，可以证明。而法国坚持据基隆、沪尾为议款之基本条件，此则中国决难接受者。美国较能主持公道。英于此时务以联络法国为计，尽力袒法。故二十二日（9日），外长与曾侯晤面，以危言耸之，曾侯不为所动。⑤十一月十一日（27日），曾再提一备忘录交英外部，言中国于下列条件下，可批准津约：（一）约文分三本，一华文，一法文，一为他种文字，有争论时以此本为据。（二）根据津约规

---

① *Livre Jaune*, 160-161.
② 《清季外交史料》卷四十九，第18页，曾十月十八日电。
③ *Livre Jaune*, 161-162.
④ Ibid., 163.
⑤ Ibid., 169-170.

定,法越间订约不载有伤中国体面之规定,如越南愿意入贡中国,法不得阻止之。(三)划界自谅山南起,东至海,西至缅甸境。①十三日(29日),英外部转交法使。二十二日(1月7日),茹费理复电云:

> 照我等观之,中国新提案等于旧案重缮。……我等以为波里也将军乃惟一对华议约之人。②

措词骄倨已极。时桂军两路均挫,法军乘胜西援宣光,故茹敢作斯语。各国调停之努力,至此均告绝望。中法之事,惟有中法自了之耳。

---

① *Livre Jaune*, 177–178;《李电稿》卷四,第 37 页(此案赫德拟)。
② Ibid., 179.

第八章 《巴黎和约》

（一）金登干与茹费理之重提和议
（十二月至乙酉正月）

中法直接交涉既无结果，英美之调停至甲申十一月中亦告绝望。茹费理傲然谓："波里也将军已负对华议约之全责。"然则除中法两国以全力决最后之胜负外，北圻问题似无其他解决办法。而此时税务司赫德适遣英人金登干（James Duncan Campbell）赴法正式交涉法扣中国海关汽船事，商定战事期间中国沿海灯塔之管理事宜，并非正式进行中法间之交涉。① 不意金留法五阅月，偌大之越南问题，为两国间外交军事，欧美列强奔走调停所不能解决者，竟于其手结束，殊非始料所及也。

金登干于十一月二十五日（1月10日）抵巴黎，翌日（11日）与茹费理初次晤谈，涉及越南事。金表示赫德愿处理中法两国间冲突之诚意。茹言中国方面屡提无理之要求，使战事不得不延长。此时法已下决心以武力与华决胜负，然其目的仍不出已往所持法在北圻、安南确定其绝对保护权之原则，法国仍愿据此原则与中

---

① Cordier, op. cit., II, 319.

国磋商恢复友好关系。① 金乃将茹意电告赫德。十二月初二日（1月17日），赫德电复，使据十一月十一日（12月27日）曾侯之备忘录与茹商议。② 此备忘录之内容，原为赫德所拟，其中条件于双方均较公允，赫相信可以此为讨论之发端。金乃于初九日（24日）见茹，达赫意。然法国目的欲全得北圻，于该案所云"谅山南划界，西至缅甸"一条，决不能承认。且茹既拒曾于前，无许赫于后之理（相距仅二十八日），故辞谢之。金因问茹可否于《天津条约》之外，加以附款（即指越南照常入贡与划界事）。③ 茹谓附款之议，决难接受；惟中国若直接正式对法有何新提议，法国政府极愿详加考虑。此即谓中国若对法有新提案，须以《天津条约》为根据，同时须由中国政府正式提议；金一税务司属员，人微言轻，磋商亦未必有用。④ 赫德得此讯后，知固持越贡事，必难邀法承诺；惟仍冀划界事，法肯与中国磋商，至少欲争保胜地归中国。二十四日（2月8日），茹乃复赫德电云：

> 果法国与华成立一确切之协约，法必不将北境勘界之议视为中国虚荣作用而拒绝之。然保胜之地法绝不放弃，盖法视保胜为红江航路之管钥也。⑤

又十二日（乙酉正月初六日），金登干复往谒茹，再持至少须

---

① *L'Affaire du Tonkin*, 339.
② Ibid., 340 (cf. *Livre Jaune*, Affaires de Chine et du Tonkin, 183–184, Hart to Campbell, Jan. 17). 曾提案见前章第三节。
③ *Livre Jaune*, 183–184, 原件附注。
④ *L'Affaire du Tonkin*, 341–343; *Livre Jaune*, 198.
⑤ *Livre Jaune*, 198, Ferry to Hart, Feb. 8, 1885.

以一部北圻地予华。然金仍无中国政府之正式提议。此时北圻方面法军大胜，谅山失守，而英国于中法间不宣之战，已认为有战争之事实，自十二月初宣布严格遵守中立。法国乃尽量利用交战国之权利，照1856年巴黎会议宣言之规定，于中国海面巡查拘捕中立国船舰，防其为中国运送"战时禁品"。于是中国海道等于断绝，法舰队渐有骚扰华北海岸之讯，法且列米于"战时禁品"，使华北各省以饥坐困。就一般军事形势言之，此时为法之全盛时期，故茹费理乃对金登干表示，（一）坚决拒绝割北圻一部地（保胜）予中国之议，（二）中国欲新议有成，须有正式提案，（三）于条约之实行，须有保证。①

赫德至此知事已绝望，乃劝中国政府放弃分割北圻之议。中国政府迫于情势，颇愿正式提议与法磋商，以《天津条约》为讨论根据；法于此外无他要求，则中国亦不求另加附款。于是双方意见大体接近，所差者仅施行条约之保证问题。此问题最难解决。盖法国方面，坚持前次既有北黎之事，法于中国签字不能视为完全之保证。此次中国再与法立约，无论如何，法须得相当之担保品，以保证北圻华军之撤退。中国方面则视法暂据台北为奇耻大辱，坚决不许。赫德乃拟调停办法，许法据台，至中国批准《天津条约》，或规定北圻华军撤退日期之约成立为止。惟和约中不明文规定此事，如此则法既得保证，中国亦可顾全体面。以此意电金登干，使转问茹。②赫恐中国主战各派闻此和议必加掣肘，乃求中法双方（一）将交涉之进行完全守秘，（二）中法双方于赫本

---

① *Livre Jaune*, Ferry to Hart, Feb. 20, 1883.
② *L'Affaire du Tonkin*, 347–348, Hart to Compbell, Feb. 25 (?).

人外，不可同时再介他人居中谈判。总署与茹均接受赫议。① 时出使德国大臣许景澄报告，则其时驻德法使（de Courcel）正介人"请询中国傥肯议和，另有和平办法，可先密告"，②继又露"肯退基隆，不押关，不索费"之口气。③ 十七日，许电又言日意格密告陈季同，法愿照津约另商越界通商实益，余无求。④ 未几曾侯自伦敦亦电总署，言："法户部司员利哥丹来问和局，谓泽如有议事之权，可赴商量。"⑤ 法国方面，据其驻德公使报告，则中国方面介人非正式议和局，有重提交涉之意。⑥ 时总署已许赫负专责，不另介人调停，故各处虽有谈判之提议，均未进行。赫乃拟定草约四款，受中国政府批准为中国之正式提议。于正月十四日（2月28日）电金登干，金以次日转茹，内容如下：⑦

（一）中国许批准1885年5月《天津条约》，法国许于该约各条款规定以外，不作任何要求。

（二）两国同意各处一律停战，俟两方停战令下，军队接到此令时，法国即开台湾之封锁。

（三）法国同意派其使臣前赴天津、北京议详细专约，两国议定撤退军队之日期。

---

① *Livre Jaune*, 198-199, Ferry to Hart, Feb. 26.
② 《李文忠电稿》卷五，第9页（许十二日电）。
③ 同上，第10页（许十四日电）；或《清季外交史料》卷五十三，第22页。
④ 同上，第12页（许、李十六日电）。
⑤ 同上，第19页（曾致译署电）；或《清季外交史料》卷五十四，第15页。
⑥ *Livre Jaune*, 195, de Courcel to Ferry, Feb. 19. 法方称主动者为李鸿章，中国则称法有求和意。法说近理。
⑦ Ibid., 196-197, Hart to Campbell, Feb. 28.

（四）中国命金登干为特任议约专使，以全权与法国代表签订此草约，作为中法间初步之协约。

按中法自《天津条约》成立以后，双方均不愿再事无谓之战争。北黎冲突发生，法方指为中国之阴谋，中国指为法国之挑衅，此实一不幸之误会。中国虽负大部责任，然并非有意预谋，证据具在，可资覆按。法国自北黎冲突后，对华交涉一口咬定中国故意破坏条约，认赔款与保证为和议之两基本条件。赔款所以定中国之罪名，保证所以固条约之实行。然自中国视之，则我既有诚意施行《天津条约》，赔款决难接受，保证亦毫无必要；且两原则之中，中国若接受其一，即无异屈服于法国单方之判词，等于承认对北黎问题负全责，此于国家之荣誉大有关系。故中法下半段之战争，可称为中国反抗法国单方判决之战争。法国如能了解中国此点，只求《天津条约》之施行，则交涉极易解决。且法国之目的，实在确定其越南之绝对保护权，此为茹费理内阁政策之中心。赔款本身之有无，于法国之政策本无足轻重；至于占地为保证，果法国相信中国有诚意遵守条约，更为多余之举。故甲申五六月以后中法之争执，并非利益问题，全系感情用事。法国之偏见太深，不但中法间之直接交涉不能奏效，即他大国之调停亦告无功。故谋中法间之妥协第一步骤，须先求法国对中国之谅解，使法国明了中国并无恶意，则一切纠纷自可迎刃而解。此时法已放弃赔款问题，所争者仅保证之形式，故赫德于提出草案四款之前，先以电致金转茹费理，详细解释中法北黎冲突后中国态度演变之经过。其言曰：

第八章 《巴黎和约》

去年不幸之经过,实为忽促之交涉与意外事件所引起,而此事件发生之原因,多滋误会。往者诚不可追,然于已往略加解释,以资将来之鉴诚,而明实在之情形,亦不无小补。中国政界,不若欧洲各国代议政治下之分党立派。负责之官吏居要职高位,静理国事,皆遵照成宪旧章,此外则有不负责之官吏,大半均文人与言官,无实权在握,日以章奏评论国事。

当去年5月(西)《天津条约》成立之后,言者纷纭,皆谓此约磋商过于匆促,中国未加以充分之考虑,约中多含糊字句,其规定多列可无者而缺应有者之类。然无一人敢作废置条约不顾之语。

如法军稍耐,缓赴谅山,则中国必照《天津条约》第三、第五两款与法议定商约,且自谅山撤退军队。

北黎冲突之后,法国对中国要求赔款,中国当初即不能承认,诚以此事属于意外,并非出自有心。法既攻陷基隆,中国除力战之外,并无他法,然自始迄终,中国不愿战争,时时准备与法交涉。……

北黎冲突之后,言官前之不满意《天津条约》者,始主张对法作战,然此辈重则遭贬斥,轻则政府不加以信任。……将帅之无功者,亦仅依法办理,不加严厉处分,今言官已绝口不复以激越之言论进矣。

末言中国政府极有言和之诚意,以祛茹费理之疑忌。① 茹既得赫之四款草案,同日续得其详细解释此案之电文,谓交涉进行既至此,

---

① *L'Affaire du Tonkin*, 333, Hart to Ferry, Feb. 26.

忍耐和平可以竟全功，如急促太过，或作无益之不耐，或为轻蔑之态度，伤害中国之体面，徒增阻碍困难；且约中虽极力避免用保证之字样，而第三款谓法国军队留驻台北，至中法两全权代表规定之日期止，实际即为保证。最后请茹费理拒绝所有他人之提议，自称其负交涉全责，已经总署呈请朝廷认可。①金登干与茹交涉至是已历六星期，和议已略有头绪。茹乃使外交部政治司长毕乐（Billot）与金正式晤商。

（二）伦敦柏林天津和议之活动（乙酉正月）

茹虽许赫德独任中法交涉事，而同时他方面于中法纠纷愿以私人资格作居间之活动者甚多。正月初，伦敦中国使馆洋员马格里得法京某君讯，言中法息争之时机已到，似可由渠与马交换意见，渠前仅介他人与法当局交涉，此时已与茹费理及其他各部长有直接接触，可以居间设法。马复信云：

> 法军尾逐华军已攻取谅山，此时岂有承认中国正当要求之意耶？余殊不信。至于中国方面，宁以死伤损失，遂增屈服之意，中国岂遂无勇气耶？以余观之，亦殊未必。恐此等事适反足以增中国抵抗之决心，继续其奋斗而已。……然仍愿与君更换关于目前情状之意见，且尽力设法使谈判得以重开，余极能了解君所言法国民族伟大之性格，然中国将来与法交涉，

---

① *L'Affaire du Tonkin*, 354–355, Hart to Ferry, March 1, 1885.

并非求法之表示宽恕,特愿法之表示公允而已。①

不数日巴黎复书来,言即赴伦敦商议,此人遂偕法国一官吏至。② 正月中旬马格里与晤谈于伦敦中国公使馆。此二人言如中国愿与法重提和议,有何新拟条件,愿尽力代达于法国政府;马答以中国极愿和议有成,然条件之详,此时个人尚不得知,盖自英外相调停失败之后,曾侯迄未得政府关于此点之训令。二十四日(3月10日),马乃自拟一草案,谓中国大约可承认此为重新谈判之根据,其内容为:

第一条　中国皇帝为遵守其历朝不干涉邻邦内政之政策,不过问越南与法国或他国间之关系。(不明言法国之保护以避免中国之反感。)

第二条　中国皇帝承认法国越南间将来之一切条约。(不言已往,理由同上。)

第三条　中法许越南王照常入贡中国。(言"许"示由越南自动,中国不能强迫。)

第四条　为基于本约第一、二两款而发生之新情况,中法两国约定勘划中国与越南国之北圻地中间界线,此界以自甲点至乙点之线为准。(甲乙两点待商。)

第五条　中法各命特派员照第四款勘定界线,并命全权代表议定两国间之通商条约,决定边界上通商之地点。

---

① Boulger, *The Life of Sir Halliday Macartney*, 385-386.
② 即上节曾电所云法户部司员利哥丹。

第六条　各处一律停战。

第七条　此约签定后若干日（待定）在北京（或他处）交换，法国立即开放台湾之封锁，换约后若干日（待定），法军开始自台湾撤退。

第八条　中法继续承认两国间在1884年1月1日前之亲善各约，以表示两国间邦交之复归于好。

法方二人愿以此转达茹费理，马亦云禀知曾侯。二十七日（3月13日），茹见此草约，乃称曾侯最好向政府请求议事全权。曾乃电总署询问。① 马亦复茹称曾已遵命问中国政府。时伦敦《泰晤士报》登载李鸿章在天津已进行和议之交涉，马希望其不成为事实。茹称不论何人谁先得中国政府正式委任者，法国至少亦必与之开始谈判。总署于二月初一日（3月17日）复曾电，② 言："此间近有人为茹通款，津约外无求，已准商办，数日内当有确音，是否定局即电达。"此指李、巴暗中交涉事。且中国政府此时已决定全由赫德担任此事，对内外均守秘密，故复曾电云然。③ 伦敦方面之活动，虽无结果，然有两点可注意：（一）马所拟草案，中法两方均有接受为讨论根据之意，（二）当时法方均痛诋曾侯与马格里竭力破坏中法间之和议，然据此次交涉之来往秘密信札观之，则曾、马绝不反对和平，惟所望者为"光荣之和平"。④ 即不肯使中国实

---

① Boulger, 386-392；《清季外交史料》卷五十四，第15页。
② 《李电稿》卷五，第20页。
③ Livre Jaune, 213, Hart to Campbell, March 19.
④ 马云："I shall much regret if peace be made without our cooperation, but so far as the Marquis and I are concerned, provided that peace is an honourable one, it will be welcome to us, no matter who brings it to pass."（见 Boulger, 393）其惓惓和平之意可见也。

际上既蒙重大损失，名义上又负战争责任。马所云"不求法国之宽大，只期法国之公允"，实即此意。

时天津方面李鸿章于正月下旬告法领林椿（Ristelhueber）云，据三方面来源不同之报告，法国政府只求得商业之利益，《天津条约》之批准，便可议和，若照此讨论，则和议有望，愿即准备与法交涉。时林椿以事将离津，李留之。二十三日（3月9日），巴德诺乃自上海电茹请示。① 同日，茹复电，② 告以"柏林、③ 巴黎方面，均有人为和议之活动，法政府已告赫德之代理人，言愿听和议，惟须有总署之正式提议，经全权代表转达，方能答复。赫复文称中国政府已许以签订初步协约全权畀此代理人。林椿无妨留津观察形势。法政府已复赫称（一）北圻军事在法军完成其占领前，决不停止；（二）所云全权凭证须经茹阅视；（三）赫提议以商业利益代替赔款，法政府愿于初步协约中将此利益确切说明。林椿对李亦须抱此态度"。然金登干此时与毕乐交涉进行颇顺利，故总署暂亦不愿有他举动。

（三）金毕草案之研究与全权问题
（正月十五日至二月初六日）

自正月十五日（3月1日）起毕乐与金登干逐日晤商，竭力守秘。除茹费理与赫德外，法方仅外交部科长（Cogordan）及秘

---

① *Livre Jaune*, 199, Patenôtre to Ferry, March 9.
② Ibid., 200, Ferry to Patenôtre, March 9.
③ 见上节许景澄电。时巴黎尚未知马格里议，故不云伦敦。

书（Lalouete）二人参与此事。毕、金二人乃就赫德所拟四条草约加以研究，交换意见。第一为草约之形式问题。此草约为和议之初步办法，其目的仅在使中法两军立时停战，然约中前三条不甚明晰，实行时恐易发生误会，故法方提议于草约外附以说明书（Note explicative）。中国方面，只要此附件仅就已有原则加以确定之解释，不变更原则之本身，或增加其他原则，自可赞成。于是中法双方于草约之体裁问题，意见已趋一致。

第二，为草约之内容问题。草约中不提赔款事。金登干谓中国决绝反对赔款，无人敢以此陈奏于上者，赫德亦以草约中如有赔款之规定，于中国为侮辱，故不敢提及。毕乐乃言中国违背《天津条约》，使法蒙重大经济生命之牺牲，不能不出补偿。若和议草约中无此补偿之规定，则法国恐不肯接受，中国舆论固宜重视，法国舆论亦当顾及；如中国认赔款为有伤体面，则不如许法以商业之利益，以为赔款之代价。如此，则法国既可接受此草约，中国亦无损尊严；且中国已谋战事平定之后，于国内建设铁路，何不乘机与法国工人技师定约每年造成若干公里铁路？约文中如有此款规定，对法国工商业均有利，法国可认为满意，一举两得，同时于中国无所损伤，亦不启列强觊觎之意。金登干于此提议并不根本反对，惟谓此款可于详细专约中规定，不宜列于初步草约之中。此问题悬未解决。

第三，为谈判本身之问题。金、茹前此之交涉，仅系交换意见，此时双方既系正式讨论商订条约各款，并备签订条约，则法国方面当然要求中国确切证明赫德之提议即中国政府正式之提议；换言之，即证明赫德、金登干有中国政府给予之全权，此为任何正式外交谈判第一步必要之手续。又赫德于正月十二日（2月26

日）寄茹电，附称其所拟草案将由上谕先正式承认；此谕是否已下，是否承认赫德原议，是否以全权授金登干。毕乐以此问金。金言十二日赫原电，言上谕系承认所拟和议各款，十四日（28日）赫电提出四款时，附带声明已经朝廷正式许可，①则该项上谕当然已下。其第四项明言以全权授金登干，更无疑问。然法国为慎重计，坚持此点须得中国方面确切之声明，同时赔款（或以商业利益为代品）问题亦须征求中国政府意见。茹费理于十七日（3月3日）乃以此两问题电问赫德。②同时，毕、金二人就草约逐款详细讨论。

第一款，为中国承认甲申四月十七日（1884年5月11日）《天津条约》，此外法国不得再有所要求。照《天津条约》，华军自北圻撤退，中国承认法越间已往及将来各约（即承认法在北圻之保护权）；中国许与法议定中越北圻交界之商务条约。照此，法国在越发展之目的可谓已完全达到，本无其他要求。惟此时赔款问题，尚未完全解决。法国虽于赔款之形式不再坚持，然于其原则仍未舍弃；所云商业利益，即根据此原则而来，此事尚俟中国政府之复命；若遽承认于《天津条约》外无所要求，岂非承认放弃此原则？故此款在得中国答复以前，暂时不能讨论。

第二、三两款为休战之基本规定。休战时间，法军处优势，于法国方面有利，故原则上不成问题。两款中虽未明言"保证"，然自初步协约成立两军停战至和约成立为止，法军仍保持其在台湾之地位，如有不合，随时可进攻全台，并扰乱中国沿海，实际

---

① *Livre Jaune*, 196: "L'empereur a autorisé la proposition des quatre articles suivantes."

② Ibid., 199, Ferry to Hart, March 3.

上此即充分之保证，故法于名义上不必争执。至于两方撤兵之日期，就草约观之，中法系处于平等地位，法国方面并未得优越之规定，然《天津条约》中已言中国立时将其军队自北圻撤回边境，中国既承认《天津条约》，当然须照此实行，即北圻华军须立时撤退，故此点法国亦认为满意。赫德草约之特点，即一面极力避免伤害中国体面，一面使法国达到其实在目的，故中法两方皆表示可以接受。

惟此时原则虽经同意，而停战撤兵之详细手续，尚毫无规定。草约仅有各处尽早停战之语，《天津条约》亦仅有中国立即撤兵之规定。上次北黎之冲突，即为停战撤兵之手续未完妥所致；此次两方对于此点当然不能不妥为规定，以免再酿纠纷。赫德十五日（3月1日）曾电茹拟步骤如下：①

> 草约一经签字，金登干即直接电北京，告知总税务司。北京接到此电后，即由中国皇帝下明谕宣布批准《天津条约》。李鸿章以此事通知天津法领。法领再电茹费理。茹得此电后，即电法领告以开放台湾之封锁，各处停战，且将此令传与法方全体有关系之长官。再由法领以此告知李鸿章与总税务司。再由总署答法以中国方面已令各处停战。在停战令未达到各地之前，如两军有冲突事件，则当视为意外，非人力所及阻遏之事。

赫虽拟有步骤，然未提及规定此步骤之方式。若谓可仅由茹、金

---

① *L'Affaire du Tonkin*, 355.

二人间同意，作为定议，则李鸿章、福禄诺之覆辙可鉴，故毕乐坚持此项实行之步骤，须于草约之附带说明书中加以确切规定，以免周折。金登干于此表示同意，乃进而讨论步骤之内容。

照赫德所拟办法，第一步为草约签字后由金通知赫，再通知总署，此中国单方问题，与法无关，无须于草约说明。其原拟第二步为中国皇帝下谕宣布批准《天津条约》，则为华方最重要之手续，证明中国决意恢复中法间之和平关系，愿意自北圻撤兵回境，承认法于北圻之保护权，并愿与法订专约，规定华越间之新界务、商务关系；经此正式声明之后，法国亦愿履行其所约关于休战之规定。故金、毕二人议定，以"中国政府下谕令实行1884年5月11日中法条约"一语，为说明书之开端。原议第三步骤为"中国方面由李鸿章以该项上谕通知天津法领"（茹费理且要求将此谕在京报公布），此系枝节问题，不必于说明书规定，但云"中国下谕"云云已足。其通知办法，可照平常惯例办理。第四步骤，即法国下令停战，此为对中国宣布承认《天津条约》之相对责任（l'engagement corrélatif），为法方最重要之手续，非有明文规定不可。惟据赫德原案谓各处一律停战，停战令亦传于全体有关系之长官，意指海陆军完全停战，即在北圻之法军，亦暂不得离其所扎原处前进。法国方面则持法仅下令开放台湾之封锁，海军亦停止战事；至于北圻方面，华军须遵照《天津条约》立即撤退，法军即可进占华军所放弃各地，故无停战规定之必要。金登干则谓停战之用意在于避免双方在任何地点有战争行为；《天津条约》之实行与华军之自北圻撤退，不至以此而延搁。承认《天津条约》之上谕一下，华军即照约陆续向边境撤退，至于法军进占华军所放弃各地之日期，可由双方同意商定；惟一律休战之办法，全为避免各军冲突起见，不能以北圻为例外。毕乐坚决反对此点，谓此与草约之基本原则不合。草约之主要目的，在保障《天津条约》之实行。《天津条约》既有中国立即撤兵之规定，则北圻即不应再有华兵，法方亦无所用其停战，更无所用其留扎原处。反之，法军应遵照条约继续进兵，占领华军所放弃地域迄中国之边境为止。至于华军方面，自应迅速及时撤兵，以避免冲突之发生，此为华军单方面之责任，其撤退所需之时间多少，应由说明书明文规定，惟不得将休战之范围包括北圻。法在北圻，仍将维持其遇必要时随时可以进攻之地位。金登干谓局部休战，恐引起中国方面之不满，于交涉进行有碍。二人乃议定此点俟征求赫德之意见后再定。①

故讨论之结果，乃由茹费理于二十六日（3月12日）电赫德，询以下列七事：②

（一）请赫德以本人名义，电示所言上谕是否已下。

（二）法无垄断建造中国铁路之意，惟中国可否承认在若干年之内，建造若干公里铁路，所用工人技师法国有应聘之优先权？

（三）停战之规定，不包括北圻，盖《天津条约》已明言中国应立即自北圻撤退军队，特别指明谅山、高平、室溪、保胜等地。

（四）中国由上谕批准《天津条约》，即承认中国军队应立

---

① *L'Affaire du Tonkin*, 356—367.
② *Livre Jaune*, 204.

即自北圻撤回边境，特别注重放弃保胜。

（五）法军仍续进迄中国之边境为止，此全遵照《天津条约》实行。

（六）初步草约签字后停止之战事仅限于海面与基隆。

（七）法国对华虽有战事，在天津仍驻有法领，中国公使馆可否派华员一人襄助金登干办理？

同日，赫德回电正式声称十三日（2月27日）已有密谕承认四款草约，并以金登干为签约特派员。二十九日，又电金登干重述前电，附言中国特派李鸿章与法议订专约。① 此切实之声明，已足袪法国之惑。然茹素主慎重，且照外交惯例，全权代表议事之前，宜先检验其全权证明书，此时金登干并未得此项证明书，若由中国政府邮递，须费时两月左右，缓不济急。故法国政府只要求中国方面由正式代表，或经政府承认之代表一人，以前项上谕通知法国驻津领事。二月初一日（3月17日），茹乃以此要求分电赫德与巴德诺。②

时巴德诺仍在沪，巴对华意见甚深，素抱疑忌态度，且正与孤拔议以海军大举攻华北，以促中国之屈服，于巴黎交涉之进行自不满意。故茹电仅告以"中法交涉以《天津条约》为讨论张本，且法国将占据其抵押品，至有利条约之确定成立为止；法国与金登干之谈判，决不至损害法国军事之位置"，以免除巴、孤二人之误会。数日，巴得林椿电，言赫德告以中国方面将由李鸿

---

① *Livre Jaune*, 205.
② Ibid., 209, Ferry to Hart; 210, Ferry to Patenôtre, March 17.

章以上谕直接寄达巴黎。巴以此事原守秘密,李鸿章前此均未参预,兹突然出任传递,而中国方面不肯就近通知天津领事,反欲直寄巴黎,疑中国具有他意。初六日(3月22日)急电询茹。①未得复,而李鸿章已于是日受命为全权大臣,与法议详细条约,刑部尚书锡珍、鸿胪寺卿邓承修亦奉命驰赴天津会办。②同日,李正式通知林椿云:"3月13日(二月二十七日)上谕许可赫德原议草案三款(第四款为委任金登干事,不计在内,故云三款),并派金登干签订草约,总署已奏请由李鸿章告知法国林领,再由林告知茹费理",③于是法国之惑乃解。至于法国政府所要求由中国使馆派华员一人襄助金登干办理事,赫德复金谓中国已付金全权,决委金个人单独在巴黎签约,如法国政府愿在他处(伦敦或柏林)签约,则中国将派其公使副签。④此问题法国亦认为满意解决。

(四)法国之附带说明书拟案与《巴黎草约》之签定
　　(二月十九日即4月4日)

法国既得中国政府之正式声明,乃于二月初九日(3月25日)提出附带说明书之拟案如下:

---

① *Livre Jaune*, 213, Patenôtre to Ferry, March 22 (*L'Affaire du Tonkin* 日期误)。
② 《清季外交史料》卷五十四,第28页(二月初六日上谕)。
③ *Livre Jaune*, 214, Patenôtre to Ferry, March 23.
④ Ibid., 213.

（一）中国方面一奉旨允准《天津条约》将其军队自北圻撤回边境，则两国陆军海军当于台湾及沿海各地立即一律停战，法国下令北圻方面法军将校不得侵犯中国边界。

（二）中国军队接到撤退边境之命令后，法国即开放台湾之封锁，法国驻华公使与中国皇帝所派遣之全权代表于最短期间内，商定和平亲善通商专约，于此约中规定法军自台湾撤退之日期。

（三）休战期内，迄专约签字为止，两国不得输运军队及军火前往台湾，专约签字并奉旨允准后，法国即取消禁轮船运米赴华北之举。

（四）中国下令云南军队撤回边境时，该项命令可取道北圻，法国方面允设法助华方使此令尽速达滇军将领，期滇军可以迅速撤退。

至于赫德草案三款中，茹费理仅将第一款中"法国别无所索"改为"只欲得《天津条约》完全施行，别无他意"；① 于第二款"一律（partout）停战"之规定，亦不加修改。是日金登干以法提案电达赫德，云：②

> 茹费理本欲将商务专约中主要各点悉于草约中规定，后已接受阁下意见，取消原议，草约成立，并非即恢复和平，仅为暂时停战，以进行和平之谈判而已。……

---

① *L'Affaire du Tonkin*, 377-378.
② *Livre Jaune*, 215（金致赫电，《黄皮书》误为备忘录）。

关于签约事，茹相欲中国派一华人秘书至巴黎，与金登干会签，以昭大信，此秘书除签约外，别无责任，签毕可以即回其原任。

时法陆军于初七日（23日）再攻镇南关，海军于初八日（24日）封锁北海，战事益紧张。十三日（3月30日），法军败讯突至巴黎，全国震惊。次日反对党倒阁成功，茹相辞职，然仍负责治外部事，至二十一日（4月6日）为止。茹急欲于七日之中完成其对华之和议。

时华方已愿接受法方于三款草约之修改及其所附说明书之拟文，仅于说明书中酌增两点，一为法海军同时开放台湾与北海之封口，一为规定停战与撤军之日期。

茹阁下台前一日，赫德电茹，告总署已接受法议，惟为避免误会起见，于法所拟说明书将略有增改。① 次日军机处奏请旨允可，得旨交总理衙门办理。时谅山大捷之报至北京，赫德复电茹："称清廷仍诚意遵守两国间以往谈判之规定；在华军收复谅山之后，此种态度足以证明中国酷爱和平愿守津约出于至诚，华军之愿自北圻撤退不成问题，惟实行需时耳。"②

法海军之封锁北海事，在茹拟案已电北京之后，故茹案未及规定此事。法国于华方之要求撤除北海封锁，当然同意。华方要求规定停战与撤军之日期，理由为："广西关外之兵调回甚近，云南则兵数多而路又远，断难同时撤尽，必须两国订明日期；停

---

① *Livre Jaune*, 219, Hart to Ferry, March 30.
② Ibid., 220, Hart to Ferry, March 31.

战之期宜速，撤兵之期宜宽。"① 故遂提议于说明书内增加一款如下：②

　　停战撤兵之令不能期其同日到达华法两军，亦不能同日到达两国之各处军队，故两国规定各军停战开始撤退及撤退完毕之日期如下：

　　宣光以东之军队，自二月二十五日（4月10日）起停战，三月初六日（4月20日）起撤退，十六日（4月30日）撤退完毕。宣光以西之军队，自三月初六日（4月20日）起停战，十六日（4月30日）开始撤退，四月十七日（5月30日）撤退完毕。

　　两方军营将官先得到停战令者，当以此消息传达于最近地点之敌军，即不得再有敌对之行动攻击或冲突。

此可证明中国迫切欲履行津约之诚意，法国于此规定当然表示欢迎。双方且言明日期虽经规定，届时仍可照情势之需要，前后稍加移动，中国所求增改两点，法国完全同意。

此外尚有一点，中国表示不满，请求法方修改，即第三款关于法方禁运米赴华北之规定，中国求于草约签字之时，法国即停止海上之搜查。金登干提议将此规定改正如下：

　　中国方面关于施行津约之上谕一下，法国即停止搜查赴

---

① 《清季外交史料》卷五十三，第3页，总署奏。
② L'Affaire du Tonkin, 393.

运中国之战时禁品（米在内），同时法国商船可自由出入上海及其他港口。

法国坚不肯接受此项修改，适金得赫德电，告以如法坚持原议，可将此规定修改为"专约一经签字奉旨允准之后，法国即将搜查海面兵船全数撤退，中国亦开海口，许法商船出入"。①法乃同意。至此中法方面于草约已完全同意，所差者仅签字之手续耳。赫德前电嘱金不可于十六日（4月1日）签字，是日适值西方之万愚节，正式条约若于此日签字，恐不祥。此虽小节，可以见赫德对草约之慎重态度。

时中国方面既正式派金登干为全权代表，自当由金负责签字。法方在旧阁已倒新阁未立之时，签字一事，顿成一大问题。茹费理虽仍负责办外部事务，然签定和平草约关系法国远东政策之大局，非寻常事务可比，且草约一经订立之后，法国不能对中国再有新要求，茹不知新阁之计划如何，不敢以一人之意见拘束新政府之行动。且中国仅由总署正式声称可接受草约三款，于说明书并未直接宣言赞同，签字之后，恐中国方面或不承认，则纠纷正多。法总统（Grévy）之意见与茹同。故签约事乃暂停顿。十七日（4月2日）金登干电告赫德云："事全停顿，仍冀有成耳。"②十八日，金又电赫，告以法方困难四点：（一）法新阁未成立，茹不敢签约，恐束缚新阁之政策。（二）总署致法领之照会，仅由李鸿章盖印。（三）总署直接表示承认草约正文三款，惟未直接表示赞同

---

① *Livre Jaune*, 220.
② Ibid., 222, Campbell to Ferry, April 2.

附带说明书。(四)毕乐若无法国总统给予之全权,不能签字,此时法总统不敢遽予以此全权。时波里也又电法政府言法军实际并无放弃谅山之必要。① 孤拔亦于十三日(3月29日)攻占澎湖群岛。赫德恐迁延多日,议又中变,急电金云:"总署急欲定议,如再迁延数日,恐三月以来之努力所得结果将成画饼。"② 自谅山大胜之后,边将言官多主乘机用兵,若法方以签字问题使和议停顿,中国难保不疑法别有用意。茹费理见赫电之后,颇觉延搁非计,同时各处新闻函电杂沓,皆言时势急迫,困难繁多,茹知迫不及待。乃于十九日(4月4日)召集已免职诸阁员重开阁议,将此事慎加讨论,各种情形经详细之考虑后一致通过,将草约立即签定,毋需迟延。

  法总统本欲将签定和约之议听俟新阁自决。毕乐乃于是日进谒,报告阁议决定立时签约之原因,并自请全权。总统加以考虑后,深表同情于茹相之愿负责到底,许之。是日下午三时,中法两全权乃会晤于法之外交部。此时尚有一问题未十分确定者,即草约签定之后,专约成立之前,法国军舰可否仍照常在海面搜查运米?茹告金登干以法国之意见,在停战时期内,法国仍照常禁止各商船运米前赴华北。③ 金表示同意。④ 由金、茹各具公函说明,惟金以此事恐引起中国方面责难,与法方约定,非至万不得已时,不将此两札公布。然日后法方竟以此两札刊布于《黄皮书》中,对金个人实为背约也。

---

① *Livre Jaune*, 223, Campbell to Hart, April 3.
② Ibid., Hart to Campbell, April 3.
③ Ibid., 226, Ferry to Campbell, April 4.
④ Ibid., 227, Campbell to Ferry, April 4.

四时，金登干与毕乐乃就草约画押。①惟此时中国态度如何，总署之力量是否足以压服主战者之言论，中国政府愿否批准金毕草约，自茹视之，均成问题。茹恐万一中国不批准，则已倒之内阁将蒙国人双重之诟病，乃与金商定在中国批准之前，约文暂归毕乐保管，如中国批准，即将之公布，否则知此事者不过数人，仍可保守秘密。金乃电赫德，告以大事已成。次日赫回电贺之，茹等知中国态度未变，心稍安。二十一日（4月6日），法新阁成立。是日，上谕：“中法既议修好，允准津约，各路军营着即定期停战，滇粤各军并着照约定期撤回边境。”②次日，以此上谕通知法领使转达法政府。③二十四日（9日），巴德诺自上海电法政府，告以林椿已得总署正式通知，批准《天津条约》，下令定期撤兵。④惟总署原以为二月十五日草约可以画押，不意迁延五日之久，所定撤兵期限太促。赫德乃电金登干与法政府商延期五日，⑤并求华军自谅山撤退之日，法军亦自澎湖撤退。⑥法来西讷均许之。⑦二十九日（4月14日），赫德电金登干转法来西讷，言上谕已于京报刊载，和议乃成。

---

① 法文见 *Livre Jaune*, 223–226；英译见 *Blue Books*, China no.1, 1886；无正式中文本。
② 《清季外交史料》卷五十五，第31页。《李电稿》卷五，第27—28页。
③ *Livre Jaune*, 228–229, Hart to Campbell, April 7.
④ Ibid., 228–229.
⑤ Ibid., 229–230.
⑥ Ibid., 231.
⑦ Ibid., 234, 239.

附录(一) 中文参考书目举要

王希隐编 《清季外交史料》一百册，民国二十一年

故宫博物院编 《清光绪朝中法交涉史料》已出二十卷（至光绪十年六月止），民国二十一年至二十二年出版

吴汝纶编 《李文忠公全书》一百册（内有奏稿、译署函稿、朋僚函稿、电稿等，光绪三十四年出版）

刘长佑 《刘武慎公遗书》

张树声 《张靖达公奏议》

彭玉麟 《彭刚直公奏稿》

岑毓英 《岑襄勤公奏稿》

刘坤一 《刘忠诚公奏疏》

曾国荃 《曾忠襄公全集》

曾纪泽 《曾惠敏公遗集》八册，光绪十九年刻

邓承修 《语冰阁奏议》

张佩纶 《涧于集奏议》

张之洞 《张文襄公奏稿》《张文襄公电稿》

刘铭传 《刘壮肃公奏议》六册

郭嵩焘 《郭侍郎奏疏》

薛福成 《庸盦集外编》

翁同龢 《翁文恭公日记》

唐景崧 《请缨日记》十卷
胡传钊 《盾墨留芬》
欧阳利见 《金鸡谈荟》
《关外随营笔述》
法国晃西士加尼原撰 《柬埔寨以北探路记》

附录(二) 法文参考书目举要(英文附)

(一) 官方文件

Livres Jaunes

  1883, I, Affaires de Tonkin.

  1883, II, Exposé de la Situation de Tonkin.

  1884, Affaires du Tonkin.

  1885, I, Affaires de Chine et du Tonkin.

Documents diplomatiques françaises (1871–1914), lre série, vols. 1–5.

Blue Books

  China no.1, 1886.

U. S. Foreign Relations Series, 1884–1886.

(二) 私家记载

Billot, *L'Affaire du Tonkin*, 1882–1885, Paris, 1888.

Bonet, J., *Dictionnaire Annamite-française*, 2 tomes, Paris, 1899.

Bouinais, A., et Paulus, A., *L'Indo-Chine Française contemporaine*, 2 tomes, Paris, 1885.

Boulger, D. C. de K., *The Life of Sir Halliday Macartney*.

Patenôtre, J., *Souvenirs d'un diplomate*.

Rambaud, A., *Jules Ferry*, Paris, 1903.

Cordier, H., *Bibliotheca Indosinica*, 2 tomes.

Histoire des Relations de la Chine avec les Puissances Occidentales, t. 2.

Mélanges d'Histoire et de Géographie Orientales, 3 tomes.

Devéria, G., *Histoire des Relations de la Chine avec l'Annam-Viêtnam.*

Garnier, F., *Voyage d'exploration en Indo-Chine*, 1885, Paris.

De Paris au Tibet, 1887, Paris.

Dupuis, J., *Les Origines de la Question de Tonkin.*

Norman, C. B., *Tonkin, or France in the Far East.*

Lecomte, J. F. A., *Langson, combats retraits et négociations*, 1893.

Lecomte, J. F. A., *Langson, combats retraits et négociations*, 1893.

(cartes)

Ganneron, E., *L'Amiral Courbet.*

Belval, Challan de, *Au Tonkin.*

Lanessan, J. L. de, *L'Indo-Chine Française*, 1889.

Maybon, Ch. B., *Histoire Moderne du Pays d'Annam.*

Douglas, R. K., *Li-Hung-Chang*, 1895.

Chassigneux, E., L'Indo-Chine, in Hanoteaux et Martineau, *Histoire des Colonies Françaises*, V, 1932.

Roche and Cowen, *The French at Foochow.*

Martineau, A., *Dupleix et l'Indo-Chine Française*, 4 tomes, 1927.

Roberts, S. H., *History of the French Colonial Policy*, 2 vols., 1929.

Hauser, H., *Histoire diplomatique de l'Europe*, 2 tomes.

Girault, A., *Principe de Colonisation et de Législation Coloniale*, 5 tomes, 1927–1930.

Semallé, comte de, *Quatre Ans à Pékin*, 1934, Paris.

(三) 期刊

Revue de droit international et de législation comparée.

Revue générale de droit international public.

Revue des Deux Mondes.

L'Asie française.

T'oung Pao.

Bulletin de l'École française d'Extrême Orient.

Customs Decennial Reports.

British Year Book of International Law.

西文索引

A

d'Adran, évêque（达特兰主教） 15
L'agent de France 22
d'Aiquillon 5
l'alerte de 1875 51
Angcor（盎高尔） 32
An-giang（安江） 26
Annam（中圻） 3, 21, 46, 47, 55, 58, 63, 69, 73, 74, 258
l'année terrible 51
Arnim（亚宁） 52
L'Aspiée 191
Aspice 194, 195
L'Assemblée Constituante 19

B

Baldinotti, Ginliaus 4
Bao-ha（保河） 36
Barrow 17
Bassak（排沙格） 33
Beaulieu, Morel（莫列波约） 134
Béryte, évêque de（被利德主教） 6
de Bézaure（白藻泰） 195
Bien-hoa（边和） 25
Billot（毕乐） 97, 238, 257
Binh-quèn（平均） 130
Bonard, amiral（波那） 51
Bonfils 55
Bordeaux（波尔多） 21, 22
Bouet（波滑） 112, 124
Bourayne 37
Bourée（宝海） 73

de Bourgainville, Baron 23
de Bourges 6, 7
Brière de l'Isle（波里也） 134, 161
Bruno 13
Busomi, F. 4

C

Calcutta（喀儿喀塔） 15
Cambodia（柬埔寨） 3
Campbell, James Duncan（金登干） 232
Cardineaux 6
Cartwright（葛德立） 223
Carvalho, D. 4
Cent Jours, Les（百日时期） 21
Chaigneau, E. L. 23
Chaigneau, J. B. 21
Chambre de Commerce de l'Orient, La（东方商会） 21
de Champagny 20
Chanzy（商犀） 73
Chappalier 12
Chappelain 12, 28
Charner 25, 30
de Chasseloup-Laubat（谢师罗劳伯） 27
Château-Renaud, Le 194
Chau-doc（州督） 27
de Chaudordy, le comte 51
Chevreuil 7
Clemenceau 97
Cogordan 241
combat de Bong-Bo 216
combat de Ha-Ho 208
combat de Hoa-Moc 207, 213
combat de Nui-Bop 209

combat de Yoc   207
Commissaire au Roi   22
Compagnie de Jésus, La（耶稣会）3
de Conway, le comte   17
Cordier   4, 9, 12, 13, 14, 17, 18, 19, 20, 21, 22, 23, 50, 63, 67, 71, 76, 82, 129, 146, 154, 159, 161, 162, 172, 174, 175, 198, 208, 232, 258
de Cossigny, Charpentier   19, 20
Cotolendi, Ignace   6
Courbet（孤拔）124, 125, 176, 188, 191, 258
de Courcel, Alphonse   224
Crétin   161, 162
Cyriaque   35

D

Dayot, Jean-Maire   20
Decaen   20
Delaporte（特拉巴尔脱）33
Decazes（德喀斯）22, 53, 60, 61, 62, 63, 64, 68, 69, 70
Decazes, le Duc（德喀斯）53
Desfosses   47
Detring, Gustav（德璀琳）143, 223
Devéria（特维利亚）46, 258
Deydier, François   7
Divers Voyages et Missions, Les   4
Dominé   207, 208, 212
Dominicans（多明我教徒）8
Dong Nai（仝陃江）24
Donnier   202, 203, 204
Duclere   84, 91, 92
Dugenne, lieut-colonel（杜森尼）161
Dugúay-Trouin, Le   194
Dumond   12
Duperré（杜白蕾）37, 60, 67, 68, 69
Dupleix   12, 13, 258
Dupuis, Jean（堵布益）34
Duruy, Victor   27

E

étroite entente（密切协调）55, 61
d'Estaing   194, 195

F

Faifo（会安铺）4
Fauchille, Paul   55
Fermanel   9
Ferry, Jules（茹费理）50, 62, 91, 92, 163, 170, 172, 189, 221, 258
Foignet, R.   55
Fournier, François-Ernest（福禄诺）143
Frandin（法兰亭）150
Frelinghuysen   221, 222, 226
de Freycinet（法来西讷）71, 80
Frielle   12

G

Galisonière, La   190
Gambetta（刚必达）62, 77
Garnier, Francis（安邺）30
Garnier, François   17
Gaul（哥卢）9
de Genouilly, Rigault   24, 27
de Giers   198
Ginlo Piani   4
Giovanninelli   210, 212
Goa（果阿）5
Gorchkorff   51
gouvernement de la Régence, le（摄政政府）61
de la Grandière（特拉格郎提爱）27, 31
Granville, Lord   226
Grévy   252
Guizot   23

H

Hainques, A.   7
L'Hamelin   191
Harmand（何罗柽）93, 124, 125
Harmand treaty（《何罗柽条约》）17
Hatien（河仙）26
de Hatzfeldt（哈兹费德）224
Héliapolis, évêque de（嚊利阿波利主教）6
Herbinger   216, 217
Hoi Han（会安）4

261

Huten（呼登） 33

I

L'Isle de France（巴黎近地） 13

J

Jacquemier（日格密） 172

K

Kémarat（格马兰） 33
Kémot 130
Kep（郎甲） 201
de Kergaradec 67, 68
Kim-Anh（金英，金婴） 136
Krantz, l'amiral 58
Kratié（克胐氏） 33
Kulturkampf（文化战争） 52

L

Lacour, Challemel（沙梅拉库） 62, 91, 220
Lafont 53, 69
de Lagrée, Doudart（特拉格来） 31
Lalouete 242
Lao-Kay（保胜） 36, 105
Larcher 19
Leroux, P. 14
Lespès（利士比） 146, 157
Lettres Patentes 13
Lê-Tuen（黎循） 38
Lisbon（里斯本） 5
Luang Prabang（郎拨拉彭） 30
Lutin, Le 190
Lynx 194, 195
Ly-tuong（黎循） 38

M

Madras（马都拉斯） 15
Malacca（马剌加） 3
Manneron, Louis 19
Mékong（澜沧江） 30
Métellopolis, évêque de（梅德乐波利主教） 6
Mibielle 204

Millot, Ernest（米乐） 37, 134
de Montaignac 55
Montignray 24
de Montmorand, Brenier（白罗呢） 67, 68
de Montmorin 16
Moren 35
Morton 221, 222
de la Motte, Geoges 3
de la Motte-Lambert, P. 6
Mouhot, Henri（麻好） 30
Myre de Vilers, Le（柴棍总督） 72
Mytho（美萩） 25

N

de Négrier（尼格里） 134, 168, 204, 216
Ninh-Hai（宁海） 58

P

Page 25
Paklaye（巴格拉衣） 30
Pakmun（巴格蒙） 33
Palatinate, War of the 11
Pallu, François 6
Parkes, Sir Harry（巴夏礼） 107, 227
Parsevol, Le 193
Patenôtre（巴德诺） 71, 157, 176, 178, 180, 182, 183, 184, 185, 187, 189, 194, 197, 198, 204, 223, 224, 225, 226, 227, 228, 241, 247, 248, 257
de Paul, Vincent 5
Peace of Aix-la-Chapelle 12
Pégon（白古） 7
Philastre 45, 51
Phong Cot（丰谷） 209
Phra Naret 7
Phu-Lam-Tao（临洮） 136
Phu-Doan（端雄） 136
Phu-Lang-Thuong（浪张府） 161
Phu-Ninh（扶宁，富宁） 136
de Plamy, Colin（葛林德） 176
Poivre, Pierre 13
de Pouvourville 46, 56, 58
protection（庇护） 56, 57, 63
protectorate（保护权） 55, 56, 57, 60, 69

Q

Quang-Oai（广威） 136
Que Duang（桂阳） 137
quan-thuong-bac（官商舶） 42

R

Ravel 196
Renauly 12
Résident（外务官） 59, 60
de Rhodes, Alexandre 4
Riviére（李维业） 81, 123
de Rochechouart, le comte（罗淑亚） 60, 61
de Richelieu 21, 22
Ristelhueber（林椿） 226, 241
de Rothe 12
Rouen 9

S

de Sainte-Croix, F. Renouard 20
Saint-Hilaire 72, 73, 77
Saint-Phalle, l'Abbe de 14
Saône, La 193, 194
Scherzer, F. 63
Sedan（师丹） 144
de Semallé（谢满禄） 112
Semun（士蒙河） 33
Senez 37, 38
Société des Missions Etrangères, La（异域传教会） 6
Sombor（桑泡尔江） 33
Song Cau（六头江） 137
Song Thuong, le（谅江） 161

T

Tan-Duong（三阳） 136
Tay-Ninh（西宁） 25
Thomson 123, 124
Thuong-Bac（官商舶） 42
Toen-Hia（保河） 36

Tonkin（北圻） 17, 25, 35, 51, 53, 55, 58, 62, 66, 69, 71, 72, 78, 80, 89, 92, 97, 98, 102, 105, 108, 123, 124, 143, 146, 152, 155, 157, 160, 162, 167, 169, 172, 187, 188, 189, 194, 197, 198, 204, 206, 209, 210, 218, 220, 221, 222, 233, 234, 237, 238, 244, 246, 248, 249, 251, 257, 258
Tourane（广南港） 4
traité d'Amiens（《亚米恩条约》） 20
Tricou（脱利古） 95, 220
Triomp hante, Le 194
Tunis（突尼斯） 84

U

Ubon（乌旁） 33
U. S. of the Ionian Islands, the（爱奥尼亚群岛联邦） 57

V

Véret 11, 12, 28
Verret 11
Vien Chan（文湘） 33
Vignaud 225, 226
Villars 190, 194, 195
Vinh-Tuong（永祥） 136
Vipère, Le 193
Volta, Le 191, 192, 194

W

Waddington（瓦定敦） 97, 226
Wade, T.（威） 80

Y

Yen-bay（安沛） 36
Yen Dinh（安定） 137
Yen-Lac（安乐） 136
Yen-Lang（安朗） 136
Yinh-long（永隆） 26
Young, John Russel（杨越翰） 186, 221

中文索引

二画

十三版纳（稀桑邦囊） 33
丁宝桢 115

三画

士蒙河（Semun R.） 33
山西 44, 104, 105, 111, 116, 118, 121, 122, 123, 125, 126, 127, 128, 130, 131, 132, 133, 134, 135, 136, 139, 144, 149, 151, 154, 188, 202
广州 11, 12, 35, 120, 121, 143
广南 3, 4, 5, 6, 7, 8, 9, 11, 12, 13, 14, 15, 16, 17, 18, 19, 20, 22, 28, 117
广南港（Tourane） 4, 16, 17, 24, 25, 42, 43
《凡尔赛条约》 18, 19
马如龙 35, 36, 38
马江之败 194, 195, 196
马建忠 88, 89, 146, 152, 175
马剌加（Malacca） 3, 6, 13
马格里 171, 238, 239, 240, 241
马都拉斯（Madras） 15

四画

文湘（Vien Chan） 33
日本 3, 4, 8, 47, 66, 109, 111

日格密（Jacquemier） 172, 173, 191
中圻 33, 55, 89
元江 34
公上王（阮福澜） 4
《天津条约》 60, 128, 143, 156, 157, 160, 162, 167, 170, 172, 177, 178, 179, 180, 187, 188, 198, 209, 220, 221, 223, 224, 225, 226, 227, 230, 233, 234, 235, 236, 237, 241, 242, 243, 244, 245, 246, 247, 249, 254
太平江 38, 130, 131
巴格拉衣（Paklaye） 30
巴格蒙（Pakmun） 33
巴夏礼（Sir Harry Parkes） 107, 227, 229
巴德诺（Patenôtre） 71, 111, 113, 153, 157, 158, 173, 174, 176, 178, 179, 180, 187, 188, 189, 194, 196, 197, 198, 222, 223, 225, 226, 229, 241, 247, 254
巴黎近地（L'Isle de France） 13
《壬戌条约》 40
乌旁（Ubon） 33
屯鹤关 104, 111
王德榜 131, 136, 140, 164, 170, 206, 208, 210, 211, 214, 215, 216, 217
瓦定敦（Waddington） 97, 98, 226, 227, 228, 229

中文索引

五画

东川 34
东方商会（La Chambre de Commerce de l'Orient） 21
东印度公司 10, 11, 12, 13, 14, 28, 29
北宁 37, 38, 48, 105, 113, 115, 121, 122, 123, 125, 130, 131, 132, 133, 134, 135, 136, 137, 138, 139, 140, 141, 143, 149, 151, 154, 161, 170, 202, 203, 218
北圻 4, 6, 7, 10, 11, 12, 18, 26, 30, 33, 34, 36, 37, 39, 40, 41, 42, 43, 45, 46, 50, 52, 54, 55, 59, 60, 61, 62, 65, 66, 67, 68, 71, 72, 73, 74, 75, 76, 77, 78, 79, 80, 81, 82, 83, 84, 85, 86, 87, 89, 90, 91, 92, 93, 94, 95, 97, 99, 100, 101, 102, 103, 104, 105, 106, 108, 110, 111, 112, 115, 117, 119, 121, 122, 124, 125, 126, 128, 129, 130, 132, 134, 136, 140, 143, 146, 147, 151, 152, 154, 157, 158, 159, 160, 161, 164, 168, 176, 177, 178, 180, 181, 187, 188, 189, 192, 197, 200, 205, 206, 209, 213, 214, 219, 220, 221, 224, 225, 227, 232, 233, 234, 239, 241, 243, 244, 245, 246, 247, 249, 250
《北京条约》 35
占婆 7, 8
仝狔江（Dong Nai） 24
边和（Bien-hoa） 25, 26, 29
印度 5, 6, 11, 12, 14, 15, 17, 21, 22, 28, 30, 31
印度支那 8, 12, 13, 14, 19, 27, 53, 54, 84
外务官（Résident） 59, 60, 72, 128, 129
尼格里（de Négrier） 134, 140, 168, 202, 203, 204, 207, 208, 210, 212, 213, 214, 215, 216, 217
左宗棠 127, 170, 190, 219
左域（左育） 207, 212, 213
平定 58
本地治里 9, 12, 13, 15, 17, 19
永隆（Yinh-long） 25, 26, 27, 29
冯子材 48, 208, 210, 211, 214, 215, 216, 217, 218
宁平 44
宁波 12
宁海 58
白古（Pégon） 6, 7, 12, 13
白罗呢 67, 68, 69
《甲戌条约》 82, 84, 89, 92, 101, 103

六画

米乐（Ernest Millot） 37, 38, 40, 134, 137, 138, 140, 157, 159, 160, 161, 162, 163, 166, 168, 176, 178, 188, 201
达特兰主教 15, 16, 17, 18, 19
老挝 8
毕乐（Billot） 97, 238, 241, 242, 243, 245, 246, 253, 254
交阯 15, 16, 18, 23, 27, 29, 30, 31, 33, 34, 45, 54, 66, 68, 70, 75, 123
　下交阯 27, 29, 30, 66, 68
　支那交阯 23, 29, 30, 34, 75
　印度交阯 18, 45, 123,
刘永福 36, 44, 90, 91, 116, 117, 118, 119, 120, 121, 122, 123, 125, 126, 127, 128, 129, 131, 132, 133, 137, 139, 140, 141, 149, 150, 154, 164, 183, 185, 201, 206, 207, 212, 213, 219
刘长佑 48, 67, 115, 116, 255
刘铭传 190, 199, 255
刘璈 190, 192

刘岳昭 36, 61
多明我教徒（Dominicans） 8
后嘉隆王（阮福映） 15
安江（An-giang） 26, 27, 29
安沛（Yen-bay） 36
安南（越南） 3, 4, 5, 6, 7, 8, 9, 10, 11, 13, 14, 17, 22, 28, 47, 48, 62, 75, 168, 232
安邺（François Garnier, 晃西士加尼） 17, 30, 32, 33, 34, 35, 40, 41, 42, 43, 44, 45, 51
州督（Chau-doc） 27
刚必达（Gambetta） 62, 77, 94
朱一新 109
会安（Hoi Han, 会安铺原名） 4, 13
会安铺（Faifo），同上 4, 7
西山之乱 14
西贡（柴棍） 50, 112
西宁（Tay-Ninh） 25
红江 34, 35, 36, 37, 38, 39, 40, 42, 43, 44, 45, 50, 56, 57, 58, 60, 61, 64, 67, 72, 77, 80, 81, 82, 83, 84, 87, 88, 89, 90, 91, 95, 100, 104, 105, 107, 110, 111, 115, 118, 121, 124, 125, 126, 132, 134, 202, 217, 218, 233
异域传教会（La Société des Missions Etrangères） 6, 7, 8, 9, 10, 27, 28, 29
《亚米恩条约》（traité d'Amiens） 20
亚历山大六世 5
亚历山大七世 6
阮文祥 42, 58, 112, 120
阮文惠 15
阮光缵 48
阮知方 25, 39, 40, 43, 44
阮福映（后嘉隆王） 15, 18, 19, 20, 22, 28, 48

阮福淍（明王） 8
阮福皎（明命帝） 23
阮福淳（睿宗） 14
阮福阔（武王） 8
阮福澜（公上王） 4
阮福濒（贤王） 7

七画

里斯本（Lisbon） 5, 6, 9
何罗柽（Harmand） 93, 105, 124, 125, 127
《何罗柽条约》（Harmand treaty） 17
克胐氏（Kratié） 33
吴亚终 36, 116
岑毓英 35, 36, 61, 64, 90, 115, 116, 118, 120, 126, 128, 129, 131, 133, 135, 136, 137, 138, 140, 142, 153, 164, 165, 173, 174, 181, 200, 201, 205, 206, 210, 255
杨玉科 201, 210, 213
杨林 35
杨越翰（John Russel Young） 186, 221, 222, 225
杜文秀 35
杜白蕾（Duperré） 37, 40, 41, 42, 45, 52, 60, 61, 65, 66, 67, 68, 69
杜森尼（lieut-colonel Dugenne） 161, 162, 163, 166, 167, 168, 172
村上天皇 3
苏元春 201, 202, 203, 204, 205, 210, 211, 213, 214, 215, 216
李秉衡 215
李维业（Riviére） 81, 82, 96, 103, 109, 122, 123, 124
李鸿章 79, 80, 85, 86, 88, 91, 92, 93, 95, 97, 106, 108, 110, 112, 117, 118,

120, 121, 127, 138, 142, 143, 145, 146, 148, 149, 150, 153, 155, 156, 160, 163, 171, 172, 176, 177, 178, 179, 181, 185, 189, 192, 193, 204, 205, 206, 208, 209, 210, 211, 220, 221, 225, 226, 229, 235, 240, 241, 244, 245, 247, 248, 252

李瀚章 35, 64

沙梅拉库（Challemel-Lacour） 62, 91, 102

沈寿榕 115

张之洞 114, 194, 199, 200, 202, 205, 206, 210, 211, 213, 215, 219, 255

张佩纶 101, 114, 117, 126, 148, 164, 192, 193, 195, 196, 255

张荣 35

张树声 108, 109, 115, 116, 127, 129, 137, 138, 139, 140, 141, 143, 163, 164, 165, 200, 255

陈宝琛 108, 182, 186

陈嘉 203, 204, 217

八画

金登干（James Duncan Campbell） 232, 233, 234, 235, 236, 238, 241, 242, 243, 244, 245, 246, 247, 248, 249, 250, 251, 252, 253, 254

金边国（柬埔寨旧译名） 3

呼登（Huten） 33

孤拔 104, 124, 125, 130, 131, 132, 133, 134, 155, 157, 168, 176, 179, 180, 181, 186, 187, 188, 189, 190, 191, 194, 195, 196, 197, 198, 223, 247, 253

宗主权 46, 47, 50, 55, 62, 63, 68, 69, 70, 73, 74, 75, 78, 82, 83, 84, 85, 87, 88, 89, 92, 94, 96, 99, 100, 110, 111, 151, 154, 224

宝海（Bourée） 73, 75, 77, 78, 79, 80, 82, 83, 84, 85, 86, 87, 88, 89, 90, 91, 92, 93, 94, 95, 96, 102, 103, 105, 106, 110, 112, 117, 120, 121, 129, 147, 151

定祥 25, 26, 29

郑柞 7

郑柟 4, 10

武王（阮福阔） 8, 12, 13

罗马 3, 4, 5, 6, 7, 8, 24, 25, 27, 52

罗淑亚（le comte de Rochechouart） 60, 61, 62, 63, 69, 77

昆仑群岛 11, 12, 16, 17, 26

贤王（阮福濒） 7, 8

明王（阮福凋） 8

明命帝（阮福皎） 23

林椿（Ristelhueber） 226, 241, 247, 248, 254

果阿（Goa） 5, 6, 7

法来西讷（de Freycinet） 71, 72, 73, 74, 78, 80, 81, 84, 218, 254

《法国外交文件》（Documents diplomatiques françaises） 53

河内 18, 37, 38, 39, 40, 42, 43, 44, 45, 48, 58, 60, 67, 70, 77, 81, 82, 83, 84, 85, 106, 107, 108, 110, 112, 116, 118, 122, 123, 124, 125, 126, 127, 129, 130, 131, 132, 134, 135, 137, 140, 167, 168, 203, 204, 207, 212

河仙（Hatien） 26, 27, 29

波尔多（Bordeaux）商会 21

波里也（Brière de l'Isle） 134, 140, 161, 201, 204, 212, 215, 217, 231, 232, 253

波滑（Bouet） 112, 124, 125, 126, 127, 128, 130

郎甲 140, 201, 202, 203, 204, 208, 211, 212, 217, 218, 219

郎拨拉彭（Luang Prabang） 30, 31, 33
耶稣会（La Compagnie de Jésus） 3, 8

九画

保河（Toen-Hia, 即 Bao-ha） 36
保胜（Lao-Kay） 36, 44, 58, 67, 89, 90, 91, 105, 107, 111, 115, 116, 118, 119, 120, 121, 122, 128, 133, 135, 136, 141, 155, 156, 157, 158, 161, 164, 169, 181, 183, 201, 206, 229, 233, 234, 246, 247
保护权（protectorate） 54, 55, 56, 57, 60, 61, 62, 69, 73, 74, 75, 84, 86, 87, 88, 96, 99, 108, 128, 144, 151, 232, 236, 243, 245
《顺化条约》 108, 109
南圻 24, 25, 26, 27, 29, 30, 108, 121, 161
南定 44, 81, 117, 122, 123, 126, 134
南徽 15, 109
赵沃 48, 115, 125, 133, 134, 137, 138, 139, 140
叙州 34
宣光（三宣） 44, 105, 118, 121, 122, 133, 135, 136, 137, 141, 156, 165, 202, 203, 205, 206, 207, 208, 212, 213, 217, 218, 231, 251
思茅 33, 34
临安 34
威公使（T. Wade） 80
柬埔寨（Cambodia, 旧译金边国） 3, 7, 22, 27, 30, 32, 256
美萩（Mytho） 25
茹费理（Jules Ferry） 62, 91, 92, 97, 98, 102, 106, 110, 153, 154, 156, 157, 167, 170, 171, 173, 175, 176, 178, 179, 183, 184, 187, 188, 189, 196, 197, 198, 209, 218, 221, 222, 224, 225, 226, 227, 231, 232, 234, 236, 237, 238, 240, 241, 243, 244, 245, 246, 248, 249, 252, 253

十画

倪文蔚 90, 93, 112, 115, 116, 117, 126, 129
唐景崧 48, 116, 119, 120, 127, 128, 132, 133, 136, 137, 201, 206, 211, 213, 256
谅山 106, 115, 118, 122, 134, 135, 136, 137, 138, 140, 155, 157, 158, 161, 163, 164, 166, 167, 168, 176, 177, 178, 179, 180, 181, 184, 187, 189, 200, 201, 202, 205, 206, 207, 208, 210, 211, 212, 213, 214, 216, 217, 218, 229, 231, 233, 234, 237, 238, 246, 250, 253, 254
徐延旭 112, 117, 118, 125, 126, 127, 128, 129, 130, 131, 132, 133, 134, 136, 137, 138, 139, 140, 141
恭王 63, 64, 77, 78, 119
拿破仑 20, 21, 28
拿破仑三世 24, 25, 26, 27, 30, 53
晃西士加尼（François Garnier, 安邺） 32, 256
桑泡尔（Sombor） 33
柴棍（西贡） 15, 18, 23, 24, 25, 26, 27, 32, 33, 34, 37, 38, 40, 41, 42, 43, 44, 45, 48, 50, 51, 52, 53, 54, 55, 56, 57, 58, 59, 60, 61, 62, 63, 64, 65, 66, 67, 68, 69, 70, 72, 73, 74, 75, 76, 77, 78, 79, 80, 81, 82, 83, 84, 91, 96, 99, 106, 123, 125, 161
《柴棍条约》 26, 27, 45, 48, 50, 51, 52,

53, 54, 55, 56, 57, 59, 60, 62, 64, 65, 66, 67, 68, 69, 70, 72, 73, 74, 75, 77, 78, 79, 80, 82, 96, 99
《柴棍政治条约》，同上 59
《柴棍商约》 58
柴棍总督 37, 38, 40, 43, 53, 60, 61, 62, 63, 65, 66, 69, 72, 73, 75, 76, 81, 82, 83, 84, 91, 123
　杜白蕾 37, 40, 41, 42, 45, 52, 60, 61, 65, 66, 67, 68, 69
　　Lafont 53, 69
　　Le Myre de Vilers 72
格马兰（Kémarat） 33
桂军失败原因 138, 139
海阳 43, 44, 58, 117, 122, 126, 130, 131, 134, 135, 137
盎高尔（Angcor） 32
特拉巴尔脱（Delaporte） 33
特拉格来（Doudart de Lagrée） 31, 32, 33, 34
特拉格郎提爱（de la Grandière） 27, 31
荷兰 9, 11, 13
莫列波约（Morel-Beaulieu） 134
被利德主教（évêque de Béryte） 6

十一画

商犀（Chanzy） 73, 74, 75
堵布益（Jean Dupuis） 34, 35, 36, 37, 38, 39, 40, 41, 42, 43, 44, 51
基隆 168, 180, 186, 189, 190, 191, 193, 194, 196, 197, 198, 224, 225, 226, 227, 228, 229, 230, 235, 237, 247
密切协调（entente étroite） 55, 61
麻好（Henri Mouhot） 30, 31
排沙格（Bassak） 33

曼谷（彭高格） 30, 124, 125
梁辉懿 44, 122
梅德乐波利主教（évêque de Métellopolis） 6
脱利古（Tricou, 德理固） 95, 102, 106, 107, 110, 111, 112, 129, 151
船头 201, 202, 203, 204, 205, 208, 209, 211, 217, 218
《黄皮书》（Livre Jaune） 53, 99, 106, 227, 249, 253
黄佐炎 38, 44, 116, 118, 121, 122, 127, 128, 141
黄崇英 36, 48, 67, 116
黄桂兰 115, 125, 131, 133, 134, 137, 138, 139, 140
黄旗军 36, 44
菲利滨 7, 11, 19, 21, 22

十二画

喀儿喀塔（Calcutta） 15
富春 8, 15, 42, 44, 48, 90, 119, 120, 128, 129
富春江 18, 125, 129
彭玉麟 127, 205, 209, 214, 215, 219, 255
彭高格（曼谷） 30
森有礼 47
蛮耗 34, 36, 38, 63, 67, 89, 135
曾纪泽 62, 71, 72, 74, 79, 80, 142, 144, 145, 170, 171, 228, 229, 255
曾国荃 110, 120, 170, 182, 183, 186, 193, 210, 222, 255
湄公河（澜沧江） 25, 26
黑旗军 36, 44, 99, 102, 103, 107, 116, 117, 122, 123, 124, 125, 126, 127, 128, 132, 133, 134, 154, 188, 207,

208, 212, 213
裕宽　114, 115
谢师罗劳伯（de Chasseloup-Laubat）27, 30
谢满禄（de Semallé）112, 146, 173, 175, 176, 177, 179, 184, 189, 191, 221, 223
稀桑邦囊（十三版纳）33
覃修纲　206, 212, 213
越南（安南）1, 3, 4, 5, 7, 8, 9, 10, 14, 18, 19, 20, 21, 22, 23, 24, 25, 26, 27, 28, 29, 34, 37, 38, 39, 40, 41, 42, 43, 44, 45, 46, 47, 48, 50, 51, 52, 53, 54, 55, 56, 57, 58, 59, 60, 61, 62, 63, 64, 65, 66, 67, 68, 69, 70, 71, 72, 73, 74, 75, 76, 77, 78, 79, 80, 81, 82, 83, 84, 85, 86, 87, 88, 89, 91, 92, 93, 94, 96, 99, 100, 101, 102, 103, 104, 105, 106, 108, 109, 110, 111, 112, 113, 114, 115, 116, 117, 118, 119, 120, 121, 122, 124, 125, 126, 128, 129, 131, 135, 136, 141, 145, 146, 147, 148, 149, 150, 151, 152, 153, 154, 156, 157, 161, 162, 163, 183, 184, 200, 218, 219, 220, 226, 229, 231, 232, 233, 236, 239
越南海关　39, 59
厦门　12
葛林德（Colin de Plamy）176
葡萄牙　5, 6, 9, 11

十三画

路易十四　7
路易十六　15, 18, 19
路易十八　21, 28
路易·腓力　23, 24
福禄诺（François-Ernest Fournier）143, 144, 145, 146, 147, 149, 150, 152, 153, 156, 157, 159, 160, 162, 163, 169, 170, 172, 173, 174, 175, 177, 181, 245
蒲洛格利　50, 51, 52

十四画

嘉定　26, 29
裴文禩　67, 68
睿宗（阮福淳）14
赫德　143, 171, 180, 181, 182, 183, 218, 223, 231, 232, 233, 234, 236, 238, 240, 241, 242, 243, 244, 245, 246, 247, 248, 249, 250, 252, 253, 254

十五画

德理固（脱利古）106, 108
德喀斯（le Duc Decazes）22, 53, 55, 60, 61, 68
德璀琳（Gustav Detring）143, 145, 147, 149, 150, 160, 223
潘鼎新　138, 139, 140, 141, 142, 153, 162, 163, 164, 165, 166, 167, 168, 173, 174, 175, 181, 200, 201, 203, 205, 206, 210, 211, 213, 214, 215
澳门　3, 4, 5, 6, 7, 11, 20
《澳门记略》8
镇南关　162, 212, 213, 214, 215, 250
黎循（Ly-tuong, Lê-Tuen）38, 42, 58
黎嘉宗（维祹）7
澜沧江（湄公河）25, 30, 32, 33, 34
暹罗　6, 7, 8, 15, 22, 27

十六画

噫利阿波利主教（évêque de Héliapolis）6
穆图善　192, 196

附 编

辛亥革命前五十年间外国侵略者和中国买办化军阀官僚势力的关系

外国资本主义、帝国主义在其侵略中国的过程中，不断地寻找代理人，作为执行它的意志的工具。

当然，外国侵略者最注意控制封建反动势力的中枢政权。清政府经过两次鸦片战争后开始接受外国资本主义半殖民地的统治秩序而逐渐买办化，经过甲午战争和镇压义和团农民革命而和帝国主义进一步结合。到了辛亥革命前夕，就堕落到完全接受了以美帝国主义为首的国际财团的共管。五十年中逐渐买办化的清封建政权，是外国资本主义、帝国主义统治中国的主要工具。

但是，外国侵略势力决不以控制北京政权为满足。由于清政权本身就不能有效地统治中国各地区，由于列强彼此间矛盾的发展，由于它们在中国各地区侵略利益的大小不同和力量的强弱不同，由于新兴军阀官僚各派别间相互的争夺和地方势力对于清中枢政权的冲突，更重要的，由于广大中国人民的不断反抗斗争，外国资本主义、帝国主义各国就分别地在中国各主要地区寻找和它本身侵略利益结合的代理人，以求达到进一步侵略的目的。

附编

一

　　首先，从六十年代开始，外国资本主义就和曾国藩、左宗棠、李鸿章等所代表的封建地主实力派，在共同镇压中国人民的基础上相结合。但是发展的结果，很不一致。英国侵略势力最大，也就最有力地控制着湘、淮两系。淮系买办化比湘系深，力量也就迅速发展，超过湘系。而先后勾结法、德的左宗棠一系，由于六七十年代法、德资本主义在华基础较弱，而左系又在一个较长的时期僻处西北，所以买办化的程度不及淮系。

　　由于英国资本主义首先支配了华南和长江下游，并在这些地区扶植着大批依附于英国利益的买办商人（在初期可注意的事实是大批广东的买办跟随英国势力而进到上海），英国侵略势力就能够通过这些买办和湘淮封建军阀结合而使之逐渐买办化。淮系买办化速度的超过湘系，这决不是单纯地由于戈登等"洋将"的影响，而更基本的是由于英国资本主义通过上海方面包围李鸿章的买办势力所起的作用。上海买办商人曾于五十年代企图通过清地方官吏使自己成为中外反动势力的桥梁，但是没有成功。新兴军阀李鸿章的来到上海，使他们得到一个有力的发言人，上海买办也就被网罗在李鸿章的势力之下。这是淮系发展为强大的反动力量的要素，也就是英国资本主义和淮系结合的基础。

　　淮系初期的势力，以江南为根据地。李鸿章在这里开始了他早期的"洋务"事业。苏州炮局（英人马格里主办）和上海铁厂（亲英官僚买办丁日昌主持）是淮系初期有限的但是重要的本钱。

所以1865年李鸿章被调到河南去打捻军，就向清政府声明炮局和铁厂是淮军的"命脉关系，诚不敢轻以付托"①。也就是说不能拱手让人。后来苏州炮局移南京成为金陵机器局，上海铁厂发展为江南制造总局。1870年李鸿章督北洋，南京的马格里仍然接受天津方面的命令（详见D. C. Boulger《马格里传》），江南制造总局有事，一直由南、北洋会商会奏成为定例。所以淮系虽然北移，在江南的军需工业中依然保持着很大的利益。

自从李鸿章离开江苏之后，江南成为湘系的地盘。英国势力控制着湘系。单从曾国藩父子和马格里的关系上也可看出湘系亲英的程度。英国资本主义既然把湘系控制住了，从此数十年中，金陵机器局和江南制造总局，一直是英国军火厂的附庸。八十年代出使英国的曾纪泽，也就成为英国军火业的发言人。所以直到1905年，北洋系周馥派德国工程师巴斯（Basse）代替英国人柯尼斯（Cornish）管理江南船厂船坞②，英帝国主义的报纸就大声疾呼"德国势力进入江南船坞"，"克鹿卜（Krupp即克虏伯，德军火厂）代替了阿姆士脱郎（Armstrong，英军火厂）"③。就江南一区说，英国势力从军需工业上控制了湘系，并间接影响着北方的淮系军阀，已可概见。

淮系到北方后一面兴办北洋的海陆军，一面接连筹办轮船、电报、煤矿、纺织的企业，以发展其远远超过他系的军事、经济力量。李鸿章的"自强""求富"和后来袁世凯的"筹饷练兵"是北洋军阀一脉相承的要诀，也都是帝国主义所需要的。从七十年

---

① 见李鸿章《奏稿》卷九，《复陈奉旨督军河洛折》。
② 见周馥《奏稿》卷三，第15页。
③ 见《字林西报周刊》1905年上册，第35页。

代开始，淮系加速地买办化。由于李鸿章系大买办官僚盛宣怀的包揽招徕，太古、怡和的买办例如唐廷枢、徐润以至于后来转化为改良派的郑观应等人，就成为李鸿章的"洋务人材"。上述的淮系企业，都直接间接和长江下游有关（煤以济轮，轮行驶沿海和长江，电报中心在上海，织布局本身就设在上海），因此淮系的经济利益并不限于北方一隅，而兼以长江流域为重要的根据地，也都和英国资本主义以及从八十年代起迅速增长的美国资本主义势力相结合。盛宣怀本人在南方有更大的利益，在这地区他不但是淮系的全权经纪人，也就成为代表英、美资本主义利益的大买办。

由于七十年代以后，德国资本主义在中国势力的扩张，在北方，北洋海陆军的发展，不久就卷入英、德的竞争的旋涡中，而使李鸿章和英国关系逐渐疏远。在七十八十年代之交，德国军火业资本家对英国作了剧烈的竞争。美国正在支持日本侵略中国沿海和朝鲜，也一度想插足于北洋海陆军（1880年美使馆介绍格兰忒的一个亲戚代练北洋海军，但没有成功就转而支持英国）。英国的反响如下：1880年赫德劝李鸿章完全以英人担任新办的海陆军的教官。英使威妥玛对英外部说，中国"军事改革"的进行，只能交给一个外国，"但假如这个外国不是我们，那我们的利益就要受到极大的损害"。英国打算把持中国海陆军，不使落入他人之手，同时要钳制它不让真正发展，保持着只可以镇压中国人民而不能抵御外侮的程度。所以戈登在这时候（1880年）告诉香港英国当局说："有强大武力的中国，就不会听命于外国，怕要禁止鸦片贸易了。"（以上引语均见 Kiernan, *British Diplomacy in China*, 1880–1885, pp.213–215）前此英国人替李鸿章办理军需工业直同儿戏。1875年两门新制大炮在大沽一试而炸，李鸿章竟为此和马格里决裂。①英和李既有摩擦，关系逐渐疏远。于是德国资本家就通过李鸿章亲信的德国顾问德璀琳，而发生巨大的影响。德国渐占上风，英国就用湘以敌淮，更造成李鸿章对英的不满。英、德在北京方面，也展开了竞争。结果北洋船舰多购自英国，曾纪泽替阿姆士脱郎尽了很大的力量。海防大炮就大部购自克鹿卜。海军教习先用英人琅威理，中法战争起就改用德人式百龄（Sebelin）。中法战后在北京海军衙门成立，由奕谖主管，李鸿章会办，曾纪泽帮办。英、德争夺愈烈，清政府决定由两国平分。李鸿章仍向德；曾纪泽致马格里的私信中竟说希望"德制兵船从此绝迹"②。阿姆士脱郎的资本家就怂恿英国海军当局派琅威理于1887年重来中国任北洋海军总教习，达四年多之久。他只知敷衍丁汝昌，并不实心教练。他去职后英、德教官并用，但从1880年起修造北洋船坞炮台的德将汉纳根显然最有势力。他在1890年以和李意见不合离开，但到甲午之战又回来了。他还勾结了顽固派首领李鸿藻做奥援。③至于北洋陆军多用德国将弁，练着德国操。当时实际支配北洋海陆军的是德璀琳，他自比为俾士麦。英德之争，湘淮之争，充分地反映洋务派本身封建买办的反动落后性。其结果就是中日战争中北洋海陆军的全部溃败。

中日战争揭穿了英美帝国主义假手日本以统治中国、奴役朝鲜的阴谋，也就说明了英国军官琅威理明知北洋海军的完全无用

---

① 见《马格里传》第232—243页。
② 见《马格里传》第445页。
③ 《盛宣怀行述》中说："高阳相国于客将中独喜用汉纳根。"见《愚斋存稿》附录。

而故意极力吹嘘的用意。在八十年代以后,北洋和美国关系日多。美国在马关"议和"中,一面由科士达任李鸿章顾问,一面由另一美国人端迪臣(Herry W. Denison)任日方顾问,操纵所谓"谈判",以提高自己在两国间的地位,而结束中日战争。中日战争的结局,也暂时削弱了德国在北洋海陆军中的势力。

二

中日战争改变了远东的形势。由于帝国主义在中国进行势力范围的分裂剥削政策,十年之中,英俄矛盾尖锐化,日本准备进攻沙俄,日、德、美帝国主义争在长江树起势力,英国从孤立而走上联合日、美以攻俄、制德的战线,帝国主义列强就加紧控制其利益所在地区的军阀官僚。

因此国内反动势力内部也就呈现出明显的新分野。李鸿章走上完全投靠沙俄的道路,成为俄、法资本家的代理人。久据南京的湘系,在英、美、日的影响下明白反俄,同时也要考虑德国的利益。但湘系实力已弱,刘坤一不敢多作负责的主张。湖北方面,张之洞的势力和盛宣怀买办势力结合,成为清政府的重要支柱,因此武昌成为英、美、德、日争夺长江利益的中心。

张之洞是淮系的对头。他原属李鸿藻系的所谓"清流派"(因此他代表顽固派的利益),先后得着顽固派大臣阎敬铭和醇王奕譞的支持,并直接受着西太后的信任。在中法战争中督两广,和湘、楚势力联合,反对北洋,地位日益增高。不久就在广东筹办枪炮、纺织等厂,以分淮系洋务派的势力。1890年起移督湖广,在奕譞的支持下,把这些厂都带到湖北(淮系原想乘机把枪炮局移北洋没有成功)。他在湖广进行开矿、炼铁以为军火原料的来源,同时筹办一批纺织、缫丝等企业,以求建立经济上的根据。在这时期,他显然受着德帝国主义很大的影响。他的洋务主要是靠德国的技术和资本办起来的。大冶铁矿,先由德国工程师勘测,购买机器铁轨的资金三百万两借自德国,铁矿、铁厂、枪炮各局主要用德国技术人员(虽然也兼用英人)。这造成德国资本在湖北,特别在大冶铁矿的势力。中日战争中,他署两江总督。1895年《马关条约》后,建议"以德国将弁在江南急练陆军万人"①。就是所谓"自强新军"。他认为旧军队"锢习太深","惟有改以洋将带之则诸弊悉除"②。同时还在南京设立陆军学堂,延请德国教习,学生"习德国语言文字"③。这样长江练兵的优先权无形中就交给德帝国主义,虽然张之洞也曾经拒绝了柏林对许景澄提出的"军事归德将自主"④的要求。德国在长江势力的高涨,使英国资本家感到威胁。铁矿铁厂既是张之洞势力所系,帝国主义就争着从这里下手以求控制他。他所拥有的经济力量本不及淮系,所经营的企业,也表现着更多的封建落后的盲目性。1896年汉阳铁厂由于亏耗过大无法维持,英、法⑤、德⑥就进行竞争合办。张之洞没有资本可以合作,同时又想吸收淮系买办力量,结果就答应盛宣怀"兼办

---

① 见张之洞《奏稿》卷二十四,第15页。
② 同上,卷二十五,第24—25页。
③ 同上,卷二十六,第8页。
④ 见张之洞《电稿》卷二十七,第5页。
⑤ 见胡钧《张文襄公年谱》卷三,第17页。
⑥ 见张之洞《电稿》卷二十七,第1页。

铁路"的条件，而将铁厂交他承办。① 帝国主义暂时落空，而张、盛合作开始了。盛宣怀利用张之洞的政治力量维持他在长江区域轮、电、矿、厂的经济利益，自己在上海成立铁路总公司，沪、鄂遥相呼应。他据有的巨大经济力量，很自然地支持着张之洞的政治地位。于是张的势力更大而更为帝国主义所属目。

在中日战争之后，张之洞是主张联俄亲德反对英、日的。1897年底，德国侵占胶州，引起全国的震动。1898年初，英、日乘机以"合保长江"名义，分头向刘坤一、张之洞展开攻势。英军官向刘、张提出派船"保护吴淞至重庆"②的要求。1898年日本陆军方面派参谋大佐神尾光臣访鄂，对张之洞宣传"中日同文同种""中日英应联合"。于是张之洞向北京陈"借联倭以联英"之策，并表示日可恃英不可恃的意见。③ 同时，神尾提出替中国练兵的主张，张之洞作原则上的同意，并向湘抚陈宝箴提议湘鄂"延倭教习先练一军为各省倡"④。到了秋间就做了初步决定，"湖北湖南各派学生赴日学习武备，日本教习来湖北教练"，但对于同时期中英国领事连提十几次以英将代练兵的要求，张之洞就坚决拒绝。神尾去后，上海日总领事小田切就和张之洞继续密切联系。⑤ 张之洞拟派知府钱恂赴日磋商，使先入京请示。政变前几天，光绪召见他且表示同意此举。⑥ 在政变发生的前后，日本伊藤和英国提督贝思福（Beresford）先后来华活动，政变后相继到武昌。伊、

---

① 见张之洞《电稿》卷五十六，第23页。
② 同上，卷二十九，第19页。
③ 同上，第26页。
④ 同上，卷三十，第8页。
⑤ 同上，卷三十二，第17页。
⑥ 同上，第28页。

张晤谈主要为练兵，兼及大冶铁砂售给八幡制铁所事。贝思福系英相张伯伦派来远东做广泛的活动，名义是"英商会派遣"来华"调查商务"。他在上海、天津、威海卫各地调查之后，向北京提出英代练兵的计划。他到南京见刘坤一，又到湖北见张之洞。他的阴谋就是在北京设"军务处"，先在湖北练兵，然后逐步推行到全国。①总署只答应他在鄂练兵两千，英以所得过少，没有实行。②贝思福离华到日本商量，被日本劝阻。③日、张之间的交涉，张以慈禧正不满于日本和康梁的关系，不敢向北京具奏。他说"中、东联络大局，全被康梁搅坏，真可痛恨"④。英、日虽然都没有达到控制中国军队的目的，日本却成功地控制着了张之洞。

日、英既是一伙，日本的成功也就是英国的成功，此后张之洞就明白反俄而逐渐亲英。到义和团运动期间，他和刘坤一、盛宣怀等就共同执行英、美、日指使的分裂政策了。1901年张竟主张"用英、日练我北路水陆之兵"以拒俄人⑤，对1902年的英日同盟表示欢迎。二十世纪初年，张之洞主张"以仿西法为主"的变法。他说"非变西法不能化中国仇视外国之见，……不能化各国仇视朝廷之见"⑥，"变法则事事开通，各国商务必然日加畅

---

① 见张之洞《电稿》卷三十二，第16页。
② 同上，第18页。
③ 关于贝思福的使命可参考苏联 A. 耶鲁萨里姆斯基的专论（苏联《历史问题》1951年5月号）。本文这一段叙述只是作为这一篇专论的补充，原作没有利用中文的资料，所以说明不够。
④ 见张之洞《电稿》卷三十二，第30页。
⑤ 同上，卷四十五，第13、19页。
⑥ 同上，第31页。

旺"①。可见他所谓新法是完全为了适合于英、德、美、日帝国主义半殖民地统治要求的体制，也就可以看出他买办化的程度。他已经放弃了所谓"中学为体，西学为用"了。他和英国关系日深，甚至受着汉口英领事的支配。但他对德国关系并没有疏远，从十九世纪末年德使穆默（Mumm）来华以后和他的关系可以看出。当时英德矛盾还没有表现得像日俄战后的那样激烈，同时德国资本还控制着武汉铁矿和铁厂。他对英、德一般是两面照顾，以利益均分为原则。甚至后来在他处理湖广铁路借款交涉（1909年）时，他拒濮兰德的英款而借柯达士的德款，仍是"拟徐图转圜，将来即以英、德合办为两全交谊之方"②。

盛宣怀是帝国主义竞争的另一重要对象。他自1896年到上海后，就周旋于英、美、日、德之间，十几年中他包办洋债，卖尽路矿利权。他特别是奉行美帝国主义意旨的买办。粤汉铁路议借款（1898年）时，他说"欲防后患舍美莫属"③。1904年议废合同，他不但替合兴公司说话，而且要用"以美继美"的诡计。后来张之洞说"赎约议成，实为祖美党意料所不及之事，坐失大利，衔恨刺骨"④，所谓"祖美党"就是指美国资本家通过盛宣怀收买的大批北京的和地方的官吏。日本资本家很快地向大冶铁矿下手。1903年，日本对德资本进行激烈的竞争。11月15日，大冶铁矿借款合同签订，盛向日本兴业银行借三百万日元，年息六厘，以三十年为期。日本每年至少收买矿砂六万吨，每吨价仅三元（张

---

① 同上，卷四十二，第16页。
② 见张之洞《奏稿》卷四十六，第13页。
③ 《愚斋存稿》卷二十一，第10页。
④ 见张之洞《奏稿》卷四十一，第12页。

之洞告日使每年至少须买七万吨至十万吨）。其后横滨正金银行和兴业银行就连续不断地以贷款形式向大冶投资。日本财阀竟促小田切辞去外交职务，而参加横滨正金银行，利用他控制张、盛，并以树立日本对大冶铁矿的统治，排挤德国的势力。

但是在日俄战前，张、盛合作的全盛的时期已经过去。袁世凯势力在北方高涨，并已攫取江南的重要经济利益。袁世凯曾以屠杀义和团、赞助长江分裂运动，成为英、美、德帝国主义的宠信者。他继有北洋的地位（1902年），不只由于李鸿章临死的推荐，而更重要的是由于德公使穆默的有力的表示，和"各国"的"众口一词"①。同时，又由于穆默的示意清廷，他实际上兼辖了山东。②他极意联络北京的英、美公使。就任北洋后，就向英使萨道义替荣禄说项，说他"并不袒俄"，实际上也就是替自己表白，因为他是以依附荣禄著名的。荣禄死（1903年）后，他又依附奕劻掌握庞大的军队，操纵北京政治，党羽爪牙遍布北方各省。他就恃强夺取盛宣怀久久垄断的招商局和电报局（1903年），甚至阴谋把江南制造局移至河南。③他开办国家银行以夺张、盛系通商银行之利，借以堵塞大冶煤矿的经济来源。在日俄战争前，袁世凯已成为帝国主义心目中的"强有力"者。英、美、德帝国主义对他都极垂青。德国想利用他为其在中国势力的支柱。英美正在策划日本反俄的战争，需要袁世凯做它们的赞助者。美帝国主义盼望不久袁世凯成为东北"门户开放"侵略政策的执行人。

---

① 见张之洞《电稿》卷四十七，第35页。
② 同上，卷四十八，第6页。
③ 同上，卷五十九，第28页。

附 编

三

从 1905 到 1911 年，国内革命形势高涨，帝国主义正在调整其力量，准备第一次世界大战。国际垄断资本的联合组织在中国出现，进行大规模的掠夺。帝国主义对东北和长江的争夺空前剧烈。美帝国主义成为侵略中国最主要的角色。

在北方，袁世凯继续其和英、美、德帝国主义的关系，不断扩张自己的势力。随着侵略势力的增长，袁世凯的地位更加提高。美国以袁世凯为工具进攻东北。早在李鸿章时代，东北和山东已形成为北洋的左右两翼，袁世凯继承了淮系的全部财产而加以整顿扩充。因此东北也是他所必争之地。东三省改官制之后不久，袁系两个重要人物徐世昌和唐绍仪分任督抚。袁世凯事实上控制了东北。于是 1907—1908 年的"新法铁路"和"东三省银行"的交涉开始了。唐绍仪和司戴德的勾结，很明显地是由于袁世凯和美国国务院的指使。特别是从 1907 年秋起袁任外务部尚书，没有袁的同意，唐不可能单独进行这样有关系的交涉。司戴德后来回国就代理远东司长，可见国务院是完全许可他的做法的。1908 年在德皇威廉第二的鼓励下，袁世凯被利用去进行"中美德同盟"。他乘美国"退还庚款"的机会，奏遣唐绍仪为专使以"赴美致谢"为名进行勾结。美、德抱着不同的目标，处在不同的环境，不可能单凭德皇的狂想，通过美、袁的勾结关系而缔结同盟。唐绍仪的失败本在意中。罗脱、高平协议的成立，不是美国舍弃袁、唐，而是罗斯福阴谋鼓励日本继续侵略并和沙俄冲突，以图从中取利，正如后来塔虎脱怂恿沙俄抵制日本一样。美、袁之间虽然没有盟约，但美国早已得到袁世凯的卖身契了。接着袁世凯提议中美互换大使，并在表面上因此而被免职。但是整个北洋系依然由他驱使去支持帝国主义的利益。

这几年中，袁世凯也替英帝国主义卖了不少的气力。在收回路权运动高涨之中，他不顾冀、鲁、苏三省人民的反对，和英、德订立津浦铁路借款合同（1908年1月13日）。接着他又在江、浙舆论沸腾之下，和与他有密切关系的英公使朱尔典订立关于沪杭甬铁路的合同（同年3月6日）。敢于悍然和人民为敌以维持帝国主义的利益，这是他在帝国主义面前的一贯表现，所以1909年初朱尔典为他的去职而痛恨。①

在南方，张之洞于1907年和袁世凯同时内调，各地督抚权力削弱。帝国主义者寻找不到有力的新工具。1908年汉冶萍公司成立，盛宣怀向日本借款，日本要求一部分的管理权。但袁世凯要将公司收归国有，议不成。日、盛恨袁刺骨。袁罢归后，盛势力渐起。日本乘机诱盛多借日款。在辛亥革命前夕盛在邮传部尚书任内，居然接受数过一千八百万日元贷款，准备以三分之一偿还德国等借款。日本的三井终于控制了汉冶萍。在清的季年，日本的势力通过盛宣怀而在北京增长起来。

终于引起革命爆发的湖广借款，是盛宣怀在1911年坚决签订的。盛宣怀和袁世凯都是最坚决反人民反革命的大地主大资产阶级代表，也都是帝国主义者最忠实的走狗。但在革命的前夕，盛宣怀为了更进一步投靠帝国主义，却把自己置于绝地了。他受到

---

① 见《施阿兰使日记》。

中国人民共同唾弃,但帝国主义把他看为至宝。英、美、日、德使馆合派卫兵护送他到天津。① 德国公使邀他去青岛,而日本就抢着把他送到大连再送到神户去。日、德仍视他是争夺汉冶萍的主要工具。

辛亥革命爆发之时,帝国主义的惊惶失措,不下于清政府。英国《蓝皮书》所刊载英使向英外相接连不断地报告各处起义的急电,都显出十分张皇的口气。帝国主义害怕中国人民的起来,十年前替它维持秩序的李鸿章、刘坤一、张之洞、袁世凯四人中,现在只剩下袁世凯了,所以就主张立刻起用他。帝国主义不愿清政府塌台,而此时国际环境不容"八国联军"丑剧的重演,所以在武昌起义之后四日,朱尔典就以极快慰的口吻把袁世凯任湖广总督的消息报告英外相。② 其后也就接连不断地报告袁世凯的行止。

在清统治迅速崩溃之中,帝国主义者明白它是完全不值得再支持了,就决定用袁世凯截断革命的路程。这个决定早在11月15日英外相复朱尔典电中就说得非常明了了:③

> 复你十二日电。
>
> 我们对袁世凯已发生了极友好的感情和崇敬。我们愿意看到一个足够有力的政府可以不偏袒地处理对外关系,维持国内秩序以及革命后在华贸易的有利环境。这样的政府将要得到我们所能给予的一切外交援助。

---

① 见《蓝皮书》中国第一号,1912年,第41页。
② 同上,第3页。
③ 同上,第40页,11月15日格雷复朱尔典电。

英公使根据这个训令而操纵"南北议和",其结果自然是不问可知了。

外国资本主义、帝国主义在其侵略中国的各时期中,不断地从反动统治阶级中寻找有实力的代理人,去执行它们的意志。他们彼此间的勾结,由于帝国主义矛盾关系的不断变化而显得错综复杂。上面的叙述,只是画出一个很粗浅的轮廓。希望可以有助对于这个问题的讨论。

(原载《历史研究》1954年第4期)

《中华帝国对外关系史》中译本序言

马士的《中华帝国对外关系史》，共三卷，第一卷出版于1910年，其余两卷在1918年出版。此后几十年中，这部书对于研究中国近代史的资产阶级学者，成为最主要的参考物。这部书在今天的中国翻译出版，是完全必要的。一则因为它所引用的许多资料，现在看来，依然有不小的可以利用的价值，虽然这种价值已经由于几十年来各国档案资料（尤其是中国的）的大量公开和印行而迅速地降低了。二则因为这部书一向被中外资产阶级学者奉为圭臬之作。拿欧美资产阶级学者的著作说，虽然它们随着时代的推移和史料的不断发表，而对于马士的论述做了若干的修改和补充，但就其最基本上说来，都是百变不离其宗的。美国哈佛大学费正清教授在他三年前出版的一本书（《中国沿海的贸易和外交》）的序文上就指出，许多新的研究都只是在马士的基础之上，做了局部的补充。老实说，对于中国过去资产阶级学者的著作，费正清教授的话也是完全适用的。正因为如此，这部书的翻译出版，对我们今天说来，是很有用的。这也许是我们出版这个译本更重要的一个理由。

我不想在这简短的序言中，对全书进行批判的工作。这也无需在这里做。就本书的特点说，作者的立场是极其鲜明的。虽然他在第一卷的序文中曾企图给读者以力求不偏不倚的印象，但在第二十四章第三节他毫不掩饰地说："本书（指第一卷）所叙述的从

1834年律劳卑来华直到1860年联军从北京撤退为止的各种事件，只是一个记录，说明西方国家（先是英国单干，后来是美、法和英国合作）努力要从傲慢的北京朝廷取得对于这样一个事实的承认——即是说，西方列强不是中国的藩属而是应该享受平等待遇的自主国家。"很清楚地，一切就是为了要说明这个问题：在侵略战争中正义是属于侵略者；不平等条约是为了证明西方国家的自主，因而是无可非议的。至于1860年以后五十年的中国历史，如他自己在第二卷序文中所明说的，是以赫德和海关制度做中心来叙述的。这无异说，中国近代的历史，就是殖民主义者的历史，而殖民主义者带给中国进步与幸福乃是有大造于中国的。这些荒谬的看法，中国人民已经以实际的行动给予充分的驳斥，因而在今天的中国不会再有它的市场。但不要忘记这些谬论在很长的一个时期中，曾经严重地毒害了中国的思想界。应该说在殖民主义理论的作品中，这部书是占着非常重要的地位的，因而也就是反对殖民主义者所应该注意阅读的东西。

　　作者马士（1855—1933年）是美国人，哈佛大学毕业。他到中国后长期在英国人赫德控制下的中国海关服务。他是赫德的亲信，曾经参预赫德的许多机密，二十世纪初年他是赫德管理中国海关行政的主要助手之一。因此这部书最显著反映出英国官方的观点和赫德的看法。但不仅如此，这部书的另外一个作用，是替美帝国主义宣传辩护，因而实际上这部书曾经长期地成为美国大学中风行的课本。这一点也是读者所应该注意的。

一九五六年十二月十日

（原载《中华帝国对外关系史》第一卷卷首，
生活·读书·新知三联书店 1957 年版）

校注《夷氛闻记》序

梁廷枏《夷氛闻记》，大约成于道光末年①，是记载鸦片战争的一些第一手史料中较重要的作品。作者是当时广东士绅中热心抵抗外侮并且留意时务的人。他对抵抗派的主要官吏林则徐和邓廷桢，都有所陈述备采纳；后来在1849年广州人民反入城的斗争中，他自己也很出力组织士绅参加这个斗争。因此本书保存了比较丰富的直接材料，它的价值还在当时以录采文牍为主的一些记载，如夏燮《中西纪事》、李圭《鸦片事略》等书之上。

鸦片战争从英国资产阶级和鸦片贩子方面说，是侵略战争；从中国人民方面说，是反侵略战争，也就是反鸦片战争。在当时民族矛盾的具体情况下，地主阶级中的一些比较开明的士绅有可能在一定时期内站到人民的反侵略的立场上去，作者就是其中的一个，因而他能够热烈歌颂中国人民的反抗斗争。诸如对三元里的破敌、火烧夷馆、以社学为核心的反入城斗争以及黄竹岐反暴行的斗争等等，作者都刻意描写了人民的英勇气概。从本书的记载里，我们可以看出在反对外国侵略者的斗争中人民群众所表现的高贵品质，如火烧夷馆时，"夷货迁出，尽为百姓推掷在地，无

---

① 书中第五卷对徐广缙作用的渲染，显然是错误的，但可以证明书必成于1853年徐广缙革职拿问之前。本书纪事迄1849年，大约即在是年作者以功邀赏内阁中书衔后所作。

丝毫夺归己有者"，如火烧媚外知府的衙门时"掷物火中，虽贵玩丝毫不取"。书中不乏类似这样的生动史料，这是极可宝贵的。

从鸦片战争一开始，中国人民和封建统治阶级在对待外国侵略者这个问题上，就采取了截然不同的两条路线，这就是中国人民的反抗路线和封建统治阶级的投降路线，同时在封建统治阶级本身也发生了抵抗派和投降派的分化。作者对于这两派的爱憎是很分明的。他对于抵抗派领袖林则徐等人，表示崇高的敬意；对于壮烈牺牲的将卒，加以着重的描写。对投降派如琦善的千方卖国，耆英、余保纯等人的奴颜婢膝，奕山的出卖广州城，奕经的望风而逃，都以极大的愤恨揭露了他们的罪行。他特别钞录董宗远反对投降（《南京条约》）奏章的全文。因此本书在当时很触犯封建统治者的忌讳，虽经镂刻，但不著作者姓名，没有序文，流传也不多，现在国内公私所存，据我所知，只有三部：广州两部，北京一部。

作者对于鸦片战争的叙述，基本上是合乎事实的。一方面，鸦片战争是英国资产阶级、鸦片贩子为了打开中国的门户，攫取高额利润和进行掠夺必然要对中国进行侵略战争，这是没有疑问的。战争的全部责任要由他们来负，这也是很清楚的。作者虽然不能从阶级观点看战争的无可避免，但一开头就说"英夷狡焉思逞志于内地久矣"，接着就叙述长期以来英商洪任辉、白兰等的活动，英国早期来华的几个侵略分子所提出的侵略要求，特别是鸦片贩子们的蓄意破坏。这样就很清楚地说明了英国统治者和鸦片贩子们的发动战争，并非出于偶然；也说明了他们决不可能放弃非法贸易和侵略要求。显著地不同于投降派和资产阶级学者，作者指出鸦片战争的发生不是由于林则徐的坚决要求具结，而是义律稔知鸦片"运至伶仃者方源源不绝,……用是筹之愈决,持之愈坚",这样具体地说明英国方面根本没有停止鸦片贸易的打算,是合乎事实的。在另一方面,就战争而论,虽然敌强我弱,取胜不易,但以中国地大人众的有利条件,敌人步步深入,也要遭遇日益增多的困难,这个道理本来是明显的。但是当时统治阶级不可能和人民站在一条战线上,他们十分害怕人民的起来,例如大奸琦善就极力宣传"民情不坚"(就是说"要造反"),投降主义很快地占了上风。相反地,本书作者把人民的作用估计很高,如记三元里斗争,就说"夷自是始知粤人之不可犯"。同时他很注意类似游击战术的探讨。他对奕经不用臧纡青"遇便散攻"的方法,对牛鉴不用周恭寿"弃海口、伏口内"的计策都表示愤慨,在当时说,也是较有见地的。

过去封建阶级和资产阶级学者对此书抱着十分轻蔑的态度。孟森曾替此书作跋,虽然说它是"必须问世的佳史料",但他攻击本书的论点,竟说"夷之横决,实不过中土科举落后,满洲贵族无能,有以召侮,夷初无蹂躏中国全局意也"。难道侵略者蹂躏闽、粤、江、浙,直入长江,还不够吗?如他所说,不平等条约是由中国落后负责,为什么后来科举取消,清朝推翻,都不能制止或减少侵略者的继续横决呢?孟森的跋文,特别讥诋本书所记人民反抗斗争的材料。对于反入城斗争,他竟说"此为当时一豪举,由今思之,不值一笑",那他所谓"必须问世的佳史料","佳"处究竟何在呢?不难看出,他所谓"佳",只是为钞本(他还没有看到刻本)罕觏而已。从孟森的跋文我们可以看出他从地主、资产阶级的立场观点出发,对历史作了怎样的歪曲,而他对史料的庸俗、错误看法又是多么惊人呵。

但是，另一方面，就立场观点上说，时代和阶级的烙印在作者身上还是很清楚的。他竟把当时的反动官僚徐广缙描写成一个激昂慷慨、有勇有谋的抵抗派人物，这是完全不合事实的。实际上徐广缙只是在人民反侵略的高潮中被动的脚色和取巧的冒功者。作者也没有真正看出人民群众的力量，他把士绅作用过分夸大了。此外，作者虽然极力颂扬抵抗派，但他的封建主义思想中还没有产生类似魏源等人比较进步的倾向。他连"师夷长技"的看法也反对，认为四省联合巡洋，就可一劳永逸，学习西洋就是"失体孰甚"，而且笼统地认为"夷之伎俩，全在恫喝以取虚声"，看来他仍然深受着顽固守旧思想的支配。

关于此书版本的一些问题，这里有必要谈一下：

此书原刻本流传甚稀，傅以礼《华延年室题跋》说，甲申（1884）年从李迈平家藏旧钞录得副本，后访知其为梁廷枏所著，傅氏盖已不知有刻本者。广州人邹诚，在同治十三年（1874年）为此书作序，说"此书得之市中已有年矣，无著作者姓名"，看来邹氏所得，当系刻本，否则序文自应明言钞本。后赵凤昌从人录副，所录本有邹诚序（文甚陋，不足观，今不取）。孟森则校赵本并采赵凤昌子叔雍所校改若干处付印。但孟森刊本讹字奇多，且误改书名为《夷氛记闻》。看来赵本不像直接录自邹氏原物，其所据似乎是从邹藏转录的一个很坏的钞本。因为赵本连邹序的"楊幺"都误写作"陽公"，而且讹误既多，且显有因钞误不可通而遂改原书处，决不似从邹藏直接钞来者。孟氏似未注意邹序所言"得书市中"一语，因亦不知有刻本。但无论如何，孟刊所据钞本，必系辗转出自刻本者，其证如下：

（一）孟本卷一页十六，"私行造作，此物，自非贵国王"云云，"此物"二字衍。其致衍之由，观刻本可知。刻本卷一页卅三第十一行末，"私行造作"。第十二行，"自非贵国王"云云二十字。第十三行，"此物，并非诸国皆然"云云。可知孟本钞者将刻本第十三行首"此物"二字误属于第十一行末，继见误钞，又径录第十二行"自非贵国王"云云，既不将所衍二字除去，而下文应有此二字处又缺之，此甚明者。

（二）孟本卷三页五十九，"同知曹谨……在草屿杀白夷五，获其图册"，下注云"绘山海五十一篇，曹谨获夷后，巡至鸡笼杙，并获夷书二本，在乌踏山下，有自刎夷尸二"云云。注文不可通，因其将正文草屿获图册分为二事。观刻本则知亦系误钞并臆改原文。刻本卷三页三十九第三行：

| 五，获其图册。 | 绘山海五十一页并夷书。 | 曹谨获夷后，巡至鸡笼门左乌踏山下。有自刎。 |

注文上段十字系总释正文。"曹谨"以下则详细说明获得图书之经过，本甚明晰。孟本所据之钞本，盖先从刻本将此注直钞如下：

绘山海五十□曹谨获夷后巡至鸡笼一页并夷书□门左乌踏山下有自刎。

云云。校者见不可通，则参酌下文于"五十"下加"一篇"（实无所谓"篇"也），将"一页并"改为"杙并获"，将"□门左"改为"二本在"，虽费心机，但杜撰之迹甚显，故知其源必出自刻本。

钞本文中有不同于刻本而又不似误钞或臆改者有二处，其实仍出于刻本：

（一）刻本卷二页三十五"驻防进士朱朝玠者旗士"云云，孟本作"驻防进士朱介石朝玠者"。

（二）刻木卷五页四十九"竹轩祁公"孟本作"祁肃敏公"。骤观之，似均非出自刻本而另有所据者。但细审刻本"朝玠者旗士"五字与"竹轩祁"三字字体与上下文迥异，两处挖改之迹均甚显然。可知此书有初刻印本与钞本相同，其后又就版挖改者。"祁肃敏"之误易知，据张穆所作祁墳墓志铭，谥"恭恪"（《清史稿》本传作"文恪"），故改用其字竹轩。朱朝玠云云，盖原刻脱"旗士"二字，下句文义不明，故改耳。

刻本虽间有讹字，多系音同形似之误，如"縻""麋"、"維""爲"的互误，脱字亦多甚显可补，孟本所校率此类。故孟本和各钞本实不如刻本远甚，以孟本与刻本相较，优劣得失自见。

中国史学会编《鸦片战争》，重印此书，虽云据原刻本，其实所用底本显系孟本，而以刻本勘校，但所校殊少，错字过半皆同孟本，甚至断句之讹亦如之。刻本真面目转致湮晦矣。至于麻尔注注为"或即马六甲"，此原是赵叔雍等臆加，以梁氏地理知识不至有此误。此应为辨明者。

一九五八年十二月

（原载中华书局 1959 年校注本《夷氛闻记》卷首）

关于《盛宣怀未刊信稿》的说明

《盛宣怀①未刊信稿》是他的"亲笔函稿"的一部分。"亲笔函稿"数量应该很多,但现存的只有:(一)光绪二十三年(1897年)三月至二十四年(1898年)六月,(二)光绪三十四年(1908年)二月至宣统元年(1909年)十二月,(三)宣统三年(1911年)九月至十一月,和(四)民国四年(1915年)三月至民国五年(1916年)一月各册。这就是我们现在所据以付印的。此外还有他的"致妻函稿"一册,我们也选印了其中较有资料价值的十四件。

盛宣怀是清末买办官僚的头子。在甲午战争以前,他是淮系洋务派的主要人物。1864年他以杨宗濂荐入李鸿章幕,得李信任。1873年,他由李鸿章札委会办船招商局事宜,和朱其昂(云甫)兄弟纠集粤籍买办唐廷枢(景星)、徐润(雨之)等人,招徕商股,在"官督商办"的名义下,把轮船招商局变成北洋官僚机构。1879年,他由李奏署天津河间兵备道。1880年,他向李建议照轮船招商局办法募集商股办津沪电线,次年由李奏派为电报局总办,于是电报局也成了北洋外府。1884年,他由李奏署天津海关道,

---

① 盛宣怀(1844—1916年),江苏武进人,字杏荪,又字幼勖,号次沂、补楼、愚斋、止叟。

实掌北洋枢要。1886年，改任山东登莱青兵备道，兼东海关监督。当时山东海防关税都由北洋控制，而轮、电两政以津、沪为首尾，烟台为中心，所以李特别要把自己的这个心腹位在这个地方。1892年盛又被调补天津海关道，兼津海关监督，这是由于此时李需他综管北洋对外交涉，轮、电也已延至关外，天津比烟台更为适中，而且他和北京权贵颇有直接关系，北洋和总理衙门之间正需他这样一个人来联系。1893年李经营十年刚刚开张的上海织布局遭火延烧，李急派他到上海办理善后，接着又奏请派他督办新近募股设立的"华盛总局"，控制名为商办的大纯、裕源、裕晋等纱厂。于是淮系洋务派所办的轮、电、纺织等主要企业，几乎全归盛宣怀一人掌握。

　　甲午、乙未之间，淮系海陆军溃败，李鸿章失去北洋地盘，盛宣怀也随而失去淮系经纪人的地位。但继督北洋的王文韶和他素有渊源，津海关道一缺因而得以保持不动，轮、电两局亦依然在手。1896年，张之洞在湖北办的汉阳铁厂无法维持，议改商办，找盛到武昌商量承办，用意就是要盛替他弥补亏空。盛乘机提出组织公司经营卢汉铁路，作为交换条件，结果合拍，就由王文韶、张之洞会奏保荐。当时再度掌政的恭王奕䜣和户部尚书翁同龢，与盛本来也都有关系，盛于是入京活动，竟把卢汉一条铁路的公司轻轻地改为全国性的"铁路总公司"，归他督办。年底，总公司在上海成立。此后他就以上海为根据地，遥控汉阳铁厂、大冶铁矿、萍乡煤矿（后于1908年正式合并为汉冶萍公司），近制轮、电两局以及新创的"通商银行"（名义是官商合办，总公司也设在上海），声势煊赫，一时无比。当时淮系已经消沉，而李鸿章的政敌却成了盛的支持者。翁同龢、张之洞本来互相水火，但翁与盛系里党世交，盛又力诣事翁，故翁欲重用之。张素不喜盛，但以铁厂关系不能无盛。继王文韶督直的荣禄和张之洞积见甚深，但盛对之却左右逢源。可见盛的宦术甚深，主要就是以厚利结纳权贵。他的势力不只上及恭、醇二王，而且通过李莲英直达西太后。同时他又是英、美、日、德帝国主义的宠儿。清末十余年中路矿利权的出卖和洋债的举借，大部分经他的手。特别义和团反帝运动期间他主持的"东南互保"的阴谋和1902—1903年一批卖国"商约"的订立，使帝国主义更看中了他。从盛宣怀这个大买办官僚的历史，不但可看出清朝末叶统治集团已腐朽到了如何惊人程度，也可清楚地看出帝国主义通过内奸统治中国的实际情况。

"亲笔函稿"第一部分，从光绪二十三年三月起至二十四年六月止，主要是有关于上文所述的"通商银行"和"铁路总公司"的开办，铁路利权的出卖，以及汉阳铁厂、大冶铁矿的一些情况。从函稿所说的"专用西帮"（二·一四）、"官场尤宜有股"（二·一五）等语，可以看出通商银行的封建官僚性质。从"比办卢汉路，美办粤汉路，英办沪宁路，均由总公司定议，系归商务"（二·三二），可以看出所设"铁路总公司"，就是出卖路权的机构。当汉阳、大冶一筹莫展，萍煤难运的时候，盛宣怀还曾企图通过湖南维新派人物（如谭嗣同）替他设法以湘煤济急（一·四八，一·五一），但没有结果。1903年以后，大冶逐渐由日本帝国主义控制；他在上海办理的纺织事业，经洋厂轧挤，也只能作押厂吃息之计（一·二三）。这些都说明买办官僚根本不可能办好新式工业。

1902年，袁世凯继荣禄掌北洋，从盛宣怀手里夺取了原属北洋的轮、电两局，并企图"改官办而不还商本"，这实际就是打算吞没盛的股本。盛施展买办手腕，鼓动一些股东向外商接洽，"欲以股票让外人"，然后又故意出面"调停"，行文上海道照会各国领事，言外商不得购买股票，这才打消了袁世凯的主意。1905年在湘粤资产阶级要求收回利权的压力下，张之洞废除粤汉铁路美约，与盛龃龉，盛失去一个奥援；江浙两省收回铁路运动接踵而起，袁世凯派唐绍仪主管江南铁路，盛的"铁路总公司"被裁撤。这以后两三年中，盛很失势。但到1907年底，苏杭甬路风潮大起，英帝国主义向清政府施行压力，西太后召盛入对，他力主压制人民要求，维持草约。于是1908年初袁世凯（时任外务部尚书）乃与英、德帝国主义订立了津浦铁路借款合同，接着又和英国订立了沪杭甬铁路合同。袁、盛二人间的仇怨虽深，但都是效忠于帝国主义的奴仆。盛被任为邮传部右侍郎，即在此时。就在这一年，他一面奏请将汉、冶、萍合并为商办公司，大招商股，由他做经理（"总理"），一面乘邮传部决定赎收电报局商股的机会，招揽电局商股移汉冶萍。

"函稿"第二部分（光绪三十四年二月至宣统元年十二月）最主要的资料就是关于上文提到的汉冶萍公司招股和电报局赎股的事。汉冶萍报效"内府公股"二百万元（三·三，三·四）充当"皇室经费"，是盛向西太后求宠的手段。汉冶萍名为商办，实际归他一人控制。所揽股东之中，如溥伦（三·六五）、奎俊（三·六三）、陆润庠（三·七六）、陈夔龙（三·六七）、吴重熹（三·六八）、陈邦瑞（三·七二）、吴郁生（三·七五）、袁树勋（三·三六）等（其中显有干股），都是盛结为系援的亲贵大吏。盛一面以汉冶萍为大官僚投资的机构，一面又广招小股，用意是挟众自重，免得自己地位为强有力者所夺（四·三）。在"商股"

299

之中，他又分出有所谓"优先股"和"普通股"（三·三六）。这说明他时时刻刻在为自己打算，继续卖弄洋务派化公为私的故伎。至于1908年的官赎电股，实际是为渊驱鱼，替盛宣怀的汉冶萍招徕买卖（三·四○盛致电局大股东书）。大买办如盛宣怀，本来没有办好民族工业的打算，他一开头就想以新立汉冶萍公司的名义向日本借款，也想答应日本要求的一部分的管理权，但因袁世凯乘机要将汉冶萍"收归国有"，只好暂时中止。他新招了一千万元"商股"，并没有使汉冶萍的败坏局面稍稍转好。1911年他任邮传部尚书，就让日本的三井财阀通过一千八百万的借款控制了汉冶萍。他从1909年起还兼轮船招商局的董事长，这开了清朝未曾有过的公然以官兼商之例。

到人民革命气氛弥漫全国的时候，盛宣怀更是不遗余力地去结帝国主义的欢心。湖广铁路取消商办改借洋债一事，就是他一手办理的卖国勾当。武昌起义前夕，革命的浪头首先把他冲倒了。在国人皆曰可杀的呼声中，他由日、德、英、美帝国主义护送逃出北京，经青岛到大连，又躲到日本的神户。革命军兴之后，人民要将他在各地的产业充公，这是完全合理的。他一面求帝国主义给他做保镖，一面将财产分寄他人名下，企图隐瞒。买办官僚的这种无耻把戏，在"函稿"的第三部分可以看得十分清楚（如五·一六"致上海顾道函稿"，五·二一"致费云卿、顾咏铨函"，五·三九"致大日本国伊集院函"）。至于厚颜求张謇向程德全疏通（五·三四，五·三五），并以张之"嘲讽"为"热情厚道"，则说明了他当时的狼狈情况。

由于帝国主义的支撑，盛于1912年秋竟安然回国，并且在这一时期内还兼任汉冶萍和招商局的董事长。他在日本时期已经和日本财阀议定汉冶萍为"中日合办",但经股东会反对作罢。他回国后几年中(盛死于 1916 年春末),日本对汉冶萍的控制日甚一日。"函稿"第四部分(1915 至 1916 年初)的有关材料,如"日东要求中日合办"(六·一),保存契约的铁箱钥匙由日顾问分执(六·二),欧战期间,国内钢材奇缺,而汉冶萍产钢还要尽先售于日本(七·二)等等来看,可见所谓"商办"的汉冶萍已完全变成日本帝国主义的殖民地工业了。

这部虽然已是不全的"亲笔函稿",可以当作一种"清末官场现形记"看;更重要的,这也是帝国主义通过地主阶级和买办势力奴役旧中国的一个很典型的记录。对于研究中国如何沦为半殖民地半封建社会的历史,这是一种很有用的史料。

盛宣怀的奏稿、电稿,前已由其后人编辑印行,共百卷,署为"愚斋存稿"。据说他的公牍、函稿也早已编就,但迄未刊行。至于"亲笔函稿"的其他部分,俟陆续找到,再行补刊。

本书系北京大学陈庆华、张奇谦两位同志和我共同整理,略加注释。不备不当之处,敬希读者指教。

一九六〇年三月

(原载《盛宣怀未刊信稿》卷首,中华书局 1960 年版)

洋务运动和资本主义发展关系问题[*]
——从募集商人资金到官僚私人企业

关于洋务运动，目前史学界讨论还不够多，也还有不少事实需要考订清楚。我想就其和资本主义发展有关系的方面提出一些看法，向大家请教，同时作一些必须的考订工作，以求帮助这个问题的探讨。

十九世纪中叶以后二三十年中洋务派所办的民用企业，跟当时资本主义的产生和发展有很密切、很复杂的关系。因为（一）洋务派是封建官僚中首先买办化的部分。他们企图借用西方资本主义生产的一些方法来巩固封建统治，因而开办若干新式企业，他们的目的主要在于筹款，并不愿让这些企业真正资本主义化。这些企业中既有私人投资，有新式工人和劳资关系，但又受封建官僚制度的束缚。企业本身就包含着封建主义和资本主义生产关系的严重矛盾。（二）投资者来源不同，社会地位不同，关系复杂，利害冲突。这些人出身于官僚、地主、一般商人或是买办商人，都在转化为资产阶级，转化的结果又有阶层地位的不同。这种变化还反映在企业本身之中。（三）洋务运动的发展和中国半殖民地

---

[*] 本文是为北京市经济学会 1962 年年会而写的论文，初稿经北京市历史学会讨论后作了一些修改。

洋务运动和资本主义发展关系问题——从募集商人资金到官僚私人企业

化的加深是在同一条道路上进行的。新式企业的兴起和旧的经济部门的破坏是相适应的,因而呈现了极端不平衡性。和企业有关的资金问题、市场问题都离不开社会经济变化的根本情况,因此又表现为各个时期问题的不同。本文着重讨论轮船招商局兴办时期的招商募股情况和机器织布局的兴办及其重要发展阶段的变化,分析从招募商人资本到官僚私人企业这一发展途径,这样来说明洋务运动和资本主义发展关系的一些主要问题。

一、轮船招商局兴办时期的私人投资问题

洋务派的头一个民用企业,是如何办起来的?哪些人首先投资于轮船招商局这个企业?这是近来讨论中提出的一个问题。有的论文比较着重探讨投资者的阶级成分[1],这是必要的。但我想先从洋务派不得不办新式企业的原因,及其从招商局下手的缘故,进行一些分析,来说明我对这些问题的看法。

洋务派必须办新式企业,这在1870年左右,已经是很明显的了。当时的军事工业中,江南制造局和福建造船局是两个重点,花钱很多,封建政府苦于负担,不能长此下去,必须另想办法。一种可能的办法是把这些军事工业企业化,兼办民用事业。这些工业本身的确也存在着一些资本主义生产成分[2]及其发展的可能

---

[1] 如从翰香同志论文(《关于中国民族资本的原始积累问题》——编者注),见《历史研究》1962年第2期。

[2] 戴逸同志在《洋务历史试论》(见《人民日报》1962年9月13日)一文中曾提及此点,我也大体同意。

性，但是初期新式企业主要还并不是从这里发展起来的。

早在同治六、七年间（1867—1868），江督曾国藩、苏抚丁日昌先后接受道员许道身、同知容闳拟议的《华商置造洋船章程》，目的在于解决漕运困难，规定商船"分运漕米，兼揽客货"。《章程》经总理衙门核准，由江海关谕各口试办。这个章程并不是组织轮船公司的章程，而主要是规定商人租买商轮只许在通商口岸行驶，并且要照外国轮船一样向海关交纳船钞货税。这是保障侵略利益的章程，起草人实际是海关总税务司英国人赫德，经曾国藩略加修改。

1868年六月，就有"华商吴南记等"禀称"集资购买轮船四只"，请准"试行漕运以补沙船之不足，其水脚一切悉照海运定章无须增加"。曾、丁二人均主张海漕仍须先尽沙船，免致沙户全部破产，"轮船应以装货揽载为主，运漕为附"。"吴南记"等商只请"试行漕运"，并无意揽载客货，因此地方官吏核议后，不予批准。①"吴南记"等是旧式商人还是买办商人，不得而知。但他们所要求的只是分享漕运的专利，还没有发展民用航业的想法，以旧式商人的可能性为较大。当时沿海航运受到外国轮船的破坏，已不算轻微，但"吴南记"之外，也没有其他商人响应原来建议。看来旧式航业破产虽烈，新式航业兴起的主观条件还未成熟。这是值得注意的问题。原议搁置三年多，到同治十年（1871）底，又有总理衙门"招商雇买官局轮船"的建议。这次建议并不是出于商人，而是因为中央官吏中有人攻击福建船政局造船縻费，主

---

① 见《曾文正公全集》批牍卷六，第75、79页；丁日昌《抚吴公牍》卷十三，第1、8页。

张撤销，左宗棠和沈葆桢力持反对。总理衙门提出的是个调解办法，这也得到曾国藩和李鸿章的同意。建议中所谓官局，不是单指马尾船厂，而是兼指江南制造局。是年十一月，李鸿章函闽抚王凯泰拨"闽厂轮船"装米北运。① 十二月，他函曾国藩说，总理衙门已函商闽沪两局，建议所建轮船"由商雇买"，他认为这是"经久良法"。② 接着，次年（1872）正月，他复王凯泰信，说明了一些重要情况："前雪帆阁部（宋晋）有停造轮船之奏，未知执事如何筹复。总署函商官轮招商雇买，以资周转，想已并达尊处。若不停造，或备漕运，或交商货，亦是流通之法。惟闻华商以官轮装运无多，驾驶不善，未敢倾重资以受牵制。现饬津沪各关道集议，尚难遽定妥策。沪局系雇用洋匠，由我主政，行止尚易操权。左帅初定闽局合同，似有欲罢不能之势。或尽议定制造若干只，工竣即行截止。闽船创自左公，沪船创自曾相，鄙人早知不足御侮，徒添糜费，今已成事而欲善其后，不亦难乎？"③ 从这一段话，可以看出初期军事性工业已经遭到明显的失败，特别闽局专造兵船，已是欲罢不能。资金问题也无法解决。总署的提议和李鸿章对湘系洋务派的批评，表示了洋务运动不得不向企业性方面发展。所谓"官轮招商雇买，以资周转"，就是这种倾向的说明。总署的建议，实际也就是李鸿章的意见。一方面要求闽沪两局兼造商轮出售出租，使官局本身至少部分地企业化。另一方面招商购船，成立新的机构，也就是几年前曾、丁旧议的重提和发

---

① 《朋僚函稿》卷十一，第30页。
② 同上，第31页。
③ 同上，卷十二，第2页。王凯泰是江苏宝应人，但他是淮系中坚人物之一，所以李鸿章给他的信敢于批评曾、左，说明实况。

展。但是洋务派既不能造出合适的兵船，也就不能造出合用的商船，所谓"官轮招商"办法，只是仍以运漕为交换条件，把无用的小兵船推给商人。在这种官商特殊结合的条件下，虽然有利可图，但成本也不轻，一般商人与其购买不合用的兵船，何如租买外国商轮，所以愿来尝试者不会有多少人。李鸿章表面上想替两局解决问题，实际却在打算乘机组织由北洋控制的航运机构。于是天津方面，在海关道陈钦（子敬）的主持下，于正月间派委员林士志和广帮商人议定九条办法，主要内容是"公凑本银三十万，公举总商承揽，由官稽查，或请发公款若干，照股均摊生息"①。李鸿章把九条办法钞给曾国藩，同时直接"缄致上海广、建各帮妥议"。但是上海道沈秉成②不赞成此事，所议没有结果。正好曾国藩于二月间死去，李鸿章致王凯泰信说，"文正公（曾国藩）之变，实出意外。……此事应由上海办起，南洋无一熟悉情形肯办大事之人，则筑室道谋，顾虑必多"③，言外之意即此后应由北洋主政。此后轮船招商局的筹办就掌握在李鸿章一人手里。但天津方面也没有成议，据后来李鸿章给孙士达信说："津郡粤商，久经禀求，因资力不厚，未敢妄允。"④这些商人很难说就是买办商人。当年五月，浙江省承办海运十余年的候补知府朱其昂到天津兑漕，和李鸿章晤面，"引为己任"。他就拟出《轮船招商章程》。李鸿章调他到上海设局招商。朱其昂认为，当时官造轮船内并无商船

---

① 《朋僚函稿》卷十二，第2页。
② 沈秉成，字仲复，浙江归安人，进士出身。他顾虑"华商轮船畅行，沙船全归轮船，老关税项大减"(《朋僚函稿》卷十二，第29页)。
③ 《朋僚函稿》卷十二，第9页。
④ 同上，卷十三，第36页。

可领，但上海富商甚多，这些人"或置轮船，或挟资本，向各口装载贸易，俱依附洋商名下"，应由官设局招徕，使各商所有轮船股本逐渐归并官局，将来官局制就轮船，可随时加入通行。招徕的办法，仍不外于"商局轮船分装海运米石，以补沙宁船之不足"①。李鸿章并奏请户部准该商等借领制钱二十万串（约合十二万两），"以作设局商本，而示信于众商"。这是北洋主办轮船招商局的开始。所借官款解决了一部分资金问题。据朱其昂续报，"各帮商人，纷纷入股"，"购集坚捷轮船三只"②。但这看来似乎是夸大的说法。李、朱想拉胡光墉入局，但胡终于借口"畏洋商嫉忌"，拒不肯参加。1873年初，道员孙士达向李建议"添招闽粤巨商入股"，李复以"已属振轩中丞（苏抚张树声）转饬招徕，朱守（其昂）二月初来津，当再面筹一是"。这就证明朱其昂招股不多。但李鸿章实际并不同意孙的意见，因为"广帮与浙苏等帮向各争胜，难邀合同"③。胡光墉领闽局十二船，自张一帜。他是左宗棠系买办官僚兼豪商，当然不肯和李鸿章合伙。朱其昂实际代表江浙商人，他所招揽的是江浙商帮的资金，但数目有限。就在这个时候，李鸿章给沈葆桢信批评买办商人不愿投资。他说"敝处试办招商，彼族（外国侵略者）尚无异词，华人偏增多口，大都殷富诡寄洋行，几疑中国之不能自立。试行数年后，倘亦于于而来耶"④。当年（1873）夏间，李鸿章以招商局"资本过少，恐致决裂"，招致

---

① 见同治十一年十二月十三日李鸿章奏（史学会编《洋务运动》第六册，第5—6页）。
② 同上，第6页。
③ 以上据《朋僚函稿》卷十二，第36页；卷十三，第1页，《复孙竹堂观察》两函。
④ 《朋僚函稿》卷十三，第2页。

久充怡和洋行买办的广东人唐廷枢为"坐局商总"（即业务经理），让他招股，目标当然在于买办商人的资金。据他说"两月间入股近百万"，实际所收不到一半①，其中买办资金必然占多数。此后主管招商局的有朱其昂、盛宣怀二人代表官方，唐廷枢和另一买办徐润名义代表商方，负责经营，而唐、徐二人都是盛宣怀介绍的（据李鸿章说），于是盛宣怀成为代表李鸿章控制招商局的主要角色。光绪元年（1875）二月，李鸿章奏称该局"有自置轮船并承领闽厂轮八号。现又添招股分，向英国续购两号，分往南北洋各海口及外洋日本、吕宋、新加坡等处贸易"②。进行比较顺利。再过一年（1876），就有收购旗昌轮船的决定。

　　如上所述，可以看出，洋务派从军事工业走向资本主义性质新式企业，是不得不然的发展。至于它先从航业下手，是当时的具体条件决定的。当时外国轮船在中国沿海和长江主要码头来往运载，外国航业已经深深地侵入中国社会经济机构，中国沿海旧式航运已经遭到极端严重的破坏。咸丰年间沙船尚有二千余号，到了同治末年只剩四百号，连海漕都成问题，民间货物运载也愈来愈依赖洋船。沙户破产的悲惨情况，充分说明了资本帝国主义对半殖民地掠夺的原始积累性质及其残暴的程度。殷实沙户也不得不忍痛放弃自己的沙船而把资金附搭洋轮。③一般商人普遍租搭洋轮。英国怡和、太古，美国旗昌等行就这样迅速地扩大资本，

---

① 《朋僚函稿》卷十三，第13页。按徐润在《徐愚斋自叙年谱》第18页称："同治十二年商局招股，拟招百万，是年只招得银四十七万六千两，迨至光绪八年始招足额。"

② 《洋务运动》第六册，第8页。

③ 《朋僚函稿》卷十二，第29页。

洋务运动和资本主义发展关系问题——从募集商人资金到官僚私人企业

增加船只,吸收商人和旧航运者的资金而把他们转变为自己的依附者。资本帝国主义的残酷掠夺对中国封建经济中航运部门的首先破坏,也相应地提供了中国在这一部门中首先发展资本主义性质企业的可能性。不难想象,假如在完整的封建社会中采用轮船要遭遇如何严重的阻力。现在这种阻力已经在外国资本主义残酷掠夺的过程中被打破了。李鸿章函稿几次提到"我既不能禁华商之勿搭洋轮,又何必禁华商之自购轮船"①。清政府已经允许外国轮船驶入长江,当然不能禁止民间使用轮船,正如《马关条约》准许外人设厂之后不能禁止民间设厂一样。李鸿章看到势不可禁这一点是对的,但他却是要利用旧航业的破坏,来控制当时已经不能不出现的新航业。于是在官方控制的条件下,一批商人开始向通商口岸的轮船事业投资。

因此认为招商局的兴办,是由于买办势力推动,这个看法是值得商榷的。如从翰香同志的论文,就根据1872年初林士志和"广帮众商雇搭洋船者"所议章程,和1873年初孙士达"添招闽粤巨商入股"的建议,作出这样的结论:"推动和支持李鸿章奏办轮船招商局的幕后势力,乃是聚集在他周围的一批拥有巨资并对新式企业跃跃欲试的买办。"②他所举的事实,显然不能作为结论的根据,因为两者都只是拟议,并没有实现。此外,对这些商人也应作具体分析。天津粤商虽然雇搭洋船,是资本较小的旧式商人,在航运破坏后受外商压迫,他们资金的来源和资本帝国主义的半殖民地式原始积累无关,所以有发展民族航业的要求。至于

---

① 《朋僚函稿》卷十二,第29页。
② 从翰香同志论文,《历史研究》1962年第2期,第28—29页。

"闽粤巨商",假如是如李鸿章所说的"诡寄洋行,几疑中国之不能自立"的一类买办商人,那么他们正在"多方忌阻"①,显然并没有投资于洋务派企业的要求,而还有待于李鸿章的设法招致吸引。假如是旧式豪商,或是在不同程度上买办化的大商人,也不会就有投资于新式航业的迫切要求,因为他们不能不一面怕外商的倾轧,一面怕官府的侵渔。事实也很清楚,他们没有对洋务派作什么推动。

洋务运动的特点当然就是大官僚和买办的结合。一般说来,具体筹划确是多半出自买办。但也要看具体情况,朱其昂时期还没有这种结合。他自己是旧式商人和运输业者,并不是买办。到了唐廷枢、徐润加入以后,买办商人才在李鸿章的各项新办的企业中,占了重要的地位。但这种情况,到了八十年代后期,又发生很大的变化,即官僚自身代替了买办的管理者地位。至于招商局初期资金来源问题,当然应以朱其昂和唐廷枢二人先后实际招到的股本作为讨论根据。这方面材料不够完备,撇开官府大量资金不说,我们可以推测其中买办商人的资金应该占较大的比例,特别是在唐廷枢时期。但也要注意朱其昂本人兼营沙船,他的亲友中有很多沙船主人②,所招股本中应该有旧航运业转来的资金。他们所说的"各帮商人(也就是李鸿章所说的'苏浙帮')纷纷入股",当然不能一概以买办商人目之。

新式企业刚刚兴办的头几年中,官僚、地主、高利贷者还不可能直接投资,资金只能来自商人方面,一般商业资本对新式企业还没有发生兴趣。因此诡寄在洋行的买办资本,就突出地引人

---

① 《朋僚函稿》卷十三,第 13 页。
② 同上,卷十二,第 29 页。

注目。但这些买办商人也不肯轻易舍弃现成的厚利去冒不可知的风险,至于更直接依附洋行的买办,则最初是对招商局抱敌视态度的,更谈不到倡议了。

洋务运动发生时期,资本帝国主义在中国的原始积累还在初步阶段,农村被破坏得还有限,旧市场还没有被控制,八十年代初期几年中才有显著的变化。近代中国社会中出现的原始积累,是以帝国主义破坏自给自足的自然经济和控制中国经济命脉为特征的。中国资本主义的发生不是由民族资本先有一个长时期的原始积累,而是由于一部分官僚、地主、商人、买办直接投资于新式事业。资金来源一部分是地租、高利贷和官吏搜括所得等封建掠夺的直接转化,这到了八十年代,在洋务派企业中,比重就有很大增加。另一部分是资本帝国主义掠夺的余沥的转化,这在初期投资中比重就显得特别大。招商局初期的主要问题是招徕资金的困难,而还不存在哪些人特别急于把自己的资金转化为新式企业的问题。在这时期讨论这个问题,我以为太早了。到了七十八十年代之交,情形就显然不同了。

二、机器织布局兴办时期的情况和有关问题

七十年代中叶以后,北洋系洋务派就注意兴办矿业、纺织和电报等企业,需要大量资金。纺织业的发展经过,对于说明洋务运动和资本主义发展的有关问题,最有关系。纺织业的兴办就是外国纺织品对中国农村家庭手工业有了比较显著破坏的反映。

有的同志指出，"1876年，李鸿章开始在上海筹设织布局，几经波折，直到1890年才建成开工"。这个提法，我以为是简赅确当的。1876年李鸿章复沈葆桢函中说，黎召民（津海关道黎兆棠）再四讽劝创办机器织布，因令魏纶先（字温云）出头承办。魏到上海会集华商议定节略，由南北洋各筹公款，定购机器，存局生息，再招商股。郭嵩焘也表示赞成这个办法。① 可见原议确是出自洋务派官吏。魏纶先是机械方面的技术人员，不是商人或买办，但看来当时无论公款、商股，都有困难，所以次年魏纶先赴湖南勘矿。接着，1878年，就有候补道彭汝琮（字器之）的建议。有些同志根据这个提议，强调彭汝琮这个买办商人的作用，看来未必恰当。因为彭的提议实际是北洋原议的继续。严中平同志最早详细研究了上海织布局的历史，推测彭可能是买办，但并没有下肯定的结论。这里可以补充一条材料。早在同治十三年，李鸿章复户部侍郎宋晋（字雪帆）函中说"招商局本无委员，亦无薪水，器之似难位置"②，可见此人和宋晋有关系，经宋介绍向李求差事被拒绝。后来李鸿章指示郑观应，说"彭前道作事虚伪，专意骗人，至穷老而不改"，"穷老"二字显是说他的情况很潦倒，他可能是买办商人，但不似拥有重资者。他在上海洋场应该混得很久，但对洋务看来并不很熟悉，也没有号召力量（见下文）。魏纶先筹办没有成功，1878年冬，彭就拟出章程寄李，禀请承办，接着就到保定谒见，吹嘘自己能筹资本五十万，这样骗到织布局总办的位置。他回上海后，在虹口挂出织布局的招牌，兴建厂屋，

---

① 《朋僚函稿》卷十六，第3页。
② 同上，卷十四，第22页。

洋务运动和资本主义发展关系问题——从募集商人资金到官僚私人企业

定购机器,但招不到股份。在保定时,他请李鸿章委太古洋行买办郑观应襄办(即"会办")。郑得委札后,再三拒绝不就,并禀辞李鸿章说:"会议之初,观应言事属创始,关系中外交涉,同事不必求多,发端不妨小试,尤要在股份本银,明见实数。……乃彭道所称集股五十万明明刊布章程,……而自始至终未见实际,但以招股望之他人共事者,初不意其如此之虚诞。"① 可见郑观应参加了最初的拟议,当时并无招股确数;所云"事关中外交涉,发端不妨小试",口气更像是从官方立场发言。他当时还是太古买办,但和淮系官僚已有联系。在1878年的拟议中,他的重要性当不在彭汝琮之下。

不能认为机器织布局的创办,是由于商人们已经筹备好了,只俟李鸿章奏准,便可兴办。郑观应禀中说"自冬至今,皆于捉襟见肘之时,为剜肉补疮之计,甚至房租食用,亦须代措。统计观应所垫已万余金,私债挪移者尚不在内"。至于彭汝琮本人,根据郑观应禀中描写他和"新太兴"洋行写立合同定购机器的糊涂情况看来②,对洋务并不内行。又说"念其晚节末路,谅能自愤",与李鸿章所说"穷老"相合。他的资历高于郑观应,所以他任督办而要郑襄办。郑不但不肯就,而且跟他闹翻了。1879年四月《北华捷报》刊登了该局"最初创办人中间起了分裂"的消息③,大概就是指这件事情。彭的道台衔也被革掉了④,可见北洋不把织

---

① 《洋务运动》第七册,第477页。
② 严中平同志从彭汝琮设厂计划中提出购置机器的方案,说明"他懂得不少资本主义新鲜事物"(《中国棉纺织史稿》,第100页),看来原计划是和郑观应拟议的,因为和郑自己在禀中的主张相同,而和彭的作法相反。
③ 《中国棉纺织史稿》,第102页。
④ 李鸿章致郑观应函中称他为"彭前道""彭革道"。

布局看作单纯的商人组织。当年秋间李鸿章委派浙江候补道戴景冯"就近兼理"局务。"兼理"是因为他原有其他职务,这实际就是重新筹办。①戴禀李鸿章请加派吴仲耆、龚寿图(仲人、仲仁)会同办理。②这二人都是绅士,吴的祖父任过海关道,龚的哥哥(易图)也任过海关道,当时官按察使。但戴景冯也无法招股。所以光绪六年(1880)李鸿章就将原局撤销,以镇江官绅、翰林院编修戴恒另行筹办。当年十月《申报》载《书机器织布局章程后》一文,说到戴恒和郎中蔡鸿仪(嵋青)、候补道龚寿图、候补道李培松(韵亭)等各认股份五万两,并拟"公请"郑观应和经元善(莲珊)"任其事"。③但光绪七年(1881)"织布局同人"上李鸿章禀④说拟筹资本四十万两,戴恒、蔡鸿仪各认招五万两,郑观应"约同李道培松亦认(即合认)招股分五万两,统计二十万两,已有实在着落";没有提到龚寿图。看来这是因为李鸿章在1880年本来委戴恒总办,龚寿图、郑观应会办局务,不久又提升郑观应,委他总办局务,常川驻局,仍随时和总办戴恒、会办龚寿图"和衷商榷"。⑤看来龚寿图不肯居郑观应之下,就以"未能常川驻局"的理由禀请饬郑观应管商务,他自己专管官务。⑥他既完全

---

① 所以后来1881年郑观应禀有"彭戴二道筹办于后"之语。
② 孙毓棠:《中国近代工业史资料》第一辑下册,第1040页。同书第1041页的"候补道戴"即戴景冯(名待查)不是戴恒,编者原注有误。戴恒字子辉,官编修,即有关资料中的"戴太史",景冯系戴恒之侄。
③ 《中国近代工业史资料》第一辑下册,第1040页。
④ 《洋务运动》第七册,第482页。编者对"观应约同李道培松亦认招股分五万两"一语释为"各"认五万两,非是。参阅《盛世危言后编》卷七,《上郭筠仙侍郎书》。
⑤ 《洋务运动》第七册,第480页。
⑥ 光绪十五年十月曾国荃奏,《洋务运动》第七册,第450页。

代表官方，商方出面的织布局同人公禀中不便列举他的名字，所以数目少了五万，实际仍是由他认招。于是光绪八年（1882）三月，李鸿章就上了《试办机器织布局折》。①奏折的主要问题，是请求出品免厘和十年专利。

这两项都是根据郑观应等1881年原禀提出的。郑第一次禀中只说"上海一隅"不准他人立局；第二次禀又以防止"洋人仿造"为理由，请求所有通商口岸，不准"另有纺织"。李鸿章奏实际是把这个建议扩大到全国范围内不准另办，可见李一开头就把织布局看作北洋的私产。

从织布局兴办的历史中，可以看出，在八十年代初，新企业资金的筹集已经不像招商局兴办时期那样困难。除了彭汝琮一筹莫展之外，其余各人五万金之数都可唾手而得。织布局原议向北洋借官款五万，但四十万款很快招满了。郑观应向李鸿章报告官款已不必借。李鸿章除了嘉奖他一番之外，还说招股多多益善，可以不受限制，结果又多招十万两。就资金的来源说，来自官僚地主豪商的财富积累占了很重要的部分。李培松是盐商，轮船招商局在1876年收购旗昌轮船时，李鸿章致唐、徐二人函有"前拟由两淮盐商等筹集股分，目下南省赈捐，暂难强令添股"之语②，很像是勉强摊派，盐商不很热心。但到织布局兴办初期，态度就

---

① 有些人追记郑观应的事迹，把这折的日期改为光绪六年，这些都是误记的，不可为据。错误的来源是郑观应的节略中把年份误题六年。其实除了《李奏稿》所载年月外，《李电稿》卷十第20页寄张之洞电也明说"光绪八年奏准在沪设织布局"。又光绪十九年十月李鸿章奏附片（《洋务运动》第七册，第453页）也说八年。就原奏内容看，如筹款四十万两请免厘和专利（都是根据1881年织布局同人禀）也可知道确系八年。

② 《朋僚函稿》卷十六，第38页。说"添股"应是原已有股。

完全不同了。戴恒是官僚地主，龚寿图原是积极投资者，虽然号称代表官方，但自己仍必有不少附股。他是新式官僚投资者的代表（后来的龚照瑗、聂缉椝等人都是上海海关道，从这肥缺中都发了大财）。蔡鸿仪可能是买办商人，郑观应招股中有不少出于买办商人。八十年代初，资金特别活跃，这自然就是资本主义经济侵略更深的反映。商人们好景不常，跟随而来的是1883年的萧条和破产，市面突然紧张。这和中法战争有关，但还只是表面的关系，实际是外国资本主义对中国旧式商业资本一场暴袭的结果。大约因为资金周转不灵的关系，郑观应也就在此时挪用公款。1884年经龚寿图揭发，郑观应在广东规避不回，直至1887年经淮系官僚江海关道龚照瑗清查，郑观应才禀称原招股本五十万两，其中十四万余两竟是股票押款，另有现金十四万余两或已放出，或押股票，局中已无现银。郑观应就此退出织布局。

织布局此后结束了买办商人的管理，而由北洋系官僚杨宗濂等先后直接掌握。1887年以后，它更进一步成为北洋的私产。严中平同志的《中国棉纺织史稿》（第106页）中已经指出这个问题，下文着重就这个问题作一些发挥。

三、八十年代后期织布局性质的开始变化

在官局名义下，一些官僚开始办私人纺织企业，这是中国纺织史上一个新的发展阶段，也是讨论中国资本主义发展具体道路应该注意的一个重要问题，这个问题过去还没有引起注意。资料工作，特别是调查工作中，存在着若干缺点，引起不少误会，许

洋务运动和资本主义发展关系问题——从募集商人资金到官僚私人企业

多具体问题难以解答,所以需要作一番澄清工作。

过去研究和调查资料中普遍存在着这样一个说法:在上海,1891年就有私人创办的"华新纺织新局"。所有统计表中也无例外地在1891年著录了这个厂名。但这是难以解释的,因为它和"十年专利"的规定明明冲突。严中平同志在《中国棉纺织史稿》中推测,"或许是以其规模之小而被允许的"①。近出的专门调查研究恒丰纱厂(前身是华新纱厂)的一部著作,不同意这个解释,而主张:据调查,"华新纺织新局所以能例外核准开设",是因为龚照瑗和李鸿章的私人关系,"得到李鸿章的特别照顾"。②这一说实际上也同样地不可通。织布局是官局垄断,私人根本不许设厂,一旦有了破例(他允张之洞设局,因为是官局,不算破例),专利就不能维持下去,李鸿章岂肯这样照顾别人?而且此事经奏准在案,李鸿章也没有权力来"例外核准"一个私营工厂的设立。这个问题还牵涉到华盛纱厂成立的最主要情况。严中平同志既根据李鸿章原奏,承认他"立意在上海设立一个机器总厂,而由华商多设分厂"③,又说他"把上海完全商办的裕晋、大纯诸厂收为分厂"④,这两个说法是矛盾的。目前流行的一种说法是盛宣怀借设立华盛之名,强把几个私营纱厂都吞并了。于是除严中平同志所提到的裕晋、大纯之外,"华新"当然也被包括在内。这就更说不通了。既然甲午战争前已经有许多私人自由设厂,那就不能说洋务运动"窒碍"了民间资本的发展。假如甲午战前,私

---

① 见严中平《中国棉纺织史稿》,第113页。
② 《恒丰纱厂的发生发展与改造》,上海人民出版社1959年版,第3页。
③ 《中国棉纺织史稿》,第106页。
④ 同上,第118页。

人纺织厂已经林立,那也不能说《马关条约》后清政府才不得不允许民间设厂。这样就引起更大的困难。另一方面,盛宣怀奏称,他"就织布局旧址设立华盛厂,另在上海激劝华商招股,分设华新、大纯、裕源、裕晋等厂,先收股分一半,次第开办"①,他竟敢如此大胆捏奏,不怕商人们的揭发,不是也难以理解吗?

所以这个问题必须重新考订澄清。实际上,在档案和其他文献资料中,从来没有看到华盛设厂之前有任何私人纺织厂的名目出现。孙毓棠同志所编的《中国近代工业史资料》第一辑(下册,第1077页)著录光绪十九年的一个"朱道局",编者注作"裕源纱厂"。这也容易引起误解。因为华盛开办前不可能有用"裕源"这样一个私营招牌的纱厂。同样地也不可能有"华新"这个名称。汪敬虞同志编的《资料》第二辑(下册,第684页)著录《海关十年报告》的一段译文,大意说,1891年上海只有两家工厂,一家是上海机器织布局,"另一家是华新纺织新局",这是译者加的名称,原文只说另有一个"机器纺纱局"(参阅《资料》第一辑下册,第1080页。那个译文是对的)。我想汪敬虞同志本意在于要求明确,但反引起读者的迷惑了。这样的误解,由来已久,错误来源是国民党时代的调查资料,如《全国华商棉纺织厂统计资料汇编》之类。这些资料都把"华新"这样一个私营招牌挂在它的前身一个"官局"之上,这是不难理解的。因为调查者所关心的只是这个企业何年创办,而不问当时有没有这个名称。但是一个招牌挂早了几年,却使许多问题难以索解了。

事实上,当时确有这样一个纺纱厂,规模也并不小。翁同龢

---

① 《愚斋存稿初刊》卷五,第40页。

日记，光绪十九年（1893）三月二十五日有下列这一段重要资料：

> 杨艺芳，……云上海一织布局（杨藕舫办），一洋纺局（龚仰蘧东。张丹叔云许仙屏有六万，仰蘧亦六万）。织布局现在每月出货十二三万。每日日用五百两，获利约五百两，每月可得一万二千利。又云洋纺局获利亦厚。①

杨艺芳即杨宗濂，藕舫即其弟宗瀚，当时任织布局总办，所以说"办"。龚仰蘧即龚照瑗，"东"即出资者之意。许仙屏即许振祎，也是洋务派官僚。事有凑巧，中国近代史资料丛刊《洋务运动》（第八册，第247页）因草书字形近似，将"东"字误读为"奏"字。这样好像"纺纱局"是经龚照瑗奏准的独立官局，这更不可通，因为海关道根本没有专折奏事之权，不用说就奏也不会获准的。我想事实上是这样：龚在八十年代后期任江海关道，是织布局总办的顶头上司。他是淮系的重要官吏，李鸿章的亲信。1887年，龚受北洋札委清查局务，督同重办。年底李鸿章命杨宗濂与龚彝图整顿局务。除1890年马建忠一度总办局务外，织布局后期主要负责者是杨氏兄弟。杨宗濂自己经常在北方，所以织布局就由杨宗瀚充总办。龚照瑗和杨氏兄弟都投巨资于织布局，光绪十九年十月盛宣怀《规复机器织布局禀》②说"龚升道在江海关道任内存银二万两，又杨藕记（即杨宗瀚，实际也就是杨氏兄弟）借垫各款银十余万两"。当然此外还有李鸿章本人和北洋其他官僚

---

① 《翁文恭公日记》第三十二册，第21页。
② 《新辑时务汇通》卷八十三，见《洋务运动》第七册，第491页。

的股本。1890年前后北洋系官僚公然投资,并且把管理权直接掌握,不再假手买办出身的人,织布局商办的性质减少而洋务派官僚集团私产的性质愈来愈强了。织布局利润之大,也是很可注意的。杨宗濂把这个消息透露给局外人,是因为他和翁同龢有极密切的关系,也许这就是后来机器局失事、李鸿章突然派盛宣怀代杨氏兄弟的一个原因。①织布局本身需要发展,纺纱厂较易办而获利甚厚,所以有龚照瑗另组纱局之举。名为"局",仍是官局,即是机器织布局的分局,既有官僚私人企业的性质,又是官局系统中的一个单位(所以只纺纱而有"纺织新局"之称)。"朱道局"是另一个同样性质的单位,成立较晚,规模较小,也不是独立于机器织布局系统之外的。光绪十九年十二月底盛宣怀电李鸿章说:"规复织局,筹本百万已有就绪。股东远虑他日办好恐为官夺,拟改为总厂,亦照公共章程,请署厂名,一律商办。"②李复以"总厂应名曰华盛。即会议具禀。朱道局亦应改为分厂"。这两条材料给我们所遇到的问题提供了很清楚的答复。民办为"厂",官办为"局",厂则署名,局则不署。所以无论龚照瑗或朱鸿度主办的纺织局,本来都不会有招牌。"裕源""华新"必然都是华盛开办后才出现的名称。李鸿章指示织布局改为总厂,他局改为分厂,并说"朱道局亦应改为分厂",就可看到这个纺纱局是在官局名义下开设的。龚局性质当然只能与此相同。但华盛改厂后,仍用"总局"名称,盛宣怀当然另有用意,华新亦用"纺织新局"名义,这是完全可以理解的。"华新"是新起的厂名。"纺织新局"现在

---

① 《翁文恭公日记》第三十二册,第77页:"得杨艺芳函,欲另开纱局。至布局,则合肥派盛苏杏回沪集股,艺芳兄弟无分。"
② 《李文忠公全书》,《电稿》十五。

是对"华盛总局"而言。一面已经正式成为私厂了，一面又要沿用局的名称，无非是盛宣怀要借此来增加自己的声势，对各厂进行控制而已。前面提到盛宣怀奏中所说的"招股分设华新、大纯、裕源、裕晋等厂"，其中华新、裕源已可确定是官局变为商厂，裕源建厂在1894年，它的前身"朱局"究竟是纺纱局还是轧花厂，还待考实。大纯、裕晋无疑都是新成立的，也都在1894年建厂。

弄清这些问题，就可以看出甲午战争前几年中像纺织业这样一个重要工业部门的发展道路，官僚集团从直接投资经营发展到分头设立私厂。这些私厂在官局名义下设立，享受专利和特权的庇护。这些官僚本身也就直接转化为大资产阶级。这就是李鸿章、盛宣怀这一官僚集团所走的道路。

这一批官僚中由于利害冲突，发生分化，一些人受盛宣怀的排挤而在政治上有不同的表现。马建忠是一例，杨宗濂是另一例。马建忠经济力量不雄厚，政治上没有支援，一推即倒，没有上升到大资产阶级集团中而始终是一个改良主义者。杨宗濂被挤后就想"另开纱局"，当时没有实现。中日战争后他才在无锡设立纱厂，变成独立企业家，和陆润庠、张謇等官绅同样成为江南新兴的民族资产阶级上层。这一批由官绅转化的新兴的企业家和翁同龢关系都很密切，可说是戊戌变法维新派右翼的社会基础。

洋务派所发展的是否官僚资本主义，这个问题已引起不少的争论。我以为就其所办的企业看，从八十年代后期到甲午战前，这个趋势是逐渐显著的。就李鸿章个人的计划说，那更是明显。八十年代中叶以后，他一直在打算出卖利权大借外债，从而建立一个由北洋控制的银行、铁路、各种企业的庞大系统。所以1886年才有马相伯（建常，后改名良）奉命到美国向纽约银行家借款

"五千万两"的惊人消息。① 刘大年同志的《美国侵华史》中早已提到这件事情。现在我把前后几年的情况综合说明如下:

早在1884年底,即中法战争期间,美国使馆派何天爵(Chester Holcombe)到总理衙门说愿贷二千万两,年息五厘,贷款期限二三十年,以"经营中国所有铁路"为交换条件。1885年初,这个荒谬的侵略建议被总理衙门拒绝了。② 但李鸿章就在1886年派马良到纽约和华尔街银行家们磋商,他们一口气就"凑齐"五万万两(看来是诳骗),马良认为"意不可却",竟拟以五千万两为正式借款,以三万万两为"存款","三厘起息"。结果李鸿章回电说,"舆论大哗,朝野鼎沸,万难照准"。但借款仍在进行。美国档案资料提到1887年由费城辛迪加支持的"华美银行"组织计划,得到李鸿章的批准,计划向美国借款八千万两,建造铁路,并办一个铸币局,以"极广泛的利权"为交换条件。③ 李慈铭《越缦堂日记》光绪十三年(1887)八月十九日记此事说:"比日闻合肥与美国大贾米建威议开华美银行于天津,拟借洋债,息银四厘,立约十余条。米建威以开矿致富至万万,为奸驵之尤,所至竭泽(即'竭泽而渔'),诸国夷商皆畏之。近日潄兰通政、伯希祭酒皆上疏劾合肥,已有廷寄止之矣。"④ 潄兰,黄体芳字;伯希,盛昱字。他们都是和翁同龢关系密切的清流派人物。这两个疏很重要,否则不必待甲午战后的盛宣怀,铁路利权早已被李鸿章出卖干净。翁同龢日记同年八月二日,也记"曾劼刚来谈天津银行事。合肥

---

① 张若谷:《马相伯先生年谱》,第169页。
② 《北华捷报》1885年1月7日,第11页。
③ 德涅特:《美国人在东亚》,英文原本,第599页。
④ 《越缦堂日记》卷四十八,第73页。

合同第六、七、八,最谬,大抵有铁道一语在其中"①。可见翁同龢、曾纪泽也都反对华美银行和借款条件。美、李勾结没有成功。李鸿章官僚资本主义的庞大计划没有实现。②

但是,举借外债办法还在化整为零地进行着。1889年李鸿章奏,津沽至阎庄一段一百八十余里的铁路,就借了英、德洋行债将及百万两;他修津通铁路,又以"五厘轻息"向汇丰借二百万两。③"五厘轻息"一语说破了李鸿章要大借外债的动机。当时中国资金依旧保持着封建主义的高利贷性质,这是不待言的,但洋债利息,就在当时其他官吏看来,也是负担不轻的。④机器织布局在1891年,也由李鸿章作保,向汇丰银行借债一百万两,向英、美购订新机器价值七十万两。⑤利用外资发展官僚资本主义,这是李鸿章所要走的道路。

洋务派企业的发展途径,是从封建性的官僚把持逐渐发展为买办资产阶级性的官僚集团垄断。织布局时期的"十年不许他人设厂"和华盛设厂时期的"全国限锭四十万",无疑都是垄断性特权的规定。织布局被焚烧的时候,十年专利已经期满,而且已经

---

① 《翁文恭公日记》第二十六册,第 73 页。
② 1890年(庚寅),翁同龢日记(第77页)九月二十二日:"使日本大臣李伯行经方来长谈,知洋债三千万已成,但彼欲六年后始归本。六年中利钱多出四百余万。两年九十万,四年则从九十万起利,故须四百(几)十万。""四月初三日,李伯行经方来谈洋债事,盖三千万之议创自彼也。"(此条注释据北京大学出版社1985年版《邵循正历史论文集》第 320 页注释③增补。——编者注)
③ 《洋务运动》第六册,第 293—294 页。
④ 黄体芳在1889年奏称从光绪十年后,五年之中共借洋债二千二百万,利息一千一百万,现在共还一千一百万,尚少二千一百余万。(《洋务运动》第六册,第 263 页)
⑤ 严中平:《中国棉纺织史稿》,第 105 页。

不断受到舆论的攻击，当然不能简单地用延长年限的办法把专利继续下去。以李鸿章、盛宣怀为首的买办资产阶级已经出现。这一集团中的人自身有投资设厂的要求。盛宣怀、聂缉椝的华盛设厂计划就是为适应这个新情况而提出的。这个计划对集团中一些人开放设厂权利，同时通过华盛总厂保证北洋的控制，又以限定锭数的办法排斥私人自由设厂。这样计划的官僚资本主义色彩是很清楚的。

光绪二十年（1894）三月二十八日李鸿章《推广机器织布局折》也清楚地说明了这个问题。据原奏，计划在上海、宁波、镇江等处集股分设十厂，官督商办，纱机限三十二万锭，布机限四千张，连湖北官局的纱机八万锭、布机一千张，合计共限纱机四十万锭、布机五千张。照这个计划，除张之洞所办官局外，其余全受李、盛集团"官督商办"名义下的控制。所以垄断势力不是缩小而是扩大了。这样才有1894年镇江商人的设厂拟议（没有实现）和同年宁波通久源纱厂的筹办（1896年开工）。这些都是在李、盛计划之内的。宁波本有一个通久源轧花厂早在1887年成立，但纱厂的筹设，不能简单看作是轧花厂的发展。据《海关十年报告》（第二辑，1906年版，第65页），纱厂当时是由宁波和上海一些"富人"合资三十万两准备兼营纺织，经过两年筹备，才在1896年六月开工。这和上海华盛等厂创办的关系是可以清楚看出的。厂主严信厚本人也是淮系官僚，属于李、盛买办资产阶级集团。通久源在筹办时期也只能是一个官督商办的企业，不能看作纯粹民营的自由企业。至于四川总督刘秉璋（淮系重要官吏）拟办的纺织局，本身是官局，更不能说是民间私厂。汪敬虞同志所编的《资料》把这列在"清政府与现代工业"目下，是对的。洋务运动的官僚资本主义垄断在甲午战争前夕是在继续发展,而不是在缩小自己的范围给民族资本让路。这一点我认为有说清楚的必要。

洋务运动是否在窒碍民族资本主义发展的同时,在客观上起了一定的"庇护"作用?我认为这样的提法没有什么不对,需要明确的问题,在于它主要庇护的是哪些人。当然主要的是买办化官僚集团。其次是民族资产阶级上层。中下层得不到什么庇护,或者可以说所得十分有限。这样看法是否妥当,请同志们指教。

(原载《新建设》1963 年 3 月号)

关于洋务派民用企业的性质和道路

——论官督商办

在不久前一篇论文①中,我从洋务派举办的一些企业说明官僚资本主义的初期发展趋势,文中主要结论之一是:在八十年代中叶以后,以纺织业为例,这个趋势已逐渐显著。现在我想进一步论述这方面的有关问题。

本文大意如下:(1)"官督商办"是洋务派举办企业最主要、最基本的形式,但在1885年前后,内容有所不同。前期特点在于以招徕商股为主要目标而辅以官款的借贷,甚至先拨官款开办然后招商。官掌握大权而"委""商"经营管理,并依靠官款维持官督商办。后期特点在于当权派官僚直接控制经营,在有的企业中(如纺织业),官僚投资已经形成半独立的私有企业,原有商股(老股)加速被鱼肉吞并。洋债侵入排斥了新股招募(如招商局)。从各业总的发展情况看来,淮系洋务派所走的官僚资本主义道路是很明显的。(2)企业中"商股"的性质也有前后阶段的不同。1885年以前的"商股"主要是由官方指定一些"商人"去招徕。这些经官"委"派的"商人"中间,有商人,有买办,

---

① 《洋务运动和资本主义发展关系问题——从募集商人资金到官僚私人企业》,见《新建设》1963年3月号。

也有退职的官吏，但他们都以"商"的身份来"承办"企业，而受委之后又取得半官半商的身份，七十年代企业中招徕的商股，大都来自这些人自身及其亲友们，另一部分则来自北洋官僚。总的说来，招股的范围很狭。但在八十年代初期，情形有显著的变化，特别是 1880 年上海机器织布局采取公开登报招股的形式，入股者很踊跃。八十年代初叶的几年中，各企业继续招股，资金大量增加。轮船招商局的商股一百万两招满了，接着又扩充二百万两（1883 年）。这几年是中国资本主义发展的关键时期，也是洋务派决定选择究竟要走什么道路的重要时刻。中法战争给洋务派带来政治和军事的破产，同时新企业的信用也已经严重破坏，但这并没有能促使他们改弦更张，走上扶助民族资本发展的道路。从 1885 年开始，十年之中，他们变本加厉抑制民间资本。公开招股从此停止了，他们反而大肆宣传举借洋债。在北洋系洋务派把持垄断之下，这时期的新"商股"主要就是买办官僚集团的包办分肥。这集团中当然也有一些非官僚的"商人"，但这些人不能不是和洋务派官僚有直接依附关系或是为他们服务的经纪人。因此，八十年代中叶以后，洋务派官僚集团垄断和民间资本的矛盾更加尖锐；洋务派企业中，前此所招徕的商人股本被鱼肉情况也愈演愈烈。这时期"官"与"商"的矛盾情况，和前期很不相同。改良派人物在这时期对"官督商办"也提出更尖锐的抨击。（3）官督商办的结束是仍须研究的问题。但不能认为甲午战前洋务派已经慑于舆论，或是迫于形势，而主动放弃官督商办。实际上，不但他们坚持原有办法，而且甚至在甲午战后无论南通的大生纱厂或是苏州的苏纶纺织厂，还都是以"官督商办""官商合办"之类的名义开其端。上海纺织业中官督商办的废止，据我看来，主要原因是由于在《马关条约》订立之后，上海外国纱厂充斥，清政府不能再禁止民间设厂，而买办官僚集团纺织经营自身遇到破产，也不能不放弃在这一方面的垄断。一部分官僚从李、盛集团的控制下分化出来。他们原先在官督商办系统内设立的半独立的纱厂，在甲午战争后自然形成为独立的企业。但上海一批纱厂和内地不同，是在一定时期内仍然受着官僚资本主义控制的。

一、关于"官督商办"

北洋洋务派所举办的轮、煤、电报、纺织四大企业都是属于官督商办性质的。前面三个企业的官督商办性质，始终都很清楚。最后一个企业前期的性质，则很有争论。官督商办是洋务派从官办军需工业转向民用工业所采取的新手段。从官府委派商人承办这一点上看，可以说它和封建社会旧有的"承商"制度有渊源关系。为了举办新式企业，封建政府不可能拨出巨款直接投资，也不愿负亏损的责任，所以要选派殷实可靠的商人，给予他一定的权利，让他来承担这指定的任务。但是，洋务派在"承商"制度之上，加添了官僚集团的控制，利用官款以借贷形式侵入企业，并从而逐渐排斥一般商人，消减一般商股，使这些企业成为官僚派系的私有财产。这就使官督商办具有完全新的性质，而这又是和买办化官僚对于外国势力的依附分不开的。

1. 招商局初期的负责者朱其昂本来是拥有不少沙船的商人，又是受官方委任承办海运的"委员"。1872 年，他以这样半官半商的身份受李鸿章委任办理轮船招商局。1873年,招商局改组,买办商人唐廷枢被"推举"(实际是官方指派)为"商总",负责客、货载运事宜,并和另一买办商人徐润同受北洋"札委"为"总办"。他们二人是主要的承办商人,但又取得半官的身份。同时李鸿章又札委盛宣怀、朱其昂两个代表官方的总办,来控制招商局,这就完成了官督商办的制度。1881年,郑观应《致招商局总办唐景星书》说:"查招商局乃官督商办,各总、会、帮办俱由北洋大臣札委。"① 可见当时人本来认为招商局从一开始就是官督商办的。1877年,招商局收购旗昌轮船,官垫巨款,曾有"官商合办"之议,但"继见股本日亏,改为借款"②,坐收"官利",维持官督商办。

旧《交通史航政编》(第一册第二章)把1873—1885年初一段的招商局历史划为"商办"时期,把1885年初到1909年初的一段划为"官督商办"时期,把招商局改归邮传部管辖以后的历史标作"商办隶部"时期。这虽然也有表面的一定根据,但不能说明企业的主要性质,反而容易引起误解。1873年李鸿章奏中所称"招商办理,由官维持",这实际是为官督商办找理由,而不是主张"商办"。同年新订《轮船招商章程》规定"轮船归商办理",并指定唐廷枢以商总资格管理上海总局,以股份较大的商人朱其莼、徐润充上海局商董,宋缙充天津分栈(即分局)商董,刘绍宗、陈树棠、范世尧充当商董分管汉口、香港、汕头三处事

---

① 见《盛世危言后编》卷十,第2页,亦见史学会编《洋务运动》第六册,第111页。李鸿章《译署函稿》卷一第40页可参阅。

② 《盛世危言后编》卷十,第35页,郑观应《致张弼士书》。

务。① 但这里所谓"归商办理"也就是官督商办，因为无论"商总""商董"都是由官指定，他们都是局中职员。这就是章程第一条竟然规定商董名单的原因。而官方则在章程规定之外另委派总、会、帮办。所以尽管这时期上海总局和各处分局都由商人负责处理业务事宜，但招商局仍是官局，是官督商办的机构，而没有真正"商办"。这时期局中大权操在官而不在商，重要事宜取决于官方负责人。如1877年的收购旗昌轮船就是由盛宣怀决定的。至于唐、徐等这些商董，实际都是北洋的经纪人。最近汪熙同志的一篇论文指出招商局是洋务派的第一个官督商办企业②，这个看法是可以肯定的。*

2. 开平矿务局的官督商办性质见于明文。1877年唐廷枢等会拟的《开平矿务招商章程》和李鸿章的批示③确定了该局的官督商办性质，只是补充说明要"摒除官场习气，悉照买卖常规"。1878年（光绪四年二月初五日）《申报》说开平矿务局"名为官办，实为商办"④，这些都无非是招股宣传。七八十年代各处新型煤矿，除基隆一处系官办，中间一度由商人承办外，其余都是官督商办。

---

① 《交通史航政编》第一册，第145页。

② 《历史研究》1963年第2期，第57页。（汪文为《从轮船招商局看洋务派经济活动的历史作用》。——编者注）

* 据《邵循正历史论文集》编者按：邵循正先生于此文发表后，又在自存稿上补一附注：《翁文恭日记》"戊寅年（1878）八月二十五日，朱翼甫（其诏）观察来见，言招商局物价止值三百万两，成本已有五百四十万，恐倒塌即在目前。又言伊运赈米十一万，皆于三月运竣，而此时拨晋之米，在泊头、东山及获鹿者尚四万余也"。见《邵循正历史论文集》第353页注释②。——编者注

③ 《开平矿务招商章程》，第26—29页，亦见《中国近代工业史资料》第一辑下册，第629—632页。

④ 《中国近代工业史资料》第一辑下册，第636页。

关于洋务派民用企业的性质和道路——论官督商办

开平初期股本大部出于在职官吏①，煤矿又在北洋直接管辖之区，"官督"的色彩在各企业中无疑是始终最浓厚的。

3. 1880年，李鸿章在天津设立电报总局，并于紫竹林、大沽口、济宁、清江、镇江、苏州、上海七处设分局。据他的奏片②，当时计划是先从军饷内拨款垫办，然后仿照《轮船招商章程》选择商董招股集资，分年缴还本银，官督商办，听商人"自取信资（电报费）以充经费"。1881年安设电线经费共用湘平银178 700余两。接着就由盛宣怀召集商人们筹议，商人们认为"线短（长）报稀，取资有限，非官为津贴不可"，于是李鸿章奏称"遵即试招商股，自八年（1882年）三月初一日起改归官督商办"。③经元善记《电报原始》说：

> 光绪辛巳（1881）孟夏电务正在开办之际，郑陶斋（观应）为总办，谢绥之（家福）为会办。适谢君病危，举元善自代。……迨壬午（1882）春，改归商办，先集股湘平银八万两，督办盛公派善出一万两。……嗣郑君专务纺织，兼会办轮船，应接不暇，改委善总办沪局，添本扩充。又公议创始入股者为商董，共支商董月薪五百元，盛得二，郑、谢、经各得一。……

---

① 《中国近代工业史资料》第一辑下册，第636页。又据经元善记："壬午、癸未间（1882—1883年）盛（宣怀）……欲收趸开平股票，购至二百五六十股，价涨二百四五十两。"（《居易初集》卷二，第32页。承汪敬虞同志介绍，得借阅此书，谨此表示谢意。）
② 光绪六年八月十二日奏片，见《洋务运动》第六册，第336页。
③ 光绪八年八月十六日李鸿章折，见《洋务运动》第六册，第337页。"线短报稀"应作"线长报稀"，见第349页。

> 第二次股本改洋款①添招二十四万元时，善一往无前，共入二百六十股。甲申（1884）法衅后各股大跌，银根大紧，不得不售，亏耗一万六七千元。②

经元善所谓"改归商办"，实是"改归官督商办"的省文（看上文引李鸿章奏自明）。1883年李鸿章又奏称：

> 今既有众商承办，若衡情酌理而论，倘该商等能将官款全缴，并自给巡费，则局事应由商主持，官即不能过问。……今因所缴官款尚有不足，又暂贴巡费，虽名为商办，仍不甯奉行官事。③

这就是说把官款留在电局，就可作为维持官督商办的理由。④这样不让企业变成民营，目的无非是为自己长期控制打算。从这里可以清楚看出，洋务派官僚的居心和日本维新派扶助民营企业的见解如何截然不同。这是讨论"官督商办"作用所应该注意的问题。

4. 上海织布局兴办初期的历史应该和上面所述的几个企业联系起来才能看出问题的症结所在。

我在前一篇论文中说，织布局原议出于北洋官吏。又说，彭

---

① "洋款"即"洋银"，就是说股本改用银元计算，而不以两计算。
② 《居易初集》卷二，第30—31页。
③ 光绪九年八月十七日奏，见《洋务运动》第六册，第349—350页。
④ 官款还清前官督商办，官款还清后应改商办，"衡情酌理"本应如此。但在1882年津沪电线总办盛宣怀所拟《创办电报局招商章程》已规定"未归之官款十万两永远存局"（《盛世危言后编》卷十二，第8页），这也已引起郑观应、经元善、谢家福的反对（《盛世危言后编》卷十二，第4页）。由此可见洋务派早就下决心不让企业成为商办。

关于洋务派民用企业的性质和道路——论官督商办

汝琮禀请李鸿章准予承办织布局这一建议实际是1876年北洋让魏纶先承办"原议的继续"。汪敬虞同志对这样看法提出疑问。现在借此机会作一些补充,仍请汪敬虞同志和其他同志指教。

本来通行的说法,上海织布局是李鸿章创办的。但一般记载都只是根据1882年(光绪八年三月初六)李鸿章《试办织布局折》,折中对于前此"叠经饬办,久无成议"的情况没有具体说明。后来研究注意到其他文献以及西文报刊的资料,知道前此有彭汝琮等人集资呈请李鸿章批准筹办的事情,于是有些同志就从这里得出织布局原是由洋务派庇护的民办企业的结论。这不只牵涉到织布局的性质问题,同时也关系到洋务派对民间企业的态度和有关措施(如奏准十年专利)的作用问题。这对于评价洋务运动和了解洋务运动的发展途径都很有关系。因此,我认为这个问题需要澄清,因而也作了一些粗浅的探索。我想汪敬虞同志是基本上同意我的见解的。

"织布局原议出于北洋官吏"的看法并不排斥汪敬虞同志文中对于五六十年代买办商人企图依附洋行进行纺织业活动所作的详细说明①,正如轮船招商局的创议出于洋务派官吏的看法并不排斥前此已有大批华商资本投入旗昌、太古、怡和等公司(甚至还有人自己兴办小型轮船公司)这些事实一样。争论的一个问题是:1876年李鸿章派魏纶先承办织布局到上海招商集股这一件事究竟是由谁发动的。这里我只想补充一点。1876年,李鸿章复沈葆桢信说:津海关道黎兆棠再四讽劝创办机器织布,因令魏纶先出头

---

① 《新建设》1963年8月号,第36—37页。(汪文为《从上海机器织布局看洋务运动和资本主义发展关系问题——与邵循正先生商榷》。——编者注)

承办。这一条材料没有什么可疑之处。而且郑观应《盛世危言》论纺织一篇，首先举出黎兆棠的言论①，这也可以作为旁证。假如原议实际是出于买办商人（那就当时情势看来可能性最大的就是出于郑观应本人），他在本文中和其他有关织布局的记述里不应完全没有提到这件事。

关于彭汝琮筹办是否北洋原议继续问题，汪敬虞同志提出了反证：北洋原议先以"江、直公款（即官款）存局生息，然后招商股"，而彭汝琮禀称有把握招足股份，"不敢请发公款"。我以为这倒是证明了彭的建议和原来计划的联带关系，否则不会凭空有"不敢请发公款"一语。郑观应等复李鸿章禀中说"此事各海关奉饬议复于前，彭、戴（景冯）二道筹办于后，迭经再三训示，一切底蕴已阐发无遗"②，也说明彭的"筹办"是前议的继续。

我以为，北洋原议是由于看到机器织布大利所在而提出的。兴办目的当然不是为民兴利而是首先为了肥己。原议先拨官款然后招商，这样办法，从其他各企业的官督商办例子看来，无非是一种控制手段，同时也为了坐享"官利"。1876年招股失败了，1878年彭汝琮就表示不需官款就可集股筹办。李鸿章同意这个办法，并不等于同意放弃对织布局的控制。③第一，筹办之时虽然不要官款，但北洋没有撤销原议，仍可随时将官款加入。1880年戴恒等按办织布局时订立的《招商集股章程》规定集股四十万两，

---

① 中国史学会编：《戊戌变法》第一册，第90页。
② 《洋务运动》第七册，第481页。
③ 汪敬虞同志文中（第38页）似乎主张彭之不要官款是为了争取免厘和专利待遇。我以为北洋不拨款而坐收商人报效巨利，固然何乐不为，但即拨款也不会妨碍对织布局优待条件的批准，这又是很明显的。

关于洋务派民用企业的性质和道路——论官督商办

但又规定"禀明南北洋官宪酌拨公款",并且规定"官利"。①这看来似乎多余的文字,实际也就是李鸿章始终没有放弃把官款加入织布局从而加强控制的说明。第二,彭汝琮先由李鸿章委任"承办"局务②,继以办理不善革职。织布局的几个总办、会办始终由北洋札委,名为商办,其实质显然是属于官督商办类型的。这是我想要说明的主要问题。由于织布局迟迟未能开办,到1887年北洋委官"整顿",就完全成为官督商办的企业了。

七十年代和八十年代初年,中国头一批官僚、地主、商人投资于新式企业,这是中国民族资本主义产生的重要时期。这一时期投资者的最主要场所,当然就是洋务派所办的上述各"局"。

这些局当然不是近代公司。后来改良派的评论说:

> 按西例,由官设立者谓之局,由商民设立者谓之公司。总理公司之人,即由股商中推选才干练达、股份最多者为总办。初未尝假于官,官特为之保护耳。今中国禀请大宪开办之公司,皆商民集股者,亦谓之局。其总办或由股份人公举,或由大官札饬,皆二三品大员,颁给关防,要以札副,全以官派行之。……试问外洋公司有此办法乎?③

这已经很清楚地说明了官局和公司的分别以及洋务派根本没有把

---

① 《洋务运动》第七册,第469页。
② 1879年李鸿章批示说:"彭革道汝琮,人素荒诞,去冬(1878)禀请承办机器事务……"(《洋务运动》第七册,第479页)
③ 郑观应:《盛世危言》卷三,第8页。这篇写于九十年代,文中说"上海纺纱局获利甚厚",即指当时情况而言。

这些企业看作公司的实况。

但是在这些官局中出现了最早的民族资本主义成分，这又是十分重要的事实。评价洋务运动者主要应该看到它在总的过程中对民族资本主义的压迫作用，但也不能忽视它在创办时期所起的客观作用，问题在于如何对这些作用进行具体分析。概括说来，洋务派既是新式企业的创办者，又是它们的摧残者。也应该说，即是在创办时期，洋务派的政治反动立场和经济自私打算已经决定他们只能走上官僚资本主义的道路。下文接着讨论商股和官商矛盾，借以比较具体地说明洋务运动所走的途径。

二、洋务派企业中的商股和企业中的官商矛盾

1. 首先，我们讨论七十年代和八十年代初叶的投资情况和有关商股的问题。

在前一篇论文中，我已说明招商局创办在头几年中招徕商股的困难。一方面旧式商人的资本对于新式航业表示冷淡，另一方面，诡寄洋行的买办资本又在多方忌沮，这些拥有资金的人都还不急于让自己转化为新式企业家。这时寄存于洋行和外商航运公司的大量款项，一般都安于依附洋商生息分红。款项的持有者对发展民族企业的打算至少是极其微弱的。早期买办所创办的所谓轮船公司并非独立的民族企业。如唐廷枢虽有洋船"待华人不如羊"的感慨，而只是集股租外国船两只往来港沪[①]，这岂不仍是洋

---

① 《盛世危言后编》卷十，第35页。

关于洋务派民用企业的性质和道路——论官督商办

行的附庸？郑观应前此在航业上的经营（长江揽载行太古亚、太古昌、太古辉，天津揽载行源泰，福州过载行宝泰）都是为太古轮运服务的机构①，因此我以为认为民族新式航运企业开始于买办的看法是难以成立的。至于有些同志主张早期民族资本主要出于外国资本主义掠夺余沥的转化这种论断，并无确切根据。就招商局说，唐、徐二人所出资金特多，可以承认这主要是买办的积累，尽管徐润在投资招商局前六年已经辞去买办职务，但他们所招徕的别人股本又当别论。据经元善说，唐、徐二人在这时期替招商局和开平煤矿招股，系采用"因友及友，辗转邀集"②的办法。我们当然不能把这些"友"都目为买办。据1878年日本方面秘密调查，开平煤矿"开办募集资本时，应募者多系在职官吏"③。开平商股主要是官僚投资，这是很自然的情况。至于招商局商股之中，一般商人（苏帮、广帮）投资必然不少。除去前此李鸿章原交五万两之外，这时也应该还有其他官僚股本。无论如何，就以七十年代而论，从各企业总的情况看来，官僚、地主、商人开始投资于新式企业这一论断，是符合事实的。同时，这里所说的"商人"也可以概括少数向民族资本主义转化的少数买办商人。因此，我以为没有必要在官僚、地主、商人投资于新式企业之外，另外提出买办依附洋行逐渐转化为民族企业家这一"途径"作为补充说明。

到了七八十年代之交和八十年代初年，情况很有变化。一方面官僚、地主、商人投资新式企业的要求显著地增加了，一方面

---

① 《盛世危言后编》卷十，第117页。
② 《居易初集》卷二，第38页。
③ 《中国近代工业史资料》第一辑下册，第636页。

招股风气一时大盛，入股者空前踊跃。商人中如盐商李培松，不但在1880年参加对织布局的投资，而且稍后呈请"自造小轮船"（实是组织小轮船公司）在淮扬运河一带行驶，经两江总督左宗棠批驳不果。① 一般商人的要求，正如汪敬虞同志论文②中所指出的，可以经元善为代表。经元善出身于商人世家，但他父亲经纬（号芳洲）已经取得"绅"的资格。③经元善早岁经商，继以办赈得名，在绅商中颇有声望，他代表江南旧式商人上层势力。在彭汝琮、戴景冯筹办织布局相继失败之后，1880年，戴恒出面承办，力邀郑观应入局，而郑观应以争取经元善合作为条件。④ 当时经元善正在直隶雄县放赈，戴恒赴津禀李鸿章，李即传谕经元善。于是经元善回到上海和戴、龚、蔡、李、郑六人订立集股"合同"，由郑"经持大纲"，经"驻局专办"。据经说，是年秋间，在济阳里开局招股，他采取"每月清算布告大家"的办法，不久"亲友之附股者已有六七万金，颇有近悦远来气象"。接着他在《申报》刊登《集股章程》⑤和《招股启事》⑥，引起戴恒、龚寿图等的不满⑦。但招股范围达到空前广泛程度，包括北京、天津、南京、扬州、镇江、杭州、宁波、绍兴、上虞、湖州、安庆、芜湖、汉口、九江、重庆、烟台、福州、晋江、台湾、汕

---

① 光绪十五年安徽巡抚陈彝奏，见《洋务运动》第六册，第241页。
② 见《新建设》1963年8月号，第40页。
③ 详见经元善《趋庭记述》，如朱兰（九香）所选的《经芳洲家传》，见原书卷一，第48—53页。经纬死后，赠知府，荫子入监。
④ 《居易初集》卷二，第36页。
⑤ 即上文提到的1880年织布局《招商集股章程》。
⑥ 汪敬虞文，见《新建设》1963年8月号，第40页。
⑦ 同上。

关于洋务派民用企业的性质和道路——论官督商办

头、广州、香港、澳门,以及海外的新加坡,美国旧金山,日本的长崎、横滨等地,共二十八处。①织布局在这二三年中所收股本迅速超过原定的四十万两,郑观应就禀李鸿章暂可不领官款。经元善后来说:

> 溯招商、开平股份,皆唐、徐诸公因友及友,辗转邀集。今之登报招徕自愿送入从此次始。初拟章程招四十万,后竟多至五十万,尚有退还不收。商务联群机械已萌芽勃发。若当时通商大臣明乎保商宗旨,视民事即国事,视国事如家事,分别是非诚伪,得行余之入手起点,事事登报悬为成例,则癸未、甲申(1882—1884)年间各项公司招股,何致鱼目混珠? 是闭塞中国商务孔窍实种毒于此,真可为太息者耳。②

登报公开招股当然是招徕资金应该采取的办法,洋务派代理人(如戴恒、龚寿图)反对这种办法,也很清楚是为专擅肥己打算。但是企业本身在官僚集团的把持下,即是报上公布股份,实际也并没有保障。1893年织布局失火后,每股百金仅折十余两,这些就是经元善等人这时期招到的股本。③经元善并没有道破洋务运动破产的根本原因,但是他所指出的民族资本主义发展失去八十年代的重要时机,则是极值得注意的事实。

这时期官方和商方的矛盾主要表现在:这些企业究竟要往什

---

① 汪敬虞文,见《新建设》1963年8月号,第42页。
② 《居易初集》卷二,第38页,《中国创兴纺织原始记》。原注己亥(1899)十月作。
③ 《居易初集》卷二,第39页。

么方向发展。汪敬虞同志提出的对经元善和戴、龚矛盾的讨论是重要的。他们的争端实际上是发展道路的分歧。前此的彭汝琮当然不能和经元善相比，彭的空头买卖在经济上是投机①，在政治上无非借此谋进身之阶，希望取得投靠北洋的门路。经元善的改良主义倾向在当时则是很典型的。

上文附注中已经提到1882年郑观应、经元善等对盛宣怀拟定的《电报局招商章程》的批评。郑观应致盛函中提出官督商办不是长局的见解，他说：

> 中国电报乃独市生意，招股不难，难于当道始终不变。（中略）中国尚无商律，亦无宪法，专制之下，各股东无如之何。华商相信洋商不信官督商办之局，职此故也。盖官督商办之局，不占公家便宜，只求其保护，尚为地方官勒索。若太占便宜，更为公家他日借口。李傅相不能永在北洋，又不能保后任如傅相能识大体，借此兴商。②

他在这时也没有看清李鸿章、盛宣怀这些大小洋务派官僚根本不可能负起"兴商"的责任，所以一面忧虑官督商办不是可靠的办法，一面又希冀一时依靠李鸿章的庇护，并在将来使官督商办之局变为纯粹商办之局。无论他们对织布局或是电报局的想法，都迅速被证明只是一种幻想。洋务派民用企业中根本不可能实现商人们的要求。但到八十年代中叶以后改良派才逐渐看清这一点，

---

① 1879年5月16日伦敦新闻报 *London and China Express* 说在彭身后"有一批中国商人组织的联合公司"，这似是很不了解中国情况的一种说法。

② 《盛世危言后编》卷十二，第4页。

他们才对官督商办作进一步的抨击。

洋务派企业的垄断性质对一般民间资本也已可看出是极其不利的。这时期要求投资新式工业的人数显著增多。织布局几十万元资本超额募到。招商局1881—1882年度报告书说："我们第七年度资金只有八十万两，到第二年春间不但将原定额百万两招足，还有许多要求入股被谢绝者。"①1883年扩充新股一百万两，也迅速招满。不是由于官督商办的限制，至少航业和纺织业方面的民办企业可以大量兴起，这是很明显的。1882—1884年各项"公司"招股应者踊跃，经元善所说"鱼目混珠"，就是指官督商办的恶果。这些所谓公司主要就是一批官督商办的矿局。1887年有人奏称"中国自仿效泰西集股以来，就上海一隅而论，设公司数十家，鲜克有终，而矿为尤甚。承办者往往荡产倾家，犹有余累。公司二字久为人所厌闻，官项竭蹶所不待言，则筹费难"②。言"承办"，又言"官项竭蹶"，显然是指官督商办的企业。可以看出，开平以外矿冶业的失败在八十年代中叶已经十分清楚。失败的原因也不是由于无人投资，而是由于官督商办制度。因此经元善所说"商务联群机械已萌芽勃发"和"闭塞中国商务孔窍实种毒于此"（指1882—1884年）这两句话，确是值得我们注意的实况。

另一方面，这时期官僚投资显著增加。一般官僚加入的股本都应该是商股，但是，这时期已经出现了洋务派重要官吏中像盛宣怀那样大收金州煤矿和开平煤矿股票的人，这又不能以一般投

---

① 《招商局第九年度报告书》，见《北华捷报》1882年10月18日，第417—420页。

② 《中国近代工业史资料》第一辑下册，第719页。

资家目之。

2. 现在我们接着讨论八十年代中叶以后商股和官商矛盾的新情况。这些情况在招商局和织布局两个企业中特别显著。

在中法战争时期，招商局和织布局本身都遭到严重的危机。1883年，两个企业都发生了负责经纪人（徐润、郑观应）挪款亏空事情。招商局由李鸿章派前被参劾而暂时失势的盛宣怀前往主持，次年春又添委道员马建忠到局，原来负责的徐润被参革，唐廷枢也被调开。唐廷枢以中法战事恐局船损失为理由，先建议将局产押于英商怡和洋行不果。当年夏间马建忠和美国旗昌洋行磋商抵押，并在天津和盛宣怀共同经手订立合同。旗昌经营一年，存款利息和股息均无着落。1885年夏局产收回，盛宣怀为督办，马建忠、谢家福（绥之）为会办。洋务派提出整顿招商局之议，招商局就此进一步成为北洋系买办官僚的机构。

招商局本已叠借洋债。在洋务派官僚"整顿"之后，商股不再招募，官帑停止借拨，而大笔洋债侵入，于是官僚资本主义企业的色彩十分明显了。1885年，"盛宣怀禀明李鸿章以局产向汇丰银行抵借英金三十万镑，周息七厘，分订十年清还，并禀准南北洋大臣奏明先还洋债后还官商等款，以纾商困"①。1886年正月，李鸿章奏称"该局现欠洋债计有一百余万两"。汇丰借款直至1895年议订续借二十万镑贷款时尚未还清②，产权一直落在汇丰手里。这时期中汇丰隐然对招商局进行控制。这从1886—1887年

---

① 《交通史航政编》第一册，第158页。
② 《盛世危言后编》卷十，第40页。《招商局汇丰洋行议立合同草拟条款》（1895年）第七条："该抵押如1885年7月28号该局与银行因借三十万镑所立合同未清还之款项，仍可向此抵押追问。"

马士致德璀琳的两封信中可以清楚看出其中情况。①

马士,美国人,原在中国海关工作。1886—1887年,他忽然在上海招商局大弄权柄。他的直接上司是马建忠和沈能虎,但两人都不在他眼里,他经常以对招商局业务的意见函告李鸿章的洋顾问——德国人德璀琳。1886年11月,他和沈能虎闹意见,打算辞职,12月2日他致德璀琳信说:

> 事情发展的情况大致依然,只是最后有一点改进的样子。马(建忠)离此十日还没有回来。上星期情况达到如此不愉快的地步,使我已经草拟辞呈,但我决定留待最后一班轮船再行发出。后来情况很有改善,使我相信沈(能虎)一定是得到了有力的指点。从那时起,我已经能够更改他对一些小事采取的一两桩错误作法,并且让他知道是我更改的。
>
> 我在不复坚持辞职并且开始怀疑之后,我以辞呈稿示卡默伦(Cameron,汇丰银行代表)。他大加反对,并且说如果我递送辞呈,他要向总督(李鸿章)抗议。我不愿把总督置在必须决定对银行让步或是拒绝银行这样两难地位。这样考虑,加上沈(能虎)倾向的改善,使我决定留着辞呈等待你对我11月3日和11日两函的复音。……

到了第二年8月,他犯了职务上的错误,再也不能不辞职了。8月2日他致德璀琳信说:

---

① 汪熙同志论文已提到此事,但所根据的不是完全的材料。我手边有辗转抄录的马士信稿(1886—1887)。本文下一段叙述即根据信稿写成。

附编

> 附函寄上我辞去招商局职务的呈文,请你交呈李鸿章。
> 沈能虎责我派璧德生①(Peterson)驾驶保大②号轮船失事,这确实是由我作主指派他的。……但是不幸我疏忽了,没有告诉沈,这样我行为越权了,因而自己必须负责。

第二天,他致德璀琳信说:

> 我昨天告诉卡默伦(Cameron)说,我已将辞呈交你转呈总督。今晨他约见我,将他写给天津支行的信读给我听。莱斯(Leith)将谒你谈此事。他函莱斯见总督激烈抗议,如果他接受我的辞呈,并且特别指出1885年7月28日借款合同中几个条款,说明因为我在招商局供职的缘故,他才把这些条款搁置许久,现在如果我离局使他失去直接磋商的保证,他就必须坚持这些条款的履行,特别是委派一个代表银行的监督(Superintendant)。……③

显而易见,马士即是汇丰银行驻招商局的代表,洋务运动后期"官督商办"的招商局,竟然成为洋人监督下的官僚私产了。

上海织布局在1887年,也是在"整顿"的借口和"官督商办"的名义下,变成北洋官僚的私产。我在前一篇论文中已有较详细的叙述,这里不想重复。汪敬虞同志文中对1887年后织布局商股

---

① 《盛世危言后编》卷十,第46页"船主璧德生"即此人。
② 原作Pantah,似应作Pautah。
③ 1895年草合同第十三款,"该银行特派洋人总管一名,或随时更换。该总管可将事宜报银行",可参考。"总管"即"监督"的另一译法。

情况，作了很重要的补充说明，我也想补充几句。我所说的织布局等企业成为官僚私产，并没有否认局中还存在着一般商人股本。关于官商矛盾问题，这时期原有老股只是横被鱼肉，毫无力量。1888年《申报》刊登《含冤同人公启》，抗议"老股一律七折"，但到了1893年每股百金只剩十余两，连二折都不到，股东们无处伸冤。但在老股被践踏消灭的同时，新股却由另外一批人（卫静成等）①迅速筹集起来，而这些人在企业中和洋务派官僚却能够融洽无间，可以看出同是"商股"而新旧的内容显然有所不同。应该承认新股是官僚及其依附者的分肥，而旧股则完全没有反抗的能力。这就是我所说的织布局成为北洋官僚集团私产的本意。

我在前一文中对华新历史所作的考订，着重说明它是织布局的分局，不是独立民办企业。汪敬虞同志根据杨宗瀚遗稿，举出1893年七月杨向李鸿章所提的另招商本设厂纺纱"与布局外合内分"的建议，这对我的结论提供了一个很有力的佐证。这样，我的考订也许可以成立。但是无论华新、裕源以至裕晋、大纯等厂的兴办经过，都需要通过一番调查工作才能得到真正可靠的结论。这一点我要感谢徐崙同志的指教。

三、纺织业中官督商办的结束问题

1894年李鸿章《推广机器织布局折》中明说"计划在上海、宁波、镇江等处集股分设十厂，官督商办"。一般研究对这句话似

---

① 《新建设》1963年8月号，第41页。

乎不甚重视，我以为这样说法是符合实际情况的。因为当时私人没有得到官方批准决不可能设厂，而且洋务派也不会因为织布局失事就放弃垄断控制纺织业的意图。因此我在前一文中主张甲午战前的华盛、华新、裕源、裕晋、大纯等厂都只能是官督商办的企业，这就是指这些厂最初几年的历史而言。我又认为，1894—1896年筹设的宁波通久源纱厂也是李、盛计划的产物，不能把它简单看作一个老轧花厂的发展。通久源的具体情况不够清楚，有待于调查。但决不能把它当作《马关条约》前民间已可自由设厂的例子，并从而说明洋务派已经放弃对纺织业的控制，则是可以断言的。

《海关十年报告》第一辑（1882—1891年）确实说到通久轧花厂"大事扩充，……并已决定起盖一座两层大砖楼，不仅要在里面轧花，还要从事纺织"。汪敬虞同志认为后来通久源纱厂就是这样发展起来的。果然如此，则纱厂的起源要早于织布局失事二三年。这显然是难以理解的。我在前一文中引用的《海关十年报告》第二辑的记载①实际上已经说明了所谓"从事纺织"只是设想，并未实现。但《报告》没有提出资料根据。现在译出宁波税务司墨贤理在1894—1896年致总税务司赫德的几封信中有关通久源纱厂举办的资料②，以为进一步研究和调查的参考。

（1）1894年3月15日墨贤理致赫德函——"道台告诉我：一个资金四十五万元的棉花厂在宁波组织成功了。它将在现有的蒸汽轧花厂房附近设立纺纱厂和织布厂（spinning and weaving

---

① 《新建设》1963年3月号，第11页。
② 海关档案转录本 Merrille: Ningpo, Vol. Ⅱ (1891-1894); Vol. Ⅲ (1894-1896)。

关于洋务派民用企业的性质和道路——论官督商办

mills)。举办这项企业需要南洋和北洋大臣的批准,但道台相信获得批准没有困难。因此我们将要看到轧花纺织在几乎同地点进行着。轧花厂的经理将同时担任这些新厂的经理。"

(2)1895年8月1日墨贤理致赫德函——"你问我关于怡和纱厂,似乎你以为这个厂设在宁波,这里并无怡和纱厂。我在信札中偶然提到的以及去年我在《海关贸易报告》中所述的那个纱厂是中国人的企业。厂设在North Barrier Station,离海关约两英里。它现在正在安装机器,它的经理希望在8月中开始纺纱。进口的锅炉和机器估价约值十万海关两。据说这个厂将有一万八千枚纱锭,将来并将有四百台织布机。"

(3)1896年2月17日墨贤理致赫德函——"今天我将备文向你报告关于我们这里新纱厂即通久源出品的交税待遇问题。这个厂不久即将出产棉纱。你从我的来文中将要看到我同意给予本地纱厂出产的棉纱以和上海各厂出品同样待遇的建议,但我反对由纱厂本身发给类似上海各厂签发的关于已纳关税免缴厘金的证件(documents),因为这样可能发生下述情况,即内地关卡将要认为这种证件就是已经向海关纳税的唯一必要证明,而这种证件却容易由纱厂或是它的雇员,在受权或没有受权的情况下,不管有没有纳过关税的证明而就发给。我还没有调查上海现在是否已经发生这种弊端,但是这种诱惑性和造假的机会看来是很明显的。"

这时设厂需要南北洋(主要是北洋)批准,是可以肯定的。宁波道台相信获得批准没有困难,背景可以注意。1893年底到1894年初,盛宣怀正在上海推行北洋控制的纺织系统计划。《海关十年报告》第二辑说这时宁波、上海一些富人合资三十万两,比宁波道台这时告诉墨贤理的话更确切，也证明了李折所说的"集股设厂"不是空话。通久源不是严信厚独资创办，虽然他的投资额特多。汪敬虞同志说他已经不是李鸿章幕僚，这是对的。但他的经济活动中心仍在上海，我们也知道他奔走江南各地的一些活动。他和盛宣怀关系极密切，在政治和经济上他仍然属于北洋集团，这是没有疑问的。李、盛突然提出在宁波"分设纱厂"不全无因，正是因为严信厚和他们有派系关系（严信厚是上海等处海关官银号的主人，他必须和上海海关道有密切关系）。

大纯、裕晋两厂的资料十分缺乏，汪敬虞同志提出两厂是否果真属于李、盛集团的疑问，这是正当的存疑态度。我一直怀疑一般资料著录的开设大纯的"盛某"就是盛宣怀自己（不然何以始终不露真名），但没有确据，不敢断言。至于裕晋虽然说是买办商人创办，但在当时情况下，这也很难是和北洋集团没有关系的人，也许他竟是官僚集团的经纪人。这些都只好存疑待证。

为什么我强调注意李鸿章在这时所讲的"官督商办"呢？因为假如不是"官督商办"，一方面清政府不会批准他的奏请（因为清政府本是禁止民办新式纺织的），另一方面没有官督商办的名义，他就没有要求新设纱厂"出纱一包，捐银一两"的权力根据。而且，上海织布局本来只奏准织布，分设纺纱局未经奏明，现在华盛全改纺纱（实际停止织布），而且要批准各厂成立，所以不得不拟定对纺织业的全部计划提出奏准。但这究竟是官样文章，李、盛集团是否果然立意照他们拟议要在四十万锭纱机的范围内积极推广，至少是可以怀疑的事情。可是，在奏准之后，北洋取得了在四十万锭范围内新设纺纱厂的批准权力，另一方面也就是拒不批准的权力。因此，一面"官督商办"的内容有所改变（没有派遣大员管理各厂），各厂私营的性质显著了①，另一面设厂数量的控制和具体纱厂的设立与否，仍是要根据北洋官僚集团的利益来考虑决定的。照这样办法，普通民间资本依然不能得到设厂的机会。这就是这时官僚资本垄断性质的表现。

华盛计划仅仅推行一年之后，《马关条约》把设厂权开放给侵略势力，情形大变。清政府既然允许外人设厂，当然不能再禁止民间设厂。于是内地（南通、苏州、无锡）有设厂之举。上海外商纱厂林立，华盛等厂受挤，考虑或租或卖，或与外商合办，以华盛为中心控制纺织业的计划不能不结束。这一段时间短暂，各厂正在兴办，有的开工还在《马关条约》之后，情形变化，性质因而模糊，但没有理由认为北洋官僚前此已经放弃官督商办。此外，汪敬虞同志要我注意"（在纺织业中）原来的官局或官督商办逐渐变成了纯粹商办，它的民族资本性质却一天一天地显著起来了"②。当然，分别开说，一些私营性质很强的纱厂（实际是官僚集团在官督商办名义下的私营）是从官督商办的织布局派生出来的。但就总的发展道路看来，即是在纺织业中，官僚资本主义的色彩又是愈来愈浓。在盛宣怀控制之下，上海纺织业虽然在极短时期内出现少数勉强可以称为民族工业的纱厂，但不久几乎全部都被外国资本主义占有而断送了。这和盛宣怀与外资勾结也有一部分关系。官督商办就在此无厂可督、无商承办的情形下结束。上海纺织业的破产就是官督商办的破产，也就是官僚资本主义垄

---

① 盛宣怀致李鸿章电（光绪十九年十二月三十日）说织布局改总厂，"请署厂名，一律商办"，李复电同意。这和官督商办没有冲突。这些厂是私营，又是官督商办，只是"官督"办法改变，"商办"性质加强了。

② 《新建设》1963年8月号，第44页。

断所造成的恶果。

但这不是全部官督商办的结束。招商、开平、电报三局依然官督商办，在不同程度上也都落到侵略势力的控制下。甲午战后各地兴办的新企业，有不少依然采用官督商办的办法。与其说官督商办产生了一些民族企业，倒不如说主要经济部门中的民族企业只能是在挣断官督商办垄断的缚索而产生的。

附带说明一下十九世纪改良主义者对于官督商办的看法，因为这在学术界也颇有争论。有的同志看到郑观应在《盛世危言·矿务》篇中，主张开矿应用"官督商办"，从而得出他肯定"官督商办"的结论。这样看法显然是误解，郑观应对矿业肯定官督商办是从官应该真正利商的假设和愿望出发的，而且这显然是他较早的看法。后来当他谈到实际情况的时候，他和同时的改良主义者一样，对官督商办提出尖锐的批评。在一篇复人《论商务书》①中，他说：

> 查中国之所谓大公司者，惟电报局、轮船招商局、开平矿务局，表面观之，畴不谓"成效大著，差强人意"。设纯粹归商办理而非官督商办，其所收效，果宁有涘？

他在下文就接着抨击官督商办的腐败情况。这是他后期的言论，代表他对官督商办的新认识。另一改良主义者经元善在1890年上张之洞书中，主张"仍存官督商办之目"②。但他的主题是官以

---

① 《盛世危言后编》卷八，第43页。
② 《居易初集》卷一，第31页。

款贷商兴办企业，商逐渐缴还官款，如是则"官商相维而商为尤重"，实质上也是反对洋务派的官督商办。但张之洞后来却任用盛宣怀来实行把官办改为官督商办，结果把汉冶萍断送给日本帝国主义，经元善对他的幻想也被事实打破了。官督商办的反动消极作用本来是很明显的，本文就甲午前各时期不同情况作进一步探讨，希望有助于各种企业性质的说明，从而更清楚地看出洋务运动的反动性质和必然破产的道路。希望同志们批评指正。

必须指出，这时期各种民用企业的破产，不是仅仅由于本身管理的腐败（这当然是事实），而从根本上说是由于资本帝国主义及其依附者的联合摧残。近年来美帝国主义一些披着学术外衣咒骂马克思主义的人①，企图以对洋务派的小批评大帮忙来隐瞒资本主义对中国各企业的压迫事实，甚至公然喊出只有这样，才能替美帝国主义推行的新殖民主义服务②。这只能证明他们自己是垂死的帝国主义的可耻的走卒。

（原载《新建设》1964年1月号）

---

① 如 Albert Feuerwerker 等人。
② 如 The Journal of Asia Studies 第20卷第4期（1961年）所载 Chi Ming Hou 的文章。

论郑观应

郑观应是我国早期讲求新学的一个极有影响的人。他所著《盛世危言》一书，在十九世纪末，甚至二十世纪初，对中国的知识界都起了很大的推动作用。他的若干观点，比较鲜明地代表了早期民族资产阶级的要求。在中国近代文化史和经济史上，他的地位都很重要。但是我们还没有对他的发展道路和贡献作专门性的研究和批判性的评价。他的一生经历比较复杂，有关资料未经整理，不但没有专传，连留下一张履历也还存在着不少问题。① 他的作品屡经删改，无论早期的《易言》和后期的《盛世危言》都有许多不同版本，这也增加了研究的困难。更重要的，当时正处在社会、阶级发生变化，资本帝国主义势力步步侵入的时代。阶级矛盾开始复杂化，民族矛盾日益尖锐化。把这两个重要因素和他的作品联系起来，考察和探讨他作为一个半封建半殖民地社会的知识分子的发展道路，从而吸取其中的一些经验和教训，在今天是有积极意义的。

对于郑观应本人及其思想的评价，也存在着一些需要讨论的问题。例如，他既出身于买办，何以又能代表民族资产阶级？他既长期替洋务派服务，何以又是和他们分道扬镳的？他后期和盛

---

① 他的生卒年代也不清楚，据他的履历看来，应是生于1844年，但和别的材料冲突，悬疑待决。希望藏有他的行状或其他资料的同志们不吝指教。

宣怀集团的关系如何，并应如何解释？他向西方所学习的、所吸取的东西究竟应该如何评价？二十世纪初期是资产阶级改良主义已经到了破产的时候，他的新学何以还能起一部分积极的影响？这些问题都需要回答。我想在本文提出一些初步看法，由于自己理论水平所限，答案未必妥当，希望能够引起讨论，得到教正。

一、郑观应何以不同于唐廷枢、徐润等买办？

就郑观应一生的主要经历而言，他和唐廷枢、徐润等人大致相似，但又有重要的区别。唐、徐二人原都是英国洋行买办，后来投入北洋系洋务派集团。唐从1873年经管招商局起，一直受李鸿章的信任，特别是后期从1885年起专管开平煤矿，直至1892年死去。他是从买办阶层转化为早期官僚资产阶级集团中人物的一个典型例子。徐润从1873年起经管招商局达十一年之久。他于1881年兼开平会办，并于1882年负责经管安徽贵池煤矿（这也是北洋企业，其中有招商局投资。这一年招商局股本也招足二百万元）。1883年他因亏空招商局款，被盛宣怀乘机挤走，并将家产赔累一空。此后几年之中他很失意，1890年才由粤督李瀚章委办香山县天华银矿；1891年，大约由于唐廷枢的助力回到北洋，会办开平局林西煤矿；次年又由李鸿章札委总办热河建平等处金矿。唐廷枢死后，开平由张翼（燕谋）掌管，这个醇王府旧人和他无甚关系，对他不很倚重，金矿开采成绩也不大。1896年署北洋大臣王文韶札委他办理永平府属各处金矿。1897年，英国资本家摩赓阴谋承办各处金矿，李鸿章命他去磋商，其实即出卖一些矿权，但以清政府不许，没有开议作罢。① 次年，他被荣禄札撤永平局差。此后他自己在沪粤经营，直到1903年，受袁世凯委回上海会办招商总局。1904年商部派他充上海商务总会协理②，实即袁借他抵消盛宣怀对沪商会的控制。1907年初袁党杨士琦离招商局总办职北上，袁又札委徐代理。③ 在这三年多的时间中，他事实上成为袁世凯的徒党。在1906年和1907年之交，他在袁、盛争夺对招商局控制的最后较量中，拉拢一些香港股东替袁世凯出力而失败，自己也失去袁的信任而被撤差。④ 从他的一生看来，尽管他没有像唐廷枢那样顺利地钻入北洋系集团的中心，而有宦海浮沉之感，但他也并没有民族资产阶级的色彩，而是和唐一样属于买办性的大资产阶级，并一贯为这个反动阶级服务。

郑观应从1860—1881年（十七岁到三十八岁？）⑤ 在上海业

---

① 《洋务运动》第八册，第175页。此人即于次年以"华洋会办"名义承办四川全省矿务的英商毛赓。

② 同上，第194页。

③ 同上，第206页。

④ 同上，第223页。

⑤ 郑观应《盛世危言后编》卷八，第42页，《复张弼士（振勋）侍郎书》中，有他晚年写的履历，但所记岁数，前后矛盾。既说"年三十七（应作三十八）奉北洋大臣札委总办津沪电报沪局"，这是1881年事（光绪七年五月，见卷十二，第1页），又说"年三十九，辞太古轮船总理"，这又明明是1882年事（见卷十，第2页）。接着又说"年四十二"奉彭玉麟奏调赴粤差遣，这是1884年初事（《盛世危言》卷十，第47页，云"癸未冬"系指彭奏日期，郑赴粤在甲申年）。最后说"年四十五"（应作四十七）奉北洋大臣札委总办开平矿务粤局并与唐廷枢、李玉衡等合买广州城南地基，这些又都是1891年事（见《后编》卷十一，第1、14页。《盛世危言》卷四，第21页，"庚寅年［1890］春，养疴羊城"，下文接记总办粤局事，系以行文方便省略，不是舛误）。不知何以差错若此。另一处在其妾赵氏铭文中（《后编》卷十五，第49页）说"余年四十一（实三十九）尚无子，是年壬午，创设机器织布局"语似确凿，但与履历所记不合，或是虚加岁数，以求合于封建士大夫中流行的虚伪礼教。

商，曾两度充任洋行买办，中间自己经营商业前后约二十年。①据他自己所记经历，年十七应考不售，赴上海习商，可知其原是封建知识分子。后来他入宝顺洋行，营丝楼，兼营轮船揽载。年二十六（1869年？）宝顺停业。②其后六年中，他先改充茶栈通事，继而接办和生祥茶栈，又投资外商兴办的"公正长江轮船公司"，被外国商人士多达等推为董事之一。同时，他还兼营荣泰驳船公司。在这类轮船公司中当然不能产生民族新航业。所谓"公正长江轮船公司"名为华商与外商合营，而实际权力操于外商。郑既是借外商之力推为董事，则可知这个公司也并不是以一方华商和另一方洋商这样平等联合组织形式。因此尽管有人强调，唐廷枢系这个公司中"粤人股东们的发言人和领袖"，并被他们推为董事③，看来这未必符合事实，更不能因此而否认其中华股依附洋行的性质。当时英国怡和洋行轮运被美国旗昌洋行挤出长江，这个公司正是怡和吸收华资开办，使英国侵略利益在这些商人帮助下进入长江④，所谓华股的买办性是十分明显的。郑年二十九（1872年）因和生祥茶栈停业，改当扬州宝记盐务经理。这时他成了旧式商人兼买办商人。其后七年，从1875年（他年三十二）到

---

① 他在《论招商局及肇兴公司事略》文中（《盛世危言》卷三，第10页）说"余曩时总理宝顺及太古轮船公司事务，嗣又与洋人创办公正轮船公司，召各口揽载三十余载"，也是误记。《海行日记序》说"垂二十年"较近实。

② 《盛世危言后编》卷八，第42页，《复张弼士函》，函中言"年二十六宝顺洋行停业"较可靠。同书卷十，第119页，《致许奏云书》"忆自二十七岁时当宝顺洋行轮船公司经理兼营栈房事"，则显是误记。

③ Feuerwerker，《中国的早期工业化》，第111页。

④ 最近读到经济研究所聂宝璋同志一篇文稿（《从美商旗昌轮船公司的创办与发展看买办的作用》，《历史研究》1964年第2期。——编者注），其中所说关于这个公司的性质是对的。

1881年,他一直任英国太古洋行在上海开办的轮船公司总理,兼管栈房。这时期他在长江各埠开设为太古服务的揽载行,并在牛庄、汕头等处开设"代客办货"的北永泰商号,也就是采办东北豆饼运往汕头转向香港出口的贸易行。① 同时他还开设恒泰钱庄。② 所以他既是洋行买办兼进出口商,又是旧式商业资本家,而主要身份,则仍是洋行买办,和唐廷枢、徐润一样。

但是,即以六七十年代而论,郑观应和唐、徐的分别已是十分显著的。唐原在香港受殖民主义教育,历充英国殖民政府和法院职员,继到上海海关任书记和翻译。1863年他一加入怡和洋行就充任总买办。1873年他兼任外商经营的三个轮船公司(包括上述的公正长江轮船公司)的董事,而这些公司据当时外人报导说都很得力于他而办成的。③ 十分清楚,他是侵略势力培养出来十分典型的为殖民主义服务的知识分子,在他身上丝毫没有民族气味。徐润就其所受教育和行径来看,都是十足的市侩,只想发家致富,心目中不存在着国家和民族的命运问题。郑观应和他们虽是同乡世好,但从一开始就有泾渭之分。郑观应本受封建传统教育,弃举业而习商,对他来说是不得已的。五六十年代之交,侵略战争及其所带来的恶果,加重他心境的不安。彭玉麟在1884年写的《盛世危言序》(当时书大部都未写成,当然没有出版),说郑由于"庚申之变,目击时艰,遂弃举业,学西人语言文字,隐于商"。这些话多半是附会的,但民族危机沉重地压在这个有志青年的心头,却是无可怀疑的。郑观应虽然屈身洋行,但一直关心

---

① 《后编》卷十,第118页。
② 同上。
③ 徐润:《愚斋自叙年谱》,《洋务运动》第八册,第149页。

时务，热心学习西学，期以革除积弊。他先后和王韬（紫诠）、吴广霈（瀚涛，剑华道人）等人为文字密友，最初深受王韬的影响。同治初年他编著《救时揭要》一书，从其所作序文①看来，内容很芜杂，也摘抄了不少陈腐落后迷信的东西，但其中有一些文字是"触景伤时，略陈利弊"之作，也是书中重要部分，可以看出他的进步倾向。王韬很重视这部书，特地寄赠李鸿章，但没有说明系郑观应所编。②七十年代之初，郑观应就开始较有计划地写作。几年中所成文章于1875年编成《易言》一书。先刊三十六篇本，继删为二十篇本。他所作《易言序》③说："往者余于同治庚午、辛未间（1870—1871），端居多暇，涉猎简编，偶有所见，随笔别记，内之积感于寸心，外之眷怀于大局，目击时艰无可下手，而一言以蔽之曰，莫如自强为先，自强之道不外乎此数大端而已。因是宏纲巨目，次第敷陈。"《易言》虽然还是他的早期作品，但爱国图强的思想是突出的。其中如《论边防》《论传教》等篇指出侵略形势的严重，《论吏治》《论练兵》《论水师》等篇揭露封建积弊的黑暗。《论商务》《论机器》等篇主张打破禁例，允许人民用机器

---

① 《救时揭要序》，见《盛世危言后编》卷十五，第3页。
② 见李鸿章《朋僚函稿》。
③ 见《后编》卷十五，第5页。据《易言》三十六篇本序文末题"光绪元年（1875）暮春之初铁城杞忧生自序于海上待鹤斋"。又据后刊的《易言》二十篇本作"光绪元年中秋日铁城慕雍山人荥阳氏自序于海上待鹤斋"。可知《自序》确作于1875年。三十六篇最早刻本，据光绪十八年（1892）《盛世危言自序》，系王韬在港付印并经朝鲜、日本重刻，此本今未见，惟印行应在同治末年，似无可疑。二十篇本现有南京图书馆所藏，应是印于1875年，或略晚。我所见三十六篇本只有陈庆华同志藏的光绪庚辰年香港"中华印务总局"刊本，有王韬跋，亦题庚辰年，书虽仍题"铁城杞忧生著"非原印本，其中《论边防》篇言琉球"改号冲绳"，新增改痕迹甚显，盖1880年又将三十六篇本润色重印，可以看作定本。

制造。《论税务》要求关税自主。《论交涉》篇反对治外法权。至于开矿、火车、电报皆有专篇论述，主张采用。特别是在《论船政》一篇中主张中国应自制轮船，官局、商局应同时并举。文中批评洋务派"官不为（商）提倡"，"归官创办（又）不能昭大信而服商人，赢则借事勒捐，亏则多生枝节"。① 这已经很清楚地反映了民间资本对洋务派把持垄断的不满。这种思想是后来郑观应和洋务派扞格不入的根本原因。

由上所述，可以看出郑观应首先是一个爱国忧时不满社会现状的封建阶级知识分子。他虽然寄身买办阶层，但和一般买办气味并不相投。他和王韬探讨新学，同时他和带有新倾向的江南工商业者经元善、谢家福等人很接近。② 有几个问题需要说明：（1）我们并不否认郑观应身上仍是带着买办性影响。例如后来他代表招商局两次和太古、怡和订立"齐价合同"，并且引以为功，在这问题上他的见解远不及经元善。③ 这就是买办影响的清楚表现。（2）买办阶层的利益对他没有发生决定性的影响，这是由具体情况决定的。应该指出，一个买办脱离侵略势力，放弃和这势力关连的个人经济利益，并不是容易的事。即就郑观应说，后来他辞去太古洋行买办就招商局职，也是再三踌躇反复考虑的。1881年底，他致津海关道郑藻如书说"所虑官督商办之局，权操在上，不若太古和我之真有合同可恃"④；致唐廷枢信说"西人笼络人材，

---

① 《易言》（1880年刊本）上卷，第29页。
② 《易言》下卷附录有经元善（莲珊）的文章。
③ 经元善批评"齐价合同"是压迫民航业，见《居易初集》。
④ 《盛世危言后编》卷十，第1页。

操纵有术"①。可见他对洋行的认识还是很模糊的。到了1884年,他因公在香港,被太古向香港英国法院呈控,追索他离太古时所保继任买办杨桂轩亏空巨款,被拘留,缠讼经年。他才深恨太古"无情乘机要挟",致他"名利两失"②,于是他在感情上对洋行才有进一步的决裂。这在他的著作中也可以得到证明。在《易言》下卷《论交涉》篇中,他已批评洋行"借衅生端克扣所雇华人工金"。这是他早期从民族矛盾中模糊地看出洋行的侵略性质。而在《盛世危言·交涉》篇中他对洋行就提出更尖锐的批评。其中如"华商欠负洋商,一经控告,追封产业,累及亲朋"等语,显然是指自己所遭受的迫害而言。这是问题的一方面。另一方面,他身在洋行而主要关心的是民间企业的发展。这不只因为他自己很有志向,而且因为在经济上他有发展私人企业的企图,因而把自己的长远经济利益和这个前途联系起来。他虽然很重视对公正长江轮船公司的投资,但不久怡和、太古轮船打出自己旗帜正式通航长江,它们连这类名为中外合资的小公司也不需要了。结果郑观应落得只是一个领取高工资的洋行职员,这对他终究不是一个值得留恋的位置。通过洋行发展私人企业的幻想被打破了。他就把幻想转而寄托于洋务派企业中去。六七十年代之交,民间资本强烈要求发展新式工商业,郑观应正是适应这种情势而提出自己的要求。他的要求在这时期实质上是代表中间阶层的经济势力。

在外国侵略势力伸入长江的最初一二十年中,爱国知识分子虽然看到资本帝国主义的侵略现象而受到震动,但对它的本质却

---

① 《盛世危言后编》卷十,第2页。
② 同上,卷十五,第11页,《海行日记序》《致黄铨卿书》;第38页,《致广肇公所董事书》。

是懵然无知。郑观应在《论船政》(《易言》上卷)中说"往往有华商集资附入西人公司股分，不愿居华商之名者"，这实际也就是他自己当时情况的说明。但是民族航运事业不可能依附洋行而发展，民族资本主义不可能从资本帝国主义侵略势力中派生出来，郑观应本人的经验也正说明了这一点。

二、郑观应和洋务派的关系和分歧

在脱离洋行之前，郑观应和北洋系主要官吏已有不少的关系。先后任津海关道的黎兆棠和郑藻如，都对他很器重。李鸿章也久耳其名。1878年商人彭汝琮谋承办上海织布局，就以他为招牌向李鸿章兜揽。彭虽暂时达到目的，但郑坚决不承担该局襄办业务，彭终于办不下去。1880年，镇江绅士戴恒重新筹办织布局，又邀郑和经元善同任局务，不久他就代戴任总办。1881年李鸿章又札委他兼上海电报分局总办，这次是由郑藻如、盛宣怀等人联名推荐的。[①]一个身在洋行任主要买办的人，竟然兼替洋务派筹办经营许多重要企业，这种怪现象就是半殖民地的产物。接着，李鸿章又派李金镛(秋亭)、唐廷枢等劝他辞太古而就招商局职务。1882年他到招商局任帮办，负责揽载事宜。当时招商局有总办二人，唐廷枢、徐润，另一帮办为张鸿禄(叔和)，电局改由经元善负责，织布局迟迟不能开办，但筹办大权归郑掌握。1883年，徐润挪款亏空，李又札委他总办，但不久离职赴粤。

---

① 《盛世危言后编》卷十二，第1页，《夏郑玉轩等书》。

七八十年代之交，是民族资本主义产生并可能有一定程度发展的好时机。这几年郑观应替洋务派出了不少力量，但他和洋务派在观点上发生了很鲜明的冲突。前此约十年之间，在洋务派兴办企业之外，民间工业已有一些零星项目采用机器制造，但多折耗或致停顿。洋务派兴办企业中也吸收了若干官僚、地主、商人的投资。中国已经出现了民族资产阶级的前身，社会上投资新式工业的风气已在展开。郑观应的政治经济观点，清楚地反映了新形势和新兴阶层的要求。1881年他在上李鸿章的一个禀① 中说：

> 溯查中国购买机器仿制各项，除轮船、枪炮官局本非计利外，若香港之制糖、广州之纺纱、牛庄之榨油、甘肃之呢羽、上海之缫丝，创始者苦心经营，力求成效。今纺纱早以工费停歇，缫丝亦无利可图，牛庄榨油亦多折耗，呢羽闻已织成未见行远，惟香港之糖近年颇有东洋销路，而前此亏已不赀。

这里他虽然没有把左宗棠所办的兰州织呢厂和民间企业区别开，但说明了七十年代民间一些小型新企业的产生及其受到挫抑的主要情况。所说香港制糖，显系华商企业。广州机器纺纱，只能是旧式工商业者的投资。最早的牛庄榨油和上海缫丝也都是中国商人独立创办。这些小企业都不幸亏耗夭折，详情亦因此不明。但我们终究可以了解这些创始者资本不继，政治上又无保障，不能抵抗外国资本主义（包括通商口岸的洋行）的压迫因而不能维持。这正好说明，中国社会中原来孕育的资本主义萌芽在当时有所发

---

① 《后编》卷七，第11页，《禀北洋通商大臣李傅相订立织布机器合同》。

展而又不能成长的情况和原因。郑观应在这个禀中是根据上述的情况从国家利权出发来讨论织布局的。*他感慨地说:"职道熟筹已久,所以终不敢辞者,以此事利源外夺,久烦荩筹,频年筑室道谋,徒为中外传笑,若不力底于成,则后来再举愈难措手。"这和李鸿章等假借收回利权为名企图垄断把持的想法截然不同。因此一方面他还顾虑资本不充,另一方面又反对"官款"加入。他说:

> 机器织造,借法外洋,开衣被之利源,即有关纺织之生计。非禀承宪示,请拨官款,不足以昭郑重。然历来官局易招物议,若承领官款则属目尤难,沪上水陆交通风尚嚣薄,寓公游士未悉局中之翔实,好为事外之瑕疵,一经指摘便减声价。且事属公司,动关众口,果否获利,无券可操。商本容有折耗之时,官款从无准销之例。今众议且缓请领,亦深虑获利之难,而股本之集皆为利来,顾虑太多又非招徕之道。

他很清楚地反对官方操纵,也很清楚地说明官款始终不可能成为

---

* "这里他……从国家利权出发来讨论织布局的",《邵循正历史论文集》第331—332页此处作"这里他没有把左宗棠所办的兰州织呢厂和民间企业区别开,所说香港制糖、广州机器纺纱、牛庄榨油和上海缫丝情况也有疑问。(照文意看来,显指中国人创办的小型企业。李鸿章批语也作这样的理解。他说这些企业所以'未著成效','盖缘创办之初,浮费多而诀窍未谙'。所以我原认为这些都是中国工商业者自办。但汪敬虞同志惠告,根据资料,这些都应是外商所办,当时并无华商自办的这些小企业,郑说是错误的。)但他主观上所要说明的是中国商人资本不继,政治上又无保障,不能抵抗外国资本主义(包括通商口岸的洋行)的压迫而不能维持。他就是根据这样的情况从国家利权出发来讨论织布局的"。——编者注

企业股本的原因。官款在当时企业中所起的作用主要是保障官方也就是官僚集团的控制。郑观应在禀中不能公然反对官款，而只能委婉地说怕影响招股，后来又以招股顺利超额十万，不需官款为词来阻挡官款的加入。但在织布局章程上附有官款本有硬性规定，李鸿章没有同意改变这个办法，也没有因此而放弃"官"的控制，织布局仍是官督商办，实际也就如郑观应所说的是"官办"不是"商办"。①在织布局任事期间，郑观应和经元善都突出代表商人资本的要求。特别是郑在这时期已经发出中国"尚无商律，亦无宪法，专制之下，各股东无如之何"②的慨叹。从商务上的要求革新进而倾向于政治上的某些改变，这种见解在当时知识分子中是激进的，这和洋务派的企图自然是不相容的。

八十年代中叶以前，洋务派许多企业正在筹办阶段，不能不借重一些所谓"通晓洋务、商务"的人。他们所招揽者，只能或是在洋行服务有经验的，或是旧式商人中既有经验又有身分者。郑、经是两路人中的佼佼者，自然要得到李的重用。轮、矿、电、织四局实际听命于天津。开平矿务局由天津直接掌握，但是其余三局，或是本身设在上海，或是业务中心在上海，北洋有鞭长莫及之感。七十年代盛宣怀代表李鸿章在江南指挥，但自1881年收购旗昌船只舞弊事发，人言啧啧，特别是江督刘坤一奏请将盛革职不准再干预招商局务之后，虽有李的包庇，盛难再多事招摇。因此1882—1883年之间，轮局只能用唐、徐，而实际由徐负责，电局由经负责，而织布局由郑负责。因此这些"商人"一时能够

---

① 《盛世危言增订新编》卷七，第23页，《纺织篇·附记》："我国创一厂、设一局，动称官办，既有督，又有总，更有会办、提调诸名目。"

② 《致盛宣怀论招商办电报书》，见《盛世危言后编》卷十二，第4页。

掌握企业实权，但他们都不是代表商方而是代表官府来管理企业的，这些企业之中也从来没有商方代表。不久李鸿章复用盛宣怀①，他先后重新掌握电报、轮船两局，织布局亦由北洋派其他官吏先后掌握，到1893年也归盛宣怀。即使织布局亏空事件没有发生，以郑观应所持的见解及其所代表的企业发展道路，和洋务派如此不同，他也终于要遭洋务派的排斥。

这时期中法战争给他比第二次鸦片战争更深刻的刺激。在民族矛盾尖锐化的时刻，他和淮系洋务派也抱着对立的见解。1884年初他奉调赴粤，彭玉麟派他继王之春会办湘军营务处。他反对李鸿章在上海议和②，而和彭玉麟、张之洞等意见相合。他向彭提出整顿粤防和改革军制的若干建议③，助张策划由汕头运兵援台，自己到越南西贡、金边各处探查敌情。但是就在战争声中，他个人受到经济上和政治上的打击。此后好几年中他很消沉，但民族危机促使他更加注意研究时务，《盛世危言》所保存的大部分文章都是在八九十年代之交几年中写成的。

三、进一步向西方学习及其失败

假如我们说《易言》可以代表郑观应在六七十年代向西方学习的初步见解，《盛世危言》则是他在八九十年代抱着发奋图强的

---

① 张佩纶在甲申年一封信中说"合肥复用盛宣怀，宵小竞进"（见《涧于集·书牍》），即指此。
② 《后编》卷五，第27页，《致许应𬱖（星台）书》。
③ 同上，第12—13页，《禀彭宫保》。

宗旨进一步学习的结果。《盛世危言》五卷编成于1892年初，刊于1893年（《自序》作于"壬辰暮春"，但所录陈炽序则作于癸巳七月），所著录的文字都是八十年代和九十年代初所作。其后数年续作，至晚在乙未年编有稿本，这个稿本我们暂且称它为《续集》。①《续集》于乙未年（1895年）和《初编》（五卷本）的文章合编重刊，文字略有删改②，题为《盛世危言增订新编》，这个本子可以看作是郑观应自己审订的定本（1897年以后坊间印行本则把《续集》称为《三编》）。书中所收的文字主要是作者脱离了洋务派之后和参加盛宣怀集团之前七八年中的作品，因此有些见解比较强烈地反映了民族资产阶级在当时的进步要求。

拿五卷本《盛世危言》的内容和《易言》比较，就可以看出郑观应对事物的认识有不少进步。

最主要的应该说是他对于侵略者的认识。《易言》开头第一篇就是《论公法》③，把公法的作用说成是"各国之借以互相维系安于辑睦者"。作者天真地认为："公法一出，各国皆不敢肆行。"这些错误见解显然是受了当时侵略分子赫德、丁韪良、傅兰雅等宣

---

① 《盛世危言后编》卷四，第18页，《与陈次亮（炽）书》提到《续集》。坊间印本，如光绪二十四年图书集成局铅印本，其中《初编》即五卷本《盛世危言》，《三编》就是《续集》，但内容和1895年本有所不同，似乎所用是原稿本的一个抄本（其中还没有《议院下》篇）。所谓《二编》实即《易言》。邓华熙（字小赤）进呈光绪阅览的系特地缮写的五卷本。翁同龢、孙家鼐进呈的两本则是经过"点定"的本子（《后编》卷四，第15页）。

② 较著的删改如《农功》篇，图书集成本《三编》卷四，第4页有"今吾邑孙翠溪西医颇留心植物之理。……尚欲留学欧洲讲求新法，返国试办"语。《增订新编》本将第一句改为"今粤东有肄业西学者，留心植物之理"。

③ 国际公法本译作公法或万国公法，到二十世纪初年才采用日本人译名改为国际公法，见上海通雅书局《新学书目提要·法制类》，蔡锷《国际公法志》提要。

传的毒害。六十年代和七十年代初开始讲求西学的知识分子,以为学会了公法就可以使国家得到和列强平等的地位,就可以避免被侵略,这种迷梦逐渐被打破了。从七十年代中叶《烟台条约》开始的一系列新的侵略,使郑观应认识到公法不像他原先所想的有用。他愤慨地诘问:为什么中国已经采用了公法,还是要被西方国家欺凌?《盛世危言》(五卷本)录有他在八十年代完全重写的《论公法》一文。文中尖锐地提出了这样的问题:中国已经和外国"讲信修睦,使命往来,历有年所"了,中国也已经"开同文馆,习西学,译公法,博考而切究之如此详且备矣",何以西方国家对待中国并不照公法办事?他问:"如一国有利各国均沾之语何例也?""烟台之约强减中国税,则英外部从而助之,何所仿也?""华船至外国,纳钞之重数倍于他国,何据而区别也?"于是他改变了对公法的看法,他说:"种种不合情理,公于何有?法于何有?""嘻!甚矣欺也。"他开始怀疑侵略者自居老师的骗局。他也看到公法只是对"强者"(侵略者)有用,若是"积弱不振,虽有公法何补哉?"这是他的进步之处,但他还是不能真正批判公法,而在《论议院》篇中提出"欲借公法以维大局必先设议院以固民心"的论点。可见他并不了解公法为西方资产阶级侵略者服务的本质,而把公法的不能实行归咎于中国政治上的落后,依然没有摆脱侵略者"老师们"宣传的影响。

但是,《盛世危言》毕竟和《易言》不同,它首列《道器》一篇,继以《学校》《西学》《考试》诸论,而《公法》则退到很后的、较不重要的位置。《道器》篇实际是这部书的总论。作者从改良派立场出发,讨论以旧学和新学相对而言的"形上、形下""虚、实""本、末"关系,并以《论语》"自博返约"的主张作为向西方学习的理论根据。他要求把西学列入学校讲授的课程和科举取士的科目。他从"发愤图强"的宗旨出发,主张进一步地更广泛地学习西学。

《盛世危言》把西学分为"天学""地学""人学"三部。所谓"人学",是"以方言文字（外国语）为纲","包括一切政教、刑法、食货、制造、商贾、工技诸艺"①。这种分类法,已经改变了过去一般言西学者专主格致的最狭隘看法。但他所主张应学习和列入考试科目的具体内容,除了各国史地、政事、律例之外并没有多少社会科学的内容,至于西方哲学更是完全没有提到。书中讨论考试出题时,说"须有裨时务如铁路、轮船、矿务、邮政,以及机器、商务、纺织、银行、格致、政事、农学、医学……与夫各国风土人情、文学、武备"②等。可以看出他特别重视的是兴办企业和对外贸易（商务）。这显然是从微弱的资产阶级要求出发的。他也从这些经济要求着眼提出要开设议院,但不是要削弱君权,而是要"集思广益,君民一心",也就是说在不触犯封建统治利益的条件下,给予工商业者一些保障。这在政治上只是一种极其微弱的呼声。在文化上他虽然抨击八股取士,但对于封建旧学还远不可能提出批判性的见解。一方面这是因为他本身对西方资产阶级哲学和社会科学缺乏接触;另一方面这正是由于半殖民地民族资产阶级本身的软弱性,而且当时这个阶级的前身还只是一个微弱的社会阶层,在政治上和经济上都还不能不依附着封建上层势力,在文化思想上不可能向旧学的体系提出挑战。

---

① 《盛世危言增订新编》（下简称《新编》）卷一,第28页。
② 《新编》卷一,第42页。

当时向西方学习的客观困难，也是值得我们注意的。洋务派所办的江南制造局，从1868年翻译馆成立起，到1880年共译一百五十六种书（其中未译全者十三种），出版了九十八种，发行数超过三万本（见傅兰雅《译书事略》，第11页）。到了二十世纪初年，出版总数达一百七十八种（见魏允恭《江南制造局记》卷二，《建置表》的附录）。这些书大都是属于自然科学和技术科学的浅略书籍，只是所刊《西国近事汇编》（后来又称《中西记闻》）起着新闻纸的作用。教会举办的文化侵略机构，从八十年代后期起，出版的译著书籍，宣传宗教的占90%以上。这些侵略分子既不打算，也没有能力把即使是西方资产阶级认为较好的东西介绍到中国来。从1891年起，负责广学会的李提摩太特别注意拉拢中国上层分子，因而加强广学会的译著出版工作，就中最惹人注意的就是他在甲午前译就的《泰西新史揽要》（1895年曾经孙家鼐进呈光绪阅览）。这部受维新派十分推重的书究竟是什么货色呢？著者苏格兰人马恳西（Robert Mackenzie）是一个新闻记者，书的原名是《一部十九世纪的历史》（*The Nineteenth Century, a History*），内容贫乏，1880年出版后没有几年，在欧洲就已无人过问。而李提摩太却在九十年代初年特地把它搬来介绍给中国人，看来不过为了下列的理由：第一，这本书宣传十九世纪欧洲的"进步"，特别宣传基督教对于"进步"起了决定性作用。第二，这本书露骨地替资本帝国主义宣传，特别是叙述英国在印度统治的一章，作者恬不知耻地说什么"英国把数量庞大的生灵（指印度人民）从遭受许多时代的下贱待遇拯救出来。从来没有任何民族曾经负担过这样伟大的事业"。这个所谓伟大事业的内容就是要把印度"基督教化"。全书只有两句话谈到中国，一句是"我们（英国）和中国打过三次仗"。另一句是"通过英国决心用鸦片打开那个帝国的大门，基督教进入了中国"。第三，作者所说的十九世纪西方的"进步"，除了基督教之外，就是大工业、轮船、机车、电报，以至照相机、缝衣机，这些在书中是用两专章来叙述的。可以看出这部毫无学术气味的十九世纪史，正是符合西方传教士和资本家、商人们在殖民地、半殖民地进行侵略的要求。李提摩太在1894年译本序文中说："上帝正在以铁路、轮船、电报，打破各国间的隔阂，将使我们能够和平地、快活地在兄弟一般的家庭中生活着，但是清朝政府一直用种种刁难来阻止中外交往。"他说，假如中国改变这种态度，"它就可成为世界上一个最伟大的国家"。近来有人从藏在英国剑桥大学的怡和档案中，发现1895年怡和"雇用"李提摩太刺探李鸿章对铁路建设意见的材料，这对于他译此书的直接动机提供了一个重要的说明。可以看出，十九世纪末叶知识分子想通过这些侵略分子学习西方资产阶级文化，即使在当时还有用处的某些部分，也是枉然。但在维新运动高涨时期，中国还没有一本可读的西洋现代史，于是舶来烂品也成为讲求新学者必备之物。李提摩太还以此书居奇获利。郑观应在1898年致陈炽信云："《泰西新史揽要》一书，弟本拟集资重印，惟照西例，当问之著书之人，方可付梓。昨得李提摩太复书，不允别人代印，须由美华书馆排印，价定小本每部洋银两元，大本每部洋三元。若弟购以赠人，价作八扣。"① 郑观应本来痛恨外国传教士，在《盛世危言》中他一贯把外人传教和鸦片并列为两种最大毒品，现在却很重视这部书，这正说明当时改良派渴不择饮的情况。半殖民

---

① 《盛世危言后编》卷四，第18页。

地的中国在文化上也是西洋废品的倾销场所。广学会所编目的在于推销宗教并为侵略者宣传的《万国公报》，能风行一时的原因，就在于此。郑观应在维新运动高涨时期，自己也来组织译书工作，译出的有"泰西刑律、学校、官制、兵制、国用诸书"。当时译书很不容易，据他说有的"译者费资巨万"①，但成绩并不大。到了严复译书相继出版后，中国才真正接触到西方资产阶级的社会科学。

《盛世危言》在变法运动时期起着重要的作用，首先因为这部书不是单纯地介绍西方，而是针对中国实际的具体问题提出自己的见解。例如，对待侵略者的问题，他主张不但要注意"兵战"（国防）而且要注意"商战"，并且指出外国经济侵略和军事侵略是同样的甚至有更大的危险。他提出全面修改不平等条约的问题，他说"待力量既足，权操必胜有机可乘之时，即将平日所立和约凡于国计民生有碍者，均可删改"。知道不平等条约是"国计民生"的障碍，而幻想等待国家富强而不是采取革命手段来废除它，这很典型地代表了软弱的民族资产阶级的改良主义见解。但他所提出的却是侵略者"老师"们或是避而不谈，或是任意歪曲的问题。作者对侵略者的罪行和统治者的腐朽都有不少的揭发，讨论的问题很广泛，并且能够激发人们思考这些问题。因此从这部书本身虽然不可能得到问题的解决，但它在人们寻找真理的途径上却起着重要的桥梁作用。在变法运动时期，维新派较激进的思想家们从哲学和政治基本理论上提出不少进步的见解，但无论康有为、谭嗣同和梁启超都没有写出一部讨论中国各方面实际问题的著作。和

---

① 《盛世危言后编》卷四，第18页。

《盛世危言》性质相同的书籍,如陈炽的《庸书》等,内容和见解也都差逊,吸引力较小。因此这部书在当时所起的推动作用是不小的。

就郑观应而论,他在九十年代政治思想上的不断退化,突出地表现在他对开设议会的问题上。

《盛世危言》1893年本《论议院》篇(1897和1898年各坊本与此本同),鼓吹设立议院,附跋文二百余字,极力驳斥"议院宜西不宜中"和"中国不宜亟行议院"的顽固论调。这是作者在1892年以前的见解,可以看作他加入盛宣怀集团以前,更多地代表资产阶级中层势力的政治主张。但在1895年出版的《盛世危言增订新编》,却添上了一篇续作的《议院下》(各坊本均未录此篇),把前作原跋作为开头的一段,但将跋文最后一句"而犹谓议院不可行哉!而犹谓中国尚可不亟行哉!噫慎矣!"等语改为"而犹谓议院不可行哉!惟必须行于广开学校人材辈出之后,而非可即日图功也"。接着,他又解释说"何则?泰西各国,近代学校盛行,无人不学,且中外利弊登诸日报,妇孺皆知",实际上也就是主张"民智未开"不可开设议院。这样突然的倒退,何其前后完全冲突!又何其与梁启超一贯的论调那样酷肖!梁启超在1896年写了一篇几万字的《变法通议》,要旨不外乎"育人才"和"变官制',没有提到议院。在另一篇文中他说:"凡国必风气已开,文学已盛,民智已成,乃可设议院。今日而开议院,取乱之道也。"(《古议院考》,1896年作)这种看法他一直保持到十九世纪末。1900年他在《清议报》写的《立宪法议》说:"立宪政体者必民智稍开而后能行之。日本维新在明治初元,而宪法实施在二十年后,此其证也。中国最速亦须十年或十五年始可语于此。"拿梁启超这些话和郑观应在甲午时期的见解相比较，就可以清楚地看出当时改良主义者向外国资产阶级学习得愈来愈没有出路。郑在此时改变论调，不是出于偶然，其原因详于1894年致文廷式等人书中（《后编》卷三，第1页）。他说：

> 识时之士，佥谓非上下一心，开国会，立宪法，不足以救艰危。然闻日人有非而笑之，谓学校不开，人材难得，徒滋扰攘，自速其亡。且衮衮诸公，每多心存畛域，……大抵借立宪之名，使民间筹款而已。余思日人之言，可为我药石。

《议院下》篇正是作于此时，其受日本侵略者的消极影响是显著的。

梁启超反对急开议院的言论，也以"日本维新后二十年才实行宪政"为根据。郑、梁二人学习外国资产阶级政治所得结果不谋而合如此。一个说要"取乱"，一个说要"扰攘取亡"，其害怕人民群众，又是如此不约而同。半殖民地资产阶级愈学习西方资本主义，愈觉得自己事事不如人，愈没有出路。据郑观应说，他在1884年就主张立宪，但在十年之后，却得出中国民智未开不可亟开议院的结论，这难道不耐人寻思吗？

甲午战争以后，郑观应虽然列身维新派，但思想更趋保守。他反对康有为的"速变"主张。当时他除招商局外还参加了盛宣怀的汉阳铁厂和铁路总公司的筹划经营，个人经济地位显然在上升，政治、社会地位和在八十年代后期"养疴羊城"潦倒失意的情况大不相同。因此他思想上的倒退是完全可以理解的。

但是戊戌变法失败之后，1900年，他又将《盛世危言增订新编》改编出版（这个本子现在不多见，南京图书馆有藏本）。在《议院下》篇后，他另增附录两篇。一篇是他自己写的《答某当道设议院论》，另一篇是他于1893年在上海格致书院以"议院论"为题课学生时，一个学生许象枢所作的文章。两篇都是主张立即开设议院，他自己所作的一篇还着重驳斥了"民智未开不宜即设"的论点。这又是什么缘故呢？

许象枢文和这时期他的思想无关，不须讨论。郑自己在文中说：

> 夫强邻之畏我者，民心团结。若此时不建，迟至各省海疆尽被西人占据，恐欲设而不能。

好像应该承认这是他在民族危机中思想积极方面的表现。但他主张设议院的目的，在于通上下之气，并说"且借此收民心，筹捐款"，实际是为摇摇欲坠的反动统治借箸代筹的一种方案。应注意的是，这篇论文和他在这一年致盛宣怀《论变法宜设上下议院书》（《后编》卷三，第4—5页），主要内容甚至文字完全相同。这个大买办在这时候也在进行"变法"的宣传。而郑致盛信中说"既设议院，开国会，兴学校，维新之治可仿日本变法时参用客卿相助为理"（论文中没有这一段话），这种反动买办观点和他与盛宣怀大资产阶级集团的密切关系显然是分不开的。因此，不难看出，庚子年他主张速设议院，不是进步而是迅速堕落的表现。这时维新派已经消失，在政治上他也向大资产阶级投靠了。

二十世纪开头的十年中，郑观应本人在思想上萎靡堕落，同时期民族资产阶级上层的反动面也愈来愈发展。但是《盛世危言》一书何以对于进步的知识分子，仍然起着提供寻找真理的桥梁作用呢？一方面这当然是由于这部书本身所具有的价值，以及它可以作为学习西方资产阶级失败的一种借鉴。另一方面这又是由于半殖民地资产阶级的无能。到了二十世纪开头的十余年中，他们包括革命派在内，同样没有能够提出一个实现中国独立富强的方案，甚至没有能够写出一本较好的比较广泛地讨论中国实际问题的书。对西方资产阶级的社会科学的批判，甚至系统的介绍工作，他们也做得十分有限。因此十九世纪末年的新学，到了辛亥革命前后对知识分子还能起着启蒙的作用。这正说明半殖民地资产阶级的缺乏创造力量。这也正是帝国主义在文化上控制半殖民地中国的结果。

四、郑观应和盛宣怀大资产阶级集团的关系和分歧

对盛宣怀大资产阶级集团需要专文论述。简单说来，这个集团开始形成于九十年代之初，一直发展到辛亥革命前夕，它是革命的对象。它和十九世纪末开始发展的民族资产阶级上层在政治上和经济基础上有很大区别，但又有复杂的关系。这在盛、郑的关系中也可以得到一些说明。

盛宣怀从1885年起任招商局督办，1891年他排去招商局会办马建忠，独揽大权。1892年他任津海关道，仍兼招商局督办。当时郑观应已由唐廷枢保委开平粤局总办，来到天津。盛向李鸿章力保委他帮办招商局，而令他辞去开平职务。于是郑再度入局，任职时间逾十年，这是他和盛系集团关系最密切时期。最初几年他和会办沈能虎（子枚）分掌局务。沈是北洋旧人，在局中很有

势力。甲午战争后，盛宣怀积极发展私人集团，1897年他又设计将沈挤走，改任自己心腹、前台湾道顾肇熙（缉庭）会办。①招商局三个商董（即各科长）严潆（芝楣）、唐德熙（凤墀）和陈猷（辉庭），原来也由盛保举。局中主要负责人都是盛系人物。郑观应和这些人合作，深得盛的信任。任内他替盛和太古、怡和商订第三次齐价合同②，而且经手1895年前后商订的汇丰银行对招商局第二次借款草约，约内附有银行派英人"总管"到局和产业抵押的条件③。这些显然都是民族资产阶级的妥协性和他个人所接受的洋行买办影响的表现。自从1896年开始，他还兼任盛系各种企业（如汉阳铁厂④、通商银行以及电报局）中的主要职务。1902年袁世凯夺取招商局的控制权，郑应桂抚王之春调往广西，排脱招商局务，盛宣怀自己亦于次年离督办职。辛亥革命前一年（1910年），他又奉盛札委办招商局。他和盛宣怀的关系的确如吴广霈所记⑤，是十分密切的。

但是，决不能把郑观应看作是盛宣怀大资产阶级中的人物，因为他们在基本问题上的矛盾是十分清楚的。1898年盛宣怀以电报督办资格照会郑观应说，电报局在光绪七年奏归商办（按即"官督商办"），"曾经各股东公举郑观应、经元善、王荣和、谢家

---

① 盛暗结直督王文韶，由王"饬令"沈赴通永道职。见《盛宣怀未刊信稿》第3、9页。
② 第一次齐价合同的订立，他还只是唐廷枢的助手，第二次订立与他无干，第三次则主要就由他负责了。
③ 这个草合同后来没有正式订立，原因应是由于李鸿章离北洋大臣职，因为草合同规定须由李承担一切。
④ 郑任汉阳铁厂总办，《后编》卷十三，第1页。
⑤ 《后编》卷十，第111页。

福四人为总董",嗣王、谢先后去世,总董只有二人,现已续招商股六十万元,应添委杨廷杲（子萱）、王珠华、朱宝奎、盛宙怀（荔孙）四人为董事,列名郑、经之次。①这四人中,一系盛堂弟,其余三人都是盛系人物。郑观应答称:"该局既系招集商股而成,所举各董似应由股东投筒（即投票）公举。或恐风气未开,人材难得,所举者不胜其任,即先定人格（即提名）,将所举定董事履历请招集股东公定以多数取决,用示无私,以符商律。"盛宣怀当然没有采纳他的意见。不久,他听到总办经元善挪沪局花红开支女学堂经费,就函盛宣怀说照公司章程应得董事同意,又问:"电报局总收支系杨君子萱（即廷杲）专司,不悉杨守能如招商局例有月结呈督办察核否?"②其实经元善办理此事只是禀承盛意,郑也明知杨是盛的私人,他提出这些问题,实际等于批评盛的控制专断。但是这些分歧决不能达到使他和盛破裂的程度。在这些官督商办的企业中,私人资本既要提防官府的勒索,更要提防官方将企业收归官办,于是他心目中一直存着通过盛宣怀把这些局改为商办的想法。当然盛后来也主张"商办",但却是要把这些企业变为盛系官僚资产阶级集团的私产。以盛宣怀为首的大资产阶级当时不但已经清楚地代表着封建统治势力的利益,并且已在多方面勾结帝国主义。盛系集团不仅仅是一种经济上的组合,而且是反动统治势力的一个重要的组成部分。对于这些问题的实质,郑观应也许认识得不多,也许有所认识,但是苦无办法,因而莫可

---

① 《后编》卷十二,第19页。杨廷杲原误作杨廷臬,他和朱宝奎都在1897年兼任盛宣怀主持的铁路总公司主要职员（见《盛宣怀未刊信稿》第8页）,朱宝奎后来继经元善任电报沪局总办（1900年）。

② 同上,第20页。

奈何地对盛宣怀保持着不合实际的希冀。因此他函致盛宣怀抗议1897年刚毅对招商局勒捐巨款，要求防止"政府"无理干预和更多的勒索。① 他难道还不了解招商局答应每年报效本来就是盛宣怀向西太后送礼固宠的手段，而还求盛"未雨绸缪"（先事预防），把他当作"股商"的保护者？这样似乎难以理解的事实，实际上是软弱者很自然的表现。他说："甲午之变，曾面请督办（盛宣怀）及早禀商傅相（李鸿章）奏将电报公估值银若干，赎归国有，将招商局准归商办，免日后政府行强硬手段。"他早已看到电报局终必收归官办，因而希望保全商本，同时要求招商局改为商办。但是盛宣怀的打算，却是要把这两局操在自己的手里，当然不会采纳郑的建议。从上面所述几个事例看来，郑仍然是从"商"方立场说话，力持自己要求发展民族资本主义的见解，但作为民族资产阶级上层代表人物，他一面和大资产阶级有矛盾，而一面又要依附这个反动阶级，不敢公然反抗。这些情况都还是发生在十九世纪末叶民族资产阶级上层正在发动变法维新运动的时期，而郑观应自己又是维新思想的一个重要传播者。

在1902—1903年袁、盛*夺取轮、电两局，和1908年邮传部收回电局官办，以及1908—1909年招商局议改"商办"和改隶邮传部的各种变化中，郑观应都站在盛宣怀方面，反对袁世凯集团。特别是在1908年初纠集广东股东赞助盛宣怀反对徐润，和同年反对邮传部（袁世凯系尚书陈璧）收回电局时抑低电股价格，以及1909年招商局在改隶邮传部时要求立案和争组织股东会、董事会

---

① 《后编》卷十二，第19页。
* "袁、盛"，《邵循正历史论文集》第346页作"袁从盛手中"。——编者注

活动中,郑观应都成了重要角色。①因此1910年他又奉盛(1909年被举为董事会会长)札委为招商局会办。就这几件事看,在主观方面,他极力支持盛,也一直依靠盛;在客观方面他出了不少力量,替盛系大资产阶级集团效劳。虽然他主要的还是希望达到保护这些企业中私人商股的目的,但是不可讳言他已经把自己的命运和大资产阶级集团紧密地联系起来了。这几年从国内政治和阶级关系上看,正是革命形势迅速高涨,民族资产阶级上层日益向大地主、大资产阶级靠拢的时期。这个阶层的政治代表立宪派愈来愈反动,以至最后竟然成为大资产阶级的代言人。郑观应个人的发展,是改良主义者没有出路的证明,也正是当时阶级矛盾和阶级斗争的反映。他的政治观点在武昌起义前几年中也完全代表了立宪派中最右的言论。他说立宪是要使"保皇、革命诸党亦无所借口,或可销灭,不然专制苛则反动力大,当此民心皆欲立宪,恐流血千里而后成,决无中止之理"②。他不但公然指出立宪是为了抵制人民革命,甚至把康梁反动派也看作激进可怕的政党。1910年11月4日(阴历十月初三)清廷颁布谕旨于1913年召集议院,湖广总督瑞澂上奏请组责任内阁"代君主受议院之责",郑观应竟致函《中国商务日报》把这样反动官僚的奏章称为"救时良药"③。他从1884年主张立宪,经过二十多年所得到的却是这样可耻的结局。改良主义者所走的必然堕落的道路不是十分惊人的吗?

---

① 《盛宣怀未刊信稿》,《交通史船政编》第一册,第187页说"盛宣怀派郑观应、朱筱庄运动港粤股东",筱庄名士林,盛的私人。
② 《后编》卷三,第10页,《致姚伯怀太守书》。
③ 同上,第20页,《致〈中国商务日报〉总编辑潘兰史(飞声)征君书》。

五、结束语

西方资产阶级文明和民主,在长期被帝国主义侵略和奴役的人民的心目中,今天已经都破了产。但是帝国主义和其他反动派仍然阴谋企图不只在政治上和经济上,而且要在文化上控制无论已经取得或还没有取得独立地位的国家和人民。因此从中国过去学习西方资产阶级文化的失败进一步吸取教训是有重要的现实意义的。《盛世危言》的作者在四十年不断的学习中,表现了艰苦努力反复研究的精神,但著作的本身实际上并不能解决问题,作者本人也不能随着时代前进,反而逐渐堕落成为大资产阶级集团的依附者。这一方面说明了西方资产阶级的文化对于殖民地、半殖民地人民,归根到底是没有用处的。另一方面这又说明了殖民地、半殖民地资产阶级本身没有真正的创造能力,而这个弱点又正是由于这个阶级本身的两面性决定的。最后,应该指出,半殖民地资产阶级,主要是指中等阶级,这个阶级具有革命性和妥协性的两面。资产阶级上层经济地位愈高,革命性也愈消失。至于大资产阶级,那就是封建反动势力和帝国主义侵略势力的伙伴和代理人,完全没有积极的一面。就郑观应说,当时中国人民迫切要求革命,特别是在十九世纪末和二十世纪初十几年之间,两次掀起革命高潮,而他本人对于革命特别害怕,这是因为他的经济地位正在逐渐上升,从七八十年代的民族资产阶级中层提高到十九世纪末的上层地位,而且在二十世纪初年资产阶级民主革命潮流上涨时期,他正愈来愈向大资产阶级靠拢,政治思想也就迅速退化以至反动。这种情况对于我们研究殖民地、半殖民地资产阶级各阶层及其相互关系,特别是立宪派形成问题,应该是有参考用处的。本文意见不够成熟,请同志们批评指教。

(原载《光明日报》1964年4月22日、5月6日)

邵循正先生学术年表*

1909 年（清宣统元年）

11 月 20 日（十月初八日）出生于福建省福州府侯官县东牙巷（今属福州市鼓楼区）。

1913 年

在母亲督课下，背诵古典诗词，读四书，作对句。

1914 年

进入家塾读书。

1919 年

与二弟邵循恪同入私塾，从福州清末举人谢先生读经史，学诗文，打下坚实的文史基础。

1924 年

兄弟二人同入美国教会创办的福州鹤龄英华中学（原名英华书院，今福建师大附中），学习数理化、英语，表现优异，因文、史两科成绩优秀，准予免修，中学六年课程，两年完成，于 1925

---

* 本年表由戴海斌撰写。本文撰写时，参考了张寄谦整理《邵循正著述要目》（载《中法越南关系始末》书后，河北教育出版社 2000 年版）、邵瑜《邵循正年表》（载戴学稷、徐如编《邵循正先生百年诞辰纪念文集——部分学生、友好、亲人的怀念与回忆》，福州，2009 年 11 月）、徐如《邵循正先生生平事业年表简编》（载戴学稷、徐如编《邵循正先生百年诞辰纪念文集续编》，福州，2010 年 11 月）等资料。

年底提前毕业。

1926 年

年初，兄弟二人同时考入有教会背景的福州协和大学，学习半年。

夏，同赴上海报考清华学校大学部，是为第一次出闽。二人同被录取，秋季开学，进京入清华大学政治学系学习，主修国际法和国际关系。

1928 年

在《清华周刊》上发表三篇文章：（1）《哭王君善瑾》，第 29 卷第 6 期；（2）《译诗三首》（署名邵心恒），第 30 卷第 1 期；（3）《竹枝词（八首）》（署名邵心恒），第 30 卷第 4 期。

1929 年

发表译作《物理与政治新论》（M. B. Muuro 原著，邵循正译，原刊《新民半月刊》1929 年第 1 期，1931 年又刊于《政治学报》[北平]第 1 卷第 1 期）。

1930 年

大学毕业，入清华大学研究院史学部，师从蒋廷黻学习中国近代史，学术训练以中国近代外交史和国际关系史为主，并学习法、俄和蒙古语文。

1931 年

发表论文有《傅斯德论美国外交官》(《清华周刊》第 35 卷第 3 期)、《拉斯基与罗素之政治多元说》（译述，《政治学报》[北平]第 1 卷第 1 期)、《社会学派最近之发展及其将来》(《建国月刊》[上海]第 4 卷第 3 期)。

1932 年

在《大公报·文学副刊》发表书评《评王光祈译〈西藏外交文件〉》(第 237 期，7 月 18 日)。

1933 年

硕士毕业论文《中法越南关系始末》完成，并通过答辩。①导师蒋廷黻，答辩委员有清华大学教授陈寅恪，燕京大学教授洪业、徐淑希。撰写论文期间，曾向陈宝琛老人请教多次。

同年发表作品有：(1)《希山老人遗诗》，《大公报·文学副刊》第 266 期，2 月 6 日；(2)《评陈垣〈雍乾间奉天主教之宗室考〉》，《大公报·文学副刊》第 271 期，3 月 13 日；(3)《评傅斯年〈东北史纲〉第一卷〈古代之东北〉》，《大公报·文学副刊》第 278 期，5 月 1 日；(4)《介绍与批评：A. F. Legendre, *La Civilisation Chinoise Moderne*（1926），Payot，Paris，2981p》(《清华周刊》第 38 卷第 12 期，1 月 14 日)。本年堪称邵循正的"书评年"。

1934 年

清华大学以庚款派送法国，在巴黎法兰西学院、东方语言学院留学，跟随伯希和学习蒙古史，并选修波斯文、意大利文。在法国与韩儒林、王静如、于道泉、王重民、王海镜等学人相过从。

1935 年

《中法越南关系始末》作为"国立清华大学研究院毕业论文丛刊"之一，由清华大学刊行。此著向为学界所重，2000 年作为

---

① 据清华大学《二十一年度研究院毕业生成绩一览表》："考试日期：二十二年十月十一日；考试委员：蒋廷黻、刘寿民、陈寅恪、孔云卿、钱稻孙、噶邦福、雷海宗、王化成、张奚若；考试题目：中法越南关系始末。"参见清华大学校史研究室编《清华大学史料选编》第二卷，清华大学出版社 1991 年版，第 644—645 页。

"二十世纪中国史学名著"之一，由河北教育出版社再版。

本年秋至次年初，在德国柏林大学工作四个月，学习德文和古意大利文，搜集蒙古史资料。交往学人有李继侗、陈永龄、张颐、林秋生等人。

1936 年

本年初，返回巴黎。

夏，学成回国，受聘为清华大学历史系专任讲师，讲授蒙古史。发表论文《有明初叶与帖木儿帝国之关系》(《社会科学》第 2 卷第 1 期)、《〈元史〉，拉施特〈集史〉，〈蒙古帝室世系〉所记世祖后妃考》(《清华学报》第 11 卷第 4 期)。

1937 年

4 月底，与妻郑逊结婚，婚礼在欧美同学会举行，证人梅贻琦校长，司仪叶公超，伴郎王信忠。①郑逊为郑孝胥孙女，陈宝琛之二媳为其冰人。

"七七事变"爆发后，随清华南迁，经天津、山东至湖南，任教于长沙临时大学历史社会学系，讲授近代中国外交史课程。

1938 年

1 月，长沙临时大学学期结束。随清华师生继续南迁，经广州、香港、越南海防、蒙自，至昆明。长沙临时大学改称"国立西南联合大学"(至 1946 年秋结束)。任历史社会学系副教授、教授，讲授近代中国外交史、蒙古史等课程。

8 月下旬，与郑天挺结伴自昆明北上，返北平，接妻郑逊南行，往返三个多月，11 月 20 日归抵昆明。

---

① 参见邵瑜《心恒先生轶事》，《邵循正先生百年诞辰纪念文集续编》。

1939 年

在西南联大历史社会学系讲授中国近世史、近代中国外交史、波斯文、西域史料选读等课程。

本年发表《图书介绍：Cho, Huan-lai（卓还来），*Les origines du conflit franco-chinois à propos du Tonkin jusqu'en 1883*. 2e éd. Saigon, Imprimerie Albert Portail, 1938. 239p. Pias. 4.00》(《图书季刊》新 1 卷第 2 期)、《元世祖朝海都叛乱的背景》(《中央日报》12 月 7 日、14 日)。

参加由北平图书馆与联大合作的"抗战史料"的征辑工作。

1940 年

在西南联大历史社会学系讲授中国近世史、近代中国外交史等课程。

夏秋间，妻郑逊胃病，送至越南海防，返归北平治病。回校后，与从武大转来联大政治系任教的二弟循恪同住。

本年，西南联大历史社会学系分为历史学系、社会学系两系，邵循正任历史学系教授。

1941 年

在西南联大历史学系讲授中国近世史、元史等课程。

1942 年

在西南联大历史学系讲授中国近世史、蒙古史研究等课程。

5 月 9 日，在西南联大讲演"语言与历史"，比较《马可波罗游记》诸多版本，说明语言文字和历史考证关系密切，"大意谓历史之重要工具为文字，而文字则代表语言。读史遇国外文字，须求其语言来源，不可牵强附会，如《马可·孛罗游记》中之狮子，实虎也。盖马不通华语，皆赖西域人口译，语源不同，遂以虎为狮也"①。方龄贵是此次讲演的听众之一,并整理了讲稿。他说:"邵师所作讲演由我笔录整理经邵师审核润色而定稿者为《语言与历史——附论〈马可波罗游记〉的史料价值》一文。"②

6月,应昆明广播电台邀,作题为"中国与越南"的学术演讲。

11月27日,在西南联大讲演"元曲中之社会状况",认为"元曲是那时北方的必然产品,与外来的关系很少",就贺昌群《元曲概论》"元曲所受蒙古之影响极多"一说提出商榷。

同年某晚,在西南联大讲演"元遗山与耶律楚材",姚从吾、罗常培、吴宓等学者出席。因临时停电,摸黑续讲,"旁征博引,依然讲得有声有色,听讲的人无不为邵师的渊博学识、高超见解和非凡的记忆力所打动,于时黑暗之中,鸦雀无声,无敢哗者。讲演结束时,电灯亮了,全场掌声雷动,啧啧称叹"③。讲演予人以深刻印象,留下"邵循正摸黑讲历史"的一段佳话。

1943 年

在西南联大历史学系讲授明清史(与何鹏毓合开)、史籍名著(西方学者中国史地论文)等课程。发表《元代的文学与社会》(署名邵心恒,《图书月刊》第3卷第3期)。

3月,至重庆,参加中国史学会成立大会。

12月25日,在西南联大时事座谈会上第一次发表对时局的看法,其他发言者有周炳琳、蔡维藩、孙毓棠、雷海宗等。

---

① 《郑天挺西南联大日记》,中华书局2018年版,第554页。
② 方龄贵:《记邵循正先生》,《邵循正先生百年诞辰纪念文集——部分学生、友好、亲人的怀念与回忆》。
③ 方龄贵:《忆邵循正先生》,《学术集林》卷五,上海远东出版社1995年版。

1944 年

在西南联大历史学系讲授元史、中国近世史等课程。发表《蒙古的名称和渊源》(昆明《扫荡报·史地周刊》第 3 期，2 月 18 日)。后来方龄贵将《元代的文学与社会》、《蒙古的名称和渊源》、演讲整理稿《语言与历史——附论〈马可波罗游记〉的史料价值》，连同另一篇生前未见发表但经其"移录保存"的短文《释 natigai, načigai》，汇辑为《邵循正先生蒙元史论著四篇》，在 1982 年《元史论丛》第一辑刊出。据方龄贵回忆，西南联大时期邵先生还有重译《元朝秘史》之作，"稿已完成，不幸于辗转流徙中遗失"①。

本年在《中央日报·星期论文》上发表《论觇国》一文。据方龄贵回忆，"大意说'觇国'并不是搞什么'第五纵队'（按'第五纵队'通指帝国主义的间谍活动），而是根据实际情况，对形势作客观的考察。因从国际局势及日本政治、经济、军事、民心向背等方面进行分析立论，认为日本已出现了必败的前兆。这是我所见到的邵师在昆明所写的唯一一篇政论文章"②。

7 月 7 日，在西南联大、云南大学、中法大学、英语专科学校联合举行的"纪念抗战七周年"时事座谈会上发言，与会者二千人，是为"皖南事变"以来昆明学界第一次大规模群众集会。

1945 年

3 月 6 日，基督教昆明女青年会举办"国际问题系统讲演"，

---

① 方龄贵:《邵师指引我研究蒙元史》,《邵循正先生百年诞辰纪念文集——部分学生、友好、亲人的怀念与回忆》。

② 方龄贵:《记邵循正先生》,《邵循正先生百年诞辰纪念文集——部分学生、友好、亲人的怀念与回忆》。

被邀为主讲人之一。其他主讲人有曾昭抡、刘崇鋐、王赣愚、雷海宗、蔡维藩、伍启元、冯至、孙毓棠、吴晗等。

8月15日,日本天皇宣告无条件投降,抗日战争结束。

本年夏,应英国文化委员会邀请,赴英国讲学,任牛津大学访问教授。同时受邀者有孙毓棠、洪谦、沈有鼎等西南联大教授。

参加英国社会学研究会(Institute of Sociology)在瑞亭大学(Reading University)举办的"文明往哪里去?——国际政治前途问题"研讨会,就二战后国际政治前途问题作主题发言,与美国康奈尔大学政治学教授喀特林(George Catlin)有所对话,引起广泛关注。著名哲学家、政治经济学家卡尔·波兰尼(Karl Polanyi, 1886—1964)在美国学术刊物上撰文介绍,视此为"东化的西方"与"西化的东方"的一次遭遇。潘光旦也发表长篇"述评",指出"两人之所以针锋相对在:一是西方人,而所论颇有东方的宗教意味与神秘色彩,一是东方人,而所论很脚踏实地,实事求是"①。

受BBC广播电台邀请,做过一次讲演。

1946年

上半年,往比利时布鲁塞尔大学讲学两次,主题为"中国文化的连续性",宣讲中国古代文明的延续与发展。又至奥地利维也纳大学作短期讲学。

本年秋,访学一年期满,归国。任清华大学历史系教授,讲授中国近代史。

---

① 潘光旦:《文明往那里走?——一个讨论会的述评》,《世纪评论》第1卷第7、9期,1947年。

1947 年

兼任北京大学历史系讲师（至 1951 年），主要讲授中国近代史。

发表论文《剌失德丁〈集史·忽必烈汗纪〉译释（上）》(《清华学报》第 14 卷第 1 期）。约同时期，另撰有《剌失德丁〈集史·忽必烈汗纪〉译释（下）》《剌失德丁〈集史·铁木耳合罕纪〉译释》等未刊文章。

在《现代知识》（第 1 卷第 2 期）发表《学术交流：送别葛德邻教授》一文，回顾 1945 年与喀特林（George Catlin）教授讨论"二战后政治前途"的讲演，指出"大约是因为 Karl Polanyi 先生过分的把当时讲演情形'戏剧化'的缘故罢，许多读他记录的人，都误认我和葛德邻教授在打对台"，本文深入检讨了二人"表面上很不同的见解"，主张"西欧和中国须相急得拯救，必须成为强力的缓冲地带，甚或使两极世界，变为多极世界"。

7 月 6 日，在《平明日报·星期论文》发表《"史德"与"口德"》一文，讨论新史学相较于旧史学在"史德"观念上的进步。

同情和支持"反饥饿、反内战、反暴行"运动，在联合宣言上签名。

1948 年

在《新路》周刊《我们的意见》一栏发表多篇时事宣言：（1）《忠告美国政府：扶持日本是不诚、不公、不智的政策，施惠和恫吓的态度尤非中国人民所能容忍》（与徐毓枬、戴世光、刘大中、赵人㒞、吴景超、陈达、潘光旦联署，第 1 卷第 8 期，7 月 3 日）；（2）《一个解决大学毕业生失业问题的具体建议》（与刘大中、赵人㒞、潘光旦、戴世光、王成组、吴景超、周先庚联署，第 1 卷第12期,7月31日);(3)《制裁独占的立法》(与刘大中、吴景超、赵人儁、戴世光、潘光旦联署,第1卷第22期,10月9日)。

本年初,女儿邵瑜出生。

1949年

1月中,北平和平解放。吴晗任北京市副市长,兼清华历史系主任。

7月,吴玉章、郭沫若、范文澜等人倡导成立中国新史学研究会筹备会,邵循正名列50位发起人之一。新史学研究会宗旨是:"学习并运用历史唯物主义的观点和方法,批判各种旧历史观,并养成史学工作者实事求是的作风,以从事新史学的建设工作。"

1950年

因吴晗以公务繁忙辞去系务,接任清华历史系主任。1950年度上学期工作报告表示:"本学期工作分配比较得宜,所以教学能有余力从事研究写作。抗美援朝的文章发表的和未发表的,已经有十二几篇,每篇内容都很实在,这主要说明了学术研究应该,也可以,配合实际。其他论文专门论文已经发表的也有好几篇。下学期这方面的工作,将更有计划地进行。"除接受新史学研究会筹备会委托主持编辑"中法战争""中日战争"两种史料丛刊外,本人当时研究计划是"中国近代史和少数民族史的若干专题研究"①。

发表《所谓"门户开放"和"领土完整"——1900年美国对中国的领土阴谋》(《进步日报》1950年11月24日)。

---

① 《邵循正先生报告:一九五○年度上学期工作初步总结及下学期计划》,载清华大学历史系编《文献与记忆中的清华历史系(1926—1952)》,清华大学出版社2016年版,第28—29页。

1951 年

7月，中国史学会正式成立，当选为理事（共43人），并担任常务理事（共7人）。

担任中国史学会主编"中国近代史资料丛刊"的编委（共11人），主持编辑《中法战争》《中日战争》两部资料集。

本年，在清华大学历史系报告"美国侵华史"专题，"详细分析一九〇〇年到一九二四年间美帝侵华的史实，指出在一九一七年以后，美帝利用中国军阀，坚决反苏反共反人民"，并提出"美日关系的发展是个应加研究的问题"。①

据清华历史系档案，"抗美援朝的工作见于《进步日报》每星期的专刊，一九五一年起将改为《史学周刊》，由本系和北大史学系和近代史研究所合作"。

同年发表反帝爱国论文多篇：（1）《美国对华侵略的作风和路线》(《进步日报》1月12日）；（2）《十七—十八世纪中越人民在南圻的合作》(《进步日报》4月27日）；（3）《十九世纪帝国主义者对华天主教保护权的争夺》(《光明日报》7月10日）；（4）《庚子年间北京主教樊国梁的抢劫行为》(《进步日报》8月17日）；（5）《天主教中的两个特务间谍——樊国梁和安治泰》(《进步日报》9月7日）。

年底，随清华部分师生到苏北参加土改运动。

1952 年

本年春，参加完一期土改，返校。在校内参加"三反""五

---

① 《清华大学历史系中国通史教学小组工作总结》(1951年1月15日)，《历史教学》1951年第3期。

反"和思想改造运动。同时，关心社会工商业公私合营社会主义改造，特别是北京市大栅栏瑞蚨祥、同仁堂等老字号账目、档案的保管与整理，认为这些资料是研究中国民族资本主义发生、发展的"活材料"。

6月，全国高校院系调整，清华、北大、燕京三校文理系科合并为新北大，校址设在燕园。调任北京大学历史系教授，兼中国近代史教研室主任，讲授专业基础课中国近代史。

1949年后第一次招收中国近代史研究生李时岳。前在西南联大和清华先后指导的中国近代史研究生丁名楠、沈自敏、贾维诚、余绳武，蒙元史研究生方龄贵，此时已成为各自研究领域的专家或骨干。

从本年起兼任中国科学院历史研究所第三所（今中国社会科学院近代史研究所）研究员，担任该所第三组（对外关系史暨帝国主义侵华史组）组长；第二年兼任第二组（政治史组）组长，并指导该所史料编辑室工作。

加入中国民主同盟，当选为民盟中央科教委员。

1953年

发表论文《评〈美帝国主义经济侵华史论丛〉（一）》（《光明日报》5月16日）。

1954年

全国第一个历史专业刊物《历史研究》创刊，本年在此刊物连续发表三篇文章：（1）《一九〇五年四月中国工人反抗帝国主义资本家的斗争》（《历史研究》第2期）；（2）《一八四五年洋布畅销对闽南土布江浙棉布的影响》（《历史研究》第3期）；（3）《辛亥革命前五十年间外国侵略者和中国买办化军阀官僚势力的关系》

(《历史研究》第 4 期)。

秋季开学,接受指导五名中国近代史研究生(学制四年):张磊、吴乾兑、徐如、赵清、何玉畴。同时接受指导进修教师戴学稷、孔令仁(主要在经济系进修中国近代经济史)和朝鲜留学生金英淑学习中国近代史。

6 月,在中国文联举办的"中国近代史讲座"上讲授两个专题:中日战争、戊戌变法。其他主讲人有范文澜、荣孟源、王崇武、刘桂五、胡华。①

1955 年

发表《两千年来中日人民的友好关系》(《人民日报》9 月 5 日)。

主持编辑的《中国近代史资料丛刊·中法战争》正式出版(全七册,新知识出版社),并为之撰写"叙例"。

秋季开学,招收本系本科应届毕业生田珏、王天奖二人为中国近代史研究生(学制四年)。

本年,近代史研究所成立学术委员会,被聘为学术委员。出席全国政协学习委员会主办的"中国近代史讲座",为民主党派、统战人士讲课。其他主讲人有胡绳、罗尔纲等。

受高教部委托,主持编写全国综合性大学历史系中国近代史教学大纲,在教研室反复讨论修改。

1956 年

1 月,邀请姚薇元(武汉大学)、王栻(南京大学)、郑鹤声(山东大学)三位教授来北大研讨修改中国近代史教学大纲。7 月,

---

① 《中国文联举办"中国近代史讲座"》,《人民日报》1954 年 5 月 27 日。

该大纲在高教部于北京召开的会议上获得通过，推行全国。

2月，与翦伯赞、胡华合作编写的《中国历史概要》由人民出版社出版，后被译成多种文字发行国外。

5月5日，在北京大学科学讨论会历史系分会上作题为"消除中国近代史研究中帝国主义影响和买办资产阶级观点"的报告。

发表《我国南沙群岛的主权不容侵犯》(《人民日报》1956年6月5日)、《西沙群岛是中国的领土》(《人民日报》1956年7月8日)。

主持编辑的《中国近代史资料丛刊·中日战争》正式出版（全七册，新知识出版社），并为之撰写"叙例"。

12月1日，为张蓉初的《红档杂志有关中国交涉史料选译》（生活·读书·新知三联书店1957年出版）撰写"弁言"。

12月10日，为马士所著《中华帝国对外关系史》中译本（第一卷由生活·读书·新知三联书店1957年出版）撰写批判性"序言"。

本年冬，与翁独健、韩儒林前往蒙古乌兰巴托，参加中、蒙、苏三国学者联合编写多卷本蒙古通史的国际会议。"会上确定了我国所分担的任务，回国后落实在历史所设立一个由翁先生领导的专门研究小组承担，这事引起北大历史系的重视，心恒师也决定重新拾起蒙元史的研究。"[①] 后又与翁独健、韩儒林前往苏联莫斯科，参加第二次蒙古史国际会议。

1957年

12月，由时任文化部副部长齐燕铭负责，成立"古籍整理出

---

① 周清澍：《学史与史学——杂谈和回忆》，上海古籍出版社2011年版，第102页。

版规划小组",下设文学、历史、哲学三个分组,历史组召集人为翦伯赞,邵循正为成员之一(共 30 人)。①

1958 年

8 月 15 日,为孙瑞芹的《德国外交文件有关中国交涉史料选译》(三卷本)撰写"弁言"(商务印书馆 1960 年出版)。

9 月,参加戊戌变法六十周年纪念学术讨论会,发表《戊戌维新运动的积极意义》一文(原刊于《光明日报》1958 年 9 月 29 日,后收入《戊戌变法六十周年纪念论文集》,中华书局 1958 年 12 月出版)。

参加吴晗主编"中国历史小丛书"的策划编辑工作,为该丛书编委会成员之一。

在中华书局近代史编辑组负责人李侃支持下,积极推动组织编辑"近代史料笔记丛刊",承担校注梁廷枏《夷氛闻记》的工作。12 月,撰写《校注〈夷氛闻记〉序》,刊于本书卷首(中华书局 1959 年 9 月出版)。

中国科学院近代史所中外关系史组丁名楠、余绳武、张振鹍等学者集体编著的《帝国主义侵华史》第一卷由科学出版社出版,"弁言"说明:"在本书写作过程中,邵循正先生给我们很多指示,并审阅过全部初稿。本所和所外的同志们也给我们不少的帮助,谨在此表示深切的谢意。"据张振鹍回忆:"此书问世时,正碰上所里开展'整风补课运动'。接下来就是全国大跃进,大炼钢铁,人民公社化,等等,社会大动荡。随之近代史所也实行大改组,大调整:近代史三个组合并为一个大近代史组,刘桂五任组

---

① 参见李侃《我与中华书局》,《李侃史学随笔选》,中华书局 2008 年版。

长；全组的中心任务确定为集体编写多卷本中国近代史，刘大年亲任主编。我们的组长邵先生应该就是在这时结束了在近代史所的兼职，离开了近代史所。"①

1959 年

当选为第三届中国人民政治协商会议全国委员会委员，并担任全国政协下设文史资料委员会委员，对文史资料编写、征集以及《文史资料选辑》的审阅，都做了一定工作。

发表《略谈〈中国近代史稿〉第一卷》(《读书》第 2 期)，对于鸦片战争前夕中国社会发展情况和太平天国革命性质问题发表看法，着重就史学界争议的"资本主义萌芽"问题有所厘清，认为不能将"资本主义萌芽"与中国近代时期发生的"资本主义因素"相混淆，鸦片战争前的中国社会"资本主义萌芽在当时是客观存在着，是一种社会发展趋势的说明，但本身还不能在社会经济中起重要的作用，更不能引起社会阶级的分化"。

5 月 6 日，在《光明日报》上发表《历史事实给予外国干涉者严重的教训》。

校注"近代史料笔记丛刊"之一《漏网喁鱼集》(作者柯悟迟，自署悟迟老人)。11 月，撰写《关于〈漏网喁鱼集〉的一些说明》，刊于该书卷首（中华书局 1959 年 12 月出版）。

1960 年

1 月，应内蒙古大学邀请，至呼和浩特出席该校举行的历史科学的学术讨论会。

---

① 张振鹍：《我们的组长邵先生——邵先生在近代史所》，《邵循正先生百年诞辰纪念文集续编》。

带领陈庆华、张寄谦编辑整理《盛宣怀未刊信稿》。3月，撰写《关于〈盛宣怀未刊信稿〉的说明》，刊于该书卷首（中华书局1960年4月出版）。

6月9日，在《光明日报》上发表《中国近代史开端问题不容歪曲》，批判尚钺以16世纪中叶为近代开端（强调明清之际中国已出现"资本主义萌芽"）的观点。

12月24日，北京历史学会成立，任副会长（吴晗为首届会长）。开始编写《中国史纲要》，负责近代部分。

1961年

参加辛亥革命五十周年纪念学术讨论会，发表《辛亥革命时期资产阶级革命派和农民的关系问题》一文（原刊于《北京大学学报》1961年第6期，后收入《辛亥革命五十周年纪念论文集》，中华书局1962年出版）。

本年另发表《太平天国革命后江南的土地关系和阶级关系——关于具体说明农民战争作用的一些问题》（《光明日报》2月2日）、《秘密会社、宗教和农民战争》（《北京大学学报》第3期）。

1962年

6月，赴呼和浩特参加成吉思汗八百周年诞辰纪念学术讨论会，提交论文《成吉思汗生年问题》，在大会上作报告，认为成吉思汗生于800年前的1162年。此文发表于《历史研究》1962年第2期。

9月6日，撰写《〈中国伊朗编〉中译本序》，作者系美国东方学者劳费尔（Berthold Laufer，1874—1934），译者林筠因。

从本年起至1964年，在北大为历史系高年级开设洋务派与中国资本主义发展的关系和晚清政治问题研究两门研究性讲座课程。前一课程以1963—1964年撰写发表的《洋务运动和资本主义发展关系问题——从募集商人资金到官僚私人企业》《关于洋务派民用企业的性质和道路——论官督商办》和《论郑观应》三篇论文为主讲线索，讨论中国近代资本主义发展和中国资产阶级的不同阶层及其特性，同时邀请近代史研究所著名专家严中平、汪敬虞就相关问题作讲演，进行探讨和商榷。① 后一课程从1861年"祺祥政变"讲起，亲自对《热河密札》（八大臣十三封信）进行注释，并对此前章士钊发表在《光明日报》（1962年4月15日、4月16日）的《热河密札疏证》一文作了补充和修正，以李鸿章《朋僚函稿》、张佩纶《涧于集》、《翁同龢日记》、《张謇日记》、《盛宣怀未刊信稿》为参考资料，讲述晚清统治集团各派系以及他们对各时期政局的影响，将慈禧太后利用奕䜣彼此相互勾结"垂帘听政"统治晚清四十余年的过程进行了深刻分析。②

本年，与天津商会联系关于整理公私合营的资料，并亲自前往查阅。

1963年

发表论文《洋务运动和资本主义发展关系问题——从募集商人资金到官僚私人企业》（《新建设》1963年3月号）。

与本系同事陈芳芝、齐思和等人合作，完成《西藏地方历史资料选辑》（生活·读书·新知三联书店1963年9月出版）一书的编选工作。

北大历史系秋季开学，招收中国近代史研究生赵春晨（学制三年）。

---

① 参见蔡少卿自述《社会史家的学术春秋》，南京大学出版社2016年版，第86页。

② 参见蔡少卿自述《社会史家的学术春秋》，第88页。

1964 年

3 月，当选为第四届中国人民政治协商会议全国委员会委员。

发表论文《关于洋务派民用企业的性质和道路——论官督商办》(《新建设》1964 年 1 月号)、《论郑观应》(《光明日报》1964 年 4 月 22、5 月 6 日)。据蔡少卿回忆，毛泽东女儿李讷当年见告，"毛主席也读过邵先生《论郑观应》等几篇文章，并称赞他，一个资产阶级的教授，能写出这样好的文章，真不容易"①。

带领北京大学历史系中国近现代史教研室编辑出版《义和团运动史料丛编》第一、二辑(中华书局 1964 年 5 月出版)，据"编辑说明"(1962 年 5 月 27 日)，"本书由北京大学历史系几个同志共同编辑，杨济安同志是主要的编辑者，陈庆华同志和我都参加了一部分的编辑和全部校阅工作"。还带领陈庆华、张寄谦等人，整理选编《中俄关系历史资料选辑》一书(《历史研究》编辑部印，1964 年 2 月)。

暑期，与本系教师许大龄一同赴沈阳，参加清史学术讨论会。

秋季开学，接受中国近代史助教蔡少卿为在职研究生；并指导法国留学生玛丽安·巴斯蒂(Marianne Bastid)学习中国近代史。

1965 年

11 月 10 日，《文汇报》发表姚文元《评新编历史剧〈海瑞罢官〉》一文。此后曾三次往吴晗家看望，被监守门卫登记，"文革"中成为一大罪名("吴晗密友")。②

年底，下乡参加"四清运动"，不久因哮喘病发，回京治疗。

---

① 蔡少卿自述：《社会史家的学术春秋》，第 87 页。
② 参见邵瑜《心恒先生轶事》，《邵循正先生百年诞辰纪念文集续编》。

1966 年

"文革"开始,被打成"资产阶级反动学术权威"。

个人收藏一部线装手抄本《李星使来去信》,极为爱惜。此书后捐赠北大图书馆。①

1967 年

6 月,被指名参加"二十四史"的标点工作,调至中华书局,集中标点《元史》部分。11 月,回北大,受到批斗。

1968 年

12 月,因未查出任何问题,结束审查,回家住宿,参加教员学习、运动。

1970 年

年初,因哮喘病发作,入住小汤山疗养院。疗养期间,再次被通知标点"二十四史"的《元史》部分,一边治疗,一边工作。

1971 年

6 月 21 日,陈垣去世,邵循正以学生名义(与邓广铭合送)撰挽联:"稽古到高年,终随革命崇今用;校雠捐故技,不为乾嘉作殿军。"一时广为传颂。

1972 年

继续在小汤山疗养院,带病标点《元史》。

1973 年

春,出院,至中华书局参加《元史》标点最后阶段的工作。4 月中旬,哮喘剧烈发作。4 月 27 日病逝于北医三院。

---

① 参见邵瑜《心恒先生轶事》附录《一部鲜为人知的书》,《邵循正先生百年诞辰纪念文集续编》。

4月29日，在北京八宝山革命公墓小礼堂举行追悼大会。据报道，全国政协、民盟中央、北京市革委会科教组、中国科学院、中国历史博物馆、北京大学等单位负责同志胡愈之、黄辛白、周培源、张学书、郭宗林、刘大年、黎澍、陈乔等，邵循正先生前友好白寿彝、翁独健、陈岱孙、魏建功、王铁崖、赵廼抟、林庚、汤佩松等，以及北大历史系师生代表参加追悼大会，人数达上千人。

1985年9月，《邵循正历史论文集》由北京大学出版社出版，收入论文35篇，共30万字。1993年12月，张寄谦编《素馨集——纪念邵循正先生学术论文集》由北京大学出版社出版，附录张寄谦《邵循正先生传略》、邵瑜《忆父亲》等文章。2009年11月、2010年11月，戴学稷、徐如编《邵循正先生百年诞辰纪念文集——部分学生、友好、亲人的怀念与回忆》《邵循正先生百年诞辰纪念文集续编》相继编印成书。

邵循正先生与《中法越南关系始末》

戴海斌

一、作者生平

邵循正（1909—1973），字心恒，是中国近代史、蒙元史研究大家，近代中外关系史研究领域的重要开拓者，也是新中国成立后中国近代史学科新研究范式的重要奠基人。1909 年 11 月 20 日（清宣统元年十月初八日），他出生在福建侯官（今福州）一个书香门第的官宦家庭。祖父邵积诚（1844—1909）与陈宝琛、张人骏为同治七年（1868）同榜进士，曾任翰林院编修、御史，外放四川学政，累官至贵州布政使，一度署理、一度护理贵州巡抚；父亲邵叔焕，全闽大学堂毕业，为民国职员；母亲陈章贞，为陈宝琛胞弟、进士陈宝瑨之女。邵积诚有四子、三女、十四孙、八孙女，"皆能慎以修身，谦恭自持，孙辈则多敏而好学，不乏知名之士，如历史学家邵循正，国际法专家邵循恪，诗人、书法家邵循愉（怀民），国际贸易法学家邵循怡，英语教育学家邵循道等，此皆公之余荫也"[①]。

[①] 邵循恕：《先祖邵积诚公事略》，《邵循正先生百年诞辰纪念文集——部分学生、友好、亲人的怀念与回忆》。

邵循正可说是其家族子弟中之佼佼者。

邵循正从小受到良好的中、西学教育。幼年即由母亲陈章贞启蒙，读四书，学作对。十岁入私塾，从福州当地名师习读经史、诗文，打下坚实的文史基础。1924年，与二弟邵循恪（1911—1975）同入美国教会创办的福州鹤龄英华中学，学习数理化、英语；1926年初，同考入福州协和大学，暑期，同至上海报考清华学校大学部，是为第一次出闽；同年秋，兄弟二人同时就读清华大学政治学系，主修国际法和国际关系。①今人对于邵循正的了解，多瞩目其史学成就，却几乎忘了他本科是政治学系的学生，政治学是他和弟弟当初主动选择的科系。大学时期，邵循正已在《清华周刊》上发表过诗作和译作，体现不俗的文学素养和外语能力，又陆续发表有关现代国际法、国际关系学说的译述作品，反映他经过大学专业学术训练的成绩。②

---

① 邵循恪于1930年升入清华研究院法科研究所，1933年为该所首批毕业生，因成绩优异派送留美，继续攻读国际关系及国际法，获得芝加哥大学博士学位。1939年归国，受聘于武汉大学、西南联大，培养了陈体强、端木正等法学人才。抗战结束之后，任清华大学法学院政治学系兼法律学系教授。1952年高校院系调整，清华政治学系撤销，被调至中国科学院历史研究所第三所（今中国社会科学院近代史研究所）工作。著有 The Clausula Rebussic Stantibus（《国际法上的情势变迁主义》，1934年）、《最近欧洲疆界问题》（1939年）等。关于"邵氏兄弟"在学术和生活中相互砥砺、扶持进步的情节，参见邵瑜《心恒先生轶事》，美国洛杉矶《世界日报》，2012年，第101—109页。按《心恒先生轶事》一文初版本已收入《邵循正先生百年诞辰纪念文集续编》。最近出版的邵瑜《欣欣此生——北大历史学者邵循正的求学、品格与生活》（台湾新锐文创，2021年），内容与《心恒先生轶事》一致。本文凡引此文，皆据《世界日报》版本。

② 关于邵循正早期著述，详拙文《邵循正先生的几篇佚文（1949年前）》，《中国文化》2020年秋季号。另据邵瑜回忆，"（大学时期）父亲和二叔开始在《京报》上发表东西挣稿费。父亲是每日一篇社论，二叔是每日一诗，稿费供兄妹四人零用及买书报、文具。我想当时的北京读者大概不知道，每天所看的社论是出自一个不足二十岁的大学生之手。《京报》的主编敢把社论包给这样年轻的学生

1930年大学毕业后，邵循正升入清华研究院改习历史，师从蒋廷黻（1896—1965）专攻中国近代史。1933年从研究院毕业，次年赴欧洲留学。学位论文《中法越南关系始末》在1935年以"国立清华大学研究院毕业论文丛刊"之一刊行，为其成名之作。邵循正的导师蒋廷黻是当时中国近代史领域首屈一指的研究专家，也是现代史学机构的一位优秀领导者。1929年，蒋廷黻应清华大学校长罗家伦之邀，由南开加盟清华，出任历史学系主任，"一方面继续他的中国外交史研究，一方面则有意使清华历史系成为全国最充实的历史教学中心"①。他提倡在传统考据方法之上，运用社会学科知识与方法，"帮助我们了解历史的复杂性、整个性，和帮助我们作综合工夫"②。据1934年入学的何炳棣日后总结，"自1929年春蒋廷黻先生由南开被聘为清华历史系主任以后，历史系的教师、课程和教研取向都有很大的改革"，三十年代清华历史系的学风养成，最大因素即在于蒋廷黻之主政：

> 蒋先生认为治史必须兼通基本的社会科学，所以鼓励历史系的学生修读经济学概论、社会学原理、近代政治制度等课程。在历史的大领域内，他主张先读西洋史，采取西方史学方

（接上页）去写，也真够胆大的。父亲为《京报》写了两年社论，我想这是他日后才思敏捷的原因之一。父亲去世后，二叔曾提起此事，说：'写文章我不敢跟你爸爸比，但比做诗我还比较有把握。那时候他是每日一篇社论，我是每日一诗。'这也可以算是勤工俭学吧"，见邵瑜《心恒先生轶事》第15—16页。

① 陈之迈：《蒋廷黻先生的志事与平生》，台湾传记文学出版社1967年版，第19页。关于蒋廷黻与中国近代史研究的关系，还可参看沈渭滨为蒋廷黻《中国近代史》（上海古籍出版社2006年版）一书所撰的长篇导读。

② 蒋廷黻：《历史学系的概况》，原载《清华周刊》第41卷第13、14期，1935年，收入清华大学历史系编《文献与记忆中的清华历史系（1926—1952）》。

法和观点的长处，然后再分析综合中国历史上的大课题。回想起来，在三十年代的中国，只有清华的历史系，才是历史与社会科学并重；历史之中西方史与中国史并重；中国史内考据与综合并重。

何炳棣接着坦白："当时同学中并非人人都走这条大路，我自问是一直真正走这条道路的。"① 依此标准，邵循正或正是"这条大路"的同道中人。他由政治学系转入史学系所凭借的优势，除了外语能力特别突出（兼通英文和法文），还在于国际法和国际关系专业的知识背景，具备不俗的社会科学素养。从早期发表译述文章看，邵循正对西方社会科学前沿知识的吸收、综合的能力，是相当惊人的。这与蒋廷黻倡导的"历史与社会科学并重""西方史与中国史并重""考据与综合并重"的取向高度吻合。

蒋廷黻本人著述不多，如李济所言，他的主要贡献在于"为中国近代史……建立了一个科学的基础，这个基础不只是建筑在若干原始材料上，更要紧的是他发展的几个基本观念"②。蒋廷黻宣示其史学研究动机——"全在要历史化中国外交史，学术化中国外交史"③。他指导学生所写论文，如邵循正《中法越南关系始末》（1933）、王信忠《中日甲午战争之外交背景》（1934），都是

---

① 何炳棣：《读史阅世六十年》，广西师范大学出版社2005年版，第67—68页。
② 李济：《回忆中的蒋廷黻先生——由天津八里台到美京双橡园》，原载《传记文学》第8卷第1期，收入张光直主编《李济文集》卷五，上海人民出版社2006年版，第224页。
③ 蒋廷黻：《近代中国外交史资料辑要·自序》，载蒋廷黻编《近代中国外交史资料辑要》上卷卷首，商务印书馆1931年版。

贯彻其研究方法而为学界推重的代表性成果。《中法越南关系始末》刊行后,便有书评指出,"本著是国立清华大学研究院毕业论文丛刊之一,是蒋廷黻教授指导下专题研究较早较重要的结果之一"①。21世纪初,张寄谦重新介绍此书,也指出"论文是遵循导师蒋廷黻的主张:研究中外关系史要尽可能地利用中国自己的档案、资料,在结合参照外国档案、资料的基础上进行研究,邵循正的《中法越南关系始末》是作得最成功的一篇"②,并强调"这是第一部中国人自己写出的近代中外关系史专著"③。所谓"较早较重要","最成功",乃至"第一部",均应置于上述学术语境进行理解。

邵循正在清华研究院毕业前后的一个阶段,迎来了一次学术爆发的小高峰。除《中法越南关系始末》顺利完成,并纳入出版计划,他还在天津《大公报·文学副刊》等国内主流学术评论平台上发表多篇书评,评论对象中、外著作兼有,而评论的作者中甚至不乏傅斯年、陈垣这样久已闻名学界的大人物。④老练的行文透出年轻学人新锐之气,也是他接受现代历史学训练后的第一批

---

① 瀛:《新刊介绍与批评:〈中法越南关系始末〉》,《国立武汉大学社会科学季刊》第5卷第4号,1935年。
② 张寄谦:《中法越南关系始末·前言》,河北教育出版社2000年版。
③ 张寄谦:《邵循正的〈中法越南交涉始末〉》,《光明日报》1999年9月3日。该文使用"中法越南交涉始末"一题,可能是编辑时的文字误植。
④ 《评王光祈译〈西藏外交文件〉》,《大公报·文学副刊》第237期,1932年7月18日;《希山老人遗诗》,《大公报·文学副刊》第266期,1933年2月6日;《评陈垣〈雍乾间奉天主教之宗室考〉》,《大公报·文学副刊》第271期,1933年3月13日;《评傅斯年〈东北史纲〉第一卷〈古代之东北〉》,《大公报·文学副刊》第278期,1933年5月1日;《介绍与批评:A. F. Legendre, La Civilisation Chinoise Moderne (1926), Payot, Paris, 2981p》,《清华周刊》第38卷第12期,1933年1月14日。

学术成果。

作为历史系主任,蒋廷黻十分注意留心人才,一旦发现合适人选,"如果他在研究院成绩好,我就设法推荐他到国外去深造"①。清华出身的王铁崖有一个观察:

> 蒋廷黻为安排清华历史系学科建设,培养一批中青年教师,就其所长,鼓励其分别专攻某一方向,填补研究空缺。如中外关系:中日(王信忠)、中俄(朱清永)、中法(邵循正);专史:经济史(张德昌,梁方仲);断代史:明史(吴晗)、清史(张荫麟)等。②

邵循正作为导师赏识的学生,已成为布局清华历史学科的重要人选。蒋廷黻考虑到他的语言基础和学术能力,决定派赴欧洲改习蒙古史,以填补清华历史系同时也是本国史学研究的薄弱领域。

1934年初,邵循正由清华大学以庚款派送法国巴黎法兰西学院留学,跟随伯希和(Paul Pelliot, 1878—1945)学习蒙古史和波斯文。1935年赴德国,在柏林大学一面学德文,一面搜集蒙古史资料。1936年重返清华园,受聘为历史系专任讲师。全面抗战爆发后,随校内迁,先后执教于长沙临时大学、西南联合大学。开设课程有近代中国外交史、中国近世史、蒙古史研究、元史,基本上分属蒙元史和中国近代史两大类,另有波斯文、西域史料

---

① 《蒋廷黻回忆录》,岳麓书社2003年版,第137页。
② "情况系王铁崖先生约在70年代末见告。"见张寄谦《邵循正史学成就探源——写在〈素馨集〉出版之际》,《近代史研究》1994年第6期。

选读、史籍名著（西方学者中国史地论文）等专题课程。①

邵循正在蒙古史方面留下的文字成果，主要是译释 14 世纪成书、原文波斯文的拉施特（旧译剌失德丁）《史集》的学术札记（包括若干残稿），以及其他零星的学术文章。② 邵瑜后来说："西南联大的生活、工作、学习条件都较差，父亲的部分书籍又毁于战火，但在那八年中，他仍然利用教书之暇做了许多学术研究工作，写出了《元代文学与社会》《蒙古的名称和渊源》《释 natigai, načigai》《语言与历史》等文章。"③ 这些成就奠立了邵循正作为国际知名的蒙古史专家地位。

1945 年夏，邵循正应英国文化委员会的邀请，赴英讲学一年，任牛津大学访问教授，又至比利时布鲁塞尔大学作短期讲学。访英时期的一项重要文化活动，是参加 1945 年 7—8 月英国社会学研究会召集的"文明往哪里去？——国际政治前途问题"研讨会，他就二战后国际政治前途作主题发言，与美国康奈尔大学政治学教授喀特林有所对话，颇引起国际知识界的注意，甚而被赋予了某种东、西方"争鸣"的象征意义。④

---

① 参见国立长沙临时大学历史社会学系历史学组、国立西南联合大学历史社会学系历史学组、国立西南联合大学历史学系必修选修学程表，载清华大学历史系编《文献与记忆中的清华历史系（1926—1952）》。

② 联大时期发表论文及佚稿由方龄贵汇辑为《邵循正先生蒙元史论著四篇》，在 1982 年《元史论丛》第一辑刊出（中华书局）。笔者另检出《元世祖朝海都叛乱的背景》（连载于重庆《中央日报》1939 年 12 月 7 日、14 日）一文，未收入以往文集，亦未见著录。

③ 邵瑜：《父亲邵循正简历》，《邵循正先生百年诞辰纪念文集——部分学生、友好、亲人的怀念与回忆》。

④ 参详拙文《"东化的西方"遭遇"西化的东方"？——略述邵循正先生的一篇政论文》，《读书》2020 年第 2 期。

1946年冬，邵循正由欧洲归国，回清华大学历史系任教，并在北大历史系兼课。1948年，邵循正多次参与北平知识分子联合署名，在《新路》周刊《我们的意见》栏上发布时事声明。这一年，对他来说，也是巨变的一年："在内战中，国军兵败如山倒，蒋政权拉拢平津教授专家，南撤赴台，邵循正坚决留在大陆，并谢绝美国大学的讲学邀请。12月15日解放军解放北平西郊，进驻海淀。清华园师生为解放军的严明纪律和爱护人民的行为作风深深感动，邵循正在实际对比下深受教育，坚定了他跟共产党走的信念。"①

　　1949年7月，中国新史学研究会筹备会成立，邵循正名列50位发起人之一。两年后，中国史学会正式成立，郭沫若当选为主席，吴玉章、范文澜为副主席，邵循正当选为理事（共43人），并担任常务理事（共7人）。郭沫若的大会发言提出中国史学界正在发生的六种转向：一是从唯心史观转向唯物史观；二是从个人研究转向集体研究；三是从名山事业转向群众事业；四是从贵古贱今转向注重现代史的研究；五是由大汉族主义转向尊重和研究少数民族历史；六是从欧美中心主义转向注重亚洲以及其他地区历史的研究。②

　　1950—1951年，邵循正接替吴晗，任清华历史系主任。1952年，全国高等院校进行院系调整，清华文科院系并入新的北京大学，邵循正转任北大历史系教授、中国近代史教研室主任。同时

---

　　① 徐如:《邵循正先生生平事业年表简编》,《邵循正先生百年诞辰纪念文集续编》。

　　② 参见郭沫若《中国历史学上的新纪元》,原载《进步日报》1951年9月29日,收入中国史学会秘书处编《中国史学会五十年》,海燕出版社2004年版。

期，他还受聘为中国科学院历史研究所第三所（后改称中国社会科学院近代史研究所）研究员。

从1949年到1966年"文革"前的十七年里，邵循正的全部学术精力几乎投入到了中国近代史的教学与研究中。他着力于两个范围的研究，一是帝国主义侵华史，一是中国资产阶级问题。发表《美国对华侵略的作风和路线》(1951)、《十九世纪帝国主义者对华天主教保护权的争夺》(1951)、《辛亥革命前五十年间外国侵略者和中国买办化军阀官僚势力的关系》(1954)、《辛亥革命时期资产阶级革命派和农民的关系问题》(1961)、《秘密会社、宗教和农民战争》(1961)、《洋务运动和资本主义发展关系问题——从募集商人资金到官僚私人企业》(1963)、《关于洋务派民用企业的性质和道路——论官督商办》(1964)、《论郑观应》(1964)等重要论文。

1951年，"中国近代史资料丛刊"编辑委员会成立，邵循正是十一位编委①之一，相继主持完成"丛刊"两种《中法战争》（邵循正、聂崇岐、张雁深、林树惠、单士魁编，新知识出版社1955年出版）、《中日战争》（邵循正、聂崇岐、张雁深、孙瑞芹、张蓉初、林树惠、段昌同编，新知识出版社1956年出版）的编纂工作，并为之撰写"叙例"。他指导近代史所史料编辑室同仁搜辑、翻译外文档案史料，主要成果有张蓉初《红档杂志有关中国交涉史料选译》(1957)、孙瑞芹《德国外交文件有关中国交涉史料选译》(1960)；同时积极促成将国外高水准学术著作译成中

---

① 十一位编委分别是：徐特立、范文澜、翦伯赞、陈垣、郑振铎、向达、胡绳、吕振羽、华岗、邵循正、白寿彝。

文，如马士《中华帝国对外关系史》中译本序言（1956）便出自他的手笔。在他直接主持下，北京大学中国近代史教研室整理出版《盛宣怀未刊信稿》（1960）、《义和团运动史料丛编》（1964）等一批学术价值很高的历史资料。他也积极推动中华书局组织编辑的"近代史料笔记丛刊"工作，率先承担校注梁廷枏《夷氛闻记》（1959），这也是"丛刊"中最先出版的一种，柯悟迟《漏网喁鱼集》（1959）、段光清《镜湖自撰年谱》（1960）两书的整理出版也得到他不同程度的支持。

邵循正作为近代史研究的权威学者，直接参与了中国近代史学科建设工作。1956年，他主持拟定的中国近代史教学大纲在"全国综合大学文史教学大纲审定会"上获得通过，成为全国高校历史系讲授中国近代史基础课以及编写教材的主要依据。1956年2月，在中国史学会主持下，邵循正与翦伯赞、胡华共同编写的《中国历史概要》由人民出版社出版。1964年，翦伯赞主编、邵循正执笔（由陈庆华协助）的《中国史纲要》第四册近代部分由人民出版社出版。

50年代中期，邵循正与翁独健、韩儒林等学者前往乌兰巴托、莫斯科，两次参加中、蒙、苏三国专家联合编写多卷本蒙古通史的国际会议。借此契机，他开始重拾蒙元史研究。1962年，在呼和浩特出席成吉思汗八百周年诞辰纪念学术讨论会，并作大会报告《成吉思汗生年问题》（发表于《历史研究》1962年第2期）。

1952年，邵循正加入中国民主同盟，当选为民盟中央科教委员。1957年，文化部成立"古籍整理出版规划小组"，邵循正为历史组成员。1959、1964年，连续当选第三届、第四届全国政协委员，并担任该机构下设文史资料委员会委员。1960年12月，北京历史学会成立，邵循正当选为副会长、常务理事，1963 年 2 月连任副会长。1966 年，"文革"开始，邵循正被点名为"反动学术权威"，受到抄家、揪斗、下乡监督劳动、关入"牛棚"等迫害。①1967、1972 年两度被指名参加标点"二十四史"，负责《元史》部分。1973 年 4 月 27 日病逝，终年六十四岁。

因主客观原因所致，邵循正一生著述不多，《中法越南关系始末》而外，生平未再撰写长篇著作，部分文稿又毁于战火及十年动乱中，身后仅存的论文包括蒙古史与中国近代史方面论文 35 篇（蒙古史、元史 11 篇，中国近代史 24 篇），共 30 万字，汇集为《邵循正历史论文集》，1985 年由北京大学出版社出版。《邵循正先生百年诞辰纪念文集续编》之"《邵循正历史论文集》补遗"部分，补充 7 篇论文（作于 1949 年后）。笔者辑录邵循正早期佚文 16 篇（含译作 5 篇，作于 1928—1948 年），已刊布于《近代史资料》总 144 号。②

二、本书版本、主体内容与主要观点

《中法越南关系始末》（以下简称为《关系始末》）是邵循正 1933 年毕业于清华大学研究院时的学位论文。这篇近 20 万字的毕业论文，从追溯中、法、越南关系入手，对中法战争的军事与

---

① 关于邵循正在"文革"中的遭遇，可参看邵瑜《心恒先生轶事》第 171—180 页；郝斌《即之也温念邵公》，"北京大学历史学系"公众号 2022 年 4 月 27 日。
② 参见戴海斌整理《邵循正佚文选编》，《近代史资料》总 144 号，中国社会科学出版社 2021 年版。

外交作了系统、深入的研究，虽是他研究近代中外关系史的第一部著作，却一鸣惊人，达到了很高的学术水平，得到导师蒋廷黻和论文答辩委员会专家（清华大学教授陈寅恪，燕京大学教授洪业、徐淑希）的一致好评，被清华大学研究院选入该院毕业论文丛刊，于 1935 年 3 月刊行。2000 年河北教育出版社将之列入"二十世纪中国史学名著"再版①，2002 年第二次印刷。张寄谦在 1998 年撰写长篇前言，对此书内容和学术价值有所评述，提出"邵循正的论文是第一部中国人自己写出的中外关系史"。②

全书叙事以 16 世纪法国利用宗教侵入越南为开端，以 1874 年法越《柴棍条约》和 1884—1885 年中法战争为重点，迄于 1885 年 4 月《巴黎和约》的签订。章节结构谨严，分绪论、正文、附录三部分。首绪论，列上、中、下三子目，分别阐述"法国在越南势力权利之起源""北圻问题之由来""中国与越南之宗藩关系问题"；次正文，分八章三十七节，基本按时序线索展开，依次为"法国之观望时期""中法之和平交涉""中法之明交暗战""中法之乍和乍战""海疆之骚扰""北圻战事之再起""各国之

---

① 张寄谦为此书再版，付出了不懈努力，表示："80 年代《邵循正学术论文集》出版后，我曾寻求机会为《中法越南关系始末》出版而努力，未能成功。今日有幸为河北教育出版社列入《二十世纪中国史学名著》，欣喜何似，谨书此前言表达诚挚之情。"再版由张寄谦负责整理，"底本系借自王铁崖先生藏书"。见张寄谦《中法越南关系始末·前言》，河北教育出版社 2000 年版。

② 在另一篇文章中，张寄谦介绍此书称："这是第一部中国人自己写出的近代中外关系史专著。"见《邵循正的〈中法越南交涉始末〉》，《光明日报》1999 年 9 月 3 日。关于《关系始末》一书的学术评论，还可参看赵春晨《近代中外关系史研究的奠基人之一——邵循正》，《暨南学报》2005 年第 4 期；张泓林《邵循正与近代中外关系史研究——以〈中法越南关系始末〉为中心的研讨》，《史学理论与史学史学刊》2017 年下卷，社会科学文献出版社 2017 年版。

调停""《巴黎和约》";末附"中文参考书目举要""法文参考书目举要(英文附)""中西文索引"。

16—18世纪,法国以"教帜商舰,分途齐驱,互为声援",与葡萄牙、西班牙、英国、荷兰等海上殖民国家在远东展开竞争,逐渐取得对越南的主导权,从而在法越关系历史上相继开辟所谓"异域传教会时代(1640—1680)"与"东印度公司时代(1680—1787)"。相较于法国经营越南处心积虑、步步为营,越南后黎朝、阮朝主政者故步自封,宗主国清朝置若罔闻,形成鲜明对照。邵循正评论道:

> 观此可知法蓄意越南为时之久且远,中经若干之挫折,历无数之困苦,沉静迈进,辛苦缔造,以终底于成。反之,越南君相醉生梦死,中国政府泄沓游移,坐困二竖,不及早谋补救,此可为长太息者也。(绪论上第二节)

法国宗教与经济势力侵入支那交阯区域后,"宰割越南之计,于是始萌"。据邵循正分析,"法之所以迟迟未发者,一惧与英冲突,再恐鞭长莫及,三以无机可乘,故南北二国犹得安然对峙,处积薪之上而不觉火之将爇也。迨西山①倡乱,福映召戎,法国政治势力,溃堤而进,几不可复遏"。后经历法国大革命、拿破仑时代,"其国中多事,未遑东顾,所订条约,无力实行,拿破仑之

---

① 西山朝(1778—1802),又称西山阮朝,是出身西山地区的阮岳、阮侣及阮惠三兄弟发动农民起义建立的短暂王朝,它结束了越南长达二百多年的混乱割据状态,建立西山政权。1802年,阮福映灭西山朝,统一越南,建立越南历史上最后一个王朝——阮朝(1802—1945)。

雄图远略，亦为地域所限、时势所牵，不能畅所欲为"，法国在越南的势力扩张一度趋缓，"此为暂时停顿时期，非法遂绝意于越也"。

至19世纪中叶，阮朝一意排外，杀戮教士，而庸懦无能，战备不修。法国假为口实，兴兵问罪，一面武力发动战争，进据南圻，一面运用政治手段，利用越南当局内部矛盾，迫其乞和。1862年（同治元年，壬戌年）6月5日，越南与法国签订《壬戌条约》，丧失以下重要国家权益：

> 越许法、西（班牙）两国人民在越传教（第二条）。
> 越南割南圻之边和、嘉定、定祥三省地及昆仑岛予法，法国人民有自由航行湄公河之权（第三条）。
> 越南如割地予他国，必先得法之同意（第四条）。
> 越于北圻开港口三处许法、西人民通商（第五条）。
> 赔款四百万元，分十年交清（第八条）。

邵循正指出，"此约第一次确定法国在越南政治经济宗教势力之根据，极可重视"。该条约标志着"支那交阯殖民地之成立"，所谓"交阯支那总督时期"，继异域传教会与东印度公司时代而起。"法得支那交阯，以为凭借之地，北谋吞越通滇"，不仅蚕食越南，割占南圻，进而图谋北圻、打通红河，终至窥视和进入我云南边境，构成对中国的直接威胁。日后中法冲突的祸根由此种下。邵循正总结这段历史说：

> 综观法在越南之发展，原以通商为急务，最初法无利其土

地之意。且十九世纪中叶,欧洲列强均放弃土地侵略而谋实际通商之利益,殖民政策之不振,莫甚于此,顾法独于是时宰割南圻六省者,此全由于其将校之好事喜功,事出偶然,非其政府政策突然改变也。使此时越南能竭全力与法周旋,或中国以宗主之资格,一面出师干涉,胁之以势,一面于传教、通商二事,妥筹办法,喻之以理,则法之政府,或可知难而退,其国中反对侵略之议论,亦或能得势。惜越南既有阋墙之祸,无暇力争,中国亦困于内乱,时机坐失。使法于无意之中,一举手一投足,遂全得下交阯之地,以为其极东政治势力之根据,徐图发展,岂非天哉?(绪论上第四节)

中越之"宗藩关系"是否"有名无实",为中法两国政府聚讼的焦点。1874年3月15日法国强迫越南签订《柴棍(西贡)条约》,即以其为"保护国",抗衡中越固有的宗藩关系。邵循正意识到,"《柴棍条约》,为日后法国抗华对越最重要之根据,其意义之重大,不言而喻"。所谓"擒贼先擒王",从源头厘清关系、解决问题,才是王道。作者花了极大精力处理这一问题。第一步从历史角度辨析此约"订立之背景与性质",得出论点:

(一)《柴棍条约》为一畸形之国际外交文件。盖订约时背景之复杂与困难,使法国外交家不得不用吞吐隐约之词语,以留伸缩余地。

(二)当时在北圻为法国政治侵略之最大障碍者为英国。《柴棍条约》之最大目的,亦即预防英国之占领北圻,故约文中于越南独立以及其外交关系之各重要规定,实际均系对英而发。

（三）法国纵已有以越南为保护国之愿望,惟尚无此决心与勇气。

也就是说,"《柴棍条约》初订立时之性质,决非保护国条约,直至国际情状变迁,法国决对越南作进一步企图,始以新解释、新涵义强羼入此畸形条约",故而"《柴棍条约》之性质,可谓为随实际情形而演变,此不宜忽视者也"。

第二步从国际法角度,"以法律之眼光研究该约于法越之关系究有何变动"。邵循正充分发挥他的国际法学素养,直接驳斥法国国际法家之说,认为《柴棍条约》所言之"保护"（protection）至多不过如公法家所谓"文艺复兴时代之保护",即"纯粹契约关系","绝不能拟诸近代所习见之'保护权',夷保护国于殖民地之列者。此显而易见者也"。（第一章第一节"《柴棍［西贡］政治条约》订立之背景与性质"）

据上述,《柴棍条约》可以为法国对越南行使"保护权"的说法,其双重意义被邵循正证否:"既绝口未提及保护权问题;即谓其一二重要条款略有近似性质,然语句皆极闪烁,解释可容伸缩";"其保护权关系,于法律上亦不能成立"。至此,相应结论呼之已出:"越南视中华为上国,中国视越南为藩属,此种情形绝不因《柴棍条约》之订立而受影响"。（第一章第五节"《柴棍条约》与中越宗藩关系"）

本书正面叙述了因越南问题激化,中法两国经历的"和平交涉"（1880—1881年）、"明交暗战"（1882年—1884年4月）、"乍和乍战"（1884年5—6月）三个阶段。"中法战争"一役为中国近代通史必有篇章，细节此处不再赘述。邵循正著作的特长之处，在于外交史和政治史结合，分析清廷对法政策与态度时，深入探讨朝中多种政治势力（包括驻法公使曾纪泽、直隶总督李鸿章、滇桂将帅及"清流派"等）之间的争斗和力量消长，从而对于战争前后清廷貌似多变甚至矛盾的和战策略予以合情合理的解释。尤其值得一提的是，作者文字缜密，遣辞贴切，他对不同战争阶段划分及"明交暗战""乍和乍战"等用语，"几乎为一般叙述中法战争的书籍所普遍采用"①。

1884年5月11日，李鸿章与来华的法国水师舰长福禄诺（François-Ernest Fournier）议成《中法会议简明条约》（亦称《李福协定》），共五款：

（一）法国"保全护助"中国毗连北圻之各省边界。

（二）中国将所驻北圻的军队"即行调回边界"。并于越法所有已定与未定条约"概置不问"。

（三）法国为和好不索偿兵费，中国亦宜许以毗连北圻之边界，"所有法越与内地货物听凭运销"，订立于法国商务极为有利的商约税则。

（四）法国现与越南议改条约之内，决不插入伤碍中国威望体面字样。

（五）此协定以法文为准，签字三月后照上述各节详议条款。②

---

① 张寄谦：《中法越南关系始末·前言》，河北教育出版社2000版。
② 《中法会议简明条款》原文见王彦威、王亮编《清季外交史料》卷四十，载沈云龙主编《近代中国史料丛刊三编》第二辑，台湾文海出版社1985年版，第34—35页。

此约内容即变相地承认法国的一切要求，但法方不明提否认中越宗藩关系，以维护中国体面。按李鸿章的自行理解，法国不索兵费，全权占有北圻，清军撤退，而"越南职贡照旧一节，已隐括于第四款"。他将约文寄总署，附以说明："查桂军退扎谅山，滇军退扎馆司、保胜，皆近边界。此约倘蒙许可，只须密饬边军屯扎原处，勿再进攻生事，便能相安，亦不背约"。但福禄诺根据条约上"华军立即撤退（retirer immédiatement）"之规定，坚持中方限期退兵，李鸿章既"难以法方要求限期撤退入告"，对福禄诺的要求"亦无词拒绝"，只想含糊了事，结果法军按约如期接管，守军反击，发生"北黎之冲突"（1884年6月）。

关于北黎冲突的"责任问题"，双方互相指责推诿，各执一是。冲突发生后，法方对华误解甚深，谓"此事非仅出于误会，实系华军阴谋"；法国史家也声称"总署受主战派影响，预谋重开兵衅以解除津约"。邵循正研判史料，断定"总署与所谓主战派，均不负冲突之直接责任"，"中国方面此时虽不满津约，决无破坏和平之阴谋"。问题症结在于，李鸿章寄总署函措辞"尤为不当"，"约文明言撤退，而李谓可屯扎原处，殊欠斟酌。北黎冲突之机，已伏于此"。故此，"北黎冲突李实负最大责任，毫无疑义"，"李鸿章与福禄诺会议后所谈各节，不以上闻，虽别具苦衷，然手续上之错误，实咎不容辞"。（第四章第三节"北黎冲突之责任问题"）

其后，闽台海疆发生"基隆之战"（1884年8—9月）、"马江之役"（1884年8月），又有"北圻战事之再起"（1884年8月—1885年4月）。滇、桂两路清军受挫，法军大举进攻，谅山失守，镇南关随之陷落。美、英、德各国出面调停。海关总税务司赫德

（Robert Hart，1835—1911）为其常驻伦敦办事处的代理人金登干（James Duncan Campbell，1833—1907）争取到代表清朝政府之"特任议约专使"地位，全权代表中国，法国同意与金登干交涉。但继之清军"复振"。冯子材军于1885年3月29日克复谅山，分军追击，"桂军、楚军追中路，粤军追西路。法军一蹶不振，望风而靡"，"华军尽复客岁所驻边界。而法军辛苦百战之结果，尽丧于四十八小时之内"。

清军胜利的消息，引起巴黎震动，3月31日茹费理（Jules François Camille Ferry，1832—1893）内阁倒台。此刻，金登干与茹费理的秘密交涉已经历时数月，和议粗有头绪。赫德催促金登干与法国尽速签约，茹费理则利用"负责治外部事"的剩余外事权力（至4月6日为止）与中方谈判。邵循正以下语为中法战争作结：

> 茹阁辞职之日，中国政府已接受法方和案。赫德电文以十五日（3月31日）至巴黎。中国接受法案后，乃知谅山之捷；茹阁既倒，乃知中国之已屈受和议，事亦奇矣。（第六章第五节"华军之复振"）

1885年4月4日，金登干和法国外交部政务司司长毕乐（A. Billot）在巴黎签订《中法和议草约》，规定停战条件共三款，另附"停战条件"说明书五条。主要内容有：（一）双方批准前订《中法会议简明条约》；（二）双方俟必须之命令能颁布及奉到后即行停战，中国撤还驻越军队，法国解除对台湾的封锁，退出基隆、澎湖；（三）双方派大员在天津或北京商定条约细目和撤兵日期。（第八章第四节"法国之附带说明书拟案与《巴黎草约》之签定"）

草约签订后，清政府批准《简明条约》，令驻越各路军分期撤退，法国开放台湾封锁，各处停战。中法战争至此结束。中国虽赢得陆地战场的优势，结果屈辱求和，法国通过谈判，却似赢取了战场外的胜利，后世遂有"法国不胜而胜，中国不败而败"之说流布，甚至一度写进了历史教科书。可留意的是，《关系始末》只是白描过程，未作渲染和评论。有读者从只言片语读出微意，而谓：

> 至于茹费理内阁之倒，粤西将帅以四十八小时收复法将"辛苦百战之结果"之"喜出望外"，而至屈受和议之沮丧，著者仅按以"事亦奇矣"四字，了无费辞。①

三、研究特色之一："多语言、多学科、多国档案"的运用

中国近代史研究是一门年轻的学科。晚清时人之于同时代的观察和记录，或可算作一种"最早期的研究论著"，但在形式和内容上仍然是传统史学的史论式或掌故式的。②清末，梁启超等人

---

① 瀛：《新刊介绍与批评：〈中法越南关系始末〉》，《国立武汉大学社会科学季刊》第5卷第4号，1935年。
② 例如鸦片战争以后，一些传统的经世学派与通习洋务的学者所撰写的外交史著作，多可列入"史论"之列，较著名者有梁廷枏《夷氛闻记》、华廷杰《触藩始末》、芍唐居士《防海纪略》、魏源《海国图志》、夏燮《中西纪事》、王之春《国朝柔远记》等。

利用新式报刊为载体，有若干模仿西方史学写作形式、探讨近代史事的论著行世，但还不能算作严格的学术作品。① 这种情形，要到民国后如孟森、萧一山等学者的著作出现，才有所改善。不过，他们的研究重心尚不在晚清，也不在外交史。民国初年，留日学生大量返国，他们深受日本强横凌我"二十一条"要求的心理刺激，又饱读日本学界为配合本国侵略满蒙而做的各项学术支援性、具有扭曲史事性质的一些所谓"研究"，受民族情绪支配，发愤于近代外交史撰述。② 1920 年代后半期，"打倒帝国主义"及"取消不平等条约"的口号遍于全国，许多借古鉴今、"以资民族运动研究上有益之补助"为目的的著作乃应时而生。"九一八"事变后，在抗战动员的时代背景下，民族主义基调的中国近代史撰著达到高峰。据粗略统计，自民初至 1949 年的三十余年间，这类列强侵华史、外患史、国难史、外祸史、近代外交史与中外双边关系史的"著作"，不下于 130 多部，文章约有 300 篇。唯其中多为辗转选译、东抄西凑的编纂之作，虽能勾勒外交事件的粗略轮廓，罗列简单事实，但缺乏根据外交档案所作的细微深入的个案研究，即有论者根本不认同其为"研究著作"，而指出"这些'著述'只能用之于向群众宣传与动员群众的政治性运动，而于学术上追求外交史实的目标，相距尚远"。③

在中国外交史的撰著方面，最早推动其提高水准的划时代

---

① 代表性著作是梁启超的《李鸿章传》（一名《中国四十年来大事记》）。

② 代表性著作可参刘彦《中国近时外交史》（1911）、《欧战期间中日交涉史》（1921），1927 年两书修订合编为《帝国主义压迫中国史》（上海太平洋书店），后重印多次，风行一时。

③ 本段参考了李恩涵《中国外交史的研究》，收入台湾"中研院"近代史研究所 1996 年编《六十年来的中国近代史研究》上册，第 48—54 页。

著作，出于外国人之手。中国海关税务司原职员、美国学者马士（旧译摩尔斯，Hosea Ballou Morse, 1855—1934）于1910年至1918年出版的三卷本名著《中华帝国对外关系史》(The International Relations of the Chinese Empire)，引用英国外交档案（F. O.）、《英国国会文书》（Great Britain Parliamentary Papers [Blue Books]）、美国外交书（FRUS）、中国海关档案及大量西文相关资料与著作，完整叙述了1834年至1911年中外关系的历史。马士虽然不能阅读中文文献，但以丰富的史料基础、严谨的学术态度，已将中国外交史著作水平推向一个新的高度。《中华帝国对外关系史》一经出版，即受到广泛推崇，"在此后的几十年中，这部著作成为国际汉学界研究中国近代史的主要参考书"①。

在中国，真正接续并且挑战马士的学术工作的，是蒋廷黻。据蒋氏回忆，他在美读书时即对中国外交史感兴趣，发现了研究中外关系史的"标准版本"，即马士的《中华帝国对外关系史》。后来清华历史系形成一个传统，读中国近代史的学生，有两种书是必备的参考资料，一是蒋廷黻编的《近代中国外交史资料辑要》上、中卷，一是马士的《中华帝国对外关系史》。②关于"外交史研究"特性，蒋廷黻有一著名论断：

---

① 上海书店出版社2000年版《中华帝国对外关系史》"出版说明"。按中译本1960年已全部出版发行，新版"出版说明"实际据邵循正"序言"改写，原话是："此后几十年中，这部书对于研究中国近代史的资产阶级学者，成为最主要的参考物。"可参看《〈中华帝国对外关系史〉中译本序言》，见本书附编。

② 参见齐世荣等《深深地怀念历史系的老师们》（未刊稿），清华大学历史系存档，转引自王宪明《蒋廷黻著〈中国近代史〉学术影响源探析——以所受"新史学"及马士的影响为中心》，《河北学刊》2004年第4期。

> 外交史的特别在于它的国际性质。一切外交问题，少则牵连两国，多则牵连数十国。研究外交史者，必须搜集凡有关系的各方面的材料。根据一国政府的公文来论外交，等于专听一面之词来判讼。关于中国外交的著作，不分中外，大部分就犯了这个毛病。西人姑置不论，中国学者所写的中国外交史有几部不是以英国《蓝皮书》为主要资料呢？
>
> 我编这书的动机不在说明外国如何欺压中国，不平等条约如何应该废除。我的动机全在要历史化中国外交史，学术化中国外交史。①

蒋廷黻认定历史学"纪律"首先在于"注重历史的资料"，尤其"必须从原料（primary source）下手"；且立志改变此前"不分中外，几全以外国发表的文件为根据，专凭片面证据来撰外交"②的研究状况。其第一步的工作，就是"用现代历史研究法，将史料选择编整起来"。关于"历史原料的编撰"，他提出三项"特殊条件"，第一须"求其信"，第二须"求其新"，第三须"求其要"，"以上三种条件——信，新，要——皆编辑史料者所不能不顾到

---

① 蒋廷黻：《近代中国外交史资料辑要·自序》。按 1930 年代初，在中国近代史领域有两篇里程碑性质的文献，一是蒋廷黻这篇序文；二是罗家伦在 1931 年发表的《研究中国近代史的意义和方法》（《国立武汉大学社会科学季刊》第 2 卷第 1 号）一文，提出"严格地讲历史研究法只是史料研究法"，"现在动手写中国近代史，还不到时期。要有科学的中国近代史——无论起于任何时代——非先有中国近代史料丛书的编订不可"，并强调海外资料极端重要，"不知道他国材料，或是不能运用他国材料而写中国近代史，则一定使他的著作，发生一种不可补救的缺陷"。

② 蒋廷黻：《清季外交史料》序，见王彦威、王亮编《清季外交史料》卷首，载沈云龙主编《近代中国史料丛刊三编》第二辑。

的"。① 这些论断，当然与他早年留学美国受到的西方科学方法训练多有关系，同时也极大受惠于民初以来清宫档案的陆续开放，使他可以参用中西材料，迅速推进近代史研究，乃至发出"《（筹办）夷务始末》的出版是中国外交史的学术革命"② 之豪语。这样一种由原始文献入手的研究工作，在当时无疑是开拓性的。《近代中国外交史资料辑要》可以说是"第一部不靠英国《蓝皮书》等外国文件编印的外交史资料"，后人将此工作与胡适为中国哲学史"开山"相提并论，称蒋廷黻为"替中国外交史导航的人"。③

邵循正在清华大学从事的研究工作，正在蒋廷黻的延长线上，其学术成果已不同于此前大多数中外关系史著作仅限于简单罗列历史现象，或对西方学术成果的引介与因袭，真正立足于"多语言、多学科、多国档案"的运用，作开拓性研究。《关系始末》出版后，即有书评作出高度评价：

> 案中法越南关系问题，中西记载甚夥，惟散见群书，且中法记载甲申、乙酉和战之事，各执一说，是书能裒辑中西记载，钩稽群说，而条理之，用力可谓勤挚。其尤难能而可贵者，能将安南地名订正不少，如改西贡为柴棍之类，皆可改正今日坊刻地图之误。④

---

① 参见蒋廷黻《外交史及外交史料》，《大公报·文学副刊》第249期，1932年10月10日。
② 蒋廷黻：《清季外交史料》序。
③ 参见李敖《蒋廷黻和他走的路》，台湾远流出版公司1986年版，第83页。
④ 钧：《新书介绍：〈中法越南关系始末〉》，《图书季刊》第2卷第1期，1935年3月。该书评并见于《大公报·图书副刊》1935年5月9日。

至 20 世纪末，张寄谦也强调该著作在学术上的前沿性和原创性：

> 他在三十年代所写的《中法越南关系始末》，虽然是一篇硕士研究生毕业论文，但也可称之为中国资产阶级学者研究中外关系的代表作之一，它已经摆脱了十九世纪中叶以来由西方资产阶级学者垄断近代中外关系研究的局面。论文参照了大量中外文档案和书籍，把国际形势的变化和国内政治斗争结合在一起，把外交史和政治史融合为一体，从追溯中、法、越关系入手，分析中法战争，其功力之深、视野之广超过了同时代的外国资产阶级学者和中国旧式封建学者。①

20 世纪 30 年代，国内学界的中法关系史研究尚处在起步阶段。② 为写作《关系始末》，邵循正在材料准备工作下了极大功夫。全书中文参考书目达 22 种，以清朝档案为主，尤以出版不久的故宫博

---

① 张寄谦：《邵循正先生传略》，载张寄谦编《素馨集——纪念邵循正先生学术论文集》。

② 20 世纪 30 年代以前，中国学界对中法战争的相关记述，主要包括：（1）上谕、奏折的收录，如张荛臣《华洋战书初编》、王子芹《越法战书》、刘长佑《刘武慎公遗书》、岑毓英《岑襄勤公奏稿》等；（2）对中法战争专门的记评，如刘名誉《越事备考》、《清光绪朝中法交涉史料》等；（3）日记、回忆文集等兼记中法战争的，如黄海安《刘永福历史草》、胡传钊《盾墨留芬》、翁同龢《翁文恭公日记》、采樵山人《中法马江战役之回忆》、《醇亲王奕譞致军机处尺牍》、盛昱《意园文略》等；（4）个人传记、撰述，散存了少量有关中法战争的史料、史论。这些著述基本属于史料性质，缺乏研究性。故邵循正在撰写《关系始末》时，除原始资料外，可供借鉴者甚少。参见张泓林《邵循正与近代中外关系史研究——以〈中法越南关系始末〉为中心的研讨》，《史学理论与史学史学刊》2017 年下卷，第 184 页。

物院文献馆编《清光绪朝中法交涉史料》，王彦威、王亮父子编《清季外交史料》为大宗，并参考了李鸿章、曾纪泽、张之洞、张佩纶、邓承修、唐景崧、翁同龢等清朝官员文集、奏议、日记等。外文参考之官方文件、私家记载、期刊，合计有40余种，各国官方文件包括法国《黄皮书》(Livre Jaune, 1883—1885)以及第一次世界大战后所公布的《法国外交文件》(1871—1914)第一卷、英国《蓝皮书》中国卷(1886)、《美国外交文件》(1884—1886)等，其大多数首次被中国学者使用。这样的学术高度，不是后人能够轻易企及的。继邵循正之后，在1990年代续编《中国近代史资料丛刊·中法战争》的张振鹍便说道："我国的近代史研究者很少通晓法文，即使有法文资料，多半也只能望洋兴叹……更重要的是我们很难得到法方资料，即使懂法文也是枉然。在这些方面，我们还比不过当年的邵循正先生，这也就是迄今我们还没有一本书在总体上能达到他那本专著的学术水平的一个主要原因。"①

邵循正的研究中西文献兼采，面对不同史料出现抵牾时，一般先择本国档案、史料，次参证西方文献，再查阅各方电稿、日记、手稿，最后作出判断，即所谓"裒辑中西记载，钩稽群说，而条理之"。如探讨"北圻问题之由来"，译介法国军官安邺(Francis Garnier)《1864之法领支那交阯》、法国海相谢师罗劳伯(Chasseloup-Laubat)《柬埔寨以北探路记》、河内巡抚布告等可信度较高的法文文献，说明法国"侵犯越南主权，违背《壬戌条约》，……北圻问题乃起"，法方侵越意图昭然若揭。（绪论

---

① 张振鹍主编：《中国近代史资料丛刊续编·中法战争》第一册，中华书局1996年版，第5页。

中"北圻问题之由来")在分析1882年中法巴黎交涉失败原因时，先后列举法国官方文件 *Livres Jaunes*、《清光绪朝中法交涉史料》、吴汝纶编《李文忠公译署函稿》、曾纪泽《曾惠敏公遗集》、法人Cordier 所编 *Bibliotheca Indosinica*（《考狄书目》）等，用以还原中法双方态度和立场——中方一直无意于战争，只图维系中越之宗藩关系，法方亦"只可出于和平方法，于政治上及行政上扩充巩固法国之努力……不当以占领越南一省一城为目的"，然双方态度强硬，产生许多外交摩擦，又因接触有限，沟通不畅，对于对方的外交意图均有误判，加之交涉人员在向各自政府汇报时做了一些夸张描述，使得矛盾进一步激化，最终导致巴黎交涉失败。邵循正指出："当时中法主持大计之人，若能屏除意气，认清交涉目标，无为理论之争执，急谋实际之磋商，则越南问题，未必不能和平解决也。"（第二章第二节"法国拒绝讨论原则问题"）①

邵循正通过中西史料的比勘互证，在澄清史实的基础上，与西方学者对话，提高了中国学者在国际上的话语权。在此意义上，也可以说《关系始末》结束了自19世纪以来中外关系史为西方学者"垄断"的局面。如1884年6月"北黎冲突"发生后，法方将事件责任归于清廷总署与朝中主战派，"多谓津约成立后，中国极不满意，舆论哗然，如左宗棠、曾纪泽等皆极力主战，期改津约，故有北黎之事"，法国史学家亦多持此说。邵循正将军机处档案、《曾惠敏公遗集》以及法人记载对勘，发现曾纪泽"并未根本主战以修改津约"，指出"法人诬蔑曾、左之言，实毫无根据"，"法

---

① 本段参考张泓林《邵循正与近代中外关系史研究——以〈中法越南关系始末〉为中心的研讨》，《史学理论与史学史学刊》2017年下卷，第190—191页。

人于曾纪泽误会尤深，故所言尤多失实"，"法史家谓总署受主战派影响，预谋重开兵衅以解除津约者，其解释与事实完全不合"。（第四章第三节"北黎冲突之责任问题"）

又如同年7月，"李（鸿章）托伦敦《泰晤士报》登载关于所谓福禄诺节略之消息，谓当日晤商时李极力反对撤兵之日期，福乃自行将节略中所载撤兵日期抹去。法方闻之大哗，谓此不实"。按此"节略"原本照片，后收录于法人 Semallé（谢满禄）所著 *Quatre Ans à Pékin* 一书，成为法方问责清朝的"重要史证"。邵循正对比《李文忠公电稿》、*Bibliotheca Indosinica* 等史料，发现李鸿章事前向朝廷隐瞒与福禄诺商议撤军日期的实迹，事后又"弥缝前事，不肯任咎"，遂而得出结论：

> 综一切之证据观之，皆不得不伸福而曲李，然法方舍李不问，而坚持总署负责，以为要挟地步，此则别具作用，识者谅能共见之。至于法文节略原本之福禄诺签字，实出伪造，当无疑问也。（第四章第三节"北黎冲突之责任问题"）

易言之，这一"辨伪"工作的意义可以从以下两端得以体现：一方面，李鸿章"不但负北黎冲突责任，且有伪造证据诬蔑对方之嫌"被坐实，邵循正对于本国官员外交不当，据实而书、未作回护；另一方面，法国政府舍李鸿章而问责总署，并以"节略"为"史证"借机要挟，邵循正对此行径也加以揭露和指责，至于法国史家不加辨别地将伪证录入史书，同样予以辩驳，以纠正历史误会。

邵循正追求以材料和事实说话，甚少空发议论，不作武断无根据的结论，对于无法考证的史事，一秉"多闻阙疑"之旨。如北圻事起后"中国态度骤变之原因"的分析，因文献有缺，难作定论，书内遂以"史谜之一"四字括之。作者仍据《李文忠公电稿》、《译署函稿》、法国《黄皮书》，尽力考索，虽尚难定案，但也指出"此事之背景，并不若此简单也。此于谜语之解答或不无小补助"。(第二章第四节"李脱上海之交涉")

外交史研究的特殊及困难之处，不仅在于处理纷繁多样的历史材料，还涉及国际法、国际关系等专门知识的运用。《关系始末》出版后，即有评论者注意到，"本著不仅是中国外交史的记事文，对于相关的国际法原则，也有相当妥善的讨论"[①]。如前所述，邵循正在大学本科阶段读是政治学系，专攻国际法和国际关系，学有本源，语多行话，对于"国际法"起源、流派、内容及运用规范绝不陌生。《关系始末》的著述特点之一，即能结合历史语境运用"国际法"准则，来考察和评判外交行为。如1874年《柴棍条约》，邵循正认为此约并不像法人事后解释的那样，可作法国在越南拥有保护权的根据；约内"保护"一词"至多不过如公法家所谓'文艺复兴时代之保护'，即'纯粹契约关系'"，与"国际法"中的"保护权"绝非一事：

> 受庇护之国家与保护国，在国际法上，区别甚明。普通所谓"庇护"(protection)与法律上之"保护权"(protectorate)绝不容混，此《柴棍条约》与一般保护条约内容不合者也。且

---

① 瀛：《新刊介绍与批评：〈中法越南关系始末〉》，《国立武汉大学社会科学季刊》第5卷第4号，1935年。

保护国关系必经明白承诺乃能成立。

邵循正复举 1815 年英、奥、俄、普所订《巴黎条约》以爱奥尼亚群岛联邦（the U. S. of the Ionian Islands）归英国保护为例，对照"保护"措辞的两种释义，揭示"《柴棍条约》既绝口未提及保护权问题；即谓其一二重要条款略有近似性质，然语句皆极闪烁，解释可容伸缩。其保护权关系，于法律上亦不能成立"。邵循正认为，法方刻意模糊定义，偷换概念，并借国际情状变迁，"以新解释、新涵义强羼入此畸形条约"，以达到"曲解"条约、"监督"越南的目的，在此过程中，"法国公法家"阿事政府，亦扮演了不光彩的角色：

> 法国公法家，阿其政府事后之解释，混淆黑白，殊为憾事。事实之观察既如彼，法律之分析又如此。故可断言名义上与实际上，《柴棍条约》均未定立法越间之新政治关系。此约成立之后，法国于越南所享受特殊利权，全限商业，无关政治。此条约之真相，不容法人事后之解释而抹杀者也。（第一章第一节"《柴棍[西贡]政治条约》订立之背景与性质"）

四、研究特色之二：外交史与政治史结合

根据前辈学者李恩涵的解说，近代中国外交史研究的范围有着狭、广二义，前者系"以比较单纯的外交事件或人物为对象"，后者则甚至可以"包括所有中国对外力挑战的反应之种种内政的

举措与变革的研究"。① 若取广义说，那么中国近代变迁，几乎与外交得失成败有着一体两面的关系，也无怪作为一门独立学科出现的"中国近代史"研究，其最重要的早期成果无一例外地偏重中西关系。② 这当然与当时世界范围的史学潮流息息相关，但更深刻的原因，恐怕在于学者对于近代以来中外交往总体形势及其性质的研判。1932年，蒋廷黻在《外交史及外交史料》一文中明确表示：

> 外交史就是政治史的一部份。所有研究政治史的条件及方法皆得适用，且必须适用于外交史的研究。国人往往忽略这个基本原则。③

蒋廷黻一系列外交史著述的归宿点，仍在于反思中国自身的政治问题。陈之迈（1908—1978）这样评价他的研究：

> 这些论著有的根据新史料作史实的重述，有的是翻案文章，而其最新颖的地方就是就当时清廷的国内国际环境评判主办外交者的得失，论事而兼论人，为研究中国外交史者开辟

---

① 参见李恩涵《中国外交史的研究》，《六十年来的中国近代史研究》上册，第48页。

② 如蒋廷黻视外交史为"中国近代史的最要方面"，认为内政兴革与外交反应互为因果，其名著《中国近代史》实际上可以看作"外交史大纲"。参见王聿均《蒋廷黻先生对中国近代史研究的倡导》，《近代中国史研究通讯》1986年第1期。同时代学者如罗家伦、郭廷以、陈恭禄等人的中国近代史著作，亦有相近取向。

③ 蒋廷黻：《外交史及外交史料》，《大公报·文学副刊》第249期，1932年10月10日。

一条新路。他的论著里不大骂外国人,这并不是因为他不痛恨西洋和日本帝国主义者的侵略,但是他认为十九世纪帝国主义侵略是一个历史事实,侵略的对象也不只是中国,要紧的是看我们如何应付帝国主义侵略,我们所采的策略得失利弊如何。从这个观点出发外交史的研究便有新的方向。①

邵循正继承蒋廷黻衣钵,从事的是本色当行的外交史研究,但极注意历史事件之间的内在联系和深层因素,同样反对那种单纯就外交论外交的狭隘研究方法。《关系始末》开篇述及法越《柴棍条约》,即强调外交史与政治史的紧密关系:

> 窃意越南问题,自来论者多视为一地方一时期单独发生之事件,于其整个背景之演变转换,如国内政治之升降,国际情形之迁移,以直接左右或间接影响及此问题者,辄忽而不详。故各家之解释,非强将外交史自政治史擘开,即将一部分之外交史与全部分之外交史切断。其结论非陷于狭蔽,即失之枝叶。(第一章第一节"《柴棍[西贡]政治条约》订立之背景与性质")

《关系始末》从越南问题发生的历史背景入手,详细考察作为研究主体的中、法、越三方历史交往过程,同时铺叙同时代国际力量的纵横捭阖,激烈竞争,注意到各方历史渊源、文化传统、宗教信仰、经济状况、贸易往来等多重影响因素。邵循正通过对法越

---

① 陈之迈:《蒋廷黻先生的志事与平生》,第20—21页。

经济往来情况的分析,指出法国对越之政策,"自始即被种种顾虑所牵制",兼以国内动荡,其在越势力远不及葡、西、英、荷四国;至17—18世纪,葡萄牙国力渐衰,西班牙、荷兰两国宗教纷争严重,英、荷忙于欧洲战事,法国趁机窥测澜沧江以扩大势力,并逐渐取得越南的主导权。(绪论上第二节"法越经济之接触")

《关系始末》在分析中越历史关系问题时,专设一节论"中国之宗藩关系",首先对此历史现象给予定位:

> 曩者中国雄踞亚洲,藩属环附,俨然自成一国际家庭,自有其法律习惯与基本精神。中国当时不知欧洲之国际法,若强以欧洲之国际法解释此国际家庭,则其必目之以国际怪象无疑也。在此制度之下,中国之地位若君若父若兄,藩属之地位若臣若子若弟。盖宗藩之关系兼法律与道德,名以国际家庭,极为切当。①

次则辨析宗藩之间的责任与权利:

> 故中国对藩属负有拯危继绝之责任,藩属则举国以听命

---

① 邵循正将传统的宗主国与藩属关系定义为"国际家庭",且自信"极为切当";后世史家认为须至19世纪中后期,中国才开始由天朝中心主义转型为现代国际社会的一员,尤其清朝据以自重的"朝贡体系"难以为继,在对外交往方面艰难转向主权国家间的现代外交模式,这是"中国进入国际大家庭(China's Entrance into the Family of Nations)"的正式开端。一个词汇,两种表述,颇可体味。可参看〔美〕徐中约《中国进入国际大家庭:1858—1880年间的外交》,屈文生译,商务印书馆2018年版。按原著为20世纪60年代哈佛大学费正清研究中心的东亚研究系列作品之一。

于中国；若遣使朝贡之仪式，仅为一种之表示而已，非谓藩国之责任遂尽于此也。中国之于藩属，可宽可严。其国中至小至微之事，中国或加干涉；其重大之事（如与外人缔约①），或反置不问。然就理论言之，则藩国之军事、外交、行政、财用，甚至风俗、习惯，中国均可随意干涉。亦不能以中国之暂不干涉，遂谓中国本无干涉之权，或已放弃此权力也。

邵循正认为中国与越南的宗藩关系具有法律与道德两方面的意义，过去以中国为中心的中华秩序构成一个"国际家庭"，"自法律上言之，中国对越南国土有'绝对权'，而仅以'所有权'畀越南王。故越南对中国之地位，严格言之，与蒙古藩部亦差相等"。也就是说，理论上，中国对于藩属国军事、外交、行政、财用，乃至风俗、习惯都有干涉的权力，不行使这种权力，并不表示没有或已经放弃这种权力。故此，在西力东渐以前，中国与藩属关系自成一格，绝不仅仅具有形式的、道德的意义，"法儒所称'道德上之崇奉'实远不足以概中越之关系"。

这一立论，明显有其学术对话的对手方，旨在批驳法国殖民主义者以及一些西方学者试图否认越南等藩属国与中国在历史上

---

① 此处"缔约"，若指近代条约，实已经溢出传统宗藩关系包括的范围，是西人东来后清朝和越南都要应对的"新问题"。1930年代，有读者也注意到《关系始末》对此问题处理的含混处，指出："对于藩国与外人缔约，中国或反置不问一节，似系'西力东渐'以后事，此处联为一题，反觉与段首'曩者'之时间混为一谈。为使法律关系更明晰起见，仍以分为两期，个别讨论为宜，立论似亦可以更为稳妥，更为'切当'。此种进一步的责任不在本著作者，而在上述整个的中国与藩属关系史的作者。"见瀛《新刊介绍与批评：〈中法越南关系始末〉》，《国立武汉大学社会科学季刊》第5卷第4号，1935年。

存在法律关系的"谬论"。邵循正指出，Desfosses "研究十五世纪以后至中法战争前之中越关系，以排击中国之宗主权，广征博引，用力甚勤。惜主见过深，论断究属偏僻无足取"。《关系始末》对此种学术与政治的合谋关系，进行了深入揭示：

> 中越之宗藩关系，其历史根据至为充足，不生疑问。故即此辈亦不敢以强词抹杀。至于严格之法律问题，以时代精神之不同，中西观念之异趣，当然与近日欧西之国际法不能不有冲突。若以此遂谓中越之宗藩关系为有名无实者，实不公之甚者也。
>
> 按列强欲取中国藩属，其第一步，常先设法否认其与中国之历史上法律关系，如出一辙，竟成定例。日本将夷琉球，先谋阻贡，继议两属，终谋吞并。朝鲜问题发生之始，日使森有礼即利用总署答词之语病，强指中国在鲜之宗主权为空名。英于缅甸，法于越南，皆袭用此手段。盖必能出言如循环，然后能用兵如刺蜚，虽蓄意吞噬之封豕长蛇，于名义亦不能无忌惮，此固无足怪。独一般假借研究学术之名，倡为谬说，为虎附翼，抹杀真相，则甚为可哂者。

难能可贵的是，作者的思考并未停步于此。在批驳对手的同时，他没有为本国讳，也没有推卸自身的担当与责任，而能"反求诸己"，努力追问在无可逃避的"西力东渐"形势下，中国如何"修改"制度、"适应"环境。回顾晚清政府因政治上的不上轨道，而导致外交挫折与失败的种种事实，书中做有深刻反思：

>在中西交涉未繁之时,数千年中,东亚之和平与秩序均赖此制度维持。迨西力东渐,此东亚国际家庭,遂嫌散漫。中国此时应负责逐渐修改此制度,以适应复杂之环境。然当局无此毅力与眼光,遂坐视藩属为人宰割,此则可慨者也。(绪论下"中国与越南之宗藩关系问题")

《关系始末》在分析清廷对法国政策时,深入清朝政治史脉络,探讨朝中多种政治势力的博弈与力量消长,合理解释了中法战争期间清廷"明交暗战""乍和乍战"的内在原因。这类分析,不局限于就事论事,而是将外交视作政治的延伸,如张寄谦所言,"把国际形势、法国政局的变化和中国国内政治斗争结合在一起,把外交史和政治史融合为一体"①。中法战争前后,也是朝中"清流派"倏兴倏灭之时。邵循正对"清流"言论的宗旨和语境均有所梳理:

>当时清流之主战,并非轻视朝鲜问题,实以越、鲜处相同之地位,有联带之关系,欲保鲜必先全越,失越则鲜必随沦,此为当时清流保藩论中最重要之观点。

他指出"二张(张之洞、张佩纶)之言,可为当时清流主战论代表","中国当局迫于清流保藩之论,边军亦陆续出关,酿成不能不战之形势"。激昂的朝野舆论固有推波助澜之力,但真正的造果之因还在于主政者的暗昧诿卸,"政府于越事,未有宣战之准备,亦无放弃之决心",最终兵戎相见,一发而不可收,"其咎在于两国外

---

① 张寄谦:《中法越南关系始末·前言》,河北教育出版社2000年版。

交当局,均不顾事实,均不明情势,空谈原则,不于实在处着眼"。

对于处在"主和"一端的李鸿章,邵循正也予以平情理解。书中全面梳理了相关的《译署函稿》,就"李对越南问题之见解与推测",整理"梗概"如下:

(一)李对法国在越南之法律上地位有透彻之了解,认定越南既受法约之束缚,中国无法为之解放。

(二)李对中法实力之比较,成竹在胸,知中国决非法敌,战必无幸。

(三)越南问题,结束愈晚,于中国愈不利,此时中国于越南问题,实无方法对付,只好设法使告一段落,暂予羁縻,俟将来情势转变再图解决。

(四)外国对中法之事,皆抱隔岸观火态度,不肯为华奥援,均不足恃。

(五)越南问题,终不能不妥协,边军一时之胜败,无关于问题之最后解决,胜不足喜,败不足忧。

他的结论是:

平心而论,李之观察,实为精到。中国此时之无力与法战,无可讳言。不战而谋解决越南问题,于华不利;战而败,再谋解决,更不利。当时主战者,于越南问题,实无办法,无政策。李之无办法无政策,与他人同。惟李明大势,识时务,只求先敷衍下台,徐图将来办法;他人则坚欲与法立决胜负,结果遂不可问。李之所以高人一等者,即在此也。(第二章第五节"沙相之中立地带提议")

李鸿章认为越南战事无论成败都"于华不利",基于他对中越历史关系以及中法实力的了解和评估。对于李氏,邵循正并无特别的偏爱,惟立论能够"体会处境"。他尝论及新史学相较于旧史学在"史德"观念上的进步,认为史家论人论事,"最注重的是体会当事人的处境,然后讨论他们的得失","不问环境的言论,就不是负责的言论"①,一如陈之迈评论蒋廷黻之言,"就当时清廷的国内国外环境评判主办外交者的得失,论事而兼论人"。如前述"北黎冲突之责任问题"一节,他一方面明确指出"李实负最大责任","且有伪造证据诬蔑对方之嫌";另一方面,却能欣赏李鸿章对中法战争的整体"观察",许为"精到""明大势,识时务",较诸清流派,终究"高人一等"。

此处尚可作一补笔。邵循正撰写《关系始末》时,为获得更为详实的晚清史料,曾专门拜访和请教亲历中法战争的陈宝琛。邵瑜回忆说:

> 父亲的研究生论文是《中法越南关系始末》,他除了在清华学习之外还向他的伯外祖父陈宝琛请教,获益良多。光绪

---

① 关于新史学的"史德",邵循正曾举近代史研究为例说明:"论近代史,特别是中西刚刚接触的数十年中,我们假如以新眼光来看那时当政办外交的人们,我们很可以对其中每个人,下一个评语,用旧史论的口吻说:'其愚不可及也。'但是我们应该晓得,当时许多当事人都是绝顶聪明的人,我们生在当时办那些外交,不见比他们强,恐怕比他们弄得更糟。所以'史德',即是'体会处境',对于读近代史的人们是极端重要,否则他们的结论,将等于旧史论赞一样的笼统无意义。"见邵循正《"史德"与"口德"》,《平明日报·星期论文》1947年7月6日。

十年陈宝琛任钦差会办南洋大臣,曾坚决反对与法军议和,后丁忧返籍。父亲能与他探讨中法战争的问题,可以获得许多一手材料,他坚决主战,反对议和的态度对父亲也会有一定影响。蒋廷黻先生对父亲向他的伯外祖父求教十分赞赏,曾称赞:"陈宝琛是活材料。"①

按陈宝琛(1848—1935),同治七年(1868)进士,授翰林院庶吉士,历任编修、翰林侍讲,直言敢谏,与张之洞、张佩纶、宝廷号称"清流四谏"。光绪十年(1884),因上书条陈筹饷、选将、练兵、简器四事,得光绪帝青睐,奉旨会办南洋事宜,后以推荐唐炯、徐延旭兵败受到牵连,坐罪降职。宣统元年(1909)奉召入京,三年(1911)在毓庆宫行走,任宣统帝溥仪老师;1912年清帝逊位后,仍追随溥仪;1921年修成《德宗本纪》,授"太傅"。1924年溥仪被逐出宫,陈宝琛亦移居天津随侍。1935年在天津病逝,归葬福州。

陈宝琛、邵积诚、张人骏三人为同榜进士,"结拜金兰,互为姻亲"。张佩纶、张人骏与邵积诚为密友,张人骏的两个妹妹先后嫁给邵积诚为正室,张佩纶《涧于日记》记邵积诚和张氏叔侄交往的文字极多。陈、邵不仅为福建闽侯小同乡,两家也有多重姻亲,邵积诚长媳,即邵循正母亲陈章贞,是陈宝琛的侄女(胞弟陈宝瑨之女)。据说,陈宝琛对邵家的影响,"可能还直接促进了邵循正本身的婚姻"②。如此,陈宝琛既是邵循正的姻亲长辈,也

---

① 邵瑜:《心恒先生轶事》,第18页。
② 张寄谦:《邵循正史学成就探源——写在〈素馨集〉出版之际》,《近代史研究》1994年第6期。

是邵的叔外祖父，关系熟稔，交谈起来比较自然无拘束。

邵循正的祖父邵积诚号为"强项御史"，亦同光之交"清流"中人。光绪七年（1881），由翰林院调任御史，正值光绪初年，新朝伊始，鼓励广开言路，在任期间，他也是备受重视的人物。邵循恕撰《先祖邵积诚公事略》记：

> 公秉性正直，不阿权贵。与陈宝琛、张之洞、张佩纶、张人骏等众人同属以李鸿藻为首之"清流"派。为御史时，不论大小官吏，满汉人员，凡有徇私舞弊，贪污受贿，包庇恶吏残害百姓等劣迹，公知必参。被参者上至军机大臣、地方宪督、将军，下至府县官员达数十人。①

邵循正的世家子弟出身，之于他的近代史理解，是一个很有意义的话题。张寄谦注意到，类似邵循正、陈寅恪这样出身的一代学者，父祖先辈在政治上的坎坷，不可能不在他们思想、心灵深处留下烙印，"邵积诚的宦海茹苦，自难与陈宝箴、陈三立相比，但也不能说对邵循正的生活与思想没有留下痕迹"②。在邵循正的历史研究中，《关系始末》对"前清流"问题的讨论，以及晚年对晚清政治的特殊兴趣，应该说都是这种痕迹的反映。

邵循正持稿往访一事，应在1930年代初，也是陈宝琛晚年卧

---

① 邵循恕：《先祖邵积诚公事略》，《邵循正先生百年诞辰纪念文集——部分学生、友好、亲人的怀念与回忆》。邵积诚为御史，时与张佩纶、张之洞、陈宝琛、宝廷、邓承修、黄体芳、张楷、李端棻、邓庆麟等人在明代忠臣杨继盛旧宅"松筠庵"集会，抨击朝政，人称"松筠十君子"。

② 张寄谦：《邵循正史学成就探源——写在〈素馨集〉出版之际》，《近代史研究》1994年第6期。

邵循正先生与《中法越南关系始末》

病的最后时光。当时在燕京大学求学的陈宝琛孙子陈絜（陈矩孙，即邵循正的姑表弟）回忆道：

> 记得循正兄持稿之来，系在乙亥旧正十四日。翌日上元，老人穷一日之功，读完全稿。是晚犹赴西四同和居友人晚宴，散席后坚执坐敞篷人力车顺逛西四灯市，而返西单灵境胡同寓所。以八十八岁之高龄，遂不免酒后伤风。及返寓之后，因事急写福州家信乙通，于是继以过劳，翌晨疾骤作，先延中医，热稍降，而循正兄来视疾，遂在病榻前言谈甚久。自是两日，老人怅触前尘，说甲申往事，不绝于口。……
> 循正兄之来请益，事始于先一年甲戌（1934年）之春，与先兄陈鏊（壬孙）①，清华历史系三年级，同奉蒋廷黻先生之命而来。蒋先生谓老人为"活材料"，老人聆"活材料"一词，点颔者再……，颇有自矜之意。自是循正兄时来问业，一年而稿成。1935年夏，循正兄经过论文答辩（清华蒋廷黻、陈寅恪，燕京洪煨莲、徐淑希）毕业研究院，暑期中由中英庚款资送赴法留学。②

按民国乙亥，为1935年，其时邵循正已毕业出国，以上回忆的

---

① 陈鏊（1912—？），陈宝琛之孙，1932—1935年就读清华大学历史系，1935年入研究院历史学部肄业。后任中华大学讲师。撰有《戊戌政变时反变法人物之政治思想》《捻匪之研究》《清代言官与外交》等文章。

② 戴学稷：《永远怀念的师表——纪念邵循正先生百年诞辰》，《邵循正先生百年诞辰纪念文集——部分学生、友好、亲人的怀念与回忆》。作者自注："据陈矩孙先生1984年10月14日致笔者信。陈于1930年代正在北京燕京大学求学，亲知此事。"

年份时间或有微误。不过，邵循正在撰写毕业论文过程中，"奉蒋廷黻先生之命"，多次向陈宝琛求教"甲申往事"的事实应无疑义。当时《关系始末》已有初稿，"老人穷一日之功，读完全稿"。来自前朝耆旧、中法战争直接见证者的审阅和指教，对于论文完成并最终定稿，大有帮助。回忆还透露了不少有趣的细节，如蒋廷黻称许陈宝琛为"活材料"，而老人亦以此"自矜"，颇有当仁不让的意态。这也是民国新史家与清朝遗老学术互动的一则生动材料。

五、小结

《中法越南关系始末》是邵循正的研究生毕业论文，也是他学术生涯中第一部和唯一一部学术专著。这部符合现代学术规范的中外关系史研究之作，无论在史料的发掘利用，还是在观点和研究方法上，都有巨大创获，从而奠定了邵循正在近代中外关系史研究中的学术地位。而这时的邵循正，年纪还不过二十五六岁。

《关系始末》甫一出版，便受到学界瞩目。经过大半个世纪后，邵循正的这部少作、力作，并没有随时光流逝而减损其学术价值。张寄谦认为，"数十年于兹，这部著作仍然是研究中、法、越关系和中法战争的重要学术著作之一，也是邵循正毕生耗费心力最多的著作"①。因种种原因，中法关系研究一直是中国近代史研究的"薄弱环节"，《关系始末》的完成弥补了这一领域研究的

---

① 张寄谦：《中法越南关系始末·前言》，河北教育出版社2000版。张寄谦在下文讨论《关系始末》横空出世后，何以缺乏后续力作时，提到了两个因素，一是"该书发行不久，国际局势便起了急剧变化，中日战争、第二次世界大战相继

空白。当代中法战争史研究专家黄振南认为,即使时过境迁,"邵循正先生30年代中期的研究生毕业论文《中法越南关系始末》仍被史学界看成中法战争史研究的扛鼎之作"①。邵循正的学生、近代中外关系史研究专家赵春晨推崇邵先生为我国"近代中外关系史研究的奠基人之一",并提示《关系始末》一书在"中西档案文献互参""外交史与政治史的结合""民族性与科学性的统一""严格遵守现代学术规范"四方面的创获与特点。②史学史研究学者张泓林指出《关系始末》对近代外交史、战争史研究框架的构建是开创性的,并特别强调这部著作杰出的史料贡献:"《关系始末》中对中外史料的兼采与互证,不仅保留了丰富的原始文献,而且还原了诸多历史事实。此书出版后,书中所引史料文献,特别是外文史料,成了后世学者重要的史料参考来源和依据。从这个意义上说,《关系始末》一方面从史料层面打开了中法关系史研究的新局面,另一方面也打破了外国学者对中法关系史研究的'一言堂'局面。"③

近代中外关系史,尤其是外交史的研究,经常涉及中国人的

(接上页)爆发,最有可能对这一专题产生研究兴趣的中、法、越学者,他们不仅丧失了邵循正写作论文时的平静时光、拥有丰富史料的钻研学术的环境,而且沦为战争中颠沛流离的人群,更谈不到有时间写数十万字的巨著";二是"法文资料问题","法语文字优美,语法严谨,但能熟练地掌握法文的人数有限。这也是阻碍这一专题在中国有人继续研究的原因之一"。

① 黄振南:《20世纪中法战争史研究回顾与前瞻》,《广西大学学报》2002年第6期。
② 参见赵春晨《近代中外关系史研究的奠基人之一——邵循正》,《暨南学报》2005年第4期。
③ 张泓林:《邵循正与近代中外关系史研究——以〈中法越南关系始末〉为中心的研讨》,《史学理论与史学史学刊》2017年下卷,第191—192页。

民族立场、民族感情问题。20世纪初叶，中国面临日益严重的民族危机，国人所作近代中外关系史论著普遍洋溢的"民族情感"，如何同科学的史学研究相统一，这是每一位研究者都无法回避的大哉问。《关系始末》以大量确凿的史料揭露史实，用现代国际法观念分析问题，论证了中国援越抗法、反抗侵略的正义性，表现了爱国主义的民族立场。张寄谦对此做有高度评价：

> 当时的邵循正尚未接触到用马克思主义的历史唯物主义分析历史问题的方法，但论文敏锐地揭露了法国对华办理交涉的人员利用种种手法达到侵略目的之卑劣伎俩，论文还从国际公法的角度驳斥法国政治家和学者为其侵略中国和越南辩护的种种谬论，其爱国热忱溢于文辞。①

可略作申论的是，邵循正的上述见解，除了民族立场的支持，同时得益于缜密的学术辩证思维与全局性思考方式。《关系始末》完成于甲申中法之役爆发五十周年之际，作者自觉地将近代中外关系置于国际背景与世界发展潮流之下，重点阐明近世政治与外交的关系，尤其可贵的是，"并未以民族主义的偏向书写这段历史，而是尽量以一公正、客观的态度呈现这段历史，纠正以往史家的偏颇之处"②。史学批评的目的，不是为了驳倒对手，而是提升自我。他认为在西力东渐的大背景下，清政府在处理宗藩关系时，应"负责逐渐修改此制度，以适应复杂之环境"，才能顺应时代发

---

① 张寄谦：《邵循正先生传略》，《素馨集——纪念邵循正先生学术论文集》。
② 张泓林：《邵循正与近代中外关系史研究——以〈中法越南关系始末〉为中心的研讨》，《史学理论与史学史学刊》2017年下卷，第192页。

展要求。在此意义上，邵循正呼应了乃师蒋廷黻所宣示学术立场，他的研究予以今人最可宝贵者，"与其说是宣传品所能供给的感情之热，不若说是历史所能供给的知识之光"①。

当然，《关系始末》也存在不足之处。作者虽精于史学考证，但著书时毕竟还是一个初出茅庐的年轻人，而所采史料庞杂，问题繁复，论证不免疏失。《关系始末》正式出版后，就有评论者指出，"其间固有舛误，如讹朱笃为州督，讹万象为文湘，或考订之偶疏，或误采《探路记》之讹译，要不足为是书病也"②；"细节之偶有舛误，体例之间或参差，取材亦微有挂漏，均系白圭之一疵，除为求全外，无损于大体之完美，不宜一一挑剔"③。

以邵循正的才力与学力，写出相当于或超越《关系始末》水准的近代史著作，是完全可以期待的。不过，令人遗憾的是，由于学术工作方向转移，以及国内国际局势的急剧变化，写作条件恶化，他再也没有同等程度的学术产出。而此后多年间，中国的中法关系史研究依旧处于草创阶段，仅有少量专书和论文问世，没有大的进展。值得一提的是，邵循正1939年在《图书季刊》

---

① 蒋廷黻的原话是："国人往往……以为外交史可以随便撰著；著者可以不用史料，即有史料亦不必查和分析；只要著者能多骂，能痛快地骂'彼帝国主义者'，他的书就算一部大著了。我们现在所处的世界固然不容我们不办外交，不讲宣传。但是我们要记得：研究外交史不是办外交，不是作宣传，是研究历史，是求学问。二者绝不可混合为一。你如拿历史来作宣传，你不是历史家，是宣传家；你的著作不是历史，是宣传品。宣传品也有其价值，或者很大的价值，但仍不与历史同道。依我个人看来，现在国人所需要的，与其说是宣传品所能供给的感情之热，不若说是历史所能供给的知识之光。"见《外交史及外交史料》，《大公报·文学副刊》第249期，1932年10月10日。
② 钧：《新书介绍:〈中法越南关系始末〉》，《图书季刊》第2卷第1期,1935年。
③ 瀛：《新书介绍与批评:〈中法越南关系始末〉》，《国立武汉大学社会科学季刊》第5卷第4号，1935年。

发表的一篇书评,对象是卓还来著 Les origines du conflit franco-chinois à propos du Tonkin jusqu'en 1883(《1883年中法东京湾冲突之起源》)。① "七七事变"后,邵循正随清华大学南迁,执教于长沙临时大学、昆明西南联合大学,这一时期,他的学术研究重心已主要在蒙元史,但见有关中法战争起源研究的法文新书,仍一时技痒,旧业重操,予以译介。

作者卓还来②(1912—1945),福建闽侯(今福州)人,是一位英年早逝的中国政府驻越南外交官,早年留学法国,此书即以博士学位论文为基础修改而成,1936年初版于巴黎,1938年再版于西贡。全书凡二十章,述中法甲申兵事之外交背景,至1883年10月李鸿章与法国驻华公使脱利古(Tricou)上海协商之破裂为止,"盖此后双方端赖兵力,以谋越南问题之最后解决,外交转移,已告绝望也"。全书内容系中法战争前史,而撰写在《关系始末》后,故对邵著《关系始末》多有参考。邵循正书评不仅介绍该书内容,对卓氏的研究水准也有较高评价:

---

① 参见邵循正《图书介绍:Cho, Huan-lai(卓还来), Les origines du conflit franco-chinois à propos du Tonkin jusqu'en 1883. 2ᵉ éd. Saigon, Imprimerie Albert Portail, 1938. 239p. Pias. 4.00》,《图书季刊》新1卷第2期,1939年。

② 卓还来,曾就读于燕京大学,毕业后赴法国巴黎政治学院留学,获法学博士学位,又赴英国伦敦大学深造。1936年回国,历任国民政府外交部一等科员、驻越南西贡副领事、北婆罗洲山打根领事馆领事,兼管沙捞越华人事务。1942年被日本军逮捕,1945年遇害,年仅34岁。树立于新加坡之"卓领事暨同难四人纪念碑",铭文曰:"卓公讳还来,闽侯人,法学博士,工汉学,兼通英、法、俄文。一九四〇年七月,莅山打根护侨,公忠敏毅,中外同钦。沦陷时期,备受颠波困厄,威武不屈,一与四欧籍难友惨遭毒手于此地,为国成仁,春秋三十有四。害公之日酉阿部木内等,次年九月鞠实正法于星洲。"

> 著者屡声明此书多取材于拙著《中法越南关系始末》一书，然其所增引法方公私材料，如 Journal officiel 等，多甚可贵。叙述清晰，议论透澈，不失为法文远东史籍中佳构。此书第一版在巴黎出版（1936），不久售罄。著者应柴棍（俗呼西贡）当地人士之请，将之重行付印。解释中西已往之误会，重温华越多年之凤好，用意良深；知其贡献不仅在多使法国史学界明了此一桩旧案之经过已也。

这是《关系始末》出版后，邵循正为数不多的直接论及中法战争史研究的场合。他在正面评价最新海外著作的时候，内心是否也会微起波澜，乃至有"然吾在，久压公等"的一丝快意或憾意？

学术进步，譬如积薪。随着史料工作的持续开展，如在中国史学会组织下，邵循正主持编辑《中国近代史资料丛刊·中法战争》七册（1955）、张振鹍主编《中国近代史资料丛刊续编·中法战争》六册（1996—2017），台湾"中研院"近代史研究所郭廷以、王聿均主编《中法越南交涉档》（1962），以及《中国海关和中法战争》（1983）、《中国海关密档——赫德、金登干函电汇编（1874—1907）》（1990—1995）等大宗史料集相继问世，中法战争史研究不断推向深入。而20世纪80年代后半期柯文（Paul A. Cohen）在大洋彼岸倡议"在中国发现历史"，本来针对美国学界发言，不期然在中国引发巨大反响；继之而起带有后学风味的"在民族国家拯救历史"呼声，更使近代史研究的重心不仅内转，而且下移了；在这一研究领域曾经风行一时的"冲击—反应"模式逐渐式微，所谓"全球史""跨国史""国际史"种种方兴未艾，外交史或中外关系史研究的取径在当下似正走向多元。不过，反思之反思仍然必要。邵循正史学的魅力历久而弥新,作为一份宝贵的学术遗产,它仍是我们追索前路时最可信任和依赖的思想资源之一。